아프리카의 어제와 오늘과 내일

아프리카를 말한다

아프리카의 어제와 오늘과 내일

아프리카를 말한다

초판 1쇄 발행 2014년 3월 5일
수정 1쇄 발행 2017년 2월 25일

–

지은이 류광철
펴낸이 이방원
편 집 홍순용 · 김명희 · 이윤석 · 안효희 · 강윤경 · 윤원진
디자인 박선옥 · 손경화
마케팅 최성수

–

펴낸곳 세창미디어
출판신고 2013년 1월 4일 제312-2013-000002호
주소 120-050 서울특별시 서대문구 경기대로 88 냉천빌딩 4층
전화 02-723-8660 | 팩스 02-720-4579
이메일 edit@sechangpub.co.kr | 홈페이지 http://www.sechangpub.co.kr

–

ISBN 978-89-5586-198-3 03930

이 도서의 국립중앙도서관 출판시도서목록(CIP)은 서지정보유통지원시스템 홈페이지(http://seoji.nl.go.kr)와 국가자료공동목록시스템(http://www.nl.go.kr/kolisnet)에서 이용하실 수 있습니다. (CIP제어번호: CIP2014004971)

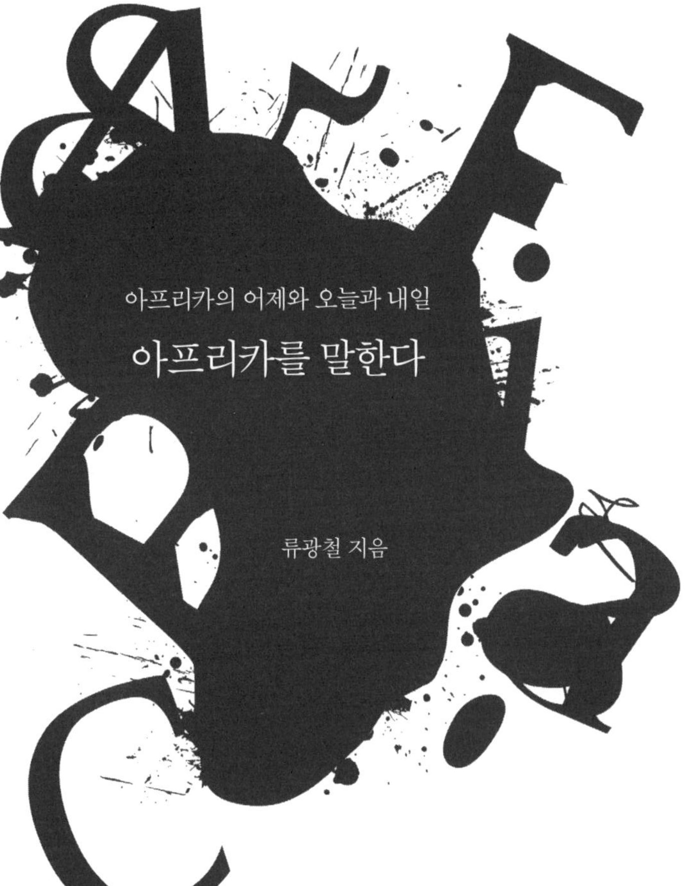

아프리카의 어제와 오늘과 내일

아프리카를 말한다

류광철 지음

세창미디어

_ 머리말

내가 아프리카에 처음 도착한 것은 1988년 2월이었다. 주케냐 대사관 2등서기관으로 발령을 받아 가족과 함께 나이로비에 간 것이다. 당시에는 지금과 같이 한국에서 아프리카로 가는 직항 편은 물론 없었고, 두바이나 요하네스버그를 경유해서 가는 것도 쉽지 않았다. 우리는 먼저 제다에 가서 이틀을 머물면서 냉장고, TV, 라디오 등 전자제품을 구입했다. 당시는 많은 한국 근로자들이 사우디에서 일할 때라 한국에서 제다까지는 직항 편이 있었고 아직 두바이가 개발되기 전이라 제다는 중동의 쇼핑 천국으로 명성이 높았다. 홍해를 지나 아프리카 땅으로 접어들자 왠지 모르게 다시 돌아오지 못할 곳으로 가는 듯한 느낌이 들었다. 나도 모르게 생성된 아프리카에 대한 부정적인 이미지 때문이었다. 질병, 빈곤, 독충, 미개한 토인, 이러한 이미지들이 당시 내 머리를 채우고 있었다. 나이로비에서 2년 반 근무하면서도 이러한 부정적인 이미지를 완전히 떨쳐내기는 어려웠다. 좋은 기후와 아름다운 자연 때문에 처음에 품었던 왜곡된 생각들은 점차 사라졌지만 '미개한 아프리카' 그리고 '내일이 없는 아프리카'라는 고정관념은 좀처럼 없어지지 않았다.

1990년 7월 아프리카를 떠난 후로 좀처럼 다시 돌아올 기회는 없었다. 튀니지, 모로코 등 북부아프리카 몇 개국을 출장차 방문하고 2002년 프리토리아에서 개최된 군축회의 참가를 위해 남아공을 방문한 것이 전부였다. 그러다가 2011년 주짐바브웨 대사로 발령을 받았다. 본격적인 아프리카 생활이 다시 시작된 것이다. 2011년 4월 하라레에 와서 보니 내가 생각하고 있던 아프리카와는 많이 달랐다. 20여 년의 세월이 흘렀다고 해도, 아프리카는 변하지 않을 것이라는 내 고정관념이 깨지는 순간이었다. 우선 정치적 상황이 크게 바뀌었다. 철옹성 같은 아성을 구축하고 천년만년 권력을 휘두를 것 같았던 독재자들이 모두 사라지고 선거를 통해서 4-5년 만에 정권이 바뀌는 것이 일상화되었다. 이디 아민, 보카사, 모부투, 마시아스 응게마, 아바차, 찰스 테일러 등과 같은 폭군들은 이미 모두 전설이 되었다. 많은 나라에서 다당정치가 확립되고 언론의 비판적인 기능도 강화되었다. 그뿐인가? '치타세대'로 알려진 젊은 세대는 모바일폰이나 SNS 사용에 능하다. 이들은 다른 나라의 사정에 대해 잘 알고 있으며 자국 정치인과 정부를 비판하는 것도 서슴지 않는다. 20년 전에 아프리카의 이러한 모습은 상상할 수 없었다. 젊은이들은 과거에 비해 훨씬 당당하고 늠름해졌다. 풀죽은 모습으로 시키는 일이나 하던 20년 전의 수동적인 젊은이들과는 근본적으로 생각과 태도가 다르다. '치타세대'는 아프리카 미래의 모습을 상징하는 용어이다.

정치 외에도 아프리카는 경제사회 분야에서 약진하고 있다. 연 5-8%씩 성장하는 국가들이 줄을 잇고 있으며 두 자리 숫자의 고성장을 보이고 있는 국가들도 드물지 않다. 물론 석유, 광물, 농산물 등 원자재 수출을 근간으로 하는 구조적 특성상 국제시장의 가격에 따라 부침이 심하기는 하지만 아프리카의 경제지표는 전반적으로 상승곡선을 그리고 있다. 과거 같으면 경제성장의 과실을 부정부패가 송두리째 말아먹을 수도 있었겠지만 요즈음은 생각할 수 없는 일이다. 그만큼 모든 분야에서 감시와 견제의 메커니즘이 작동하고 있고 투명성이 제고되고 있다. 이것이 바로 선정(good governance)의 핵심인데 선정을 베풀고 있는 국가들이 점차 늘어나고 있는 것이다. 주목할만한 점은 아프리카 경제가 성장하고 있는 배경의 중심에 중국이 서 있다는 사실이다. 중국의 파상적인 아프리카 진출은 하나의 시대적 현상이다. 중국의 대아프리카 교역량은 2000억 불을 상회하며 중국의 원자재 수입으로 지난 10년간 아프리카의 GDP는 5.5% 늘어났다. 중국은 원자재 수입을 넘어 이미 아프리카를 산업기지와 시장으로 보기 시작했다. 중국의 직접투자 중 광업부문은 29%에 불과하며 나머지는 무역, 유통업, 제조업, 서비스업 등에 투자되고 있다. 아프리카에 거주하는 중국인은 공식적인 숫자만 해도 벌써 100만 명을 넘어섰고 수천 개의 중국기업들이 아프리카 땅에 둥지를 틀었다. 중국의 공격적인 아프리카 진출은 아프리카의 변화를 초래하는 3대 요인 중 하나를 차지할 정도이다. 나머지 둘은 사회적인 요소들이다. 첫째는 인구이다. 현재 세계 5대양 6대주에서 아프리카만큼 인구가 급속히 늘어나고 있는 곳은 없다. 현재 12억인 인구가 2050년이 되면 두 배로 늘어날 전망이다. 폭발적인 인구 증가는 아프리카에 지각 변동을 가져올 것이 분명하다. 30세 이하 젊은 인구가 다수를 차지하면서 다른 곳에서는 부족한 노동력이 아프리카에서는 넘치는 상황이 전개될 것이다. 잘 훈련되고 정보통신에 능한 노동력이 급증할 경우 아프리카의 경제지도는 바뀌게 될 가능성이 높다. 둘째, 아프리카의 경제 성장세가 지속되면서 중산층이 형성되고 있다. 인구 증가는 중산층의 숫자를 획기적으로 늘어나게 할 것이다. 중산층은 생산과 소비의 주역으로서 아프리카의 경제를 책임지게 될 것이 확실하다. 독일이 남아공에 자동차 공장, 미국이 에티오피아에 섬유 공장, 한국은 케냐에 컴퓨터 공장, 그리고 일본이 케냐에 모터사이클 공장을 세우려 하는 것도 모두 이러한 점을 감안한 것이다. 인구 성장-중산층 형성-중국의 투자 확대로 이어지는 3대 요소가 상호 시너지 효과를 일으키면서 아프리카를 신천지로 변화시키고 있다.

영국의 'The Economist'지는 아프리카 국가들이 독립 후 지금같이 좋은 시절을 맞은 적은 없었다고 보도하고 있다. 대부분 국가가 평화를 누리는 가운데 경제가 부흥하고 있다. 보다 많은 아이들이 학교에 다니고 있으며 모바일 폰은 거의 생활 필수품이 되었다. 천형(天刑)이라던 HIV 감염률은 4분의 3이나 축소했고 평균수명은 10% 늘어났으며 외국의 직접투자는 3배 증가했다. 54개 아프리카 국가 중 4분의 3이 곧 1인당 국민소득 1000불에 도달할 것으로 예상된다. 이러한 발전의 주역은 물론 아프리카 사람들 자신이다. 많은 사람들이 현대적 기술을 습득하고 선거에 적극 참여하며 지도자들이 통치를 잘 하도록 압력을 가하고 있다. 이 결과 지난 10년간 아프리카 국가들의 평균 경제성장률은 거의 6%에 달하며 선정을 베푸는 국가들의 숫자가 날로 늘어나고 있다. 물론 아프리카가 여기에 만족해서는 안 될 것이다. 아프리카는 아직도 많은 문제를 안고 있고 이를 해결하기 위해서는 부단한 노력이 필요하다. 아프리카는 아직도 기아를 완전히 극복하지 못했으며 부의 편중과 부를 가진 사람들이 특권층을 형성하는 문제를 안고 있다. 부족한 경제사회 인프라 건설, 부패 척결, 비효율적인 정부규제 폐지 등도 시급한 문제들이다. 아프리카는 많은 지역공동체를 가지고 있으나 국가들 간의 협력은 지지부진하다. 궁극적으로 아프리카 전체가 관세 등 무역장벽이 없는 공동시장을 이룬다면 아프리카는 환골탈태할 수 있다. 이것이 가능하다면 아프리카는 무역, 기업 활동, 제조업 등에 있어서 천국이 될 수도 있다.

변화하는 아프리카, 미래의 아프리카 모습을 그리기 위해서는 과거와 현재의 아프리카를 알고 이해해야 한다. 그것이 이 책을 쓴 목적이다. 독자들은 이 책을 읽으면서 1960년대 독립 이전까지 아프리카가 어떠한 수난을 겪었는지 그리고 왜 아프리카가 세상에서 가장 발전이 더딘 지역으로 남게 되었는지 알게 될 것이다. 사실 아프리카의 수난은 독립 후에도 계속되었다. 아프리카가 오랜 침체를 딛고 다시 기지개를 켜기 시작한 것은 비교적 최근인 1990년대에 들어서부터이다. 정치적 안정과 경제 성장을 배경으로 아프리카 국가들은 과거의 악몽을 재현하지 않기 위해 노력을 기울이고 있다. 그리고 그러한 노력은 하나씩 둘씩 결실을 거두어가고 있다. 아직도 완전하지는 않으나 쿠데타, 내전, 독재, 기근, 질병 등은 이제 점차 과거의 언어가 되어가고 있다. 대신 현대식 인프라, 향상된 교육 및 보건 시설, 늘어나는 민간기업, 모바일 폰, 컴퓨터 그리고 인터넷이 새로운 시대의 첨병으로 떠오르고 있다. 아프리카의 변화와 새로운 모습을 이해하기 위해서는 이러한 흐름을 이해하는 것이 필요하다.

한국은 아직 아프리카에서 존재가 미미하다. 아프리카는 한국에게 러브콜을 보내고 있지만 한국의 반응은 아직 소극적이다. 과거 아프리카는 한국을 분단국가 정도로만 알고 있었으나 지금은 놀라운 경제성장을 이룬 선진국으로 이해하고 있다. 아프리카인에게 한국의 경제 성장은 마치 동화 속 이야기처럼 받아들여질 수도 있다. 그러나 삼성전자와 현대자동차로 대표되는 한국의 최첨단 상품들은 이러한 한국의 경제성장이 결코 동화가 아니라 현실이라는 인식을 심어주었다. 이것이 아프리카가 한국에게 러브콜을 보내고 있는 이유이다. 이들은 한국이 보다 적극적으로 아프리카에 진출하여 투자, 생산, 무역 등을 증진해줄 것을 원한다. 아프리카는 한국의 투자를 유치하여 은근히 중국을 견제하려는 생각도 있는 듯하다. 그러나 한국은 아직 아프리카를 본격적인 경제협력 파트너로 생각하지 않는다. 그 이유는 여러 가지가 있지만 아프리카에 대한 부정적인 이미지와 불확실한 전망이 공존하고 있기 때문일 것이다. 이 책은 이러한 부정적인 시각을 불식시키고 아프리카를 보다 객관적으로 바라볼 수 있도록 여러 가지 정보와 아이디어를 제공하고 있다. 이 책을 통해 독자들이 아프리카의 다양한 모습을 이해하고 균형 잡힌 시각으로 아프리카의 장래를 논할 수 있게 되기를 바란다.

2017년 2월

저자

차례

3 노예무역과 아프리카

4 식민지배와 아프리카

5 독립과 아프리카

9 기지개를 켜는 아프리카

10 한국인에게 다가온 기회의 땅 아프리카

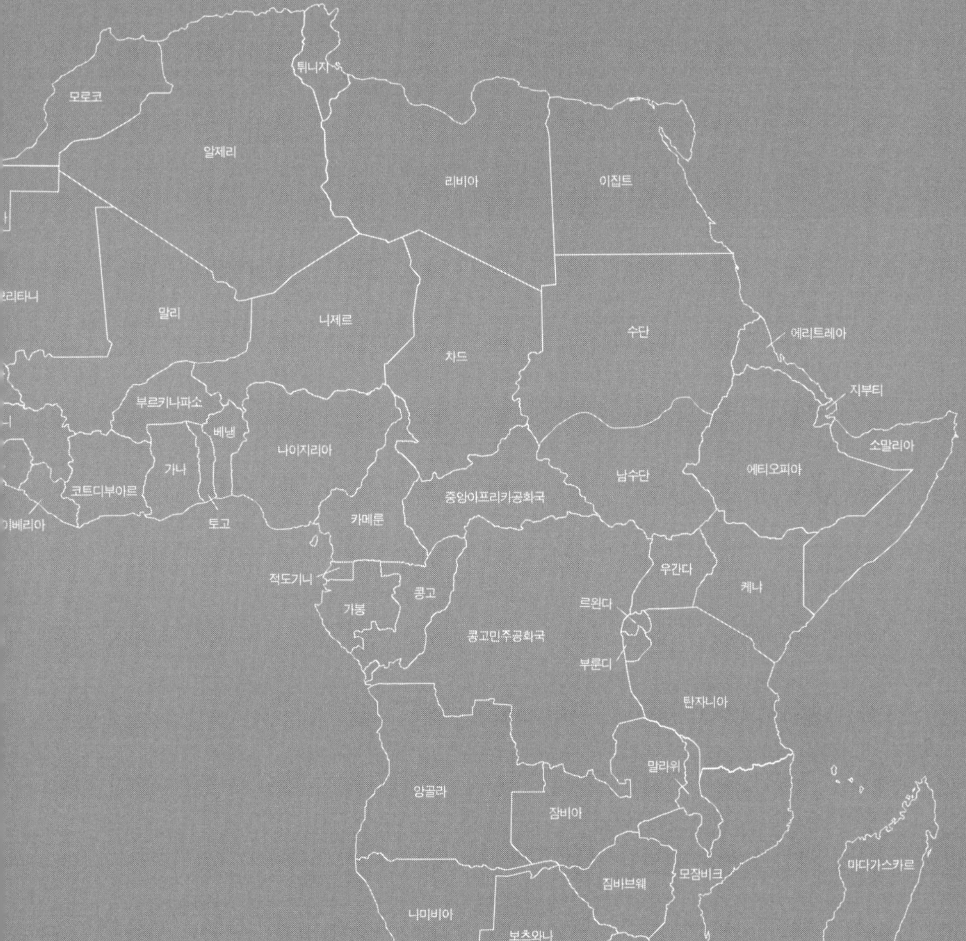
모로코
알제리
튀니지
리비아
이집트
말리
니제르
차드
수단
에리트레아
지부티
소말리아
에티오피아
남수단
부르키나파소
베냉
나이지리아
가나
코트디부아르
토고
카메룬
중앙아프리카공화국
적도기니
가봉
콩고
콩고민주공화국
르완다
부룬디
우간다
케냐
탄자니아
말라위
앙골라
잠비아
모잠비크
짐바브웨
마다가스카르
나미비아
보츠와나
스와질란드
레소토
남아프리카공화국

1

아프리카는 어떤 곳인가?

1

아프리카의 **다양성**

아프리카는 검은 대륙으로 알려져 있다. 지구상에서 가장 낙후되고 기아와 빈민과 질병이 창궐하며 밀림에서 원시적으로 살아가는 사람들을 머릿속에 그려 내는 그런 이미지가 아직도 강하다. 문맹률이 높고 정세가 불안하여 걸핏하면 정변과 내란이 일어나고 많은 피난민이 발생하는 부정적인 이미지도 있다. 아프리카에 처음 도착한 유럽인에게 아프리카는 미지의 땅이었다. 서양인은 오랜 세월에 걸친 탐험과 식민통치를 통해 비로소 아프리카를 보다 잘 이해하게 되었다. 서양인은 처음에 아프리카는 미개해서 역사를 가지고 있지 않는 곳이라고 생각했다. 이러한 생각은 나중에 학자들의 연구 결과가 발표되면서 차차 바뀌게 되었다. 사실 아프리카는 아직도 완전히 알려진 곳이 아니다. 사람의 발걸음이 아프리카 구석구석 모든 곳까지 다 닿았다고 볼 수도 없다. 밀림과 사막 그리고 사바나 초원의 모든 지역이 세부적으로 현대 지도에 표시되어 있지도 않다.

아프리카가 아직까지 완전히 그 베일을 벗지 않은 것은 어떻게 보면 당연하다. 왜냐하면 아프리카의 크기와 다양성은 놀랍기 때문이다. 북부, 서부, 동부, 중부, 남부에 따라 아프리카는 각각 다르다.

_ 콩고강

아프리카는 알래스카, 하와이, 호수 등을 모두 합친 미국 전체 면적의 3배가 넘는 크기이며 인종, 언어, 기후, 식생, 토양, 인구 등 여러 가지 측면에서 매우 다양한 모습을 보이고 있다. 미국과 비교해볼 때 아프리카에서 가장 면적이 컸던 분리 전 수단은 텍사스의 4배에 달하는 반면 감비아는 뉴햄프셔의 절반도 안 된다.[1] 쉽게 말해 아프리카는 미국, 중국, 인도, 서유럽, 아르헨티나, 뉴질랜드를 합친 것과 같은 어마어마한 크기이다. 현재 아프리카에서 두 번째로 큰 나라인 콩고민주공화국(DR콩고)은 면적이 370만 평방킬로미터로 인도보다 더 크다. 아프리카에는 약 250개의 국립공원이 있는데 전부 합친 면적은 DR콩고의 영토와 비슷하다. 이러한 국립공원에는 각종 동물과 식물이 서식하고 있으며 숲이 우거져 지구의 생존에 필요한 산소를 공급하고 있다.

아프리카 남단 희망봉에서 카이로까지는 8000킬로미터에 달하고 서부의 다카르에서 동쪽의 뿔 지역(Horn of Africa) 끝까지도 7000킬로미터가 넘는다. 약 6700킬로미터에 이르는 나일 강은 아마존과 더불어 세계에서 가장 긴 강이며 콩고 강과 니제르 강도 길이가 4000킬로미터 이상에 이르는 거대한 강이다. 콩고 강 하나만 해도 아프리카 면적의 5%를 차지할 정도로 규모가 크다. 이 강은 4000여 개의 섬을 가지고 있는데 어떤 섬은 길이가 20킬로미터 이상에 달한다. 물론 이 강의 주변에는 수백만 명의 사람들이 살고 있으며 많은 사람이 어부다. 이 강을 중심으로 옛날에 큰 왕국이 있었으며 이 왕국은 포르투갈이 1483년 콩고에 진출할 때까지 1000년 이상 지속되었다.

가장 오래된 대륙답게 아프리카의 지형도 세계에서 가장 오래되었다. 아프리카 땅의 97%는 3억 년 이상 되었고 대부분은 5억 5000만 년 이상 되었으며 남아공의 바버튼(Barberton) 산맥같이 36억 년이나 된 지형도 있다.[2] 이렇게 오래된 지질구조를 가졌기 때문에 아프리카 땅은 화산 활동이나 지진 또는 해일과 같은 자연 재해로 인한 피해는 거의 없을 정도로 안정적이다.

아프리카에는 최소한 2000여 개의 언어가 있고 이들 언어는 상호 간에 이해가 불가능할 정도로 다르다. 또 아프리카에는 6000-1만여 개의 정치적 또는 사회적 공동체가 있다. 인류의 조상이 아프리카에서 나왔던 것처럼 언어도 아프리카에서 처음 시작되었다. 세계에 있는 7000여 개의 언어를 어휘, 문법, 구조 등으로 분류하면 20여 개의 언어군으로 나뉜다고 한다. 이들 중 서로 연관성이 가장 적은 언어군은 4가지인데 모두 아프리카어이다. 즉 코이산어(쿵산 부시맨이 쓰는 언어), 니제르-콩고어(반투어), 나일로-사하라어(마사이 등 유목민족의 언어) 및 아프로-아시아어(에티오피아와 북부 아프리카 언어)가 그것이다. 같은 아프리카 언어끼리 이렇게 다른 것이다.[3] 현재 글로벌화로 인해 세계 전체에 퍼져 있는 7000여 개의 언어는 빠른 속도로 사라지고 있다. 21세기 말이 되면 불과 수백 개 정도 언어만이 살아남을 것으로 예측된다. 그러나 아프리카의 사정은 다르다. 아프리카의 모든 부족은 아직도 자신의 언어를 고수하고 있고 이 언어를 말하는 사람들의 숫자도 다른 지역에 비해 훨씬 많다. 더군다나 인구가 계속 늘어나고 있어 앞으로 아프리카는 언어적 다양성이 가장 뛰어난 지역으로 남을 가능성이 높다. 한편, 아프리카의 유전자적 다양성은 단연 으뜸이다. 아프리카인의 피부색이 검고 골격이 비슷하여 유전자도 비슷하리라고 생각하면 오산이다. 세계 모든 다른 인종의 유전자를 다 합쳐놓은 것보다 더 다양하다. 아프리카의 사회제도, 종교 및 문화도 사람이나 기후만큼 다양하다. 아프리카 국가 중 에티오피아와 라이베리아를 제외하고 모두 식민통치를 경험했다. 에티오피아는 서양인과의 전쟁에서 승리하여 식민을 비껴갔고 라이베리아는 미국으로 끌려 간 흑인 노예들이 다시 돌아와 세운 나라이다. 종족과 부족이 많아 늘 말썽이 많은 아프리카지만 스와질란드와 레소토 같은 소국은 거의 한 종족이 지배하는 단일민족 국가이기도 하다.

아프리카를 더운 곳, 즉 열대와 밀림의 지역으로만 파악하는 것도 오산이다. 열대에 해당하는 아프리카의 영토 중 밀림 지역은 극히 제한적이다. 열대지역의 3분의 1은 사바나 평원이고, 5분의 2는 사막이나 스텝 초원이다. 질병도 제한적이다. 사람과 가축들에게 치명적인 기생충을 옮기고 수면병을 일으키는 것으로 알려진 체체파리는 매우 습한 환경에서 산다. 이들이 사는 곳은 주로 연 강수량이 1000밀리미터 이상 되는 곳이다. 고도가 높은 지역에는 말라리아가 없다. 필자가 살았던 나이로비나 하라레와 같은 고지대에는 말라리아가 없다. 케냐나 짐바브웨에서 만나는 사바나 기후는 가히 환상적이다. 연중 내내 온화한 기후로서 햇볕이 강한 여름에도 그늘에만 들어가면 시원하다. 우기에도 비가 주로 밤에 쏟아지기 때문에 늘 맑은 날씨를 즐길 수 있다. 가히 불쾌지수 제로라는 말이 실감이 난다. 직접 경험해보지 않은 사람은 아프리카에 이렇게 좋은 기후가 있다는 이야기를 하면 잘 믿으려 하지 않는다. 현지인에 대해서도 마찬가지이다. 좋은 점, 긍정적인 점을 이야기하면 반신반의하는 것이다.

아프리카는 수탈과 착취 그리고 끝없는 전쟁과 내전에 시달려온 곳이다. 1990년대 중반만 해도 53개 아프리카 국가 중 31개국이 내전이나 내부 분쟁에 휘말려 있었다. 당연한 이야기지만 이러한 상황에서 사람들은 정상적인 생활을 할 수 없었고 궁핍함에 시달렸다. 수십만 명의 소중한 인명이 총알이 아닌 식량 부족, 더러운 물 그리고 질병으로 인해 죽었다. 전쟁에서는 정부군이든 반군이든 군인들은 약탈에 의존해 살았다. 그러나 수많은 시련과 아픔을 겪었음에도 불구하고 아프리카 사람은 기본적으로 친절하고 공손하다. 아프리카인은 우리가 사회성이라고 부르는 자질을 풍성히 가지고 있는 듯하다. 그리고 이는 누가 가르쳐준 것이 아니라 자생적인 것으로 보인다. 왜 그럴까? DNA 때문일까 아니면 문화적인 이유 때문일까? 내가 보기에 둘 다인 것 같다. 아프리카인은 오랜 세월 동안 생존(survival)이 목적인 삶을 살아왔다. 열악한 기후, 질병, 독충, 맹수의 위협과 싸워왔고 굶주림과 갈증을 이겨왔으며 노예시대와 식민시대를 견뎌왔다. 그리고 독립한 후에는 끊임없는 분쟁과 내전에 시달렸다. 이러한 최악의 환경에서 대부분 아프리카인의 목표는 '어떻게든 살아남는 것'이 될 수밖에 없었다. 살아남기 위해서는 사람들과의 갈등과 충돌을 줄이는 것이 상책이다. 오랜 인고의 세월 동안 아프리카인은 다른 사람들과 더불어 사는 법을 배웠으며 이러한 지혜는 이들의 DNA로 남게 되었다. 또한 아프리카인의 생활방식은 단순하고 소박하다. 이들은 분수껏 살며 큰 욕심을 부리지 않는다. 환경 때문인지는 모르지만 이들은 의지와 운명을 구분하여 삶의 많은 부분을 운명으로 받아들이는 경향이 있다. 예를 들어 가족이나 친지의 사망을 놀라울 정도로 담담히 받아들인다. 이들이 의지로 할 수 있다고 생각하는 일은 제한되어 있다. 따라서 아프리카인은 욕심이 크지 않은 삶을 산다. 욕심 없는 사람들이 늘 행복한 미소를 짓고 이방인에게 친절한 것은 결코 이상한 일이 아니다.

사람들은 흔히 아프리카를 문명다운 문명이 없었던 미개한 곳으로 생각하지만 아프리카는 결코 미개한 지역이 아니다. 이집트는 인류 문명의 발상지 중 하나이며 현재까지도 불가사의하게 생각되는 거대한 피라미드와 스핑크스 문명을 창설했다. 나일 델타 지역에 자리 잡은 이집트는 문명을 유지하기 위해 남쪽으로부터 금, 상아, 목재, 가죽, 노예 등과 같은 물자의 공급을 필요로 했다. 특히 이집트는 나일 강 상류에 거주하는 누비아족과 활발히 교역했다. 그러나 이집트 문명이 사하라 이남으로 전파되지는 않았다. 이집트 문명은 이집트에서 시작해서 이집트에서 끝났을 뿐이다. 만일 이집트 문명이 사하라 이남으로 확장되었더라면 아프리카의 역사는 완전히 바뀌었을 것이다. 문명이 전파되지 않은 데에는 의심할 여지없이 기후와 지리적인 여건의 영향이 컸다. 그러나 의문은 아직 남아 있다. 북부 아프리카에 살던 함족의 일부인 투치는 남쪽으로 수천 킬로미터를 내려와 현재의 르완다와 부룬디에 살고 있다. 그러나 원거리로부터 이동해온 이방민족이 원주민과 섞여서 살아온 체제는 굴곡의 역사를 거치면서 결국 비극을 잉태하게 되었다. 생각만 해도 끔찍한 1994년 르완다 대학살을 불러온 것이다. 투치가 르완다와 부룬디까지 내려올 수 있었다면 왜 이집트 문명은 남쪽으로 전파되지 않았을까? 이는 비단 기후와 지리 때문만은 아닐 것이다. 짐작건대 전파자와 수입자 모두에게 의지가 부족하지 않았을까 생각한다. 당시 문명 세계를 주도했던 이집트의 파라오들이 모험을 무릅쓰고 질병과 독충이 우글거리는 이방세계로 자신의 우월한 문명을 전파할 생각은 결코 없었을 것이다. 반대로 받아들이는 입장에서도 돌 다루는 기술을 근본으로 하는 이집트 문명은 수입국의 여건과는 잘 맞지 않았을 것이다. 여건이 맞지 않음에도 불구하고 무리해서 이를 받아들이려는 의지가 당시 사하라 이남 국가들에게 있었을 것으로 볼 수는 없다.

아프리카가 세계 역사에서 고립된 적은 없다. 이들은 계속 외부 세계와 소통했다. 아프리카는 옥수수, 카사바, 얌(yam)과 같은 곡물을 아메리카와 동아시아로부터 수입했다. 철을 다루는 기술은 중동으로부터 들여왔다. 서기 1세기경에는 인도양을 건너 아라비아 반도, 인도, 페르시아, 중국 등과 활발하게 교역했으며 통로는 주로 아프리카 동부 해안에 있는 항구들이었다. 마사와, 제일라, 라무, 말린디, 몸바사, 잔지바르, 소팔라, 킬와 등이 이 당시 대표적인 무역항이다. 아프리카인은 상아, 금 등 귀중품과 다른 일상용품을 사하라 사막을 건너 유럽으로 수출했다. 사하라 사막을 건너는 교역로가 개발되면서 사막의 남쪽 언저리에는 거대한 제국들이 생겼고 이들이 교역을 주도했다. 남쪽에서 북쪽으로 가는 상품은 소금, 상아, 동물가죽, 노예 등이었고 북쪽에서 남쪽으로 오는 상품은 도자기, 유리, 철제품 등 공산품이 주종을 이루었다. 그러나 1000년 이상 지속되어 온 이러한 무역관계는 15세기에 대량의 물건을 실은 포르투갈 선박들이 아프리카에 들어오면서 근본적으로 변화했다. 낙타로 물건을 실어 나르는 것보다 배로 운송하는 것이 훨씬 값이 싸고 효율적이었기 때문이다. 당연한 결과이지만 해상무역이 발달하면서 사막을 횡단하는 무역의 중요성은 점차 감소했다. 이후 16세기에 노예무역이 시작되면서 아프리카와 아메리카 간의 관계가 점차 긴밀해졌다. 최소 1000만 명 이상의 노예가 북미, 카리브 제도 그리고 라틴아메리카로 끌려갔다. 노예무역은 아프리카인의 협조로 이루어졌으므로 흑인 노예사냥꾼과 백인 노예상인 모두 재산을 축적했다. 따라서 노예무역을 전적으로 백인만의 책임으로 돌리는 데에는 무리가 있다. 그러나 미국과 카리브해 그리고 브라질에서 계속적으로 노예에 대한 수요가 없었더라면, 그리고 노예를 잡아가는 데 필요한 총기를 백인이 공급하지 않았더라면 이렇게 막대한 규모의 노예무역이 지속될 수는 없었다. 노예무역 시대가 종식된 후에도 아프리카에 대한 수탈은 계속되었다. 유럽의 산업혁명과 이로 인한 폭발적인 경제 규모 확대로 인해 아프리카의 원자재에 대한 요구가 높아졌고 아프리카는 팜 오일, 왁스, 고무, 코코아, 커피, 차, 설탕 등과 같은 원자재를 생산하는 플랜테이션 농장으로 변모했다. 이로써 아프리카의 식민화를 위한 기반이 굳어졌다.

아프리카의 **언어와 문화**

아프리카는 인류의 요람이다. 아프리카는 원숭이로부터 진화한 유인원이 인류의 조상이 되는 길을 밟았던 곳이고 이곳에서 탄생한 초기 인류가 세계 곳곳으로 퍼짐으로써 인간을 세상의 주인공으로 등장시켰던 곳이다. 현대의 인류와 가장 비슷한 두뇌와 신체를 가진 인간은 아프리카에서 탄생했다는 것이 정설이다.

아프리카는 인간의 역사가 시작되기 전 긴 시간을 담고 있다. 현생 인류의 조상인 호모 사피엔스는 약 10만 년 전 아프리카를 떠나 다른 곳으로 여행을 시작했다. 이들은 시나이 반도를 거쳐 약 9만 년 전 동부 지중해 지역에 도착했고, 4만 년 전에는 아시아와 오세아니아에 도달했으며 3만 년 전에는 유럽에 도달했다. 이들 중 일부는 더 먼 곳을 향해 떠났다. 이 여행자들은 1만 5000년 전 베링해협을 건넜고 1만 2000년 전에는 남아메리카의 남쪽 끝에 도달했다. 그러나 3000만 평방킬로미터가 넘는 아프리카의 방대한 영토 중 인류의 비밀을 밝히는 데 필요한 1400만-400만 년 전의 화석이 발견되는 지역은 0.1%에 불과하다. 대부분의 화석들은 케냐 서부의 투겐힐스(Tugen Hills) 지역에 집중되어 있으며 에티오피아, 리비아 및 나미비아에서 다른 화석들이 조금 발견될 뿐이다.[4] 이것은 무엇을 의미하는가? 이는 아프리카가 현생 인류의 조상이기는 해도 그 숫자는 많지 않았고 거주하는 곳도 극히 제한적이었다는 사실을 보여준다. 아프리카는 현생 인류의 고향이었지만 정작 꽃을 피운 곳은 유럽, 아시아 등 다른 대륙이었다.

아프리카에서 농업과 목축업이 본격적으로 시작된 것은 대략 기원전 5000-6000년경이다. 이때 아프리카는 근동으로부터 종자와 가축을 들여왔으나 스스로 종자를 재배하기도 했다. 농업이 발달하면서 인구가 늘고 점차 정착촌이 발달해 나갔다. 철을 사용하는 기술은 지중해나 인도양을 통해 기원전 1000년경부터 도입되었다. 북부아프리카로부터 유입된 철기문화는 서서히 사하라 사막 남쪽 경계에 이른 후 서부아프리카에 도달했다. 1세기경이 되면 이미 서부아프리카에서는 철기를 사용하는 문화가 매우 발달하게 되었다. 나일 계곡에서 식량이 생산되기 훨씬 전인 기원전 7000년경 이집트의 서부 사막지역에서는 종자화한 보리를 재배하고 길들인 가축을 사용했다. 비슷한 때에 아시아로부터 수입된 길들인 양과 염소들도 나타났다. 이 시기에 사람들이 돌로 집을 지은 흔적도 있다. 그러나 나일 계곡에서 대규모로 마을을 이루고 밀, 보리, 아마, 양, 염소, 소, 돼지 등을 기르면서 농업과 목축업이 본격적으로 번창했던 때는 기원전 5000년경의 일이다. 정착 마을이 생기고 무역이 발달하고 수공업과 예술이 발달하면서 인구가 늘고 사회는 보다 복잡해졌다. 그러면서 정복과 합병도 일어났다. 이렇게 해서 지난 수천 년 동안 북부아프리카에는 이집트, 누비아, 에티오피아 등에 왕국이 생겼고 서부아프리카의 가나, 말리, 송가이, 아산테, 이페, 베냉 등에도 왕국이 생겼다. 그리고 남부아프리카에는 돌 문화를 기초로 하는 대짐바브웨(Great Zimbabwe) 왕국이 탄생했다.

아프리카에도 돌 문화가 있다. 고대 돌조각은 나이지리아, 시에라리온, 기니, DR콩고, 짐바브웨, 에티오피아 등에서 발견된다. 그러나 이 전통은 대부분 나라에서는 지속되지 않았다. 돌조각이 지금까지 성행하고 있는 유일한 나라는 짐바브웨이다. 쇼나 조각으로 알려진 짐바브웨의 돌조각은 유럽과 미국을 비롯한 많은 국가에서 전시되었으며 예술적인 가치가 높은 조각으로 평가받고 있다. 쇼나 조각은 한국에도 꽤 보급되어 알 만한 사람은 이제 다 알 정도가 되었다. 서부아프리카에서는 진흙으로 만든 조각이 성행했다. 아프리카에서 가장 오래된 조각은 진흙으로 만들어진 것이다. 기원전 500년-기원후 500년 사이에 만들어진 것인데 나이지리아 북부에서 발견되었으며 학자들은 이를 노크(Nok) 문화로 명명했다. 테라코타 소상 등 노크 문화의 유적들은 파리의 루브르 박물관 등에 소장되어 있다.

식민지 시절에 백인 학생들은 이집트 또는 아랍인이 대짐바브웨 왕국을 건설한 것이라고 배웠다. 백인들의 논리는 단순했다. '니그로'가 이런 거대한 돌 문명을 창건했을 리 없다고 생각했던 것이다. 그러나 백인의 생각과는 달리 돌로 만든 건축물을 기초로 하는 대짐바브웨 왕국은 순수하게 토착민이 건설한 것이다. 대짐바브웨 왕국은 남부아프리카의 무역과 정치의 중심지로서 해안을 통해 금을 수출하고 중국과 아시아로부터 도자기와 유리를 수입했다. 이 왕국은 10세기에 창건되어 1450년까지 지속되었다. 초창기 대짐바브웨 왕국의 면적은 78헥타르밖에 안 되는 소규모였는데, 11세기 언덕 위에 마을을 형성한 후로 점차 커졌다. 14세기에는 큰 담(Great Enclosure)이 건축되었는데 외곽 벽의 길이가 244미터, 두께가 5미터 그리고 높이는 10미터에 달했다. 이것이 사하라 이남 아프리카에서 발견된 가장 큰 건축물이다. 이러한 건축물이 지어질 수 있었던 것은 주변에 돌이 많았기 때문이다. '짐바브웨'라는 말 자체가 '돌집'이라는 뜻이다. 하라레에서 북쪽으로 30킬로미터 정도 떨어진 돔보샤와(Domboshawa)에는 넓은 면적의 펑퍼짐한 산이 있는데 산 전체가 하나의 바위로 이루어져 있다. 이렇게 큰 산이 하나의 바위로 형성되어 있으며 전혀 균열도 없다는 사실에 방문객들은 감탄을 금치 못한다. 이러한 것이 '돌의 나라' 짐바브웨의 특색이라면 특색일 것이다. 색깔과 형태와 성질이 서로 다른 수백 가지의 돌이 존재하는 특성으로 인해 짐바브웨에서는 오랜 세월을 두고 돌조각이 발달하여 왔으며 지금도 성행하고 있다. 건축학적인 측면에서 보면 대짐바브웨 성은 잘 지어진 건물은 아니다. 돌은 정교하게 다듬어지지 않았고 돌과 돌 사이의 이음새도 느슨한 곳이 많다. 현재 이러한 건물을 지으려면 86명의 근로자가 일주일에 6일 일해 2년이면 충분할 것이라는 분석도 있다.

_ 대짐바브웨 왕국 유적

15세기에 대짐바브웨 왕국에서 거주하는 사람은 11,000-18,000명에 달했을 것으로 추산된다. 이는 당시의 인구나 생활 여건으로 봐서 결코 적은 숫자는 아니다. 이 정도 규모라면 일반인의 집은 거의 빽빽하게 밀집해 있었을 것으로 추산된다. 인구가 많아지자 과도한 경작으로 토지는 피폐해졌으며 목축지가 줄어들고 물과 땔감도 점차 고갈되었다. 사람들은 이 지역을 떠나 다른 곳으로 진출해야 했다. 이것이 대짐바브웨가 쇠퇴하게 된 원인이다. 대짐바브웨의 전성기는 100년 남짓했을 것으로 추산된다. 도시 내에 기본 인프라가 갖추어지지 않아 사람들을 더 많이 수용할 수 없었고 이에 따라 점차 국력이 약해졌다. 이들은 무역을 통해 경제를 유지했는데, 주 수출품은 금이었다. 대짐바브웨가 무너진 후 2개의 쇼나 왕국이 추가로 탄생했다. 대짐바브웨로부터 250킬로미터 서쪽에 있는 카미(Khami)를 수도로 한 토르와(Torwa) 왕국과 북쪽으로 400킬로미터 떨어진 곳에 위치한 무타파(Mutapa) 왕국이 그것이다. 토르와는 1450-1650년간 존속했고 무타파는 1450-1700년간 존속했다. 이들의 주 수입원은 대짐바브웨와 같이 금 수출이었다. 이 왕국들로 인해 짐바브웨에 금이 풍부하다는 사실이 세상에 널리 알려지게 되었다.[5]

에티오피아 고원지대에서 탄생한 악숨(Aksum) 왕국은 홍해를 건너 남부 아라비아와 교역했다. 악숨은 당시 아프리카와 로마 제국 간의 연결고리였다. 악숨은 독자적인 문자를 만들었으며 3세기에는 금, 은, 동으로 주화를 만들어 사용했다. 당시 페르시아 지도층은 악숨을 페르시아, 로마 및 중국과 더불어 세계에서 가장 중요한 4대 왕국 중 하나로 간주했다. 악숨은 4세기에 기독교를 받아들여 기독교 국가로 남았다.[6] 악숨은 시바 여왕의 고향으로 알려져 있으며 아직도 많은 유적이 남아 있다. 높은 돌기둥들이 130여 개에 달하며 왕궁터와 고대 주거지들도 발굴되었다. 4세기 이후 활발한 기독교 국가였던 악숨에 모세가 여호와로부터 받은 십계명이 기록된 석판이 보관되어 있었다는 설도 있다.

©Oxfam East Africa
_ 악숨 왕국 유적

나일 계곡은 세계에서 가장 오래된 농업지역 중 하나이다. 이집트와 누비아에서는 기원전 1만 년경에 보리가 재배되었고 조와 수수는 기원전 6000년 카르툼 지역에서 재배되었다. 나일 삼각주는 약 9000년 전 밀, 보리, 콩, 렌틸 등과 같은 작물의 재배가 처음 시작된 곳으로 알려져 있다. 고대 이집트 문명은 약 5000년 전 이러한 정착 농업을 바탕으로 잉태되어 장구한 세월 동안 지속될 수 있었다. 왕이 지배한 고대 이집트에는 30여 개의 왕조가 있었고 기원전 3100년부터 알렉산더가 침공한 기원전 332년 사이에 많은 파라오들이 이집트를 통치했다. 그러나 나일 삼각주보다 훨씬 먼저 농경문화를 이룬 곳은 사하라 지역이다. 사하라 주민들은 농작물과 가축을 토착화하고 기술적인 혁신을 이루었으며 마을을 형성함으로써 하나의 사회를 구성했다. 마지막 빙하기가 도래하고 사막화가 보다 진전되기 전까지 많은 사람이 사하라에서 살았다. 이들은 빙하기 이후 아프리카의 여러 곳으로 뿔뿔이 흩어졌는데 이들 중 일부가 동쪽으로 옮겨가 나일 계곡에 정착했던 것이다.[7] 따라서 나일 계곡에서 농경문화를 일으킨 원주민의 조상은 사하라 주민이라고 할 수 있다.

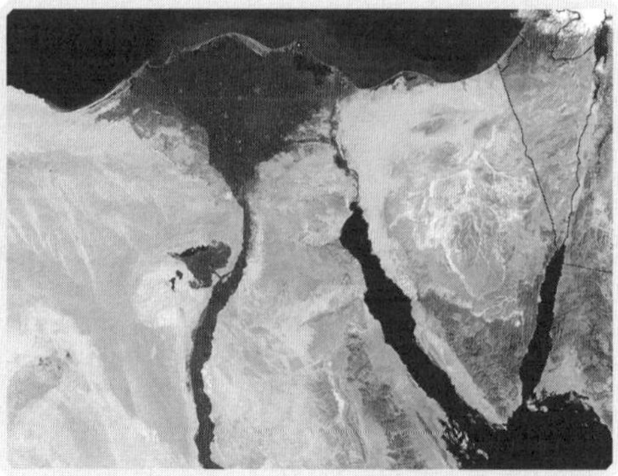

_ 나일강과 나일 델타 지역

아프리카의 많은 종족은 각자의 말을 가지고 있으나 문자를 가진 나라는 극소수에 불과하다. 기원전 3000년경 이집트에서는 상형문자가 쓰였고 이집트 남쪽의 쿠시트(Cushitic) 문명은 고대도시 메로에(Meroe)를 중심으로 해서 기원전 500년경 독자적인 문자를 개발했다. 그리고 에티오피아에서는 게에즈(Ge'ez)라는 고대 악숨 문자가 4세기에 만들어졌다. 사하라 이남의 아프리카 국가 중 독자적인 문자를 가진 국가로는 라이베리아와 시에라리온을 들 수 있다. 양국에서 사용된 바사(Bassa)족 문자인 바(Vah)는 그 기원이 베일에 가려 있지만 토속 아프리카 문자로 평가된다. 재미있는 것은 이 문자가 발견된 곳이 아프리카가 아니라 브라질과 서인도제도라는 사실이다. 노예로 끌려간 바사족 후예가 머나먼 타향에서 이럴 때 베웠던 글씨를 바위에 새겼던 것이다.

아프리카인은 과거를 소중히 여기는 전통이 있다. 아프리카 부족에는 과거로부터 내려오는 지식과 전통, 신화와 전설을 구술하는 이야기꾼, 즉 그리오(griot)가 있었다. 그리오는 대개 마을의 연장자로서 부족의 어린아이들이 예닐곱 살이 될 때까지 공동체의 역사를 가르쳤다. 그들은 역사 선생일 뿐만 아니라 전통 민요와 무용 그리고 공동체규범의 교육자이기도 했다.[8] 현재 대부분 아프리카 고등학교에서는 식민지 이전 아프리카의 역사를 가르친다. 누비아 문명, 가나, 말리, 송가이, 이페, 베냉, 부간다, 르완다, 룬다, 콩고 왕국 등 아프리카 전역에 걸쳐 흥망성쇠 했던 왕국들의 역사와 사회, 정치 조직에 관한 연구가 이루어지고 있다.[9] 아프리카는 잃어버린 자신의 역사를 찾기 위해 노력하고 있다.

1998년 4월 당시 남아공 부통령 음베키는 동경 유엔대학교에서 강연을 했다. 거기에서 그가 외친 것은 아프리카의 르네상스였다. 아프리카 사람은 다른 나라 사람과 다르지 않으며, 아프리카도 영광과 비극의 역사를 모두 가지고 있고, 아프리카인은 별종이 아니므로 이들의 미래는 노력 여하에 따라 원하는 대로 바뀔 수 있다는 것이 음베키의 주장의 핵심이었다.

사실 '아프리카'라는 이름은 오랫동안 미개하고 야만적인 것을 대표하는 이름이었고 검은색은 테러와 악 그리고 죽음을 상징했다. 이러한 왜곡된 정보가 사람들로 하여금 아프리카에 대해 부정적인 생각을 갖도록 하는 데 큰 영향을 미쳤다. 아프리카에 대한 부정적인 이미지를 퍼뜨렸던 장본인인 서양은 20세기 후반 영국 역사가 배질 데이비드슨(Basil Davidson)을 통해 비로소 아프리카에도 찬란한 역사와 문화가 있었음을 알게 되었다. 가나의 황금 무역, 베냉의 뛰어난 예술, 고대 짐바브웨 왕국의 돌 문화, 에티오피아의 종교적 전통 등을 발견한 것이다. 유럽인은 이집트 문명을 그리스 문명의 전조로 보며 따라서 서양문명과 연결된 것으로 생각하는데, 사실 이집트 문명은 아프리카 문명의 일부이다. 이집트 파라오의 지위와 같은 풍습은 누비아로부터 전래된 것이다. 아프리카는 찬란한 역사와 문화를 가지고 있으므로 아프리카의 전통과 자존심이 회복될 수 있다고 보는 음베키의 주장에는 일리가 있다.[10]

남부 아프리카를 흔히 반투 아프리카라고 부른다. 이는 적도 이남 아프리카 국가들이 대부분 반투 언어로 통합된 결과 일어난 현상이다. 반투는 '사람'이라는 뜻으로 어떤 특정한 언어나 민족을 가리키는 말이 아니고 600여 개 이상의 언어가 서로 융합된 결과를 일컫는 언어 중심의 개념이다. 반투에 속하는 언어는 서로 비슷비슷하며 큰 차이가 없다. 독일어와 북부 유럽의 스웨덴어, 노르웨이어, 덴마크어 간 차이 정도와 비슷하다. 기원전 2000년경부터 나이지리아나 카메룬과 같은 서부지역으로부터 초기 반투어를 사용하는 민족들이 서서히 서중부의 적도 국가들에 영향을 미치기 시작했다. 기원전 1000년경에는 반투 개척자들이 열대삼림의 변두리에 도착했으며 남쪽의 사바나 지역으로 진출하기 시작했다. 개척자가 정글지대인 열대림을 통과하는 데에는 많은 시간이 걸렸다. 어떤 때는 1000킬로미터를 돌파하는 데 600년이 걸렸고 어떤 때는 10년 동안 22킬로미터 정도밖에 나아가지 못할 정도로 속도가 느리기도 했다. 그러나 밀림을 뚫고 사바나 지역에 이르자 전파 속도는 현저히 빨라졌다. 이들은 문화가 다르고 생소한 언어를 사용하는 이질적인 종족과 서서히 융합되기 시작했다. 반투의 확장은 군사적 정복의 결과가 아니고 문화적 침투와 통합의 과정이었다. 반투의 융합 과정은 매우 서서히 진행되었다. 결코 정세의 급변이나 자연재해로 인해 사람들이 대규모로 이주함으로써 이루어진 것이 아니다. 마치 물결이 퍼지듯이 서서히 그러나 끊임없이 퍼져나갔다. 반투어를 구사하는 조그만 부족이나 소수 그룹의 사람들이 다른 문화권에 침투하여 문화를 교류함으로써 오랜 기간에 걸쳐 서서히 융합이 이루어졌다. 반투어를 사용하는 사람과 다른 문화권 사람 사이에 상호 교류와 소통이 이루어졌고 이러한 교류의 과정은 비폭력, 평화적이었다. 이 과정은 비폭력적이었으므로 다른 문화를 말살하는 것이 아니라 서로 동화시키는 것이었다.

반투 아프리카 국가 중 강성했던 대표적인 국가가 대짐바브웨(GZ)이다. GZ는 넓은 영토와 빼어난 기술을 보유하고 있었다. 동부 아프리카에 있었던 한 스와힐리 항구의 기록에 의하면 10세기 서남쪽에 매우 융성한 GZ가 있었고 이 항구의 경제는 GZ로부터 유입되는 금에 크게 의존했다고 기록하고 있다. 반투어는 현재 종횡 6000킬로미터의 거리에 걸쳐 산맥, 사바나 평원, 강, 사막, 열대림 등을 넘어 4억에 이르는 사람들이 공유하고 있다.[11]

아프리카의 **종교와 유럽의 영향**

아프리카인 3명 중 1명은 무슬림이라고 할 정도로 회교가 아프리카에 널리 퍼져 있다. 아프리카에서 이슬람교도의 숫자는 3억 4500만 명에 달하는데 이는 전 세계 회교도의 27.5%에 해당한다. 남부를 제외하고 아프리카의 북부, 서부 그리고 동부에 골고루 회교 세력이 있다. 그러나 회교가 널리 퍼져 있기는 해도 아프리카인은 코란이 가르치는 종교적, 사회적 관습을 그대로 받아들이지는 않는다. 7세기 북부 아프리카 지역을 점령한 아랍은 이슬람과 아랍어의 선택을 강요했지만 사하라 이남의 경우에는 무슬림 상인들이 평화적인 방법으로 회교를 전파했다. 이 때문에 사하라 이남의 많은 국가는 고유한 언어와 사회적 전통을 그대로 유지할 수 있었다.

©crashdburnd

_ 나이지리아의 이슬람 사원

이슬람교는 아프리카에서 놀라울 정도로 유연성을 발휘했다. 유일신 알라 이외 다른 정령의 존재를 인정했고, 마술, 주술과 같은 토착신앙에 입각한 행위도 비난하지 않았다. 11세기 말리에서 '마라보'라고 불리는 이슬람 지도자들은 왕국을 위해 기우제를 올리기도 했다. 우연의 일치인지 모르지만 실제로 비가 내렸고 그 후 말리 왕국에서는 이슬람으로의 개종이 급속히 증가했다고 한다. 아프리카 엘리트들은 이슬람 신학자를 환대했으며 알라신에게 승전, 건강 그리고 부의 축적 같은 소원을 빌기도 했다. 아랍인은 사하라 이남 아프리카에서는 누구든 알라를 최고의 존재로 인정하기만 하면 관용을 베풀었다.[12]

아랍의 북아프리카 정복은 마호메트 사후 2세기에 걸쳐 이루어졌다. 비잔틴이 지배하고 있던 이집트는 641년 아랍의 손에 넘어갔다. 그 당시 이집트인은 대부분 콥틱 기독교도였는데 이들은 자신의 종교를 인정받는 대신 아랍 지배자에게 세금을 바칠 것을 약속했다. 아랍 침입자에 의해 이집트가 쉽게 함락된 데 반해 사하라 남쪽 베르베르인[13]에 대한 정복은 쉽게 이루어지지 않았다. 베르베르인은 끈질기게 저항했고 때때로 군사적 성공을 거두었으며 아랍은 이들을 정복하는 데 필요한 현지인의 조력을 얻는 데 큰 어려움을 겪었다. 아랍은 콥틱인과 베르베르인을 정복한 후에도 이들을 아랍 세계에 동화시키는 데에만 수세기를 더 소모해야 했다. 콥틱인과 베르베르인은 완고했고 변화를 잘 받아들이지 않는 사람들이었던 것이었다.

서양의 아프리카 식민화는 이슬람 전파를 도왔다. 인구의 이동이 늘어나면서 그동안 이슬람이 진출하지 못한 곳에도 자연스럽게 이슬람이 퍼졌기 때문이다. 식민주의자들이 새로운 도시를 세우고 개척지를 만들자 사바나 지역으로부터 해안지역으로 이슬람이 전파되었다. 또한 인도계 이슬람교도가 대거 아프리카로 이주해오면서 이슬람이 그동안 접촉하지 않았던 곳으로 종교가 전파되었다. 수만 명의 인도계 무슬림이 남아공에 노동자나 무역업자로 정착하자 남아공 정부는 이들이 회교 사원과 학교를 건립하는 것을 용인해야 했다. 세력이 커진 회교도들은 그들의 믿음을 유지했을 뿐 아니라 점차 현실 정치에도 관심을 기울여 아파르트헤이트(악명 높았던 남아공의 인종차별 제도)에 대해 공개적으로 비판적인 자세를 취했다. 간디의 비폭력·무저항운동에 감명을 받은 인도계 엘리트 중에는 월터 시술루(Walter Sisulu)나 만델라(Nelson Mandela)가 이끄는 흑인 투쟁단체인 ANC(Africa National Congress) 등과 손을 잡고 인종차별정책에 저항하는 사람들도 나타났다.

그러면 아프리카에는 토착 종교가 없는가? 그 답은 '아니다'이다. 아프리카에도 많은 토착종교가 있고 오랜 세월에 걸쳐 아프리카인의 정신세계를 지배해왔다. 그러나 복잡한 역사를 거치면서 아프리카의 전통 종교는 점차 쇠퇴했다. 현대화 과정 속에서 점차 약해지고 있는 것이 사실이지만 토착 종교는 아직 사람들 마음에 남아 있다. 아프리카의 종교는 생활의 일부분이며 사람들의 의식 속에 깊이 뿌리박혀 있으므로 위기 시에는 본능적으로 나타난다. 도시로 나간 사람들은 성공해서 도시에 정착한 후에도 자신의 뿌리인 고향과 늘 밀접한 관계를 맺고 있다. 이들은 마을의 전통적 의식이나 축제 때에는 고향으로 돌아와서 조상에게 경배하고 새로운 마음가짐을 다지는 의식에 참가한다. 토착 종교가 마음의 뿌리에 남아 있기 때문이다. 조상 숭배는 아프리카 토착 종교에서 중요한 위치를 차지한다. 조상은 현실과 영적 세계를 잇는 매개체이며 과거와 미래를 연결하는 가교이다. 아프리카인은 조상이 화가 났다고 믿을 경우 큰 위협을 느끼며 조상의 영혼을 달래기 위해 농산물이나 동물을 바치면서 제사를 지낸다. 제사장은 아프리카 사회에서 여전히 중요한 위치를 차지하고 있다.

아프리카 토착종교는 세상을 선과 악으로 이분화하지 않는다. 이들에게는 천국과 지옥의 개념이 희박하며 신은 세상을 관장하는 통치자일 뿐이다. 이들은 영혼은 강력하지만 제물을 바치고 제사를 지냄으로써 달랠 수 있다고 믿는다. 따라서 이들에게 미래를 예언하고 길흉을 점치는 점술사나 무당은 매우 중요한 존재이다. 아프리카인은 누군가 에이즈에 감염되었을 경우 먼저 무당을 찾아 어떤 적이 이러한 병을 감염시켰는지 알아본다.

아프리카인은 영적인 힘에 의한 운명을 중시하기 때문에 어떤 일이 일어나면 흔히 운명으로 돌리는 경향이 있다. 큰일이 일어나도 사람의 책임을 묻지 않고 나쁜 영에 의해 예기치 않은 일이 일어난 것으로 생각하고 만다. 아프리카에서는 어떤 사람이 '파워풀'하다고 할 경우 보통 그 사람의 직업보다 그의 내부의 힘이 강력하다는 것을 뜻한다. 사람들은 흔히 정치인, 추장, 기업인 등 성공한 사람들을 '파워풀'하다고 말하는데 이것은 이들이 보이지 않는 영적인 힘의 도움을 받고 있다고 생각하기 때문이다. 아프리카에서 카니발리즘이 성행하는 것도 영적인 믿음과 관련이 있다. 아프리카인이 식인을 하는 것은 희생자를 경멸해서가 아니라 그를 존중해서이다. 식인자는 희생자의 중요한 기관을 먹음으로써 희생자의 영적인 힘을 흡수하여 보다 강해질 수 있는 것으로 생각한다. 이디 아민, 장 베델 보카사, 찰스 테일러, 다니엘 아랍 모이 등 많은 아프리카 지도자가 식인을 하는 것으로 비난을 받았다. 그러나 누구도 이들이 정말 식인자였는지 확실히 아는 사람은 없다. 다만 이러한 비난이 있다는 사실 자체가 아직 아프리카에는 카니발리즘이 존재한다는 점을 시사한다.

유럽의 아프리카 진출에는 서양 선교사의 역할이 컸다. 보헤미아 지방에서 종교개혁운동을 한 후스를 기념해 프로테스탄트들이 15세기에 결성한 모라비아 형제단(Moravian Brethren)은 1737년 남아프리카의 코이코이족에게 선교사를 보냈고 런던선교협회, 웨슬리안 감리교선교회 등이 줄지어 선교사를 파송했다. 가톨릭 선교단체들도 19세기 후반부터 선교사를 아프리카의 여러 곳에 파견했다. 선교사들은 단순히 기독교 포교만 한 것이 아니라 행정이 미치지 않는 오지에 침투하여 서양의 사상과 문화를 전파하고 현지인을 교육시켰다. 나중에는 흑인 중에도 이런저런 경로로 선교사가 된 사람들이 나왔다. 사무엘 크라우더(Samuel Crowther)는 1821년 12세의 나이에 노예로 잡혀 끌려가다가 노예선으로부터 구조되어 시에라리온에 정착한 후 그곳에서 서양 선교사에 의해 교육을 받았다. 1843년 고향으로 돌아온 크라우더는 광범위한 지역에서 선교활동을 했으며 1864년 영국 성공회는 그를 니제르의 주교로 임명했다.[14] 19세기에 가장 유명한 선교사였던 리빙스턴 박사의 활동은 유럽에 큰 영향을 미쳤고 리빙스턴이 한때 실종되었다고 해서 그를 공개적으로 찾아 나섰던 미국 저널리스트 스탠리의 이야기는 하나의 전설이 되었다. 리빙스턴은 비단 선교사로서 유명했을 뿐 아니라 아프리카 오지 탐험가의 대명사로서 영국을 대표하는 인물이 되었다. 세계 7대 '자연의 경이'로 유명한 빅토리아 폭포도 리빙스턴이 당시 영국 여왕의 이름을 따서 붙인 것이다. 이 때문에 리빙스턴은 1873년 웨스트민스터 사원에 안장되었다.

유럽이 아프리카에 진출하던 초기 시절 포르투갈에 의해 전도되어 열렬한 기독교인이 된 사람으로 콩고의 은징가 음벰바(Nzinga Mbemba)가 유명하다. 음벰바는 콩고의 엘리트 가문 출신이었는데 기독교를 받아들인 후 콩고에 유럽식 왕국을 건설하려고 했다. 1491년 세례를 받은 음벰바는 이름을 아폰소(Afonso)로 바꾸고 1506년에는 콩고 왕국의 아폰소 1세로 등극했으며 1543년 사망할 때까지 독실한 기독교인으로서 국가를 통치했다. 그는 기독교를 장려하고 포르투갈식 복장과 매너를 보급했으며 유럽 선교사, 무역상인, 근로자의 콩고 방문을 환영했다. 그는 또한 콩고의 귀족들을 포르투갈에 보내 교육을 받게 했는데 그중 한 명은 1518년 포르투갈의 우티카(Utica)에서 주교가 되었다. 아폰소의 재임 중 콩고는 아프리카에서 최초로 진정한 기독교 국가 그리고 서구화된 왕국이 될 것으로 기대를 모았으나 현실은 그렇지 않았다. 우선 포르투갈로부터 온 선교사나 교육자의 숫자가 충분하지 않았고 많은 사람이 질병으로 사망했다. 그리고 선교사 중에는 순수한 복음 선파의 사명을 띠고 온 사람이 있는 반면 다른 이권에 관심이 있는 사람도 많았다. 포르투갈 상인들은 이 기회를 이용하여 노예무역을 확장하는 데 보다 관심을 가졌다.[15]

아프리카에서 교회의 역할은 과거에도 그랬고 지금도 중요하다. 교회는 모든 정부와 세계은행 그리고 원조기구를 합친 것보다 더 아프리카 발전에 기여했다는 주장도 있다. 목회자, 수녀, 선교사, 교회 종사자 등으로 구성된 교회 네트워크는 아프리카에서 가장 효율적인 기구 중 하나이다. 콩고, 가나, 앙골라, 모잠비크, 우간다 등에서 내전이 일어나 많은 사람이 고통에 처했을 때 교회는 이들을 돌보고 보호해주었다. 중세 암흑시대 때 유럽에서 그랬던 것처럼 교회는 아프리카인의 생활과 문명이 지속될 수 있도록 도운 것이다.[16]

유럽의 아프리카 진출에는 탐험가들의 활약도 컸다. 아프리카 탐험으로 명성을 날린 사람으로는 리처드 버튼(Richard Burton), 헨리 모턴 스탠리(Henry Morton Stanley), 존 해닝 스피크(John Hanning Speke), 피에르 사보르냥 드 브라자(Pierre Savorgnan de Brazza), 장바티스트 마르샹(Jean-Baptiste Marchand), 사무엘 베이커(Samuel Baker), 문고 파크(Mungo Park) 등이 있다. 1788년 뱅크스(Joseph Banks)가 런던에서 아프리카 협회를 결성하고 파리에서는 지리협회가 결성됨으로써 아프리카 탐험에 더욱 박차를 가하게 되었다. 1830년 런던에서 창립된 왕립지리협회도 아프리카 탐험에 큰 기여를 했다.[17]

유럽이 오랫동안 아프리카의 주인 노릇을 했으나 실제 아프리카로 건너온 유럽인의 숫자는 생각보다 많지 않았다. 노예무역이 성행하면서 많은 유럽인이 수세기 동안 아프리카 진출에 열을 올렸으나 1790년 아프리카에 거주하는 유럽인은 2만 5000명에 불과했다. 이후 식민지배가 시작되고 유럽으로부터 더 많은 이주자가 건너옴으로써 백인 숫자가 늘어났으나 1936년 남아공을 제외하고 사하라 이남 아프리카에 거주하는 백인 숫자는 20만 명 이하였다. 백인 숫자가 정점에 달한 것은 1980년대 초로서 600만 명에 달했으며 현재는 이보다 약간 적은 500만 명으로 추산되고 있다.[18] 10억 인구의 대륙에서 500만 명이면 인구 200명당 1명꼴이라는 이야기다. 분명히 많은 숫자는 아니다. 아프리카는 처음부터 흑인의 대륙이었고 지금도 마찬가지이며 앞으로도 그렇게 남을 것이다.

아프리카의 **가족사회**

아프리카 가족사회의 특징 중 하나는 남편이 2명 혹은 더 많은 부인을 거느리는 경우가 많다는 점이다. 따라서 가족 구성이 복잡해진다. 꼭 혼인관계가 아니더라도 아프리카에서는 친인척이 함께 모여 사는 경향이 있어 이방인의 눈에는 복잡하게 보인다. 가족 구성을 물어보면 집에 3명의 아버지와 2명의 어머니가 있다고 대답하는 아이들이 있다. 더 자세히 물어보면 어머니 한 명은 자기 친어머니의 자매이고 아버지 2명은 친어머니의 남동생들이라고 대답한다. 아프리카에서는 누구든 돌보아주는 사람은 그 아이의 아버지이고 어머니이다. 따라서 많은 아버지, 어머니가 있는 것이다. 아프리카인은 거의 관계가 없는 먼 친척들도 형제 또는 자매로 부른다. 아프리카에서는 숙부나 고모의 자식은 형제로 간주되며 사촌으로 간주되지 않는다. 이들은 아버지나 어머니가 다른 형제를 별도로 구분하지도 않는다. 이들에게 어머니의 자매는 또 다른 어머니이며 내 형제의 자식은 내 아들과 딸이 된다. 우리 사회에서는 형제와 사매의 구분이 중요하지만 이들에게는 형제나 자매의 구분은 별로 중요하지 않다. 대신 이들은 형제자매가 아버지 쪽 소생인지 또는 어머니 쪽 소생인지를 구분한다. 부인이 두 명 이상 있는 경우 마찰과 충돌이 일어나기도 하지만 남편이 가부장으로서 역할을 충실히 하는 경우 보통 가족은 원만한 협력관계를 형성한다. 부인이 많은 집에서 고참 부인은 후배 부인을 경쟁자로 간주하기보다는 자산으로 생각한다. 전통적인 아프리카 사회는 농업과 목축을 주로 하기 때문에 많은 노동력을 필요로 한다. 바로 이러한 점 때문에 자연스럽게 일부다처 형태의 가족구조가 생긴 것으로 볼 수 있다.

아프리카에서 가족관계는 단순히 성적 결합으로 인한 자녀의 생산과 양육으로 이루어진 관계가 아니다. 가족은 노동력을 제공하는 일종의 단체이므로 구성원의 숫자가 많을수록 세력이 큰 집단이 되었다. 이 때문에 양자, 하인, 노예들도 가족의 개념에 포함되었다. 사람을 많이 거느린 가장은 높은 사회적 지위를 누렸다. 아프리카에는 이러한 전통이 아직까지 남아 있다. 서양이 개인주의라면 아프리카는 집단주의이다. 아프리카에서는 혼자 사는 사람은 없다. 모든 것이 가족 중심이다. 아프리카에서는 가족을 넓히는 것이 성공의 지름길이므로 아프리카인은 사회단체에 대한 관심이 지대하다. 많은 사람이 각종 클럽, 프리메이슨 단체, 종교단체, 로터리클럽, 라이온스클럽, 협동조합 등에 가입하고 있으며 정당에 대한 선호도 대단하다. 이들은 이러한 사회단체에 가입하는 것이 가족관계를 넓히는 것이라고 생각하는 것이다. 집단적 성격이 강한 아프리카에서 개인적인 프라이버시는 거의 없다. 만일 누가 혼자 있다면 다른 사람들은 그가 아프거나 아니면 화가 나 있다고 생각한다. 늘 누군가와 함께 있어야 하는 것은 아프리카에서 일종의 사회적 의무이다.

아프리카에서는 흔히 자녀들에 대한 결혼 상대가 미리 정해진다. 아이들이 어릴 때 또는 태어나기도 전에 결혼 상대가 정해지는 경우도 있다. 물론 요즘에는 부모가 정해준 배우자와 결혼하는 것을 거부하는 경우도 흔하다. 남자의 경우 부인을 데려오기 위해서는 상대 부모에게 지참금을 바치는 것이 관례이다. 지참금은 돈으로 주기도 하고 소나 양과 같은 가축으로 주기도 한다. 사촌들 간의 결혼도 성행하고 있다. 그런데 어떤 아프리카 국가에서는 성이 다른 형제들(오빠와 누이)에게서 태어난 사촌들 간의 결혼은 장려하나 성이 같은 형제들(형제 또는 자매)에게서 태어난 사촌들 간의 결혼은 근친상간으로 간주해 금지하는 국가들도 있다.

아프리카에는 한국과 같이 나이를 존중하는 풍습이 있다. 식사와 음료는 나이에 따라 먼저 배분되며 중요한 회의를 할 때에도 연장자 순으로 앞에 앉는다. 아프리카에서 널리 퍼진 조상 숭배는 일종의 연장자에 대한 존경이다. 조상은 과거와 현재를 연결하는 고리가 된다. 장로정치(Gerontocracy)는 사하라 이남 아프리카의 공통적인 현상이다. 장로들은 절대적인 권위를 가지고 부족 내에서 또는 부족 간에 일어나는 갈등을 해소한다. 장로들은 전통적으로 전사와 무기에 대해서도 통제권을 가졌으므로 보다 많은 충돌을 막을 수 있었다. 장로 중에 가장 우두머리가 추장이다. 중앙정부가 없거나 중앙정부의 세력이 약했던 많은 아프리카 국가에서 실질적인 통치권을 행사하는 주체는 추장이었다. 행정체제가 갖추어진 지금도 추장은 여전히 그 지역에서 영향력을 행사하고 있다. 예를 들어 봉사단체가 어떤 지역에서 봉사활동을 할 경우 추장과의 좋은 관계가 반드시 필요하다. 광산업자들도 마찬가지이다. 광물개발 허가를 얻었다고 해도 실제로 광물을 캐내기 위해서는 추장과의 원만한 관계가 필요하다. 영국은 식민지배 시절 직접 통치 방식을 취하지 않고 추장을 통해 간접적으로 통치하는 방식을 취했다. 크고 작은 부락의 추장들은 부족협의체(Tribal Authority)를 만들어 그곳에서 대추장(paramount chief)을 선출했다. 영국이 부족협의체에서 선출된 대추장을 인준하면 그는 실질적인 통치자가 되어 평생 식민지를 통치하고 대신 영국에게는 세금을 바쳤다. 일부 국가에서는 오늘날까지 이 대추장 제도가 존속하고 있으며 대추장은 여전히 주민으로부터 세금을 징수하고 있다. 영국은 가문보다 자신에게 협조하는 추장을 더 선호했다. 영국은 시에라리온에서 인두세 징수에 반대하는 대추장 냐마(Nyama)를 폐위시키고 대신 마가이(Margai)를 앉혔다. 영국에 협조한 마가이 가문은 독립 후 2명의 수상을 배출했다.[19]

연령을 존중하는 문화는 요즘에 와서 많은 변화를 겪고 있다. 능력 있는 젊은이들이 높은 지위를 차지하는 경향이 늘고 있기 때문이다. 그러나 장유유서에 관한 전통은 뿌리가 깊어 쉽게 사라지지는 않을 것 같다. 한편 핵가족이 늘고 젊은이가 일자리를 찾아 도시로 떠남에 따라 노인의 입지는 점차 약화되고 있다. 노인의 숫자가 늘어남에 따라 가족의 부양을 받는 노인의 숫자는 줄고 대신 자신의 생계를 스스로 책임져야 하는 노인이 늘고 있다. 노인은 일반적으로 사회에서 존경을 받지만 모두 그런 것은 아니다. 노인에 대한 평가는 그들이 인생을 어떻게 살았는지, 인생에서 무엇을 이루었는지, 자녀들을 학교에 보내 제대로 교육을 시켰는지 등에 따라 달라진다. 사회는 인생에서 내놓을 것이 없는 노인에 대해서는 좀처럼 존경심을 보이지 않는다. 아프리카에서도 여성의 평균수명이 남성보다 높으므로 노인 숫자로 봐서는 여성이 더 많다. 주로 가정살림을 맡아야 하는 여성의 특성상 인생에서 별로 내놓을 것이 없는 여성 노인에 대해서는 사회가 좀 더 관대하다. 형편이 어려운 여성노인에 대해 사회는 동정심을 보내며 도와주려고 한다. 그러나 여성이 같은 부류의 남성에 비해 사정이 좀 낫다고는 하지만 이들도 차별을 감수해야 하고 여러 가지 어려움에 처해 있는 것이 일반적 현상이다. 특히 경제권을 남성이 독차지하고 있는 아프리카 사회의 특성상 빈곤 여성, 소외된 여성의 구제는 심각한 사회적 과제이다.

농업과 아프리카

아프리카 사람에게 농업은 생존이자 전통이다. 아프리카 농부는 전통적으로 토지 소유권보다 경작권을 가졌다. 따라서 토지를 경작하지 않고 일정 기간이 지나면 권리가 박탈되었다. 지금도 아프리카 토착 농부는 토지의 소유보다는 사용권에 보다 관심이 높다. 인구가 많지 않던 시절 농부들에게 가장 큰 경쟁자는 코끼리였다. 아프리카인은 오래전부터 코끼리를 농작물과 식생을 파괴함으로써 생존을 위협하고 농업 발전에 심각한 장애를 초래하는 존재로 여겼다. 코끼리는 엄청난 양의 식물을 먹어치우는데다 사람이 경작한 땅을 침범했으므로 코끼리 떼를 물리치는 것은 생존이 달린 문제였다. 식민지 시절 백인 사냥꾼은 총으로 코끼리를 사냥했다. 그러나 엄청난 완력을 가진 코끼리 떼를 퇴치하는 것은 쉬운 일이 아니었다. 지속적인 노력을 기울인 끝에 1950년대에 들어와서 비로소 코끼리 문제가 완화되기 시작했다. 동부아프리카의 경우 1920년대에는 코끼리 떼가 경작지의 87%를 침범했으나 1950년대에는 63%로 줄어들었고

1975년에는 27%로 감소했다. 농업은 여전히 아프리카에서 가장 중요한 산업이지만 영세성을 면치 못하고 있다. 사하라 이남 아프리카인의 62%가 농업에 생존을 의지하고 있으며 불모지가 많은 북부아프리카의 경우에도 그 비율은 33%에 달한다. 아프리카 농장의 85%는 2헥타르 이내의 소규모로 조상 대대로 내려오는 농장이다. 미국 농무부는 아프리카 농업이 현 수준에 머무를 경우 2020년까지 하루 열량 섭취가 2100칼로리 미만인 사람들의 숫자가 인구의 절반인 5억 명에 이를 것으로 경고하고 있다.[20]

도시에서 비교적 좋은 직업을 가지고 잘사는 사람도 시골에서 농장을 경영하고 싶어 한다. 농업은 전통적인 생계 수단이자 어려운 때에 대비한 방호벽이기 때문이다. 많은 도시인이 도심 주변에 조그만 농장을 가지고 있으며 이들은 농업에 종사하지 않는 사람들을 게으른 사람으로 간주한다. 동부아프리카에서는 목축업이 농업만큼 중요하다. 마사이족 여성의 가장 중요한 일과 중 하나는 가축을 돌보는 일이다. 삼림이 많은 중앙아프리카에서 남자의 역할은 나무를 베어내어 새로운 경작지를 개척하는 것이다. 이러한 일은 남성의 억센 완력을 필요로 하기 때문이다. 나머지 씨를 뿌리고, 잡초를 거두고, 경작물을 돌보며 수확하는 일은 모두 여자가 맡는다. 그렇다고 여성이 수확물을 처분할 권리를 갖는 것은 아니며 수확은 공동투자의 결과로 간주된다. 수확물은 대개 나이 많은 남자의 감독 하에 저장되거나 소비를 위해 배분된다.[21] 가사와 농업에서 여성의 역할은 절대적이지만 권리는 상대적으로 약하다. 남자들은 외지에 돈벌이 나가서도 고향에 있는 농토의 경작과 수확 등에 관해 일일이 간섭한다. 여성은 농업에 대한 지식과 교육이 부족하고 농업자금을 갖추지 못했음에도 불구하고 노동력으로 이를 보충해야 한다. 이를 위해 여성들은 보통 하루 12시간 이상 농업과 가사를 위한 육체적인 노동에 종사하고 있다. 농업이 이렇게 힘들게 여성의 노동력에 의해 지탱되고 있음에도 불구하고 수확 철이 되면 남성이 이익의 대부분을 독차지한다. 남성이 농산물의 판매를 맡기 때문이다. 여성의 노동력을 근간으로 하는 농업 구조는 식민주의와 밀접한 관계가 있다. 식민주의가 들어오기 전에는 대부분 아프리카 지역에서 남녀가 함께 농업에 종사했다. 그러나 아프리카에 온 유럽인들은 유럽의 전통에 따라 농장에 남자들만 고용했다. 이 때문에 남자는 농장에서 품삯을 받고 일하고 대신 여자는 집 근처에 조그만 밭을 가꾸어 생활을 해나가는 방식이 점차 고착되었다. 이로써 가내농업은 여자가 맡는 생활방식이 관습으로 굳어졌다. 식민주의는 아프리카의 전통적인 분업에 근본적인 변화를 초래한 것이다.

_ 아프리카의 농부

아프리카에서 가장 힘들게 살아가는 계층은 농촌지역의 나이 많은 여성이다. 이들은 농업 외에도 딸이 도시로 떠나면서 남긴 손자들의 양육을 맡는다. 따라서 아프리카에서 가장 가난한 사람은 대개 농촌의 여성들이다. 아프리카 여성의 출산율은 5-8명에 달하지만 도시지역에서는 출산율이 낮다. 그것은 생활비와 양육비가 많이 들므로 아이들이 부담이 되기 때문이다. 반면 농촌 지역의 아이들은 하루 12시간 이상 일해야 하는 어머니의 노동 부담을 덜어주는 자산이 된다. 또한 애들은 여성의 노후를 위한 일종의 보험이다. 어머니가 늙으면 자식들에게 기댈 수 있기 때문이다. 이러한 구조 때문에 아프리카의 출산율, 특히 농촌지역의 출산율은 아직도 매우 높다. 서양 선교사가 처음 아프리카에 도착하여 학교를 설립했을 때 부모로 하여금 애들을 학교에 보내도록 여러 방식으로 설득했다. 선교사들은 가정당 최소한 한 자녀는 학교에 보내도록 요청했다. 그러나 자녀를 노동력으로 여기는 부모는 학교를 성가시고 쓸모없는 존재로 생각했다. 그들은 집 안에서 가장 노동 가치가 없다고 생각하는 아이를 학교에 보냈는데 대부분의 경우 이들은 딸이었다. 따라서 처음에 문자를 해독하는 능력을 갖게 된 것은 주로 여성이었고 이들은 식민지 초기에 학교나 관청에서 일하는 특권을 누리게 되었다. 남성 위주의 사회에서 여성이 특권을 누린 것은 다분히 요행의 결과였다.

아프리카의 대중문화와 교육: **짐바브웨의 사례**

아프리카의 대중문화는 사회적, 문화적 다이너미즘의 표상이다. 전통적 대중문화의 특징은 예술과 생활 사이에 밀접한 관계가 있다는 점이다. 페스티벌이 열릴 때는 보통 마을의 광장에 모든 마을 사람이 한데 모여 참여하고 즉흥적인 시낭송, 춤, 음악으로 시작하여 타악기 연주와 가장 행렬, 종교적 의식 및 참석자의 합창 등으로 행사가 이어진다. 이러한 가운데 마을 사람은 하나가 되며 카타르시스를 맛본다. 이러한 모습은 우리가 영화나 사진을 통해서도 흔히 목격할 수 있다. 땀범벅이 되어 북을 두들기고 끝도 없이 춤을 추는 가운데 사람들의 모습은 열정과 희열 그 자체이다. 현대 음악의 많은 리듬이 아프리카로부터 유래했다. 록, 재즈, 레게,

소울 등은 모두 아프리카를 뿌리로 하고 있다. 아프리카 음악에는 부정적이거나 슬픈 면이 없다. 아프리카 음악은 희망을 상징하며 춤은 삶을 상징한다. 죽음과 고통 그리고 비극이 일상생활인 아프리카에서 음악과 춤은 살아 있다는 사실을 확인시켜주는 일종의 의식인 셈이다.

짐바브웨에는 하이파(HIFA)라는 연례 문화행사가 있다. 민간단체에서 주관하는 이 행사는 매년 성장하는 가운데 짐바브웨뿐만 아니라 아프리카, 유럽, 아메리카, 아시아 등 각처에서 공연단이 참석하는 국제행사로 자리 잡았다. 이 행사에 참가해보면 아프리카인이 음악과 무용 등 공연문화에 얼마나 열광하는지 피부로 느낄 수 있다. 이 행사에 참가하는 외국의 공연단은 항공료를 부담하고 주최 측이 공연단의 현지 숙박비와 체재비를 부담한다. 공연의 성격은 철저히 정치색을 배제하고 순수한 문화 교류 차원에서 모든 관객이 함께 즐길 수 있는 장을 만드는 것이다.

한국에서도 이미 공연단을 세 차례 파견해 이 행사에 참가했다. 한 번은 전통무용이었고 두 번은 비보이 공연이었는데 역동적인 비보이 공연은 특히 폭발적인 인기를 얻었다. 한류 확산에 따라 우리의 공연 예술이 이미 아시아를 넘어 북미와 유럽까지 진출하여 큰 인기를 얻고 있는 상황에서 하이파에 정기적으로 참여할 경우 아프리카에서 한류 확산의 물꼬를 트는 데 기여하게 될 것이다. 특히 폭발적으로 인기를 얻고 있는 우리 걸 그룹, 난타, 비보이, 사물놀이 등이 하이파에 참여할 경우 그 효과는 대단할 것으로 생각한다. 이것은 아프리카인의 성향이 신나고 역동적인 음악과 춤을 좋아하기 때문이다. 또 한식 세계화가 한류의 일부를 차지하고 있는 이때 하이파에서 한국 부스를 설치하여 한식을 제공할 경우 그 홍보 효과가 클 것으로 생각한다.

_ HIFA 공연 모습

_ 토고 페스티벌

사이버 네트워크 단체로서 한국을 외국에 제대로 알리는 데 큰 기여를 하고 있는 반크 대표단이 2011년 11월 짐바브웨를 방문했다. 반크의 짐바브웨 방문은 1994년 양국 수교 이후 우리 청소년 단체로는 첫 번째 방문으로 무주루 부통령, 카수퀘레 청소년장관 등 관련부처 장·차관들이 긴 시간을 할애하여 직접 대표단을 면담했을 뿐 아니라 외교부도 다양한 일정을 주선하는 등 적극적인 협조를 제공했다. 짐바브웨 언론(일간지 Herald 및 국영 ZBC TV)은 반크 대표단의 거의 모든 일정을 밀착 취재하고 인터뷰 내용을 상세히 보도했는데 이는 짐바브웨 정부가 교육과 청소년 활동에 부여하는 높은 관심을 반영한 것이었다. 짐바브웨가 반크에 큰 관심을 보인 데에는 ZBC TV에서 인기리에 방송 중인 대장금, 슬픈연가 등 한국 드라마의 영향도 컸다. 일반인의 한국에 대한 관심이 그만큼 높아졌기 때문이다. 반크의 짐바브웨대학 강연 시 500여 명에 이르는 많은 학생이 참석하여 좌석이 크게 부족했으며 학생들은 한국 드라마와 태권도에 대해 특별한 관심을 보였다.

짐바브웨는 전통적으로 가족 간 유대와 상호부조가 강한 편이지만 에이즈로 인해 이러한 가족 네트워크가 상당 부분 붕괴되었고 전체 아동의 4분의 1이 부모의 보살핌을 받지 못하는 고아이다. 에이즈는 가족 부양을 책임져야 할 30-40대 구성원에게 치명적인 영향을 미쳐 장년층 인구에 공동이 생긴 상태이다. 이에 따라 짐바브웨의 가정은 주로 노인과 아동으로 구성되어 있고 그 중간에 해당하는 청장년층은 숫자가 격감한 상황이다. 이러한 상황은 아프리카에서 가장 우수한 것으로 알려진 교육시스템에 영향을 미쳐 자칫하면 문맹률을 증가시킬 수 있는 위험한 상황에 처해 있다. 유니세프 등을 비롯한 국제기구는 부모가 없는 결손가정도 아이들을 학교에 보내도록 장려하기 위해 아동보호기금을 출범시킬 준비를 하고 있다. 살라마 짐바브웨 유니세프 소장에 의하면 매월 한 가정에 20불만 지원되면 아동이 학교에 다닐 수 있고 이를 통해 짐바브웨의 교육시스템은 최소한 현 상태를 유지할 수 있다고 한다. 짐바브웨의 교육시스템은 초등, 고등, 대학에 이르기까지 비교적 잘되어 있는 편이다. 이러한 교육시스템으로 인해 짐바브웨는 아프리카 내에서 가장 낮은 문맹률을 기록하고 있고, 의사, 변호사, 교사 등 전문 직업인도 양산해냈다. 하라레에 있는 짐바브웨 대학, 무타레에 있는 아프리카 대학 등은 상당히 높은 수준의 대학으로 평가받고 있다.

짐바브웨대학은 1955년 설립된 최고 전통의 대학으로 인문사회, 경영, 법학, 농학, 자연, 공학, 의학, 교육학 등 모든 분야에 단과대학을 가진 유일한 종합대학이다. 학생 총 정원은 12,500명이지만 현재 재학 중인 학생은 1만 명 정도이고 그간 7만 여명의 졸업생을 배출했다. 짐바브웨 정·관계의 고위인사들은 대부분 이 대학 출신이며 영국, 미국, 남아공을 비롯한 해외에도 많은 졸업생이 진출해 있다. 과거에는 주변국가에서 많은 외국

_ 짐바브웨대학 회의실

_ 아프리카 대학

학생들이 이 대학에서 수학했으나 2000년 이후 경제난이 가중되면서 현재 외국 학생은 수백 명 정도에 불과하다. 나미비아 학생들이 공학을 배우기 위해 정부간 협정을 통해 집단으로 와 있는 것이 눈에 띈다. 짐바브웨대학은 과거 남아프리카에서 최고의 명성을 자랑했던 학교 중 하나로서 비록 2000년대 이후 경제난으로 인해 교육과 연구 모두 침체했으나 최근 경제의 호전과 함께 엔지니어링과 농업 분야를 중심으로 과거의 명성을 회복하기 위해 노력을 기울이고 있다. 짐바브웨는 풍부한 광물과 목재를 생산하고 있음에도 불구하고 이를 가공하여 부가가치가 높은 상품으로 만들 수 있는 기술과 시설이 부족한데 짐바브웨대학에서는 이에 필요한 기술 인력을 양성할 계획이다. 짐바브웨대학이 한창 명성을 날릴 때에는 스칸디나비아 국가와 미국 민간재단(Ford, Kellog 등) 등으로부터 재정 지원이 넘쳤으나 정치가 악화되면서 대부분 지원이 끊겼다. 그 대신 빌 게이츠 재단이 5000만 불을 29개 아프리카 대학의 농업 연구에 지원하는 프로그램을 시행 중인데 짐바브웨대학도 이 프로그램에 참여하고 있다. 짐바브웨 대학에는 2011년 한국어과가 개설되어 한국어를 배우는 학생들이 점차 늘어나고 있다. 또 짐바브웨대학은 계명대, 신한대 등과 자매결연을 맺어 교수와 학생 교환 등 상호 협력을 도모하고 있다.

아프리카 대학은 1992년 미국 감리교연합회와 USAID 등의 지원으로 개교한 약 200만 평에 달하는 넓은 캠퍼스를 보유하고 있는 대학으로 인문학, 사회과학, 신학, 경영학, 교육학, 보건학 등에서 단과대와 대학원을 설치하고 있으며 28개국에서 온 2000여 명의 학생과 75명의 교수(행정직원 포함 총 220여 명의 교직원)를 가지고 있다. 감리교 이념에 기초하여 설립된 대학이지만 입학에 있어 종교나 국적에 차별을 두고 있지 않으며 외국 학생으로는 DR콩고가 130명으로 가장 많다. 아프리카 대학은 짐바브웨 대학에 이어 배재대학교와 MOU를 체결하여 한국어 강사를 파견 받아 세종학당을 운영하고 있는 등 한국어 교육에 열을 올리고 있다. 광림교회가 자금을 지원하여 채플을 건축하였으며 채플 내에 김선도 목사의 대형 초상화를 걸어놓고 있는 점이 특이하다. 대학 운영자금은 등록금 외에 미국 감리교연합회와 USAID 지원을 통해 충당하고 있지만 기숙사 신축 등 학교 시설 확장을 위한 재원 마련에 어려움을 겪고 있다. 이 대학은 다른 아프리카 대학들에 비해 도서관, 강의실, 회의실, 컴퓨터실 등의 시설이 수준급이고 관리가 잘되어 있다. 이 대학은 ACBF(아프리카역량개발재단), 세계은행, 켈로그재단, ARIPO(아프리카 지적재산권기구) 등과도 파트너십을 구축하고 있으며 미국, 독일, 일본 등의 대학과 학생교류 프로그램을 운영하고 있기도 하다. 이 대학의 등록금은 학비, 기숙사비, 식비를 합쳐 연 5,600불 수준이므로 크게 높은 편은 아니나 짐바브웨의 평균 소득으로 보아 일반인의 자녀가 다니기에는 벅차다. 그런 까닭인지 이 대학에는 짐바브웨의 고위 인사나 부유층 자녀들이 많이 재학하고 있는 것으로 알려져 있다.

에이즈의 **폐해**

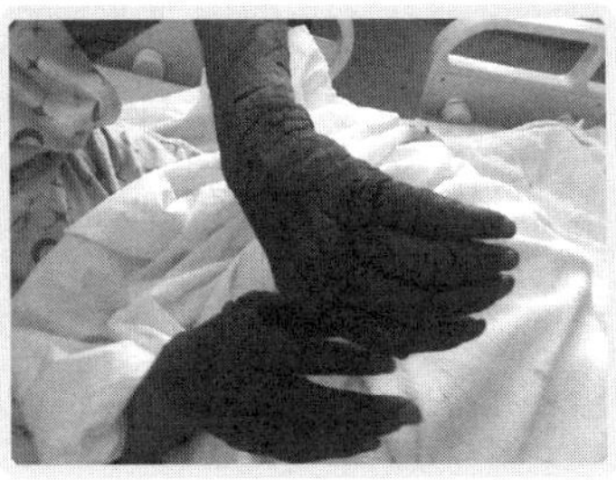
_ 에이즈 환자의 모습

아프리카에서 HIV/AIDS가 만연한 이유는 다분히 문화적이다. 아프리카에서는 동성애로 인해 에이즈가 전파된 경우는 드물고 주로 남녀 간의 성적 접촉에 의해 빠른 속도로 퍼졌다. 아프리카의 남성은 보통 다수의 여성과 성적 관계를 갖는다. 또 아프리카 남성들은 다른 고장을 방문했을 때 잠깐 머물다가 떠나는 떠돌이들이 대부분이다. 이러한 환경에서는 정상적인 사회 규범이 작동하기 어렵다. 남성들은 콘돔을 사용하지 않고 여성과 관계를 맺은 후 떠나버리는 것이 일반화되어 있다. 보균자든 아니든, 남성이든 여성이든, 아프리카인에게 콘돔은 달가운 물건이 아니다. 콘돔의 사용은 성적 쾌감을 떨어뜨린다고 여겨지며, 스스로 HIV 보균자라는 인상을 줄 수 있기 때문이다. 또한 여성이 상대방에게 콘돔 착용을 요구하는 것은 무척 어려운 일이다. 그것은 상대방 남성에 대한 의심 또는 모욕과도 같은 것이어서 남성의 지위가 절대적으로 우월한 아프리카 사회에서 거부감 없이 받아들여질 수 있는 요구가 아니기 때문이다.[22]

전쟁과 내전 그리고 평화유지군에 의해서도 에이즈는 심각하게 전파되었다. 군인은 얼마 있다가 떠나는 일종의 떠돌이이기 때문이다. 이렇게 해서 닥치는 대로 성관계를 갖는 남성에 의해 에이즈가 무서운 속도로 퍼지기 시작했다.

HIV에 감염된 남성과 여성의 비율을 볼 때 오직 아프리카에서만 여성 감염자가 남성 감염자보다 더 많다. 이러한 통계는 아프리카의 남성이 성적인 폭력을 심각하게 휘둘렀다는 뚜렷한 증거이다. 남성들은 가리지 않고 성적 폭력을 휘둘러 많은 여자들이 HIV 보균자가 되었다. 1990년 우간다의 HIV 감염률은 27.7%, 르완다는 25.1%, 잠비아는 24.5%, 말라위는 22.7%, 그리고 짐바브웨는 18%나 되었다. 마사이족은 형이 죽으면 동생이 형수를 부인으로 삼는 '형사취수'의 풍습이 있는데, 죽은 사람 대부분이 에이즈 환자였기 때문에 부인 중에는 HIV 보균자가 많았다. 따라서 이러한 관습은 마사이족 내에서 에이즈를 확산시키는 주범이 되었다. 또 다른 측면을 보면, 엄마가 죽으면 딸이 학교를 그만두고 가사를 이어받아야 하는데 교육을 제대로 받지 못한 딸은 평생을 가난에 시달리게 되며 에이즈에도 쉽게 노출된다. 결국 이들이 HIV 양성인 아이들을 낳고 일찍 죽어버리면 남은 애들은 고아가 된다. 이런 식으로 에이즈와 죽음 그리고 빈곤의 사이클이 형성된다.

아프리카 정부들이 적시에 정확한 정보를 제공하고 주민을 계몽하는 등 적절한 사전 조치를 취하지 못한 것도 에이즈 확산의 원인이다. 아프리카의 미신적인 성향, 즉 병에 걸리면 먼저 무당을 찾아가는 것, 에이즈에 걸린 사람이 처녀와 잠을 자면 병이 낫는다는 속설, 콘돔이 에이즈 예방에 도움이 되지 않는다는 속설 등도 에이즈 전파에 큰 영향을 미쳤다. 정치인들은 에이즈를 서방에서 수입된 병 또는 서양이 날조한 병으로 선전하면서 서방이 아프리카인의 성생활을 호도하고 인구 증가를 억제하기 위해 만든 인종차별적인 존재로 몰아붙였다. 1980년대에는 우간다와 세네갈 2개 국가만이 에이즈 퇴치를 위한 효과적인 프로그램을 운영했다.

무세베니 우간다 대통령은 에이즈가 모든 우간다인에게 큰 위협이라고 말하면서 분별 있는 성생활을 촉구했다. 세네갈은 안전한 섹스를 위한 캠페인을 대대적으로 벌인 결과 HIV 보균율을 2%로 낮출 수 있었다.

이러한 조치를 취하지 않은 다른 나라에서는 에이즈가 무서운 속도로 확산되었다. 남부아프리카에서 큰 영향력을 가진 음베키 남아공 대통령이 에이즈 문제에 대해 과학적인 입장을 취하지 않고 이를 불결한 환경 때문이라고 하여 문제의 본질을 빈곤으로 몰아감으로써, 사람들의 에이즈에 대한 경각심이 느슨해졌고 이 결과 보다 많은 사람이 희생되기도 했다. 음베키는 HIV와 에이즈 간의 상관관계를 부인하고 남아공에서는 전통적인 질병이 에이즈보다 훨씬 더 치명적이라는 입장을 취했다. 음베키는 에이즈가 섹스보다 빈곤과 더 연관이 있다고 주장했다. 불결한 환경과 궁핍에 시달리는 가난한 사람이 부자보다 에이즈에 더 잘 걸린다는 것이다. 음베키는 또 서양 제약회사들이 아프리카인을 모르모트로 삼아 위험한 실험을 하고 있다고 하는 음모론도 주장했다. 그는 에이즈 약 공급을 '아파르트헤이트 시절의 생물무기 연구'에 비유했다. 그러나 음베키의 말은 사실이 아니었다. 케냐와 코트디부아르에서 행한 연구 결과에 의하면 빈곤층보다 부유층이 에이즈에 더 취약하다는 사실이 드러났다. 이들은 더 많은 섹스 파트너와 관계를 가질 수 있었기 때문이다. 남아공에서는 임산부가 태아에게 HIV를 전파하는 것을 방지하는 네비라핀(Nevirapine)이라는 약의 보급을 정부가 거부함에 따라 매년 35,000명 이상의 신생아가 에이즈로 사망했다. 남아공 정부는 국민에게 에이즈를 예방하기 위해 비트 뿌리나 마늘을 먹으라고 권고함으로써 세계의 웃음거리가 되었다. 비판에 둘러싸인 음베키는 나중에 조금 완화된 입장을 취했지만 체면을 살리기 위해 과학이 에이즈에 대한 다른 설명에 대해서도 귀를 기울여야 한다고 주장했다. 한 연구 결과에 의하면 음베키의 엉뚱하고 고집스런 행동으로 말미암아 36만 5000명이 에이즈로 인해 조기에 사망한 것으로 드러났다. 이와는 반대로 성공 사례도 있다. 세네갈에서는 정부가 콘돔 수입에 대한 관세를 철폐하자 콘돔 사용이 늘어나 에이즈 환자가 줄어드는 성과를 거두었다. 단순하지만 직접적인 조치가 효과를 거둔 것이다.

에이즈는 경제 활동에 큰 지장을 초래했다. 에이즈 희생자는 대개 경제 연령인 15-45세에 속하는 사람들이므로 경제가 위축될 수밖에 없는 것이다. 에이즈로 교사, 의사, 간호사, 행정가, 산업인력 등 전문 인력이 대거 사망하자 사회는 심각한 인력 부족에 직면하게 되었다. 고아 증가로 인한 사회적 문제도 아프리카가 안고 있는 현실적인 고민이다.[23] 집단으로 가족을 형성하는 아프리카 사회의 특성상 고아는 드물었다. 그러나 이제 고아는 직접 피부에 와 닿는 문제가 되었다. 에이즈로 인해 부모가 죽고 조부모까지 사망하는 경우가 늘고 있기 때문이다. 고아가 양산되면 사회에 폭력과 범죄가 늘어나며 소년군인(child soldiers) 문제도 더 심각해진다. 사회 전체가 불안해지는 것이다.

에이즈로 지금까지 얼마나 많은 사람들이 죽었는지 아는 사람은 아무도 없다. 에이즈가 직접 사람을 죽이는 것이 아니라 면역체계를 망가뜨려 폐렴, 말라리아, 설사 등 수많은 다른 질환으로 인해 사람이 죽기 때문이다. 아프리카에서 에이즈 감염률은 지역별로 큰 편차가 있다. 남부아프리카가 인구의 20% 이상으로 가장 많고 동부아프리카는 10-20%이며 서부아프리카는 이보다 적다. 위에서 말한 이유로 여성의 감염률이 대개 남성보다 두 배 이상이다. 아프리카에서는 이미 2000만 명 이상이 에이즈로 사망했으며 현재 2500만 명 정도의 감염자가 있는 것으로 추정된다. 에이즈는 아직 치료제는 개발되지 않았으나 이미 치명적인 병은 아니다. 항레트로바이러스 약품(ARV)이 개발되어 이를 주기적으로 복용하면 HIV가 에이즈로 발병하는 것을 억제할 수 있기 때문이다. 에이즈는 아프리카인의 평균 수명을 수십 년 전으로 후퇴시켰다. 1955년 아프리카인의 평균 수명은 약 40세였고 1990년에는 55세에 달했는데 이제 다시 40세 이하로 내려갔다. 에이즈가 강타한 짐바브웨의 경우 한때 여성의 평균 수명은 34세, 남성은 37세에 불과했다. 좋은 소식은 에이즈가 이미 정점을 찍고 이제는 하강세로 돌아섰다는 사실이다. 여기에는 ARV의 역할도 있고 에이즈 예방 교육에 따라 콘돔 사용이 증가한 탓도 있다. 그러나 사람들의 행동 양식은 좀처럼 변화하지 않으므로 아직 안심할 단계는 아니다. 궁극적으로 에이즈 치료제나 백신이 개발될 때까지 에이즈는 여전히 아프리카인에게 가장 무서운 병으로 남아 있을 것이다.

2

아프리카는 발전할 수 있을 것인가?

2

낙관에서 **비관으로**

1960-1970년대 많은 아프리카 국가가 독립할 때 서방 학자들은 아프리카의 발전에 대해 낙관적인 견해를 가졌다. 물론 이때에도 그들의 눈에 비친 아프리카에는 야만적이고 낭만적인 요소가 많았으나 이들은 신생국이 조만간 발전할 것으로 생각했다. 1960년대 말까지만 해도 아프리카의 미래는 밝았고 반면 아시아의 장래는 어두웠다. 1965년 아프리카의 평균소득은 아시아의 2배에 달했다. 아시아는 너무 많은 인구에 식량이 부족했고 아프리카는 역동적으로 성장하는 인구에 풍부한 광물자원과 좋은 농토를 가진 지역으로 비추어졌다. 이 당시 아프리카를 상징하는 만화 속 그림은 쇠사슬에 묶인 흑인 거인이 잠에서 깨어나 쇠사슬을 부수는 것이었다. 그러나 아시아 국가들이 눈을 크게 뜨고 세계시장 진출을 모색한 반면 아프리카 국가들은 점점 안으로 움츠러들었다. 이들은 자급자족과 수입대체 산업에 대해서만 관심을 가졌을 뿐 수출 증진에 대해서는 별 관

심이 없었고 오히려 수출품에 대해 높은 관세를 매겼다. 반면 아시아 국가들은 공산품 생산을 획기적으로 증진했을 뿐 아니라 영역을 넓혀 아프리카가 전통적으로 강세를 보였던 수출용 농산품 시장에도 끼어들었다. 일례로 말레이시아는 팜 오일의 최대생산국인 나이지리아에 대표단을 파견해 재배기술을 배운 후 본격적으로 팜 오일 생산에 주력한 결과 1998년 세계 팜 오일 생산의 3분의 2를 차지하게 되었다. 또 2000년 20만 톤에 달했던 우간다의 커피 생산은 2007년 15만 톤으로 감소한 반면 같은 기간 베트남의 커피 생산은 10만 톤에서 127만 톤으로 급증했다. 불행하게도 아프리카에는 한국의 박정희나 싱가포르의 리콴유와 같이 뛰어난 비전과 애국심 그리고 추진력을 가진 지도자가 좀처럼 나타나지 않았다.

세월이 흐르면서 정치, 경제적 위기가 계속되고 환경문제 등이 새로 등장하면서 한때 아프리카를 풍미했던 낙관적인 견해는 점차 사라지고 기근, 자연 및 사회적 재해, 정치적 혼란 등의 이미지가 아프리카를 대표하게 되었다. 우리나라 언론도 아프리카에 관해 보도할 때에는 굶고 있는 사람, 배가 불룩 나온 어린이, 전쟁의 비참함 속에서 살아가는 피난민, 부족한 의료시설과 물, 그리고 이들을 돕는 우리 봉사단체와 선교사들의 오지에서의 활동 등 주로 어두운 측면에 초점을 맞춘다. 19세기 초만 하더라도 유럽은 아프리카보다 3배 정도 더 부유했다. 그러나 지금 유럽은 아프리카보다 평균 20배 이상 부유하며 그 격차는 점점 더 벌어지고 있다. 한때 세계에서 가장 가난한 국가 중 하나였던 아일랜드는 지금 서부아프리카 2억 명이 창출하는 것보다 더 큰 부를 창출한다. 남아공을 제외한 사하라 이남 아프리카 전체가 생산하는 GDP는 유럽의 소국 벨기에가 생산하는 것보다도 더 작다.[24] 2000년 통계를 보면 당시 7억 7000만 아프리카

인구 중 40%에 달하는 3억 1500만 명이 절대빈곤층이며 오직 15%만이 그나마 최소한으로 지속 성장이 가능한 환경에서 살고 있는 것으로 나타나 있다.

그렇다면 아프리카는 영영 빠져나올 수 없는 나락으로 추락한 것일까? 그렇지는 않다. 아프리카는 최근 다시 발전하고 있다. CGD(Center for Global Development) 조사 결과에 의하면 아프리카에서 민주주의의 기본 틀을 가지고 있는 국가가 1989년 불과 3개국에서 2008년 23개국으로 늘어났으며 지금도 계속 늘어나고 있다. 우리는 이러한 사실에 주목할 필요가 있다. 역동적인 아프리카, 현대화된 아프리카, 정치적 안정을 찾아 민주적으로 발전하고 있는 아프리카 등, 앞으로는 아프리카의 긍정적인 변화에도 보도의 초점이 맞추어져야 할 것으로 생각한다. 그래야 우리는 아프리카를 균형적인 시각에서 바라볼 수 있다. 사하라 이남 아프리카가 한 세대 동안 연 평균 5%씩 성장한다면 주민들은 현재 아르헨티나 수준의 소득을 갖게 될 것이며, 3-4%씩 성장한다면 현재 브라질 수준의 부를 창출할 수 있을 것이다. 3% 인구증가율을 가진 많은 아프리카 국가가 경제적으로 연 4-5%씩 꾸준히 성장하고 있는 현상은 사실 매우 인상적인 것이다. 7-8%씩 성장하고 있는 국가들도 있으며 그 이상의 고성장을 기록하고 있는 국가도 있다. 그런데 아프리카에서 가장 고성장을 보이고 있는 두 나라, 즉 모리셔스와 보츠와나에 대한 아프리카인의 반응은 다소 의외이다. 이들은 이 두 나라를 그저 예외로만 생각하고 있다. 많은 사람이 섬나라 모리셔스는 정통 아프리카 국가가 아닌 것으로 간주하며, 보츠와나의 경우에는 경제가 다변화하지 못하고 다이아몬드라는 단일 품목으로 성장하였다는 점에서 예외로 취급하고 있다.

독립한 아프리카 국가들은 시간이 흐를수록 보다 좋지 않은 상황으로 빠져들었다. 정치 체제가 다당제에서 일당제 그리고 군사 독재로 바뀌어 갔기 때문이다. 독립 전에 선을 보였던 민주적인 기관들은 점차 사라지고 권위주의와 독재 그리고 신식민지주의가 판을 치게 되었다. 아프리카의 혼란을 말할 때 흔히 드는 이유 중 하나는 서방 식민제국이 아프리카를 독립시킬 때 국경을 임의로 정한 때문이라고 한다. 식민주의자들은 잣대로 선을 긋듯이 국경을 정했다. 이렇게 해놓으니 한 국가의 국민이지만 서로 역사적 유대감이나 언어적 유사성 또는 공통적인 문화유산이 없는 경우가 흔했다. 국민이 단합하지 못하고 분열하니 나라가 잘될 리 만무했다. 그렇다고 한번 정해놓은 국경을 변경하기는 어려웠다. 이웃 국가 간에 충돌을 일으키기 십상이었기 때문이다. 카메룬과 나이지리아가 협상을 통해 국경의 재조정에 성공한 사례와 같은 것은 극히 예외적이고, 국경을 변경하려는 대부분의 노력은 강한 저항에 부딪쳤고 유혈사태를 빚었다. 자이르에서 카탕가주의 분리 요구, 나이지리아의 비아프라 사태, 에티오피아에서 에리트레아의 분리 등이 대표적인 사례이다. 아프리카의 실패를 말할 때 이와 같이 인위적으로 그어진 국경과 열대 기후 또는 내륙국 지형 등을 이유로 드는데 이는 어느 정도는 사실이다. 그러나 이것만을 이유로 드는 것은 핑계에 불과하다. 세계의 많은 다른 곳에서는 역사적인 연유로 인위적인 국경이 그어져도 경제개발에는 아무 장애가 되지 않았다. 또 내륙국이 문제라면 스위스나 오스트리아 같은 초선진국들에 대해서는 무엇이라고 말해야 할 것이며, 기후가 문제라면 매섭도록 추운 기후를 가진 스칸디나비아 국가들은 어떻게 평가해야 할 것인가? 중국은 오랜 역사와 근면성, 탐구욕, 조직성, 이농성 그리고 우수한 교육제도 등으로 인해 경제

발전에 좋은 조건을 가진 국가로 간주되었다. 그러나 중국인이 이러한 자질을 충분히 이용한 것은 1980년대 등소평이 경제에 대한 국가의 간섭을 풀고 자유시장경제를 허용함으로써 비로소 시작되었다. 그전에는 잠재력만 있었을 뿐 중국은 이러한 자질을 경제발전에 전혀 활용하지 못했다. 이것은 무엇을 말해주는가? 중국의 경제발전에 기여한 가장 중요한 요소들은 정치적인 것, 문화적인 것 등 모두 내부적인 자산이었는데 결국 이를 응용한 것은 중국인 자신이었다. 아프리카의 경우 내부적인 전통이 없는 것도 이유지만 그보다 더 중요한 것은 사람이다. 한마디로 말해 아프리카의 경제가 발전하지 못한 것은 사람 때문이라고 할 수 있다. 대부분의 아프리카 지도자들은 국가의 발전보다 개인의 이익을 더 중시했다. 지도자는 자신을 전통적인 부족장으로 생각하는 경향이 있다. 앙골라, 짐바브웨, 세네갈, 말리 등이 대표적인 예이다. 많은 지도자가 영구 집권을 꾀했고 군, 정보부, 경찰 등 권력기관들은 모두 지도자를 보호하기 위한 기구로 전환되었다. 한번 정권을 잡으면 놓지 않는 풍토에서 지도자를 끌어내리려는 야심가가 취할 수 있는 수단은 쿠데타밖에 없었다. 이것이 아프리카에서 수많은 쿠데타가 일어났으며 아직까지도 간헐적으로 쿠데타가 계속되고 있는 이유다. 쿠데타가 성공하면 지도자는 설 땅이 없게 된다. 지도자뿐만 아니라 그의 측근들의 입지도 마찬가지다. 아프리카는 전통적으로 지도자와 세력가, 그리고 세력가와 추종자들이 후견자-고객(patron-client) 관계를 맺고 있다. 세력가들은 추종자의 뒤를 봐주고 추종자는 세력가들이 권력을 계속 유지하도록 돕는 공생관계를 유지하고 있다. 이러한 권력의 사슬 관계 속에서는 누구도 국민의 복리를 증진하는 경제개발 따위에는 아랑곳하지 않는다. 그저 자신만 잘 먹고 잘살면 그만인 것이다.

지도자의 안위를 지키는 군, 경찰, 정보기관 등은 그 대가로 권력과 풍요를 누렸고, 지도자에게 수입을 안겨주는 외국으로부터의 원조를 다루는 기관 등이 번창했다. 반면 인프라, 보건, 교육 등 민생과 밀접한 관계가 있고 국민의 복리를 증진시켜야 할 기관들은 주목의 대상에서 제외되었다. 이러한 상황에서 경제발전을 기대한다는 것은 꿈과 같은 이야기가 되고 말았다.

경제 악화의 **원인과 과정**

제2차 세계대전 후 독일을 비롯한 공업국들의 역량이 회복되자 전 세계적으로 1차 산품에 대한 수요가 일었다. 산업 붐은 한국전쟁으로 특수를 맞은 공업국들이 원자재를 계속 비축함으로써 지속되었다. 원자재 수요가 늘자 아프리카 국가들은 1945년부터 1950년대 중반까지 농산물과 광물 수출을 계속 증가시켰고 비교적 좋은 가격으로 수출할 수 있었다. 그러나 정점에 달한 산업 붐이 주춤하자 50년대 중반부터는 수출품 가격이 하락하기 시작하여 60년대까지 하락 추세가 지속되었다. 수출품 가격이 하락하자 아프리카 국가의 외환 보유고가 감소했고 연쇄적으로 수입 능력이 쇠퇴했다. 수출이 호조일 때 급속한 경제발전을 공약으로 내세워 집권한 아프리카 정치인들은 산업시설, 인프라 및 사회복지 분야에 많은 투자를 했으나 수출 수입이 줄자 이러한 투자는 결국 정부 재정을 악화시키고 외환을 소진하는 결과를 초래했다. 늘 수입이 수출을 초과했으나 정부는 지출의 증가만큼 세금을 거둘 수도 없었다. 그러자 정부의 대내 정책이 벽에 부딪쳤고 궁지에 빠진 정부는 재정적자를 메꾸기 위해 화폐를 찍어냄으로써 인플레를 야기했다. 돈이 궁한 정부는 결국 필요한 물품의 수입을 위해 외국에서 돈을 빌릴 수밖에 없었는데 외국 채권자는 높은 이자를 부과했다. 이렇게 초래된 경제적 어려움은 급격한 도시화, 솟아오르는 실업률, 공공재정의 낭비, 빈부 격차의 증가 등으로 인해 더욱 악화되었다. 1980-1990년간 GDP 성장은 1965-1980년간의 평균인 4.2%에서 절반인 2.1%로 떨어졌으며 농업생산의 증가는 2%대에 머물렀다.

앞에서도 언급했지만 아프리카 국가들의 경제가 시종일관 엉망이었던 것은 아니다. 식민 통치 마지막 20년간 그리고 독립 직후부터 1960년대 후반에 이르기까지 아프리카 경제는 괄목할 만큼 성장했다. 대부분 아프리카 국가의 경제는 독립 후 예상보다 훨씬 성공적이었으므로 아프리카인들은 빠른 경제 성장에 낙관적인 견해를 가지게 되었다. 이 때문에 비록 60년대 후반부터 아프리카 경제가 쇠퇴하기는 했지만 사람들은 늘 아프리카에 대한 일말의 낙관론은 버리지 않았다. 그러나 70-80년대에 아프리카에서 벌어진 상황은 낙관론자의 입지를 더욱 좁게 만들었다. 1970년대 사헬 지역의 극심한 가뭄으로 세네갈에서 에티오피아에 이르기까지 수만 명의 사람과 수백만 마리의 동물이 목숨을 잃었다. 가뭄도 가뭄이지만 농민의 방만한 농토 경영과 정부의 착취가 비극의 원인이었다. 농촌을 떠나 도시로 직장을 찾아 떠나는 사람들이 많아지면서 1960년대 80%에 이르던 농업 인구가 1990년에는 70% 이하로 떨어졌다. 70년대에 들어서면서 마침내 아프리카 국가들은 부족한 식량을 외국으로부터 들여와야 하는 처지가 되었다. 전통적으로 농산물 수출국이었던 아프리카가 수입국으로 전락한 것이다. 농업이 쇠퇴하는 대신 공업이나 서비스 산업이 발전했으면 상쇄효과를 가져올 수 있었겠지만 물론 이러한 일도 일어나지 않았다. 경제구조 전반에는 전혀 변화가 없는 상태에서 그냥 농업만 쇠퇴한 것이다. 국영기업은 방만한 경영과 과잉 고용으로 생산성이 떨어지고 외국 회사들과의 경쟁에서 뒤쳐졌다. 이러한 경향은 80년대 들어 더욱 가속화하였으며 이때부터 아프리카 국가와 아시아 국가 간에 격차가 벌어지기 시작했다. 1973년 오일 파동이 일어나자 아프리카 국가들은 심각한 타격을 입었다. 나이지리아, 가봉, 앙골라와 같은 소수의 산유국만이 이익을 거둔 반면 높은 가격에 석유를 수입해야 하는 다수의 다른 국가들은 큰 피해를 입었다. 공업국들이 높은 원유가를 생산품 가격에 전가하자 공산품 가격이 높아져 공산품과 농산품 간 가격 격차가 보다 벌어졌고 이로 인한 최대 피해자는 아프리카 농민이었다. 설상가상으로 서방국가들이 아프리카로부터 농산물 수입을 줄임으로써 아프리카의 수출이 감소세로 돌아섰다. 반면 아프리카의 수입은 계속 높은 수준을 유지했다. 인구 증가와 수입대체산업 육성의 실패로 수입이 늘어났기 때문이다. 수입자금이 필요한 아프리카는 서방은행들에게 손을 벌렸고 이들은 높은 이자로 돈을 빌려주기 시작했다. 이 돈은 산유국이 고유가로 인해 번 오일달러를 서방은행에 저축한 것인데 잔고가 많아지자 서방은행들이 이 중 일부를 아프리카 국가에게 빌려준 것이다. 석유파동 전 아프리카의 부채는 50억 불 수준에 불과했으나 1980년에는 500억 불 그리고 1990년에는 1500억 불로 눈덩이처럼 불어났다. 한편, 빌린 돈은 산업에 재투자되지 않고 기존 부채를 갚거나 밀린 임금을 지급하고, 적자에 시달리는 공기업을 지원하거나 단순히 서방으로부터 물품을 수입하는 데 사용되었다. 따라서 빚은 변제됨이 없이 쌓여만 갔다. 베를린 장벽이 무너지고 냉전이 끝나자 아프리카는 더 큰 타격을 입었다. 냉전시대 서방과 공산권 양 진영이 군사적으로 대치하면서 방위산업 육성을 위해 필요로 했던 니제르의 우라늄이나 남아공의 망간과 같은 원자재의 중요성이 상실되었기 때문이다. 또한 동구를 비롯한 공산권 국가들의 자원과 상품이 서방에 상륙함으로써 원자재 가격이 하락했으며 서방은 원자재를 아프리카에 덜 의존하게 되었다. 그리고 무엇보다 냉전의 종식은 아프리카의 전략적 가치를 저하시켜 양 진영으로부터 제공되었던 원조와 지원이 격감하게 되었다. 이와 같이 상황은 계속 아프리카에게 불리한 방향으로 흘러갔다.

아프리카에서는 흔히 1980년대를 '잃어버린 10년'이라고 부른다. 이 시절 모든 경제지표가 극적으로 악화되고 국민의 생활수준이 급속히 하락했기 때문이다. 경제의 모든 분야가 추락함에 따라 국가는 정상적인 기능을 잃게 되었다. 일례로 1969-1985년 사이에 탄자니아 공무원의 구매력은 90% 감소했다. 공무원이 봉급을 제대로 받지 못했기 때문이다. 수천 명의 능력 있는 공무원이 다른 일자리를 찾아 떠나야 했다. 아프리카에서 인재 유출은 심각한 현상이다. 1960-1987년간 숙련 근로자 10만 명이 일자리를 찾아 해외로 나갔으며 1986-1990년 사이에만 고급 인력 5만-6만 명이 아프리카를 떠났다.[25] 서방 경제학자들은 1960년대에는 아프리카의 경제를 발전시키는 데 정부의 역할이 가장 중요하다고 생각했으나 1980년대에 들어와서는 생각을 바꾸었다. 이들은 오히려 정부를 경제 실패의 주역으로 생각했기 때문에 이를 개선하기 위해서는 구조 조정과 함께 민간 부문을 육성하여 시장경제의 메커니즘이 작동토록 하는 것이 최선이라고 생각했다. 이래서 IMF와 세계은행의 구조조정 프로그램이 마련되었다. 가장 중요한 개혁 중의 하나는 방만한 국영기업을 정비하는 것이었다. 그러나 아프리카 지도자들은 국영기업을 민간에 이양하는 척만 했을 뿐 실제로는 이를 권력과 연계된 사람들에게 인계하고 중간에서 이윤을 취했다. 또 공무원들은 아무리 비효율적이라도 공기업을 국가 주권의 상징으로 생각하는 성향이 있다. 그래서 이들은 공기업은 우대하면서 민간기업은 멸시하고 차별했다. 이러한 이유 등으로 IMF와 세계은행이 주도한 구조개혁은 성공을 거두지 못했다. 10년에 걸친 구조개혁에도 불구하고 아프리카는 점점 더 구렁텅이로 빠져들었다. 1980년대 말 4억 5000만 인구의 소득은 1960년보다 더 낮아졌으며 인구 1인당 소득 성장률은 연평균 마이너스 2.2%를 기록했다. 외채는 3배로 늘어나서 1600억 불에 달했고 정부 재정적자는 연 평균 6%를 기록했다. 1980년대는 확실히 아프리카의 암흑기였다. 정도의 차이는 있지만 이 시절 모든 아프리카 국가에서 경제지표는 일제히 하락하고 성장은 멈춰버리고 말았다.

독립 전 세네갈은 서부아프리카에서 프랑스 식민지의 중심지였다. 그래서 프랑스식으로 만들어진 복잡한 관료제도를 지니고 있었다. 세네갈이 독립한 후 이 관료제도가 크게 축소되면서 세네갈 정부는 국유화, 정부 규제, 정부 개입 등을 내용으로 한 사회주의적인 경제정책을 택했다. 세네갈은 1960년대 중반까지는 매년 3% 이상 경제성장을 이룩했으나 이후 10년 동안에는 평균 1%대로 떨어지더니 1980년에는 1% 미만으로 추락했다. 그러는 가운데 인구는 계속 빠르게 증가했으므로 세네갈은 결국 IMF와 세계은행으로부터 금융지원을 얻어야 했고 이들이 조건으로 내놓은 구조 조정안을 받아들여야 했다.

한때 남아공과 나이지리아에 이어 아프리카 3위권 경제였던 코트디부아르의 부침은 더 극적이었다. 1960년대 코트디부아르는 연 11%씩 고속

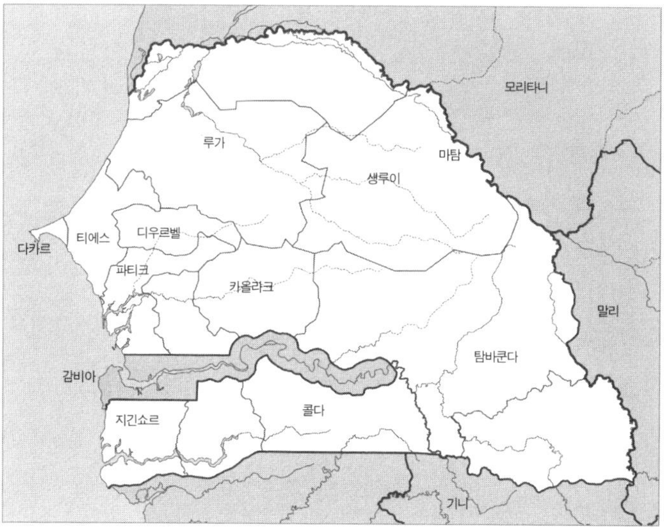

_ 세네갈 지도

성장했으며 70년대에 와서도 6%대의 성장세를 이어갔다. 코트디부아르의 주요 생산 품목은 코코아, 커피, 목재, 팜 오일, 고무 등이었는데 생산량이 계속 늘어남으로써 코트디부아르는 이 분야에서 세계적인 수출국가가 되었다. 경제가 급성장하자 지나치게 자신감이 생긴 정부는 외국자본과 외국의 영향력을 감소하기 위한 조치를 취했다. 산업의 내국화정책을 택한 것이다. 산업을 토착화하여 생필품을 자급자족하고 주요 수출기업을 양성하여 외화를 벌어들이려는 정책의 취지는 그럴 듯했다. 그러나 능력에 비해 욕심이 너무 앞섰다. 민간 기업과 민간 은행의 토대가 없는 코트디부아르에서 이러한 정책을 주도한 것은 물론 정부였다. 그러나 정책의 시행 과정에서 광범위한 정실과 부패가 발생했다. 정부의 실력자들은 과거 외국인이 차지했던 노른자위 자리에 자신들의 친척을 앉혔다. 정부

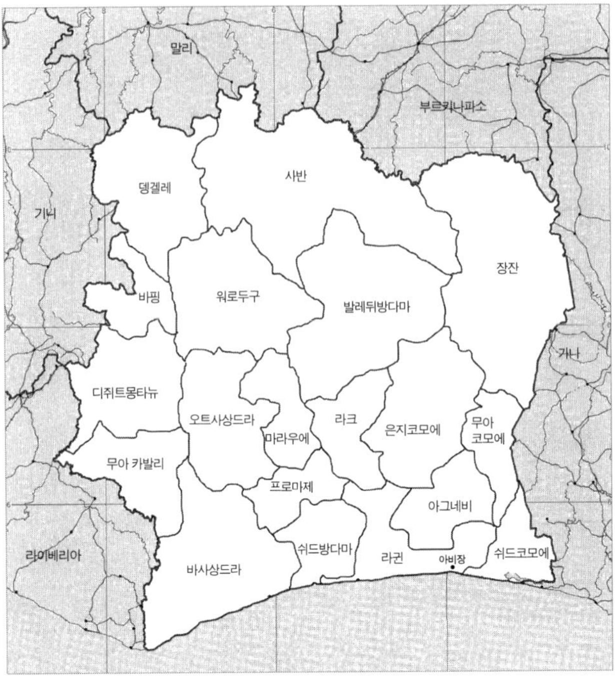

_ 코트디부아르 지도

는 또한 산업을 다변화하기 위해 국영기업을 창설했으나 기업 운영에 필요한 투자를 외국으로부터 유치해오지는 못했다. 경쟁이 없는 국영기업들은 방만한 경영으로 인해 부실기업이 되었고 적자는 고스란히 정부의 몫이 되었다. 돈을 원활하게 빌릴 수 없는 정부가 취할 수 있는 방법은 긴축뿐이었다. 그러나 이 긴축정책은 국민에게 매우 인기가 없었고 1980년대 후반 소요사태의 주원인이 되었다. 그러나 정부로서는 다른 뾰족한 방법이 없었다. 견디다 못한 코트디부아르는 마침내 1981년 IMF에 구제금융을 요청하면서 스스로 구조조정의 대상이 되었다. 그러나 IMF와 세계은행이 제공하는 구제금융은 액수가 크지 않았으며 이들의 요구는 정부 지출을 더 줄이는 것이었다. 이렇게 해서 코트디부아르의 경제는 축소일로의 길을 걸었고 이로써 그들이 처음에 품었던 자립경제의 꿈은 사라지고 말았다. 코트디부아르는 결국 1987년 지급 불능을 선언했다. 독립 초기 기적과도 같았던 경제발전이 신기루로 끝나는 순간이었다.

세네갈이나 코트디부아르와 같은 경우에서 교훈을 얻을 수 있지만 제한된 재원을 가지고 아프리카 국가가 할 수 있는 일은 가장 높은 소득을 거둘 수 있는 분야에 재원을 집중하는 것이다. 그러나 재원을 경제 분야에만 쏟을 수는 없으며 사회 분야에도 투자해야 한다. 가령 교육과 보건 같은 공공분야에 재원을 투입해야 국가의 미래를 기약할 수 있기 때문이다. 많은 아프리카 국가가 IMF와 세계은행으로부터 구제금융을 받고 구조조정을 했으나 아프리카의 경제 사정은 나아지지 않았으며 사람들의 생활수준은 오히려 더 악화되었다.[26] 급격한 경제정책의 변화는 위기를 초래하기 십상이다. 실현 가능하고 온건한 경제정책의 성공 가능성이 훨씬 높다. 또 새로운 정책의 이행 과정에서 정실이나 부정부패가 일어나면 이 정책의 장래는 장벽에 부딪치기 마련이다. 잘나가던 세네갈과 코트디부아르의 추락은 사람들에게 큰 충격을 안겨주었으며 그 결과 IMF와 세계은행의 입김이 보다 커지게 되었다.

구조조정 프로그램의 실패와 **새로운 접근 방식**

IMF와 세계은행이 내놓는 구조조정 프로그램(SAP)은 아프리카 국가들에게 전가의 보도와 같았다. 이를 이행하는 국가는 지원을 받고 그렇지 못한 국가는 지원길이 막혔기 때문이다. SAP는 국영기업 매각, 변동환율 도입, 재정지출 삭감, 공무원 축소 등과 같은 급격한 경제 구조 변동을 목표로 했다. 경제 정책은 이제 현지 정책자들의 손에서 IMF와 세계은행의 손으로 넘어갔다. 1980-1990년대에 이루어졌던 구조개혁은 서방국가들이 모국에서 행했던 구조조정보다 훨씬 강력하고 빠르게 진행되었다. 아프리카 국가들은 민주적으로 선출된 정부가 국제기구가 강요하는 이러한 강한 조치를 이행해야 하는 데 불만을 표시했지만 살아남기 위해서는 다른 방법이 없었다. IMF와 세계은행이 권고하는 구조조정은 대부분 법치주의가 잘 운영되고 정부가 효율적으로 작동하는 그런 나라에서나 통할 수 있는 것이었으므로 이 당시 아프리카 국가들에게는 먹혀들지 않았다. 당시 아프리카 국가 중에서 정상적으로 작동하는 정부를 가진 나라가 거의 없었기 때문이다. 따라서 IMF와 세계은행의 구조조정안은 이론적으로는 맞는 것이었지만 실제적으로는 이행되지 않았고 결과적으로 피해는 국민에게 돌아갔다. 한마디로 말해 SAP는 현실과는 동떨어진 탁상공론이었으며 IMF와 세계은행 직원들이 책상에서 기안한 그런 조정안이었던 것이다. SAP의 폐해는 여기저기에서 일어났다. 화폐가치의 추락으로 여러 아프리카 국가에서 고위공무원의 봉급이 월 50불 정도로 축소되었다. 공무원들은 SAP를 받아들였다가 자신이 직접 피해자가 된 것이다. 많은 공무원이 정부를 떠나 개인 기업으로 옮겨가거나 서방국가로 이민을 떠났다. 이렇게 되자 유능한 공무원을 잃은 정부는 더욱 행정의 효율성을 상실했고 떠난 사람을 보충하기 위해 채용한 외국 컨설턴트들은 아프리카에 대한 지식과 경험이 거의 없는 사람들이었다. 구조조정의 실패로 인해

서방국가와 IMF 및 세계은행에 대해 비판이 쏟아지자 이들은 자신이 내놓은 개혁안이 정당한 것이었다는 사실을 증명하려고 했다. 이를 위해서는 성공사례가 필요했다. 1990년대 초에는 우간다와 가나가 모범국가로 예시되었다. 서방은 무세베니 우간다 대통령을 새로운 비전을 가진 아프리카 지도자로 선전했다. 이후에는 르완다의 폴 카가메 대통령, 에티오피아의 멜레스 제나위 대통령 그리고 에리트레아의 애프워키(Issaias Afwerki) 대통령 등이 성공적인 사례로 등장했다. 그러나 에티오피아-에리트레아 간에 전쟁이 벌어지고 무세베니와 카가메 간에도 콩고에서 충돌이 벌어지자 서방은 이제 보츠와나와 모리셔스를 모범 케이스로 등장시켰다. 서방이 자신의 실수를 인정하지 않으려고 애쓰는 모습은 희극처럼 보였다.

1980년대 중반까지 대부분 아프리카 국가들은 심각한 부채 문제에 봉착해 있었다. 1970-1986년 동안 사하라 이남 아프리카의 수출 대비 평균 부채율은 92%에서 651%로 상승했다. 라이베리아와 같은 국가는 공공연하게 부채 상환 정지를 선언했으며 수년 동안 국가부도상태로 남았다. 부도를 면한 국가들은 소비와 투자를 현격히 줄이고 채권국들에게 부채 상환을 재조정해주도록 읍소함으로써 겨우 살아남았다. 그러던 것이 2000년대에 들어와서는 채권국의 부채 탕감과 아프리카 국가들의 구조조정으로 부채 문제가 크게 완화되었다. 1994년 644%에 이르던 수출 대비 부채율이 2007년에는 192%로 하락했으며, 1995년에 부채 상환을 위해 수출소득의 16%를 사용해야 했던 것이 2000년대에는 8% 이하로 떨어졌다. 그 결과 아프리카 국가들은 소중한 재원을 인프라 구축, 보건, 교육 등에 사용하거나 외환보유고를 늘릴 수 있게 되었다. 부채 문제가 해소되자 다시 논쟁이 벌어졌다. 그것은 아프리카 국가들이 비록 부채로 한때 어려움을 겪었지만 개발을 위해 다시 돈을 빌려야 할 것인지 또 빌린다면 얼마나 빌려야 할 것인지 하는 문제이다. 인프라가 크게 부족한 아프리카 국가들이 도로나 발전소 건설을 위해 돈을 빌리는 것은 당연한 일이다. 인프라가 건설되고 경제활동을 진작시켜 경제성장을 이루고 빈곤을 완화시킨다면 이는 장려해야 할 일이기 때문이다. 그러나 올바르지 않은 목적을 위해 많은 돈을 빌리는 것은 위험하며 자칫하면 악몽과 같은 부채위기 시절로 다시 돌아갈 우려가 있다. 관건은 올바른 목적을 위해 적절한 수준의 돈을 빌리는 것이며 빌린 돈을 효율적으로 사용하는 것이다. 그리고 빌린 돈에 대해서는 사용내역을 상세히 공개하는 등 철저한 관리를 해야 한다. 아프리카에서 부채 위기가 해소된 후 IMF 정책의 핵심은 원조자-수원자 위주의 관계에서 빈곤 감소 전략(PRS)으로 바뀌었다. 이 전략의 핵심은 IMF가 강요하다시피 하는 안정 및 구조조정 프로그램으로부터 벗어나 수원국이 스스로 주요 정책과 우선순위를 수립하는 것이다. 그 나라의 사정은 그 나라 사람들이 가장 잘 안다는 점을 인식하여 스스로 정책을 세우도록 하여 가장 시급한 과제인 빈곤 감소를 모색하려는 것이다. 아프리카를 발전시켜야 할 주체는 서방이나 공여국이 아니라 아프리카 자신이다. 이런 점에서 이러한 정책은 타당성이 있다.

원조국들의 원조에 대한 시각과 정책이 변화하고 있는 가운데 최근 민간단체의 활동이 두드러지고 있다. 미국에서는 15년 전에는 볼 수 없었던 많은 원조단체가 생겨 새로운 아이디어를 내놓고 아프리카 전체로 원조의 영역을 확대하고 있다. 잘 알려진 Bill and Melinda Gates Foundation을 비롯 Open Society Institute, William Clinton Foundation, Acumen Fund, McCall MacBain Foundation, Soros Economic Development Fund 등이 특정한 목적을 가지고 각종 분야에서 원조 활동을 행하고 있다. 한국에서도 기아대책, 아프리카 미래재단, 굿네이버스, 열매나눔재단, 밀알복지회 등 NGO 단체들이 여러 나라에서 빈민구제, 농업기술 전수, 생활환경 개선, 의료, 교육 등 활동을 벌이고 있다. 이들은 시행착오를 겪으면서도 도전적으로 원조 활동을 벌이고 있으므로 많은 지식과 경험을 축적하고 있다. 이들은 모범적인 원조 성공 사례를 제공하면서 어떤 의미에서는 국가기관과 선의의 경쟁을 벌이기도 한다. 또 최근에는 사회적 책임(CSR)을 중시하는 기업들이 늘어나면서 국가기관과 민간단체 그리고 기업이 합동으로 프로젝트를 수행하는 사례도 늘어나고 있다. 민간기관의 실험적이고 도전적인 원조 활동은 공여국과 수원국 양측에게 자극이 되고 많은 참고 사례를 제공함으로써 향후 원조정책을 보다 효율적으로 수립하고 집행하는 데 기여하게 될 것으로 보인다.

아프리카의 **발전을 가로막는 장애물들**

기후와 지형, 식생 등으로 인해 아프리카의 개발 여건은 열악하다. 예를 들어, 아프리카에는 내륙에서 사는 사람이 많아 내륙에서 생산된 상품을 항구로 운송해야 하는데 교통이 발달되지 않아 큰 어려움을 겪는다. 수송에 드는 비용은 일반적으로 아프리카가 아시아보다 훨씬 높다. 그뿐만 아니라 사하라사막이 가로막고 있어서 물자가 사하라 이남으로부터 육로를 통해 유럽으로 수송되는 것은 거의 불가능하다. 무역을 발전시키려면 교통 인프라가 잘되어 있어야 하는데 아프리카에서 도로나 철도를 건설하는 것은 결코 쉬운 일이 아니다. 대부분 아프리카인은 더위와 질병을 피해 습기가 적거나 건조한 열대에서 살고 있다. 따라서 이들에게는 관개 목적으로 이용할 수 있는 강이 부족하며 아시아에서 흔히 볼 수 있는 충적토로 이루어진 평원이 없다. 그 결과 아프리카에서는 관개용수를 사용하여 생산되는 농산물의 비중이 매우 낮다. 아프리카 농업은 높은 비료 수송비, 일정하지 않은 강우량, 뜨거운 열기로 인한 물의 증발 등으로 끊임없이 타격을 받고 있고, 아시아와 중남미에서 녹색혁명을 불러일으켰던 새로운 종자의 보급도 토양 형편상 적합하지 않다. 아프리카에서는 기술 전파, 특히 농업과 보건 분야에서 기술 전파가 늦었다. 이 때문에 아프리카인들은 말라리아나 황열병 등과 같은 열대성 질병에 늘 시달려왔으며 녹색혁명에 가담하지 못하는 통에 농작물의 생산성이 향상되지 않았다. 실제로 아프리카의 농업은 생산성이 매우 낮다. 사하라 이남 아프리카에서 가장 중요한 농산물인 옥수수의 에이커당 생산량은 1975년 이래 제자리걸음이다. 같은 기간 세계의 모든 다른 지역에서는 두 배 이상 생산성이 늘었다. 아프리카에서 농업생산성이 낮은 이유는 기후와 지리적인 원인도 있지만 대부분 사람이 초래한 것이다. 남아공을 제외하고 사하라 이남 아프리카의 비료 사용량은 세계 사용량의 1%에 불과하다. 아프리카 농부가 토지 1헥타르당 뿌리는 비료는 8킬로그램 정도인데 이는 세계에서 가장 낮은 수준이다. 아시아 농부가 뿌리는 것의 10%에도 미치지 못한다.[27] 농기계나 현대적인 농업기술을 사용하는 비율도 남아시아나 라틴아메리카는 50% 이상인 반면 아프리카는 20%에 불과하다. 인구가 증가함에 따라 농작물 생산을 늘려야 하는 압력에 처한 아프리카는 경작지를 과도하게 사용하거나 방목을 남용한 결과 토양의 질이 크게 손상되었다. 한 가지 희소식은 이러한 문제들이 대부분 인위적으로 형성된 것이므로 지금부터라도 올바른 농업정책을 수립하여 농업생산성을 높여 나갈 경우 문제를 해결할 수 있다는 점이다. 광물이나 농산품 같은 1차산품의 수출이 아프리카 성장의 원동력이 되고 있지만 앞으로 농산품 가격이 계속 상승할 경우 아프리카에 득이 될지 손해가 될지는 확실하지 않다. 아프리카에는 목화, 담배, 사탕수수와 같은 수출품이 있는 반면 옥수수, 밀 같은 기본적인 농산품을 수입하고 있기 때문이다.

아프리카에서 농업생산성이 낮은 또 하나의 이유는 착취적인 구조 때문이다. 영국은 시에라리온을 식민지로 경영할 때 코코아와 커피 가격 안정을 위해 1949년 농산물 구매처(marketing board)를 설립하고 농민들로 하여금 모든 농산물을 이 구매처에 팔도록 했다. 원래 구매처를 설립한 목적은 커피나 코코아의 국제시장 가격이 낮을 때에는 좀 높은 가격으로 구매하고 높을 때에는 좀 낮은 가격으로 구매함으로써 농민들의 소득을 일정 수준으로 보장해주는 것이었다. 그러나 구매처는 원래 목적대로 운영되지 않았다. 구매처의 운영을 위해 농산물 판매비용 중 소액을 운영비로 사용했는데 시간이 지나면서 주객이 전도되어 이 운영비가 큰 액수로 변했다. 시간이 지나자 구매처는 식민지 당국의 주 소득원이 되어 국세청과 같은 성격으로 변모하고 말았다. 시에라리온이 독립하여 흑인 정권이 들어선 뒤에도 이러한 관행은 지속되었을 뿐만 아니라 구매처는 오히려 더 심한 착취기관으로 발전했다. 농산물에 따라 조금씩 차이는 있지만 농민들은 생산한 농산물에 대해 국제시장가격의 10% 정도만 판매대금으로 받았고 나머지 90%는 탐욕스런 정부의 손으로 들어갔다. 정부는 농민으로부터 수탈한 소득을 도로건설이나 교육 등 공공사업에 쓰지 않고 권력자들의 배를 불리는 데 사용했다. 이러한 상황에서 농민에게 농업생산성을 높이기 위한 의욕이 있을 리 없었다. 구매처는 농민들로부터 비료를 사용한다거나 지력을 향상시켜 생산성을 높이려는 모든 의욕을 앗아가 버렸다.[28]

실정(失政, bad governance)은 계속해서 아프리카의 발전을 가로막는 요인이 되고 있다. 예를 들어 아프리카에서 한 해에 일어나는 자본 유출이 500억 불에 달한다. 왜 가난한 아프리카에서 이렇게 막대한 자본이 유출되는가? 그것은 아프리카 국가들이 선정(善政, good governance)을 펴지 못하고 악정을 펼치기 때문이다. 아프리카가 꼭 돈이 없어 발전하지 못하는 것만은 아니다. 아프리카에도 자체적인 수입이 있고 원조를 받기도 하며 외국으로부터 돈을 빌려올 수도 있다. 그러나 아프리카는 인적, 사회적, 제도적인 자산 부족으로 시달리고 있다. 인적, 사회적, 제도적 자산이 구축되지 않는 한 아프리카의 발전은 요원하다. 현실이 이를 증명한다. 국제사회로부터 많은 원조가 제공되었지만 아프리카는 2015년까지 유엔이 정한 새천년개발계획(MDGs)[29]의 목표를 끝내 달성할 수 없었고 이 때문에 유엔은 지속 가능한 개발 목표(SDGs)라는 새로운 계획으로 후퇴해야 했다. 이러한 일이 일어나는 근본적인 원인은 국제사회의 원조를 적절하게 사용할 수 있는 능력이 아직 아프리카에 부족하기 때문이다. 이와 같이 '능력론'을 강조하는 사람들은 단기적인 해결 방안으로 이민 문호를 개방해서 능력 있는 사람을 외부에서 충원하는 방안, 유엔 등으로부터 국제공무원을 활용하는 방안, 국제적인 사법기관을 만들어 관료기구를 감시하는 방안 등을 제시하고 있다.

아프리카 국가들이 선정을 펴지 못하기 때문에 발전하지 못하는가, 아니면 발전하지 못하기 때문에 선정을 펴지 못하는가? 나는 이 두 가지 요소가 맞물려 악순환을 하고 있다고 본다. 예를 들어 통치를 잘하려면 충분한 재원이 있어야 하는데 재원이 부족하므로 좋은 통치를 하지 못한다는 말에도 타당성이 있다. 정부가 좋은 정책을 내놓기 위해서는 질이 높고 유능한 전문가를 필요로 한다. 그러나 정부는 이 전문가에게 높은 보수를 제공해야 한다. 정부가 보수를 제공할 수 없다면 이 전문가는 떠나고 만다. 따라서 선정을 펼칠 기회를 잃고 만다.[30] 좋은 자원은 늘 유동적이다. 이들은 국내만 쳐다보지 않고 해외에도 필요하면 일자리를 구해 나간다. 가난한 국가들은 유능한 인재를 보유하고 있어도 높은 보수를 제공할 수 없기 때문에 이들을 놓치고 만다. 부유한 국가들은 반대로 유능한 인재를 향유할 수 있다. 따라서 인재의 등용에 있어서 빈익빈 부익부 현상이 일어나며 이는 중대한 결과를 낳게 되는 것이다.

아프리카의 정치인과 공무원은 종종 발전에 장애 요인이 된다. 아프리카의 관료 제도는 너무 비대하고 복잡하며 팽창 일로에 있다. 가령 1300만 인구를 가진 짐바브웨의 경우(2013년 9월 이전의 정부) 장관이 30여 명이나 된다. 중앙 행정부뿐만 아니라 지방 정부, 각종 위원회, 국영기업들이 지나치게 많은 직원을 거느리고 있다. 남아공의 미드랜드(Midrand)에는 범아프리카의회가 있으며 아디스아바바에는 아프리카연합(AU) 본부가 있다. 이 밖에도 수많은 지역 기구들이 있다. 아프리카의 관

_AU 회의장 모습

료 조직은 점차 확장되고 있으나 하는 일은 그렇게 인상적이 아니다. 많은 사람이 관료 조직에서 일을 하면서 봉급을 받고 있으나 그들이 하는 일은 그렇게 많지 않다. 아프리카의 국영기업들은 정부로부터 보조금을 받고 운영되며 정치권의 압력에 굴복하여 시장 경제를 외면하는 일이 흔하다. 전기나 수도 공급 같은 것이 대표적인 예이다. 국영기업이 수지를 맞추지 못하면 결국 국민의 세금으로 적자를 메꾸어야 한다. 국영기업의 간부들은 높은 봉급을 받고 이권을 향유하나 이들을 통제할 공공장치는 미비하다. 2014년 1월 짐바브웨에서는 떠들썩한 일이 벌어졌다. 국영기업인 의료지원협회(PSMAS) 책임자의 월급이 무려 23만불에 달한다는 사실이 밝혀졌기 때문이다. 국가 재원이 거의 거덜난 짐바브웨 같은 나라에서 이와 같은 고액봉급자가 존재한다는 사실로 인해 사람들은 국영기업의 병폐가 얼마나 심각한지 새삼 깨닫게 되었다. 한편, 정치인은 영향력을 높이기 위해 아직도 국유화, 자원 민족주의 등 시대착오적인 정책을 구사하는 경우가 있는데 이는 결과적으로 나라의 발전에 부정적인 결과를 초래한다.

짐바브웨의 예를 들어보자. 한 국가가 스스로 가치 체계를 짓밟고 윤리 수준이 하강토록 놔둔다면 사회 전체의 수준이 낮아진다. 능력, 성실, 근면이 더 이상 비즈니스에서 덕목이 되지 않고 부패, 뇌물, 협잡이 판을 치게 된다. 사기꾼, 아부꾼, 협잡꾼들이 스스로를 애국자라고 부르고 있다. 이것이 오늘날 짐바브웨가 겪고 있는 현실이다. 공직에 있는 사람들은 공공서비스를 제공하는 대신 뇌물과 떡고물만 바라보고 있다. 정부에 실망한 사람들은 물과 전기 같은 기본적인 공공재화의 공급이 불안정한 것에 이미 익숙해졌다. 이들은 도로의 파인 구덩이가 아스팔트가 아닌 벽돌로

메워져도 환호할 정도로 무감각해졌다. 한때 아프리카에서 최고 수준을 자랑했던 학교는 계속해서 내리막길을 걷고 있다. 공공기관의 부패가 너무 만연함으로써 부패에 가담하지 않은 사람들이 오히려 조롱당하고 무능한 사람으로 치부되고 있다. 지난 10년간 HIV/에이즈에 의해 많은 사람이 희생되었으며 두뇌 유출로 많은 사람이 짐바브웨를 떠났다. 이제 젊은 세대가 사회를 장악하고 있는데 이들은 경험이 없고 성숙하지도 않다. 짐바브웨에게 있어서 지난 10년은 잃어버린 세월이나 마찬가지이다. 짐바브웨의 시장에는 가짜 또는 질 낮은 물건들이 판치고 있으나 소비자나 소비 감시단체는 이에 대해 무력하다. 심지어 유통 기한이 지난 물건이 버젓이 전시되고 있고 조리된 식품이 다시 진열되어도 사람들은 무관심하다. 누구도 어떤 기준이나 도덕적 가치에 대해서는 신경 쓰지 않고 탐욕과 냉소적인 책략만이 판을 치고 있다. 짐바브웨인의 삶은 생존을 위한 투쟁이라기보다는 가히 만인의 만인에 대한 투쟁과 비슷하다.

아프리카에서 부패는 여전히 심각한 문제이다. 정치인에서 공무원, 위에서부터 아래까지 아프리카에는 여전히 부패가 만연해 있다. 나라별로 차이가 있지만 부패는 아프리카의 공통적인 문제이다. 악명 높은 독재자였던 자이르(현 DR콩고)의 모부투 대통령은 스위스 은행 계좌에 80억 불을 은닉했으며 나이지리아의 아바차 장군은 200억 불을 빼돌린 아프리카 최악의 부정축재자로 알려져 있다. 매년 아프리카에서 1500억 불에 가까운 돈이 부패로 사라진다는 아프리카연합의 보고서는 우리에게 좌절과 경종을 동시에 울려주고 있다.[31] 부패는 부를 축적하는 수단일 뿐 아니라 부를 분배하는 수단이기도 하다. 부패를 눈감아 주는 것은 정부의 고의적인 정책 수단에 속한다. 개도국의 정부 관리가 박봉에도 불구하고 좋은 차를 소유하고 애들을 좋은 학교에 보낼 수 있는 것은 모두 부패 덕분이다. 아프리카의 권력자들은 자신에게 충성하는 고객을 보다 많이 거느리기 위해 부패로 인해 거두어들인 돈을 나누어준다. 많은 추종자를 거느리고 있는 권력자는 이를 바탕으로 세를 과시하면서 보다 큰 이권에 접근할 수 있다. 큰 이권에 접함으로써 보다 많은 돈을 거두어들일 수 있는 것은 물론이다. 따라서 세력가와 추종자 그리고 부패 간에는 상관관계가 있다. 정부는 국가 예산을 들여 국영기업이나 준국영기업을 지원하는데 이들은 늘 적자 운영을 벗어나지 못하고 있다. 이미 해고되었어야 할 직원들이 그대로 남아 있으며 경제적으로, 재정적으로 더 이상 존립 근거가 없는 국영기업도 버젓이 명패를 내걸고 있다. 정부는 이들을 경제적인 이유에서가 아니라 정치적, 사회적인 이유에서 살려두고 있다. 국영기업이나 준국영기업도 통치자에게는 소중한 고객이기 때문이다.

원조를 둘러싼 **갈등**

아프리카 발전을 위한 제안은 여러 가지가 있다. 그중 하나는 아프리카에 대규모 자본을 집중적으로 투자하여 단시일 내에 아프리카를 탈바꿈하자는 것이다. 이러한 생각은 2차 대전 직후 유럽 재건을 위해 내놓은 로젠슈타인로당(Rosenstein-Rodan)의 밀어붙이기(big push)[32] 전략과 비슷하다. 밀어붙이기는 여러 분야에 걸쳐 물적, 인적 자본에 대한 대규모 투자를 통해 전쟁으로 파괴된 유럽 국가를 단숨에 발전시키려는 전략이다. 이 사업에 필요한 자본은 마셜플랜으로부터 얻는다는 것이 제안의 핵심이었다.[33]

유럽과 아프리카의 사정이 크게 다르므로 아프리카에 이러한 밀어붙이기가 먹혀들지는 미지수이다. 그러나 투입된 자본의 관리만 잘된다면 선정을 펼치는 국가들을 중심으로 한번 시도해 볼 만한 전략이 될 수도 있을 것으로 본다. 왜냐하면 아프리카에 대규모 자금이 한꺼번에 들어온 적은 지금까지 한 번도 없었기 때문이다. 아프리카는 늘 자본 부족에 시달려왔으며 사회경제적 인프라 건설에 필요한 프로젝트를 대규모로 추진해본 적도 없다. 이는 기본적으로 자본 부족에서 연유한 것이다. 전문가들은 아프리카가 지속적으로 발전 가능한 사회경제 인프라를 구축하는데 90조 달러의 비용이 들어갈 것으로 예측하고 있다. 이는 미국 GDP의 5배에 해당하는 막대한 금액이다. 성공 가능성을 따지기 전에 아프리카에도 마셜플랜 같은 역사적인 프로젝트가 한 번쯤은 검토될 필요가 있을 것이다. 원조는 사실 가장 논란이 많은 이슈이다. 지난 30년 간 5000억 불이 넘는 상당한 액수의 원조가 서방으로부터 아프리카에 도달했다. 그러나 이 원조가 아프리카의 발전에 기여했다는 증거는 희박하다. 이러한 이유로 일각에서는 원조는 실패했고 무용하다는 주장이 나오는 것이다. 반대로 컬럼비아 대학의 제프리 삭스 같은 원조 옹호론자는 외국의 원조를 비약적으로 증가시키는 것이 '가난의 함정'에 빠져 있는 아프리카 국가들을 빈곤으로부터 탈출토록 하는 가장 중요한 조치라고 주장한다. 삭스의 주장은 대규모 원조가 투입될 경우 가난한 아프리카인도 저축과 투자를 할 수 있게 되어 나중에는 스스로 성장하게 된다는 것이다. 삭스는 후진국이 가난의 함정에 빠지는 원인을 저소득뿐 아니라 보건과 지리적 여건 그리고 자원이 가지고 있는 저주적인 측면에서 찾았다. 삭스는 말라리아나 에이즈 같은 질병이 근로자의 생산성을 떨어뜨리고 투자자의 의욕을 떨어뜨림으로써 가난을 대물림하게 만든다고 지적한다. 삭스는 또한 험한 지리적 여건을 가진 나라들은 도로나 철도와 같은 인프라를 구축하기 어렵기 때문에 시장을 형성할 수 없고 이로써 고립되어 가난이 계속된다고 주장한다. 삭스는 또한 자원을 가진 나라들은 지나치게 자원 수출에만 의존하기 때문에 경제의 다변화를 이루지 못하고 부패와 분쟁에 시달리게 됨으로써 계속 가난한 국가로 남게 된다고 말한다. 경제학자 콜리어(Paul Collier)는 저서 『빈곤의 경제학The Bottom Billion』에서 삭스의 이론을 보다 발전시켜 분쟁과 악정을 가난의 원인으로 추가했다. 콜리어에 의하면 저소득과 저성장은 국가를 분쟁에 몰아넣게 되고 분쟁은 국가를 보다 가난하게 만드는 악순환이 형성된다. 악정이 성행하는 국가에서는 지도자들이 부를 훔치고 경제적 기회를 손상시킴으로써 나라가 가난하게 되는데 가난한 국가에서는 선정을 베풀 만한 정부를 구축하기 어려우므로 악정이 지속된다는 것이다.[34] 반면 뉴욕대학의 윌리엄 이스털리(William Easterly)와 같은 원조 반대론자들은 수천억 불에 달하는 원조에도 불구하고 아프리카 국가들이 아직도 최빈국으로 남아 있다면서 정말 가난의 함정이 있다면 이러한 원조를 통해 아프리카인은 이미 함정으로부터 빠져나올 기회를 잡았어야 한다고 지적한다. 사회과학자의 많은 연구에도 불구하고 원조와 경제성장 간에 어떠한 상관관계가 있는지 확실한 답은 없다. 그러나 많은 통계에 의하면 원조가 아프리카 국가의 성장에 그렇게 큰 기여를 한 것은 아니라는 것이 사실이다.[35] 특히 1970년대 1인당 국민소득이 아프리카와 비슷했던 중국과 인도가 급성장함으로써 원조의 효용성 문제는 다시 한 번 심판대에 올랐다. 미·소 냉전 시 아프리카의 정치적 중요성 때문에 정점에 달했던 원조는 냉전 종식 후 급격히 감소했다. 1990-1995년간 아프리카에 대한 외국원조는 거의 절반으로 감소했다. 그러나 1990년대 아프리카의 경제 성장은 냉전시대와 비교해 별 차이가 없었다.

원조무용론자의 목소리가 상당히 높지만 현실을 살펴보면 과장된 측면도 있다. 원조는 많은 실패를 맛보았지만 많은 성공도 거두었다. 이것이 현실에 대한 올바른 평가이다. 보츠와나와 모리셔스의 예를 보자. 보츠와나는 매년 인구 1인당 150불 이상의 원조를 30년 동안 꾸준히 받았는데 이를 인프라 건설과 보건 및 교육 등에 사용했다. 모리셔스도 매년 인구 1인당 65불 이상의 원조를 30년간 받았으며 이를 인프라 건설과 사회시설 확충에 사용했다. 그 결과 이들은 아프리카에서 최선진국이 되었다. 내전이 끝난 후 1993년부터 매년 경제가 평균 7.5%씩 성장하고 빈곤이 급격하게 감소하고 있는 모잠비크는 어떠한가? 이 나라 역시 매년 인구 1인당 60불 이상의 원조를 꾸준히 받고 있으며 이를 인프라 건설 등에 잘 활용함으로써 눈부신 발전을 거듭하고 있다. 르완다, 탄자니아, 우간다, 라이베리아 등도 마찬가지이다. 이들은 모두 원조를 기반으로 경제를 재건하고 국가를 정상궤도에 올려놓았다.[36] 물론 원조만으로 다 되는 것은 아니다. 강한 리더십, 선정, 합리적인 정책, 이런 것이 우선되어야 한다. 원조가 국가발전을 점화하는 것은 아니다. 원조는 어디까지나 2차적인 요소에 불과하다. 그러나 일단 국가발전을 위한 이니셔티브가 발동되었을 때 원조가 이 과정이 지속되도록 돕는 중요한 보조 역할을 하는 것은 사실이다.

원조의 성공 여부는 공여국이 아니라 수원국에 달려 있다. 공여국과 수원국은 처음부터 비전을 공유해야 하며 목표 달성을 위해 서로 무엇을 나누고, 무엇을 요구해야 하는지 명확하게 알고 있어야 한다. UN이 MDG에 설정했던 목표는 공여국이 일방적으로 세운 목표이지 수원국과의 합의 하에 이루어진 비전은 아니다. 공여국이 2015년까지 연간 원조 규모를 500억 불로 올리겠다는 것은 국제사회와 아프리카에 대해 앞으로의 원조 방식은 지금까지와는 다를 것이라는 신호를 보낸 것이다. 공여국의 원조 방식은 대부분 위로부터 아래로 내려오는 방식이다. 일방통행적인 이러한 방식의 약점은 수원국의 독립심을 해칠 수 있다는 점이다. MDG의 우선적인 목표는 하루 1불로 사는 사람들을 2015년까지 최소한 50% 증가시킨다는 것이었는데 이것은 너무 소극적인 목표였다. 설사 목표가 100% 달성된다고 하더라도 진정 의미를 둘만한 것인지 처음부터 의문으로 남았다.[37] 사람들이 하루 1불로 살아간다는 사실 자체가 비극성을 내포하고 있기 때문이다. MDG는 아프리카인이 만든 것이 아니며 아프리카 사정을 꿰뚫고 있지 않은 외부전문가들이 만든 것이다. 아프리카 국가 중 2015년까지 MDG에 설정된 모든 목표를 달성할 수 있는 국가는 아마 르완다가 유일할 것이라는 지적도 여러 번 제기된 바 있다.

원조를 많이 받는다고 개발이 잘되는 것은 아니다. 개발을 위한 원조는 받는 것이 관건이 아니라 쓰는 것이 관건이다. 받은 원조를 어떻게 쓰느냐가 무엇보다 중요하다. 원조에는 중독성과 타성이 있으므로 GDP의 일정 부분 이상을 초과하는 원조는 별로 효과가 없다는 연구 결과도 있다. 60년대 이후 세계 각국에 대한 원조 총액은 1조 불을 넘었고 이 중 절반 이상이 아프리카로 집중되었으나 아직 아프리카의 개발은 요원하다. 원조를 받으면서 성장하는 나라가 있는가 하면 원조 없이 성장하는 나라도 있다. 어떤 국가들은 많은 원조를 받았으나 성장하지 못했는가 하면 어떤 국가는 원조도 못 받고 성장도 못 한 국가들도 있다. 원조가 개발에 미치는 효과는 나라마다 다르므로 일률적으로 측량하기는 어렵다. 90년대 전까지는 우선 원조를 제공한 뒤 이 원조가 국가를 자극하여 경제개발을 촉진할 것을 기대하는 전략이었다. 이른바 펌프 효과를 노린 것이다. 그러나 90년대에 와서 이러한 전략은 바뀌었다. 이제는 개발 가능성이 높은 국가, 싹수가 있는 국가들을 선별하여 집중적으로 원조하는 방식이 대세이다. 이러한 전략적 변화로 인해 혜택을 받은 대표적인 국가는 우간다와 가나이다. 우간다의 절대빈곤층은 1992-1993년 56%이었으나 1997-98년에는 44%로 떨어졌고 1999-2000년에는 35%로 떨어졌다. 가나도 비슷한 결과를 보였다. 말리나 베냉 같은 국가들도 매우 긍정적인 발전을 이룩했다. 비교적 선정을 펼친 국가들이 원조를 개발로 잘 연결시켰던 것이다. 그러나 선진국이 꼭 선정만을 보고 원조를 제공하는 것은 아니다. 미국, 프랑스, 일본 같은 나라들은 지정학적 요소와 자국 기업의 진출 가능성을 염두에 두고 원조를 제공한다. 유럽 국가에게는 인도적 고려가 원조 제공에 중요한 요소이다. 이로 인해 아프리카 국가들은 실제보다 상황을 더 과장해서 보다 절망적으로 보이도록 하는 데 능숙하다. 절망적일수록 원조가 더 많이 제공되기 때문이다. 아프리카에서 원조와 같이 복선이 많은 정책을 펼 때는 신중해야 한다. 장기적으로 보아야 하는 것이다. 예를 들어 사헬지역과 같이 물이 부족한 지역에서 수자원 개발을 지원하는 정책을 펼칠 때에는 여러 가지 가능성을 잘 살펴봐야 한다. 한 사헬 국가에 가뭄이 들자 원조자는 물 문제를 해결하기 위해 우물을 파기로 했다. 이 우물에서 물이 많이 나오자 곧 인근에서 사람과 가축들이 몰려들었다. 그러나 많은 사람과 가축이 한꺼번에 물을 긷자 이 우물은 곧 동나고 말았다. 이로 인해 원주민과 몰려든 사람들 간에 내전이 벌어졌으며, 이 나라의 가뭄 사정은 더욱 악화되고 말았다. 이와 같이 좋은 일을 하는 것도 쉽지 않다. 주기도 어렵고 받기도 어려우며 좋은 결과를 내기는 더욱 어려운 것이 원조이다.

원하지 않는 결과이지만 원조가 내전을 부추기는 측면도 있다. 원조기구들은 식량이나 의약품을 훔쳐가는 반군을 막지 않는다. 무력을 가진 반군을 두려워하기 때문이다. 때로는 원조자가 오히려 솔선수범해서 식량이나 의약품을 제공하기도 한다. 이렇게 해서 왕왕 내전은 보다 장기화된다. 좋은 뜻으로 시작한 원조기구의 행동이 결과적으로 문제의 일부가 되는 것이다. 많은 연구 결과에 의하면 원조의 10-20%만이 최종 목적지에 도달된다고 한다. 이렇게 되는 이유는 원조기구의 부패 문제도 있지만 경상비용으로 많은 액수가 빠져나가는 데다 비효율, 무관심, 나태 등으로 인해 많은 돈이 중간에서 새어나가는 데 있다. 자이르의 전 대통령 모부투같이 외국의 원조 자금을 자신의 정권을 유지하고 개인적으로 치부하는 데 이용한 아프리카 지도자도 많이 있다. 그러나 원조를 중단할 수는 없다. 원조의 중단은 엄청난 인도적, 경제적 재앙을 초래하고 원조국가로 하여금 씻을 수 없는 죄책감에 시달리도록 만들 것이다. 원조의 10%만 가장 가난한 사람에게 전달되어도 많은 사람을 살릴 수 있다. 이러한 실질적인 필요 때문에 원조의 부정적인 측면에도 불구하고 원조가 중단되어서는 안 된다는 주장이 설득력을 얻는 것이다.

개발이 잘되려면 아프리카 국가들이 주인 의식을 가지고 움직여야 하며 원조국은 이러한 나라들을 우선적으로 도와야 한다. 그러나 이것은 이론이고 실제로는 잘 들어맞지 않는다. 문제가 무엇인지 보자. 첫째, 개도국의 발전을 위해 권고를 행하는 주요 기관인 IMF나 세계은행과 상대하는 개도국의 엘리트들은 개발을 국가의 우선순위로 삼을 수 있는 위치에 있지 않다. 이들은 관료이지 정치인이 아니기 때문이다. 개발을 제대로 하려면 아프리카의 정치 문화를 근본적으로 개혁해야 하는데 이것은 결코 쉬운 일이 아니다. 진정한 개혁이 일어나면 국민과 지도자 간 관계의 틀이 보다 민주적으로 바뀌게 되며 이는 필연적으로 지도층의 권력 기반을 약화시킨다. 지도층이 사회적, 경제적 발전을 위해 자신의 기반이 약해지는 것을 좋아할 리 만무하다. 이것이 바로 지도층이 말로만 개발을 외치고 행동으로는 옮기지 않는 이유이다. 둘째, 설사 아프리카 국가들이 개발을 최우선 순위로 삼고 진지하게 이를 실천해보려는 의도가 있다고 해도 공여국이 적절한 원조를 제공하는 것이 결코 쉬운 일은 아니다. 우선 공여국은 그 나라의 엘리트들이 조국이 처한 문제를 잘 알고 있으므로 해결책도 제공할 수 있다고 생각한다. 그러나 이것은 오산이다. 엘리트들은 가난한 일반 대중과는 다른 생활을 하고 있고 이들과 유리되어 있다. 이들은 현실을 잘 모른다. 그렇다고 해서 원조국이 가난한 대중과 직접 접촉하는 것은 현실적으로 쉽지 않고 접촉한다고 해도 원하는 결과를 얻을지 의문이다. 일반 대중은 어려운 현실을 잘 알고 있으므로 이를 해결하기 위한 실용적인 방안을 제공할 수 있다. 그러나 이들은 나라가 발전하기 위해 근본적으로 어떤 방향으로 나아가야 하는지에 대해서는 잘 모른다. 이들로부터 국가의 개발 전략이나 이행 메커니즘에 관한 아이디어를 기대하는 것은 무리이다.

아프리카의 시계는 느리다. 아무리 좋은 뜻과 의지를 갖고 있어도 아프리카에서 서둘러서는 좋은 결과를 얻기 힘들다. 아프리카에서는 쉽게 보이는 일도 완성되기까지는 시간이 생각보다 많이 걸린다. 진정으로 아프리카를 돕고 싶어 하는 외국인, 큰 뜻을 품은 사람들이 아프리카에 와서 실패하는 이유는 역설적이지만 이들의 열정 때문이다. 이들은 열정에 못 이겨 일을 일방적으로 추진하다가 오히려 교만하거나 강요적인 사람으로 변하고 만다. 이렇게 되면 현지인의 마음을 얻을 수 없으며 따라서 목표나 이상을 달성할 수 없다.

아프리카의 **현실적 어려움**

소득으로 보아 40-50년 전에는 비슷한 수준이었던 아프리카와 동아시아는 최근 들어 그 격차가 현저해졌으며 이러한 격차는 점점 더 벌어지고 있다. 2002년 1인당 전기사용량은 동아시아가 849킬로와트인 데 반해 아프리카는 457킬로와트였다. 2003년 인구 1000명당 전화선은 동아시아가 161개인 데 반해 아프리카는 11개에 불과했다. 2003년 휴대전화 가입자는 인구 1000명당 동아시아가 195명인 데 반해 아프리카는 52명이었다. 그리고 인터넷 사용자는 인구 1000명당 동아시아가 68명인 데 반해 아프리카는 20명이었다. 10년 이상이 지난 지금 이 격차는 점점 더 벌어지고 있다. 미래의 기술을 가늠하게 될 R&D 분야에서 연구원이나 기술자의 숫자는 남아공 등 몇 나라를 제외하고는 거의 제로 상태이다. 아프리카의 전기 부족은 정말 심각한 문제이다. 세계 전기 생산의 3.1%밖에 되지 않으며 인구의 23%만이 전기를 사용하고 있다. 아프리카의 기업 중 67%가 사업을 제약하는 여건 중 첫 번째로 전기 부족을 들었다. 또 아프리카는 수송비가 높다. 특히 내륙국의 경우 수송비가 수출품 가격의 거의 4분의 3에 달한다. 또 아프리카에는 물건을 수송할 때 한꺼번에 모아서 큰 창고에 보관하였다가 수송하는 시스템이 발달되어 있지도 않다. 일본에서 차 한 대를 아비장으로 가져오는 비용이 1500불인 데 반해 같은 차를 아비장에서 아디스아바바로 수송하는 비용은 5000불에 달한다. 항구에서의 통관 지연도 큰 문제이다. 사하라 이남 아프리카의 항구에서 세관 통관에 소요되는 기간은 평균 12일이다. 우간다는 14일, 에티오피아는 30일이나 된다. 지나친 관료주의, 높은 보험료, 까다로운 통관절차, 노골적인 부패, 운송 경로의 중간 중간에 설치된 체크포인트 등은 물품의 원활한 수송에 커다란 장애물이다.

정보통신기술(ICT)이 발전하면서 세계는 글로벌화가 촉진되고 지식에 기반을 둔 사회로 변화했다. 그러나 아프리카는 ICT에 대한 접근이 늦었고 ICT를 활용하는 방법도 잘 몰랐다. 지식이 물건 및 서비스와 결합해서 부가가치를 창출하는 새로운 산업분야에서 아프리카는 매우 취약했다. 반면 아프리카의 주요 수출품인 농산물과 원자재의 상대적인 가치는 점점 하락했다. 20세기 말 아프리카 수출품의 가치는 연 3%씩 감소하는 데 비해 수입품의 가격은 연 2%씩 상승했다. 그 결과 교역 조건은 매년 5%씩 악화되었다. 그러다가 1990년대에 들어 국제자본의 아프리카에 대한 투자가 갑자기 증가했는데 그 대부분은 직접투자였다. 1990년대 초 아프리카에 대한 투자는 연 10억 불 정도였는데 90년대 중반에 이르러서는 연 50억 불로 증가했다. 특히 남아공에 대한 투자가 급증하여 1991년 아프리카 전체 직접투자의 10%에서 1997년에는 37%로 증가했다. 여기에는 이유가 있다. 90년대 초반 국제자본 투자는 신흥경제에 집중되었으나 1998년 러시아 위기를 겪으면서 신흥시장에 대한 자신감을 잃자 이에 대한 대안으로 아프리카에 대한 투자가 늘어난 것이다. 이에 따라 민간기업의 대 아프리카 투자는 훨씬 다양해졌다. 서방국가에 본부를 둔 남아공 기업들의 투자가 선도적인 역할을 했으나 동아시아와 동남아시아 국가들도 여기에 가담했다. 그러나 경제대국 일본의 역할은 상대적으로 미미했고 아시아에서는 한국, 대만, 싱가포르, 말레이시아, 그리고 중국이 앞장섰다. 아시아 국가의 투자는 대부분 건설과 통신 분야에 집중되었다. 이러다가 90년대 후반 아시아 경제위기를 겪으면서 아시아 국가의 투자는 감소 추세로 돌아섰다. 미국의 대 아프리카 투자는 아시아보다도 훨씬 더 저조하다. 클린턴 대통령이 아프리카를 순방하면서 기업들에게 투자를 독려했음에도 불구하고 미국의 대 아프리카 투자는 좀처럼 늘지 않았다. 이런 가운데 가장 빠르게 성장한 자본은 투자 펀드였다. 90년대 들어 남아공펀드는 80억 불로 증가했고 범아프리카펀드는 7억 불로 증가했다. 아프리카의 경제성장이 정점에 달한 것은 1996년으로 평균 5.8% 성장을 기록했다. 그러나 그 후로는 정정 불안, 정책의 오류, 경제 및 행정 개혁 부재 등으로 인해 성장세가 점차 하락하여 2000년대 초반 아프리카의 평균 경제성장은 2%대로 하락했다.

아프리카에서 소기업이 더 큰 기업으로 성장할 수 없는 이유는 열악한 기업 환경에서 비롯된다. 노하우, 훈련, 신용, 기업가적인 능력 등이 크게 부족한 것이다. 또한 사회적, 문화적인 이유도 있다. 아프리카 기업인이 성공하여 돈을 벌면 친구, 친척을 비롯한 주변 사람들이 달라붙어 배분을 요구한다. 돈을 벌면 벌수록 나눌 것을 요구하는 압력이 증가하며 만일 이러한 압력을 거부하면 종종 좋지 않은 결과를 초래한다. 핵가족 개념이 희박하고 집단으로 생존하는 아프리카의 문화적 특성이 기업가 육성에 지장을 초래하는 것이다. 지인 중에 아프리카 남자와 결혼한 한국 여성이 있는데 이 사람의 가장 큰 고충은 시도 때도 없이 남편의 친척과 친구들이 집으로 몰려드는 것이다. 촌수도 정확하게 모르는 친척들이 몰려와서는 며칠 동안 머물다가 떠난다고 한다. 문제는 이런 친척의 숫자가 너무 많다는 것이다. 남편에게 아무리 불평을 해봤자 이는 남편도 어떻게 하지 못하는 일이다. 오랜 사회적인 관습에 속하는 일이기 때문이다. 또 많은 아프리카인은 비즈니스에서 매니저가 되려고 하기보다는 재간꾼이 되어 쉽게 돈을 버는 방안을 선호한다. 장기적으로 신뢰를 쌓아 돈을 버는 것보다 남을 속이더라도 당장 이익을 얻는 방안을 더 선호하는 것이다. 예를 들면 길거리의 상인이 고객을 속여 상품을 팔아도 죄가 되지 않는다. 오히려 다른 사람을 속이는 이러한 재주는 비상한 것으로 간주되어 존경의 대상이 되기도 한다. 이러한 관행이 성행하는 한 진지한 비즈니스가 설 땅은 없다. 사람들이 서로 믿지 않기 때문이다.

성장인가 몰락인가: 짐바브웨의 **사례**

짐바브웨의 예를 보자. 짐바브웨에서 현재 외국인투자를 가로막고 있는 가장 큰 걸림돌은 내국민지분확대법인데 이러한 악법을 시행하고 있는 이유는 첫째, 1980년 독립 시부터 내려오는 사회주의적 사고방식, 둘째, 과거 짐바브웨를 지배한 백인에 대한 여전한 피해 의식, 셋째, 여당의 정치적 계산 등이 복합적으로 작용하고 있기 때문이다. 동 법에 의하면 외국기업이 일정 기간 경과 후 지분의 51%를 내국민에게 매각토록 규정되어 있으나 실제적으로는 현지인의 자금 능력이 없기 때문에 외국 투자기업이 현지인 몫인 51% 지분까지 부담해야 하는 모순적인 상황에 봉착하게 된다. 인도의 철강기업인 에사르(Essar)가 짐바브웨에 대규모 투자를 하면서 짐바브웨 정부의 부채를 갚아주는 조건으로 현지 철강회사 지분 54%를 인수한 사례가 있는데, 이러한 협상이 가능했던 이유는 대규모 투자의 경우 짐바브웨 정부가 51% 원칙에 대한 예외를 적용했기 때문이다. 외국 기업의 경우 합작회사를 만들어 짐바브웨에 진출하되 장기적으로 보아 정세가 유동적임을 감안하여 여-야 어느 한쪽에 치우치지 않고 중립적으로 처신하는 것이 좋다. 이를 위해서는 특정 세력의 비호를 받는다는 인식을 주지 않도록 여-야를 함께 아울러 네트워크를 구축하고 사업에 필요한 모든 절차는 정부 담당 부처를 통해 공식적으로 진행하는 것이 필요하다. 내국민지분법의 주요 대상인 광업 분야를 관장하는 음포푸 광업장관(2013년 9월 개각시 교통장관으로 전직)은 부패와 연루되어 있다는 비난을 받고 있지만, 자신이 마음먹은 일은 반드시 해내는 남다른 재능이 있는 만큼 오히려 음포푸가 재임하고 있는 때가 외국 광업회사가 진출하는 데 좋은 시기라는 견해도 있었다.

짐바브웨는 모잠비크 등 이웃 국가처럼 국제사회에 최빈국(LDCs) 지위를 신청할 경우 각종 부채 탕감과 신규 차관 조달 시 특혜(30년 거치 후 상환, Libor ±1% 이자율 적용)를 얻을 수 있음에도 불구하고, 짐바브웨 정부가 자존심을 내세워 신청하지 않고 있기 때문에 차관 도입 시 10년 거치 후 상환, Libor +2% 이자율을 적용하는 불이익을 당하고 있다. 비티(Biti) 전 재무장관은 향후 외환보유고가 150억 불에 이를 경우 자국 통화(과거 짐바브웨 달러)를 부활시키겠다고 했는데 외채가 70억 불에 이르는 현 상황에서 외환보유 150억 불 달성은 요원한 목표로 보인다. 내국민지분확대법 같은 시대착오적인 정책을 추진하는 것은 기본적으로 무가베 대통령의 집권 중 보다 많은 이익을 챙겨두려는 일부 특권층의 탐욕에 의한 것이다. 탐욕스러운 이 특권층은 2008년 초인플레 당시 환율을 이용해 막대한 부를 축적했던 사람들로서 혼란이 커질수록 오히려 돈 벌 기회는 더 많다고 생각하고 있다. 내국민지분보호법은 현실과 동떨어진 법이며 야당은 물론 여당 내에서도 반감이 있기 때문에 투자를 유치하기 위해서는 향후 수정될 가능성이 높다. 비티 전 재무장관은 탁월한 실력과 영향력을 가지고 있으며 정치적으로도 상당한 입지를 구축하고 있어 짐바브웨 정계에서 늘 주목을 받는 인물이다. 그러나 비티 장관은 연립정부 시 그의 능력에도 불구하고 재정 부족을 비롯한 제반 장애물에 봉착함으로써 운신 폭이 매우 좁았다. 예를 들면 시중은행의 대출 자금이 크게 부족하기 때문에 민간 기업은 은행에 대한 기대를 버리고 정부에 손을 벌리고 있는데 비티가 이런 요구를 충족시키는 것은 자금사정상 불가능했다. 짐바브웨에서 전통적으로 경제를 지탱하는 큰 축은 농업인데, 농업에서 제조업으로 자금이 이동하면서 제조업이 농업 생산 증진을 위한 기자재 공급 역할을 하게 되는 선순환이 있었지만 현재는 농업 기반의 붕괴로 과거의 순환구조가 전혀 작동하지 않고 있다. 또한 남아공 기업들이 짐바브웨 경제를 장악함으로써 국내 토착기업은 거의 경쟁력을 상실했다. 짐바브웨가 당면한 가장 큰 문제는 정부의 리더십과 좋은 정책이 없다는 점이므로 현 정부 하에서는 상황의 개선을 기대하기 어렵다. 2013년 7월 재선된 무가베 대통령이 유능한 내각을 구성하고 새로운 정부가 올바른 정책을 수립할 때 비로소 경제 회생을 기대할 수 있을 것이다. 다행히 경제총수격인 치나마사 재무장관과 네마 내국민장관 등이 외국 투자를 유치하고 경제 활성화를 기하기 위해 온

갖 노력을 기울이고 있으므로 기대를 모으고 있다. 치나마사는 2013년 12월 자발적으로 한국을 방문해서 양국 간 경제협력 증진 방안을 논의했다. 붕괴된 제조업을 다시 복구하는 것이 중요한데 우선적으로 농기계, 농산품 가공, 섬유 등이 유망 업종에 속한다. 정부는 농업 분야에서 토지정책을 개혁하여 농민이 토지를 광범위하게 소유토록 허용함으로써 생산력 증대를 위한 인센티브를 부여하는 것이 필요하다. 그러나 아프리카 국가들은 전통적으로 국민의 권리 신장에 관한 정책을 정부의 권력 약화로 인식하는 경향이 있고 짐바브웨는 국민의 고양된 의식수준을 체제 안정에 대한 위협으로 간주하고 있으므로 과감한 개혁정책을 내놓지 못하고 있다.

2011년 5월 빅토리아 폭포에서 개최된 짐바브웨 광물협회 총회에서는 짐바브웨 정부의 광업정책과 현실 경제 간에 존재하는 모순과 괴리가 여실히 드러났다. 즉, 짐바브웨 정부는 최소한 연 7~8% 이상 계속 경제성장을 하겠다는 목표를 가지고 있어 이를 위해서는 광업 생산의 증가가 필수인데, 광업정책이 잘못되어 있으니 이렇게 나가다가는 경제전반에 위기가 올 것이라는 목소리가 컸다. 예를 들어, 짐바브웨는 광업 진흥을 위해 향후 5년간 최소 60억 불 신규투자가 필요한데 이 막대한 돈을 어디서 끌어오느냐 하는 것이다. 투자 유치를 위해서는 외국 투자자에게 광업 분야를 개방하는 한편 기존 광업회사의 경쟁력을 높여 생산을 확대해야 하는데, 짐바브웨 정부는 내국민지분확대법이라는 시대에 역행하는 악법을 제정하여 오히려 투자를 방해하고 있다는 지적이었다. 위기를 느낀 짐바브웨 광물협회는 정부 측에 계속 문제를 제기하고 정부가 설치한 광물분과위에서 여러 가지 현실적인 타협안을 제시했음에도 불구하고 정부는 하나도 이를 받아들이지 않고 있어 이러한 분위기에서는 더 이상 정부와 대화할 필요가 없다는 불평이 팽배했다. 내국인에게 51% 지분을 부여한다는 목표 자체가 잘못된 것이 아니라 어떠한 입법이든 시기가 중요한데 지분확대법은 짐바브웨의 정치적 상황을 감안할 때 분명히 그 시기가 잘못되었다는 점을 정부가 알아야 한다는 의견이 있었다. 또한 51%를 가지는 것이 능사가 아니라 지분의 질이 더 중요하다는 의견도 있었으며, 무엇보다 내국인이 51% 지분을 확보하려면 당장 자금이 필요한데 저축도 부족하고 외국은행으로부터 융자를 얻을 수도 없는 국내기업들이 돈을 어디서 마련하느냐는 현실적인 문제에 대한 지적이 분분했다. 짐바브웨가 중국과만 협력하다 보니 눈부신 중국 경제발전의 허상에 사로잡혀 현실을 도외시한다는 지적도 만만치 않았다. 토론자들은 중국의 두 자리 숫자 경제성장이 그저 이루어진 것이 아니라 GDP의 40-50%를 매년 재투자하고 있다는 사실, 그리고 중국이 가지고 있는 막대한 저축의 대부분은 기업의 이윤으로부터 나온다는 사실을 지적하면서, 이러한 기반이 전혀 형성되어 있지 않은 짐바브웨가 목표만 높이 잡을 뿐 현실과 동떨어진 경제 계획을 수립하고 있다고 비판했다. 토론자들은 또한 짐바브웨의 광업 성장이 잘된 정책으로부터 나온 것이 아니라 국제 광물시장의 원자재 값 상승이라는 우연(windfall)으로부터 나온 것이라는 점을 지적하면서 광업도 다른 분야와 마찬가지로 핵심은 경쟁력인데 경쟁력 없는 기업은 도태되기 마련이라는 점을 강조했다. 이들은 특히 광업은 본질적으로 생산이 커질수록 자원이 고갈되는(depletion) 특성을 가지고 있으므로 더욱더 생산성과 경쟁력이 중요하다는 점을 강조했다. 자원이 풍부한 다른 아프리카 국가들의 실패 사례와 성공 사례를 비교하면서 짐바브웨가 올바른 광업정책을 수립해야 한다는 점을 강조하는 견해도 있었다. 남아공은 2002년 새로운 광물정책을 입안한 광업헌장(mining charter) 초안이 언론에 누출되면서 48시간 동안 520억 랜드가 빠져나가는 초유의 사태를 겪으면서 광업이 급속도로 쇠락하기 시작, 2005년 세계 4위의 광업국가로부터 6위로 내려앉았다. 남아공은 과거의 명성을 되찾기 위한 노력의 일환으로 관계자들이 직접 해외투자자를 찾아다니면서 홍보 활동을 펼치고 있다. 잠비아는 한때 세계 2위의 동 생산 국가였으나 정부가 국유화 정책을 발표하면서 생산이 감소했다가 정부가 다시 사유화 정책으로 전환하자 최근 생산이 다시 증가하고 있다. 이에 반해 보츠와나는 안정적인 정책과 투명한 규정 및 절차 등으로 외국 투자자의 신뢰를 얻어 광업 분야가 계속 호조를 보이고 있으며, 모잠비크도 정치적 안정과 투자에 우호적인 정책으로 말미암아 최근 광물 투자의 적지로 각광을 받고 있다. 이 밖에도 짐바브웨 광업 분야의 문제점으로는 정세 불안으로 인한 정치적 리스크 상승, 서방의 경제 제재, 낮은 재투자, 만성적인 전기 부족, 도로 등 사회적 인프라 부족, 환경에 대한 고려 부족(주민들이 오염된 도시를 버리고 떠나는 소위 Ghost town 문제), 잘 훈련된 광물전문가 부족, 사용자와 광부들 간의 대화 부족 등이 지적되었다. 한마디로 짐바브웨는 자원이 풍부한 보통 개도국에서 볼 수 있는 보편적인 문제를 모두 가지고 있는 것으로 보인다.

반면 짐바브웨가 광물 분야에서 가진 장점들을 열거하면서 이를 잘 살려나가야 한다는 목소리도 컸다. 우선 짐바브웨는 40여 가지 주요 광물을 보유한 백화점식의 보기 드문 다양한 광물생산국으로서 높은 잠재력을 가진 나라이다. 짐바브웨가 보유한 광물은 다이아몬드, 금, 백금, 팔라듐 등 고급 광물을 비롯 크롬, 니켈, 텅스텐, 석탄, 철광석 등 실로 다양하다. 짐바브웨는 온화한 기후와 좋은 자연 여건, 비교적 안전한 치안 및 교육수준이 높은 노동력 등을 보유하고 있으며, 최근에는 광업 회사 설립을 촉진하기 위해 절차를 일원화한 one-stop shop(OSS) 제도를 도입했다. 짐바브웨가 정치적 리스크를 완화하고 내국민지분법 같은 시대에 맞지 않는 악법을 폐기하거나 개선하는 등 정책을 개선해나가면 광업의 앞날이 그렇게 어둡지는 않다는 자성적인 관측도 있다.

아프리카가 **가진 강점**

그러면 아프리카의 강점은 무엇인가? 가장 두드러진 것은 인구 성장이다. 아프리카는 원래 인구가 적은 대륙이었다. 10만 년 전 호모 사피엔스가 아프리카 대륙으로부터 다른 곳을 향해 여행을 떠났을 때 아프리카의 인구는 대략 100만 명 정도였을 것으로 추산하고 있다. 서기 200년이 되자 아프리카의 인구는 2000만 명이 되었는데 절반 이상이 북부아프리카와 나일계곡에 살았고 사하라 이남의 인구는 100만 명 미만이었다. 1500년경 아프리카의 인구는 4700만 명으로 늘어났으나 다른 지역의 인구는 3억 명 이상이었다. 아프리카 인구가 10만 년 동안 불과 20배 정도 증가한 반면 다른 대륙의 인구는 비약적으로 증가한 것이다.[38] 이렇게 인구 증가가 더딘 것은 아프리카의 발전에 치명적인 약점이 되었다. 아프리카에서는 인구가 느리게 증가하고 다른 지역에서는 인구가 빠르게 증가한 이유는 아프리카에는 사람에게 해를 끼치는 질병, 기생충, 곤충 등이 많았기 때문이다. 비록 아프리카가 인류의 요람이지만 열대기후로 인한 각종 질병과 해충은 아프리카인을 끊임없이 괴롭혀 왔다. 체체파리는 번식

력은 높지 않지만 사람과 가축에게 치명적이다. 체체파리의 암컷은 일생 동안 4-5마리의 유충만을 생산할 뿐이다. 체체파리는 열대 지역에만 살며 이들이 사는 면적은 아프리카 전체의 3분의 1 정도이다. 물론 체체파리 자체가 사람에게 해를 입히는 것은 아니다. 이들의 몸속에 살고 있는 '트리파노소마'라는 박테리아가 인체의 면역 체계를 파괴하여 수면병을 일으킴으로써 사람을 죽게 만드는 것이다. 체체파리는 사람을 죽게 하므로 이를 두려워 한 사람들은 체체파리가 있는 지역을 피해 다녔고 이로써 사하라 이남 아프리카의 거의 3분의 2에 해당하는 넓은 면적에 대한 농업 진출이 무산되었다. 체체파리는 사람을 죽게 하지만 빌하르츠 주혈흡충증(bilharzia)이나 구충(hookworm)과 같은 기생충은 사람을 죽게 하지는 않으나 기력을 쇠약하게 하여 결과적으로 생산 활동을 방해한다. 말라리아는 아프리카에서 가장 흔한 병이다. 암컷 모기가 옮기는 플라스모디움(plasmodium)이라는 기생충이 말라리아를 일으킨다. 모기는 최소한 3500만 년 전부터 서식해왔다. 모기의 종류는 3000가지가 넘지만 인간에게 말라리아를 유발하는 모기는 불과 몇 종류에 지나지 않는다. 사람들이 정착하여 농업을 시작하자 모기의 서식지가 늘어났고 이로써 말라리아는 보다 흔한 병이 되었다. 아프리카인은 말라리아와 함께 살아왔다고 해도 과언이 아니다. 요즘은 말라리아로 인한 사망자 수가 줄어들고 있으나 과거에 얼마나 많은 사람이 죽었는지 헤아리기 어려울 정도이다. 체체파리와 말라리아 외에도 아프리카에는 천연두, 황열병, 사상충증(river blindness), 주혈흡충이 일으키는 간경화 등과 같은 무서운 질병이 도사리고 있다.

4500만 평방킬로미터의 아시아에 이어 3000만 평방킬로미터로 세계에서 두 번째로 큰 아프리카는 1000만 평방킬로미터인 유럽의 3배에 달한다. 그러나 유럽보다 훨씬 적은 인구가 살았다. 1세기가 시작될 무렵 아프리카의 인구는 1500만 명에 불과했으며 이후 1000년까지 3000만 명으로 두 배 증가했다. 이후 1500년에 4000만 명, 1800년에 6000만 명 그리고 1900년에는 9000만 명으로 늘어났다. 따라서 20세기가 시작될 때까지 이 큰 대륙은 1억 명 이상의 인구를 가져본 적이 없었다. 그러나 20세기 이후 아프리카의 인구는 폭발적으로 늘어났다. 1960년에 2억 명, 1980년에 3억 8000만 명, 2000년에는 6억 5000만 명이 되었고 지금은 10억 명을 넘어섰다. 이렇게 인구가 폭발적으로 증가한 가장 큰 요인은 높은 출산율이다. 평균 수명이 낮고 유아사망률이 높음에도 불구하고 지속적으로 높은 출산율로 인해 이렇게 인구가 증가한 것이다. 아프리카에서는 전통적으로 인구의 유입과 유출이 컸지만 전체적으로 유출입은 인구 증가에 큰 영향을 미치지는 않았다. 당연한 일이지만 식민시대에는 백인의 이민이 많았다. 남부아프리카에는 네덜란드, 영국, 포르투갈인이 대규모로 들어왔고 동부아프리카에는 영국인, 그리고 서부와 중부아프리카에는 주로 프랑스인의 유입이 있었다. 19세기 이전에 아프리카를 떠난 사람의 대부분은 노예사냥꾼에게 잡혀 강제로 끌려간 노예들이었다. 그러나 20세기에 아프리카를 떠난 사람은 자발적으로 보다 나은 삶을 찾아 외국으로 이주한 흑인들이었다. 아프리카 인구는 2030년 15억 명에 이르고 2050년에는 20억 명이 될 전망이다. 이렇게 늘어나는 인구를 부양하려면 경제성장이 뒷받침되어야 한다. 아프리카가 2010년 수준의 1인당 국민소득을 유지하려면 2030년 전체 GDP는 2.85조 불에 이르러야 하고 2050년에는 3.74조 불에 도달해야 한다. 이렇게 되려면 아프리카는 향후 20년 동안 실질 경제성장률을 최소 2% 이상 유지해야 하며 향후 40년 동안에는 1.7% 이상을 유지해야 한다.[39] 아프리카인은 하루에 코카콜라 1억 병과 펩시콜라 4000만 병을 마신다. 인구 증가로 인한 이러한 소비 성향은 앞으로도 지속될 것이다. 인구가 늘어나고 소비 성향이 커진다는 것은 아프리카가 시장으로서의 중요성을 가지게 된다는 것을 의미한다. 아프리카의 시장성이 높아지면 자연적으로 무역과 투자가 늘어남으로써 세계 경제에서 아프리카가 차지하는 위상도 높아지게 된다. 이러한 호기를 지속적으로 유지하기 위해서는 일정 수준 이상의 경제성장이 필수적이다.

아프리카 내에서는 인구 증가로 인해 도시화가 급격히 진행되었다. 피폐한 농촌에서 더 이상 살 수 없어 일자리를 찾아 도시로 몰려든 사람, 전쟁이나 내전을 피해 도시에 온 사람 등으로 인해 도시는 급격히 팽창했다. 아프리카에 땅이 없어 도시화에 가속도가 붙은 것은 아니다. 유럽에서는 많은 전쟁이 땅을 차지하기 위해 벌어졌지만 아프리카에서는 땅을 차지하기 위한 전쟁은 거의 없었다. 워낙 넓은 땅에 인구는 적기 때문에 구태여 남의 땅을 뺏기 위한 전쟁을 벌일 필요가 없는 것이다. 아프리카에서 일어난 전쟁은 대개 노예와 가축을 확보하거나 무역을 독점하기 위한 목적에서 벌어졌다. 1945년 인구 10만 명 이상의 도시는 전 대륙에 49개밖에 없었다. 이 중 25개는 북부아프리카에 있었고 11개는 남부아프리카에 있었으며 사하라 사막과 림포포 강 사이의 넓은 지역에는 13개밖에 없었는데 이 중 4개는 인구가 많은 나이지리아에 있었다. 많은 서부아프리카 국가가 독립을 선언했던 1960년만 해도 역내에 인구가 10만 명 이상인 도시는 17개에 불과했다. 그러나 이러한 규모의 도시가 1990년에는 90개로 늘었고 2020년에는 3백 개에 달할 것으로 예상된다. 1960년 당시 사하라 이남 아프리카에서 인구가 100만 명 이상인 도시는 요하네스버그 하나밖에 없었다. 그러나 수년 후 아디스아바바, 라고스, 킨샤사 같은 도시들이 뒤를 이었으며 2000년에는 인구 100만 명 이상 도시가 20-30개에 달하게 되었다.[40] 1963년 라고스의 인구는 66만 5000명이었는데 2015년까지는 1600만 명으로 세계에서 11번째로 인구가 많은 도시가 될 것으로 예상된다. 아프리카의 다른 대규모 도시들로는 아크라, 요하네스버그-프리토리아, 카르툼, 킨샤사-브라자빌 그리고 나이로비 등이 있다. 도시화가 급격히 진행되고 있지만 아프리카는 다른 대륙에 비하면 아직 도시화의 정도가 낮은 편이다. 도시화의 가장 큰 문제는 주민 중 70%가 슬럼에서 산다는 사실이다. 임시방편으로 질 낮은 목재나 금속으로 급조한 집에서 대부분 사람이 살고 있다. 이들의 거주 여건은 깨끗한 물이나 위생 시설과는 거리가 멀며 전염병도 자주 발생한다. 이들이 이러한 여건에서도 별 불평 없이 지내는 것은 자신이 떠나온 시골에 비하면 그나마 조건이 낫다고 생각하기 때문이다. 악명 높은 대규모 슬럼인 나이로비의 키베라에서 살고 있는 1백만

©Evan Bench

_ 요하네스버그 풍경

_ 킨샤사 풍경

주민은 열악하기 짝이 없는 환경에서 매일 생존투쟁을 벌이면서도 희망을 가지고 산다. 나이로비의 슬럼에서 살았던 주민 중 3분의 1이 지금은 슬럼을 탈출하여 개인사업을 하고 있다는 통계도 있는 것을 보면 슬럼의 순기능도 있는 것 같다.

동북아시아에 비해 산업화가 늦었던 베트남 등 동남아 국가들도 급속한 산업화의 길을 걸으면서 인건비 부담이 치솟고 있다. 중국의 근로자 인건비는 큰 폭으로 상승하고 있다. 중국은 지난 2000년부터 10년간 물가 요인을 제외한 실질 임금 인상률이 연평균 14.6%를 기록했다. 2011년 들어 중국의 31개 성·시·자치구 가운데 13곳의 근로자 최저임금이 평균 22.8% 인상됐다. 더 큰 문제는 고령화·가속화로 인해 장기적으로는 중국의 노동인구가 급격히 줄어들 것이라는 점이다. 유엔에 따르면 2010년 중국의 출산율은 1.7명에 불과하다. 이에 따라 중국의 생산활동인구(16-64세)가 지난 2008년 9억 1000만 명에서 2030년에는 7억 6000만 명으로 줄어들 전망이다. 중국을 떠나 동서남아로 생산기지를 옮기는 한국기업이 늘고 있지만 그곳 사정도 그리 녹록지만은 않다. 코트라가 2011년 발표한 자료에 따르면 필리핀, 베트남, 인도네시아 등 동서남아 9개국의 2010년 임금 상승률 역시 평균 10-15%로 높은 수준을 보였기 때문이다. 아프리카는 아시아를 대체할 생산기지로서 최적의 조건을 갖추고 있다. 생산기지로서 아시아가 가진 문제점들을 아프리카에 대입해보면 아프리카의 잠재력을 쉽게 확인할 수 있다. 아프리카는 값싼 임금, 풍부한 노동력, 잠재력 높은 내수시장, 법적 안정성, 인근 지역으로의 수출 용이성 등 매력적인 조건을 자랑하고 있다. 한국과의 물리적 거리가 멀다는 단점이 있지만 다른 장점이 이를 상쇄할 수 있다.[41] 아프리카의 최대 강점은 무엇보다 저렴한 인건비이다. 2010년 DR콩고의 법정 연간 최저임금은 306불에 불과했다. 이는 베트남(1,002불)이나 인도네시아(1,027불)의 3분의 1 수준이다. 중국 상하이(2,016불)와 비교하면 약 7분의 1 수준이다. 르완다, 가나, 케냐 역시 법정 최저임금이 각각 409불, 689불, 830불로 매우 낮다. 물론 아프리카에도 인건비가 높은 나라들도 있다. 남아공의 2010년 법정 최저임금은 2,471불로 중국 상하이보다 높고 앙골라와 나이지리아의 최저임금은 각각 1,844불, 1,543불에 달했다. 저임금을 보고 아프리카에 진출하려면 남아공처럼 어느 정도 경제발전을 이룬 곳보다는 성장 잠재력이 크고 물류를 위한 위치 및 인프라가 좋은 곳을 선택하는 것이 바람직하다. 특히 생산기지로서는 더욱 그렇다.[42]

생산활동인구가 많아 노동력이 풍부하다는 점도 생산기지로서 아프리카의 이점이다. 선진국은 물론 중국 등 신흥국도 고령화에 직면해있는 데 비해 아프리카에서는 높은 출산율을 배경으로 생산가능인구가 증가하고 있다. 아프리카의 노동가능인구(16-64세)는 세계 최고 수준이다. 유엔에 따르면, 2008년 현재 아프리카의 노동가능인구는 5억 명이다. 중국의 9억 1000만 명보다는 적지만 한국의 4000만 명보다는 월등히 많다. 그러나 2030년이 되면 아프리카가 세계 최대 노동력을 보유하는 대륙이 된다. 유엔은 이때가 되면 아프리카 노동가능인구가 11억 명에 도달할 것으로 추정했다. 중국의 경우는 2030년이 되면 노동가능인구가 오히려 줄어들어 7억 6000만 명 수준으로 내려앉을 것으로 예상됐다. 같은 시점에 한국 노동가능인구는 3200만 명으로 줄어든다. 아프리카가 젊어지는 주요한 이유는 높은 출산율 때문이다. 선진국이나 아시아 여성들이 1인당 2명도 안 되는 아이를 출산하는 동안 아프리카 여성은 1인당 평균 무려 5명의 아기를 낳는다. 지구상에서 유일하게 젊어지는 대륙이 아프리카이다. 2050년 65세 노인 인구 비율을 보면 북미는 21%, 유럽은 28%로 증가하는 반면 아프리카의 노인 인구 비율은 고작 7%에 불과할 것으로 전망된다.[43] 1977년 덩샤오핑의 집권으로 시작된 중국의 경제발전은 1977-2012년 35년간 연평균 9% 이상의 기록적인 성장을 지속했다. 1989년 1인당 322불에 불과했던 국민소득이 2012년에는 6000불 이상으로 무려 20배가 증가했다. 만약 아프리카가 중국과 같이 연평균 7-8%씩 30년간 성장한다면 아프리카의 모습과 사회구조는 완전히 바뀌게 될 것이다.

지속적인 경제 성장은 놀라운 결과를 낳는다. 비단 중국뿐 아니라 한국을 비롯한 아시아의 4용과 인도 등도 지속적이고 높은 경제 성장을 통해 상전을 벽해로 만드는 놀라운 경험을 체득했다. 아프리카에서 이런 경험을 가진 국가는 아직 없다. 그러나 아프리카에도 이러한 국가가 나오지 말라는 법은 없다. 그러한 싹을 보이고 있는 국가들이 이미 하나둘씩 생겨나고 있다.

3

노예무역과 아프리카

아프리카의 **노예 전통**

노예제도는 비참하지만 오랜 역사를 가지고 있다. 아리스토텔레스 같은 철학자도 노예제도는 불가피한 제도라고 믿었다. 아프리카에는 서양인이 노예무역을 시작하기 훨씬 전부터 노예제도가 있었다. 어떤 사람들은 아프리카 인구 전체의 30-60%가 노예였다고 주장하기도 한다. 파라오가 지배하는 이집트에는 오래전부터 노예제도가 있었고 쿠슈(Kush)[44]나 누비아(Nubia) 지역에도 노예제도가 있었다. 로마 시대 때는 흑해 주변의 슬라브인, 중동인 그리고 북유럽으로부터 주로 노예를 데려왔다. 북부아프리카의 광범위한 지역에서 노예무역이 성행했고 사헬 지역이나 사하라 이남 지역에서도 노예거래가 있었다. 아랍이 북부아프리카를 지배한 이후 650-1900년 사이에 사하라 통로를 거쳐 거래된 노예 숫자만 해도 800만 명에 달한다. 사하라를 통해 북쪽으로 끌려간 노예는 대부분 부녀자였음에 반해 대서양을 건너간 노예는 대부분 남자였다. 아랍 세계로 끌려간 부녀자는 주로 아랍인 가정에서 가정부로 일했으며 대서양으로 끌려간 남자 노예들은 집단농장에서 힘든 노동을 해야 했다. 15세기에 포르투갈이 진출하기 전 이미 아프리카에는 사하라 거래선, 홍해 거래선, 스와힐리 거래선과 같은 3개 노예 거래선이 있었다. 이 루트를 개발하고 이용한 사람은 주로 아랍인들이었으므로 이 거래선을 통한 거래는 흔히 아랍 노예무역이라 불린다. 아랍인과 아랍화한 아프리카 지배자들은 나일 강 상류, 에티오피아, 소말리아, 그리고 서아프리카 사헬 이남에서 잡은 흑인을 북아프리카 지역, 아라비아 반도와 인도 등으로 끌고 갔다. 대략 1450년까지 이렇게 팔려나간 흑인 노예의 수는 약 700만 명에 달하는 것으로 추산되지만 포획과 이동 과정에서 사망한 흑인들을 포함한다면 피해는 두세 배로 늘어날 것이다.[45] 북으로 끌려간 노예들은 팀북투(Timbuktu), 모리타니, 모로코, 알제리, 이집트 등을 거쳐 시리아와 레바논 그리고 다른 아랍 국가들로 이송되었다. 이로 인해 아랍 국가에는 흑인 게토가 생겨났다. 이 중 가장 유명한 곳의 하나가 모로코 해안에 있는 에사우이라(Essaoiura)이다. 기독교와 이슬람 양대 종교 세력이 아프리카 노예무역의 중심축이다. 아프리카 내에서 이미 노예제도가 있었지만 이슬람 세력이 아프리카인을 대거 이슬람권으로 잡아가지 않았다면 그리고 기독교 세력이 대서양을 건너는 노예무역을 전개하지 않았다면 아프리카의 역사는 달라졌을 것이다. 어떤 사람들은 아프리카인이 본질적으로 열등하기 때문에 노예가 되었다고 주장하기도 한다. 그러나 이러한 인종차별적인 주장에 귀를 기울이는 사람은 많지 않다. 설사 어떤 인종이 열등하다고 하더라도 그들이 노예가 되어야 할 이유는 전혀 없다. 노예제도는 잡히는 자에게 책임이 있는 것이 아니라 잡는 자에게 책임이 있는 것이다.

_ 모로코 해안의 에사우이라

서양인의 노예에 대한 개념은 물건과 같다. 노예는 자유롭게 사고 팔 수 있으며 노예에게는 어떠한 자유도 주어지지 않는다. 노예는 직업, 재산, 결혼, 자녀들에 대해서 아무런 결정권을 행사할 수 없다. 노예의 지위는 대대로 승계되며 노예는 주인의 뜻에 복종해야 한다. 주인은 노예를 학대할 수도 있고 어떤 경우에는 죽이기도 했다. 물론 주인은 이로 인해 처벌받지 않았다. 아프리카에서는 돈을 빌릴 때 아이(대부분 여자)를 담보로 맡기는 풍습이 있었다. 나중에 돈을 갚으면 아이를 돌려주지만 돈을 갚지 못할 경우 이 아이는 채권자의 소유가 되었다. 노예가 되는 것이다. 노예는 종족 간의 전쟁이나 납치, 포획, 구매 등을 통해서도 생겼다. 아프리카에 노예가 일찍부터 발달한 근본적인 이유는 인구 부족이다. 사람들은 세력을 갖기 위해 많은 아내와 자녀 그리고 일꾼을 필요로 했다. 이들은 많은 식솔과 하인을 거느리고 영향력 있는 사람으로 살기 원했다. 11세기에 이미 사하라-사헬 지역에는 1000여 명의 노예를 거느리는 상인들이 있었다. 말은 쉽지만 한 집에서 1000명의 하인을 거느린다고 생각해보라. 이들은 대단한 부와 권력 그리고 막강한 영향력을 누렸음이 틀림없다. 대(大) 상인들은 콜라열매(kola nuts)와 소금 거래 그리고 노예무역을 통해 재산을 모았다.

대서양 **노예무역**

16세기 남미와 카리브 지역에 사탕수수 재배농장이 생기면서 대서양 노예무역의 역사가 본격적으로 시작되었다. 노예를 사용하는 플랜테이션 농업이 처음에 시작된 곳은 페르난도포(Fernando Po), 리오무니(Rio Muni) 그리고 상투메 등 서부아프리카 해안지역에서였다. 플랜테이션은 이후 모리셔스와 코모로 제도로 확대되었다가 대서양을 건너갔다. 상업농장들은 처음에는 사탕수수 그리고 나중에는 담배, 커피 및 면화 재배 등으로 확대되면서 많은 노동력을 필요로 했다. 농장주와 정부 관리들은 어디서 노동력을 구할 것인지 심각하게 협의했는데 처음에는 아메리카 인디언이나 유럽의 노동자가 고려 대상이었으나 이들은 병에 대한 면역력이 약하고 숫자가 많지 않아 제외되었다. 대안으로 등장한 아프리카인은 열대지방의 병과 유럽의 질병에 대해 모두 면역력이 있었고 숫자도 많아 적합한 것으로 판단되었다. 유럽의 상인들은 노예를 구하기 위해 아프리카 현지인의 도움을 필요로 했다. 현지 사냥꾼이 노예를 잡아 유럽의 상인에게 넘기면 상인들은 노예를 배에 실어 유럽과 아메리카로 운반하는 구조였다. 유럽의 공산품으로 아프리카의 노예를 사고, 브라질과 카리브에 노예를 공급하는 대신 이 지역에서 생산된 설탕을 받으며, 이 설탕을 유럽에서 현금을 받고 파는 삼각 구조였다. 서로 이해관계가 맞아 떨어지자 점차로 유럽의 상인과 아프리카의 중간상인 간에 파트너십이 이루어졌고 본격적인 노예사냥이 시작되었다. 많은 노예들은 전쟁 포로들이었다. 전쟁은 포로를 양산하기 때문에 유럽인은 흑인에게 총과 화약을 제공함으로써 전쟁을 부추겼다. 1730년경에는 매년 18만 정의 총이 유럽으로부터 서부아

_「The Slave Trade (Slaves on the West Coast of Africa)」, François-Auguste Biard 작
(서부아프리카의 노예무역을 묘사한 그림)

프리카 해안으로 수출되었으며 1750년-19세기 초에는 영국 한 나라만 해도 매년 28만 3000-39만 4000정의 총기를 수출했다.[46] 유럽으로부터 총기가 들어오자 지역 추장들은 보다 막강한 전제군주가 되었고 힘을 가진 추장들 간의 알력으로 전쟁이 쉽게 일어났다. 전쟁을 수행하기 위해 보다 많은 총기가 필요하자 현지인들은 보다 많은 노예를 잡아 상인에게 넘겼고 상인들은 보다 많은 무기를 제공했다. 당연한 결과이지만 무기가 많아질수록 전쟁은 더 자주 일어났다. 이렇게 해서 무기-전쟁-노예로 연결되는 삼각고리의 악순환이 형성되었던 것이다.

1441년 포르투갈 선장 안탐 곤잘베스가 서부아프리카 해안에서 처음으로 노예를 싣고 유럽으로 떠난 것을 시발로 이후 400년 이상 노예무역이 계속되었다. 특히 17-19세기에 집중적으로 노예거래가 이루어졌는데 이보다 앞선 15-16세기만 해도 수십만 명으로 추산되는 노예가 거래되었다. 이 중 반은 서부아프리카, 나머지 반은 중부아프리카 출신이었다. 아프리카의 거의 모든 지역에서 노예사냥이 이루어졌으나 특히 서부아프리카의 앙골라, 베냉, 가나, 토고 등이 가장 피해가 컸다. 한 연구 결과에 의하면 대서양을 건너간 940만 명의 노예 중 5% 미만은 미국, 그리고 42%는 사탕수수 농장이 있는 카리브, 38%는 브라질에 인도되었으며 10-20%는 중도에 사망했다. 일반적으로 알고 있는 것과 달리 미국으로 끌려간 노예는 5% 미만에 불과했으며 대부분은 카리브와 브라질에 정착했다. 현재 중남미에 흑인 또는 흑인 혼혈이 많은 이유는 이로 인한 것이다. 노예는 계속 공급되어야 했다. 왜냐하면 이 당시 노예의 평균 생존기간이 10년 미만이었기 때문이다. 가히 노예는 소모품과 같았다. 수백만 명의 노예가 잡히는 도중, 해안으로 옮기는 도중, 배를 타기 위해 기다리는 도중, 배에 싣는 도중, 그리고 대서양을 건너는 도중 죽었다. 죽은 사람까지 모두 합하면 노예의 숫자는 1500만-2000만 명에 달했다. 아랍의 노예상인에 의해 북부아프리카나 중동으로 끌려간 700만 노예까지 합하면 전체 숫자는 엄청나다. 1500년-1800년대 후반까지 1800만 명의 노예가 거래되었다면 이 중 1100만 명은 서부아프리카, 500만 명은 사바나 지역 그리고 200만 명은 동부아프리카로부터 조달된 것으로 추산된다. 당연한 일이지만 이 기간 중 사하라 이남 아프리카의 인구는 정체되거나 줄었다. 노예의 3분의 2는 남자였다. 남자는 노동력이 있어 선호되었다. 중간 노예 상인들은 여자를 끌어가는 것은 가급적 피했다. 여자는 번식 능력이 있어 중요한 자산이었기 때문에 본토에 남겨두는 것이 유리했다. 노예 상인들도 많이 죽었다. 험악한 기후와 자연 환경으로 인해 질병에 걸려 죽는 사람이 속출했다. 아프리카 해변에 거주하는 백인 상인 중 매년 절반이 죽었으며 대서양을 오가는 선원 중 5분의 1이 죽었다. 그러나 노예거래는 이익이 많이 남는 장사였기 때문에 이러한 위험을 무릅쓰고 계속되었다. 한 전문가의 계산에 의하면 1700-1850년 사이에 900만 명의 노예가 대서양을 건너 거래되었는데 실제로 포획된 사람의 숫자는 2100만 명에 달했다. 이 중 700만 명은 아프리카 내 다른 지역으로 이송되었고 500만 명은 포획된 지 1년 내에 사망했다.

배로 싣고 가는 도중 많은 노예가 죽은 이유는 수송선의 열악한 환경 때문이었다. 보통 선박의 톤수를 기준으로 1톤당 2명의 노예를 실었다. 이 당시 선박은 200-300톤급이었으니 400-600명의 노예를 실었다는 이야기이다. 노예들은 좁은 선실에 갇힌 데다가 손발은 쇠사슬로 묶여 꼼짝달싹할 수 없는 환경에서 몇 개월을 버텨야 했다. 환풍 시설도 없고 열악하기 짝이 없는 음식과 물 그리고 변기 등으로 인해 이질 환자가 속출했고 병에 걸린 사람 대부분이 죽었다. 노예 선실의 악취가 얼마나 지독했던지 항구에 도착해서 식초와 향료 등 온갖 방법으로 선실을 씻어도 계속 냄새는 남아 있었다. 노예의 사망률을 줄이기 위해 영국 정부는 한때 법으로 승선하는 노예숫자를 제한하기도 했다. 1788년에 제정된 법에 의하면 200톤까지는 3톤당 5명의 노예를 태우고 그다음부터는 추가 1톤당 1명을 태우는 것이었다. 노예 상인이었다가 회심하여 'Amazing Grace'를 작곡한 것으로 유명한 존 뉴턴(John Newton)은 3회에 걸쳐 대서양을 건너며 노예를 거래했는데 처음 항해에서는 174명의 노예 중 28명이 죽었고 두 번째 항해에서는 207명의 노예 중 훨씬 많은 숫자의 노예들이 죽자 세 번째에는 87명만 태웠는데 사망자가 없었다. 이와 같이 보다 많은 수익을 올리기 위해 무리해서 많은 노예를 실은 것이 노예 사망의 가장 큰 원인이었다.

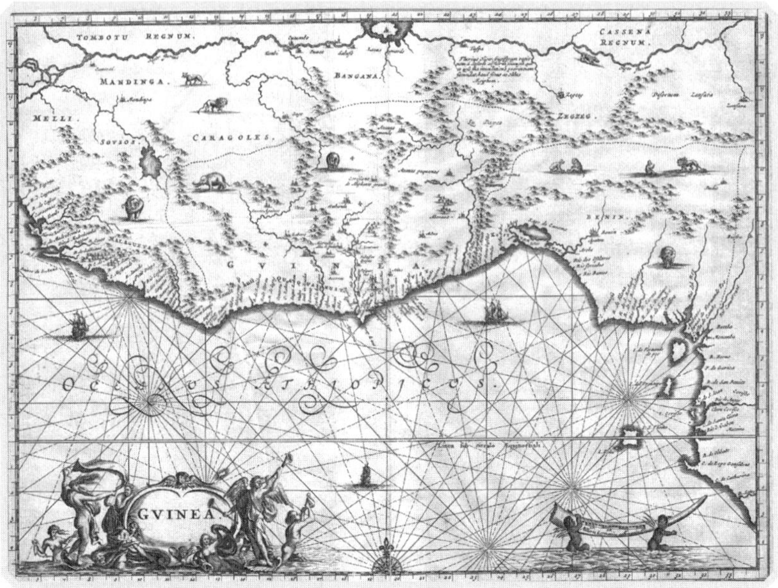

_「Guinea」 황금해안과 노예해안

처음 노예거래를 시작한 포르투갈인이 초기에 노예무역을 주도했다. 노예무역으로 아프리카인이 대거 유입되어 1550년대 리스본에서는 아프리카 흑인이 인구의 10%를 차지할 정도였다. 노예는 포르투갈에서 농업 노동력의 중심축을 이루었다. 그러나 포르투갈의 노예 중심 시장은 본국이 아닌 황금해안, 카보베르데 섬, 마데이라(Madeira) 등 서부아프리카 해안 지역이었다. 이곳에 끌려온 노예들은 유럽인이 만든 플랜테이션 농장에서 강제로 일해야 했다. 포르투갈인은 1460년대 카보베르데에 광범위한 무역 기지를 구축했으며 현지 여인과의 결혼을 통해 많은 혼혈아를 배출했다. 포르투갈의 진출은 점차 확대되어 시에라리온, 기니만을 거쳐 코트디부아르에 이르렀다. 이들은 금 무역을 행하면서 엘미나(El Mina)로 알려진 도시를 건설했으며 인근 해역을 황금해안(Gold Coast)[47]이라고 불렀다. 엘미나를 중심으로 한 금 무역은 점차 성행해서 15세기 말 아프리카로부터 포르투갈로 유입되는 금이 연 0.5톤 이상에 달했고 이는 서부아프리카 전체 금 생산의 절반에 해당했다. 포르투갈 상인은 황금해안을 지배하던 아칸(Akan)족에게 노예를 인도하고 금을 받는 무역 거래를 했다. 아칸족은 삼림을 벌목하여 영토를 넓히고 농업 생산을 증가하는 데 많은 노예를 필요로 했다. 1500-1535년 사이에 1만-1만 2000명의 노예가 베냉 등으로부터 황금해안으로 잡혀왔으며 그 대가로 포르투갈은 금, 상아, 후추 등을 자국으로 싣고 갔다.[48] 포르투갈 상인은 또 노예해안(Slave Coast)에서 사들인 노예를 금을 받고 인근 황금해안 지역에 팔았다. 이 당시만 해도 무역 규모가 작아 거래한 노예의 숫자는 연 500-600명 정도에 불과했다. 그러나 플랜테이션이 확장되면서 노예에 대한 수요가 점차 늘자 공급 부족이 문제가 되었다. 노예무역 초기의 주 공급지이던 베냉으로부터 노예 공급이 줄어들자 포르투갈 상인들은 남쪽으로 눈길을 돌렸다. 이로써 남쪽에 위치한 거대한 땅인 콩고 왕국이 주요 노예 공급원으로 등장했다. 콩고의 노예들은 상투메에 있는 플랜테이션과 황금해

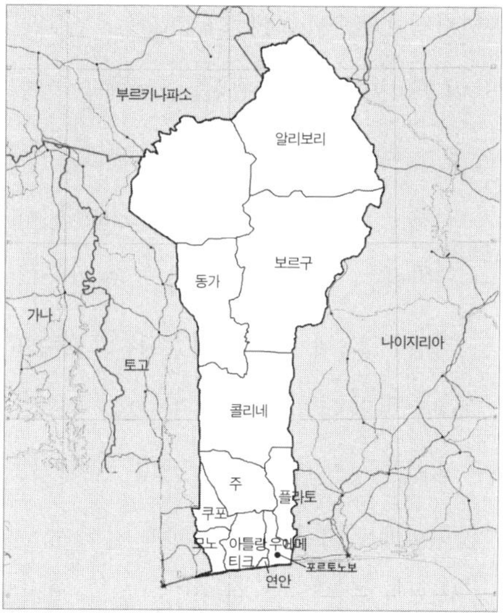

_베냉 지도

안 지역으로 팔려나갔다. 그러나 1550년경이 되자 콩고의 노예 자원도 바닥이 드러나기 시작했다. 포르투갈 상인은 보다 남쪽으로 내려가 이번에는 앙골라의 루안다에 전진기지를 구축했다. 이런 식으로 점차 아프리카 전체로 노예공급원이 확대되었다. 대서양에서의 노예거래는 처음 150년 동안에는 규모가 그렇게 크지 않았다. 1450-1600년간 매년 평균 2,500명 정도의 노예가 거래되었다. 그러나 이 숫자는 갑자기 늘어나서 1600-1700년 동안에는 연평균 18,680명으로 증가했으며 1700-1800년 사이에는 무려 연 61,330명에 달했다. 노예거래는 유럽 국가들이 노예거래를 금지한 후에도 계속되어 19세기 말까지 연평균 33,300명의 노예가 거래되었다.[49] 포르투갈은 독점적인 무역을 영위하기 위해 서부아프리카를 항해하는 다른 유럽 국가의 선박을 나포하고 선원을 억류하는 등 강경정책을 취했으나 계속 독점적 지위를 유지할 수는 없었다. 스페인, 프랑스, 영국, 네덜란드, 덴마크 등이 점차로 노예무역에 관심을 갖기 시작했다. 16세기에 포르투갈의 관할 범위는 국력에 맞지 않게 너무 커져서 관리가 힘든 지경에 이르렀다. 아프리카는 물론 남미와 극동에까지 무역이 확대되었기 때문이다. 이 당시 포르투갈의 인구는 100만 명에 불과했는데 1만 명 이상이 해외에서 일하고 있었으며 포르투갈은 해외에서 사망하는 인력을 보충하기 위해 자국민을 계속해서 공급해야 했다. 마침내 포르투갈은 견디지 못하고 쇠락의 길로 접어들었다. 포르투갈의 영화는 정확히 100년 동안 지속되었다. 포르투갈이 쇠락하자 그 뒤를 네덜란드가 잠시 이었다가 결국 큰 나라들인 프랑스와 영국 그리고 스페인이 득세하게 되었다.

탐욕스러운 **노예상인**

포르투갈의 아프리카 침투는 영국이나 프랑스에 비해 훨씬 철저하고 깊었다. 포르투갈은 가장 아프리카에 오래 머무르고 가장 내륙으로 깊숙이 침투한 국가였다. 그것은 아프리카에 진출한 포르투갈인 대부분이 관리가 아니라 모국으로부터 버림받은 상인 또는 이주민이었기 때문이다. 이들은 처음부터 아프리카에서 대를 이어 살 생각이었으며 따라서 현지인과 혼혈을 통해 새로운 계층의 아프리카인을 생산해내었다. 백인의 피가 섞인 이 혼혈인은 시간이 지나면서 탈아프리카화하여 아프리카 토착어를 말하지 못하고 문화적으로 유럽인에 더 가까운 새로운 인종이 되었다.[50] 포르투갈이 영국, 프랑스, 네덜란드 등 다른 유럽 국가들과 다른 점은, 포르투갈인은 그들의 생존을 현지 왕과 추장들에게 의존한 반면 다른 유럽인은 본국의 무역회사들과 밀접한 관계를 유지하면서 안전은 자국의 해군에 의존했다는 점이다. 한마디로 포르투갈인은 아프리카를 새로운 고향으로 생각하고 혼혈을 통해 현지인과 동화했으나 다른 유럽인은 그렇지 않았다.

병 주고 약 준다고 포르투갈은 노예무역이 점차 성행하던 16세기에 옥수수(maize)와 카사바(cassava)를 아프리카에 들여왔다. 이 두 가지 식물은 아프리카인의 생활에 큰 영향을 미쳤다. 옥수수보다 카사바가 특히 더 그랬다. 카사바는 지대가 낮은 곳이든 높은 곳이든, 비가 많은 곳이든 적은 곳이든 그리고 토양이 척박한 곳에서도 잘 자랐으며 보존성이 어느 작물보다 뛰어났기 때문이다. 병충해에 강하고 보존성이 뛰어난 옥수수도 좋은 작물이었다. 옥수수는 토착종인 조나 수수에 비해 9배나 많은 수확을 올릴 수 있었다. 그러나 옥수수는 좋은 토양과 충분한 물을 필요로 했다. 이 점이 카사바에 비해 약점이었다. 처음에 유럽인은 옥수수를 돼지 등 동물의 사료로 사용했다. 따라서 옥수수는 동물 취급을 받는 노예들에게 적합한 식품이 되었다. 대서양을 건너는 노예가 소비하는 옥수수의 양이 연간 최소 9000톤 이상이었으므로 옥수수는 노예 상인에게는 매우 소중한 자산이었다. 포르투갈인은 작물과 함께 총과 화약을 들여왔다. 노예 상인에게 총과 화약은 필수품이었다. 반란이 일어나거나 도망가는 노예를 진압하는 데 총보다 더 유익한 무기는 없었다. 이 당시 아프리카에 들여온 총은 원시적인 것으로 정확성에 있어서는 많이 떨어졌으나 큰 소리와 화약 냄새 그리고 어두운 밤에 불빛이 번쩍이는 것은 아프리카인에게 충분한 위협이 되었다. 아프리카 엘리트층은 총을 원했고 총은 노예와 교환되었다. 1682년 총 2정에 노예 1명과 교환되던 것이 점차 대량으로 총기가 유입되면서 1718년에는 24-32정의 총과 노예 1명이 교환되었다. 영국 노예상인의 경우 1750-1807년 사이에 연간 283,000-394,000정의 총을 서부아프리카에 들여왔으며 같은 기간 콩고와 앙골라에 연간 5만 정의 총을 추가로 들여왔다. 또 이들은 같은 기간 연 400톤의 화약과 91톤에 달하는 납 탄알을 들여왔다.[51] 총기가 아프리카에 미친 영향은 컸다. 세력가들은 총기를 이용해서 더욱 세력을 넓힐 수 있었으며

©Bảo TriNguyễn
_ 카사바 밭

노예제도가 폐지된 후에도 총기를 소유한 사람들은 자신의 지위를 지키거나 더 확장할 수 있었다. 제레드 다이아몬드 교수가 저서 '총, 균, 쇠'에서 갈파한 것과 같이 총은 인류의 역사에서 중요한 획을 그은 것이다.

유럽인은 노예무역이 이윤이 큰 장사라는 사실을 발견한 뒤부터 이를 증진하기 위해 아프리카 중개상들이 거절하기 어려운 유인 요건을 계속 제시했다. 현지인은 이 유인 요건으로 인해 부유해지자 백인들의 요구를 거부할 수 없었고 카리브와 브라질에 대규모 플랜테이션 농장이 건립되자 보다 큰 이윤을 노리고 자발적으로 더 열심히 노예를 제공하게 되었다. 아프리카 도처에서 농업과 무역이 발달하면서 부족장이 생기고 이들은 주민에게 행정과 치안을 제공하는 대신 권력을 장악했다. 무역이 점차 발달하자 보다 많은 수입품이 들어왔고 부족장들은 이를 활용하여 그들의 권력 기반을 강화하고 지지층을 확대했다. 추종자들이 더 늘어난 것이다. 노예무역이 본격적으로 시작될 즈음 막 권력의 사다리를 향해 올라가려는 사람들이 있었다. 이들은 노예무역이 자신에게 중요한 기회를 가져올 것으로 믿었다. 야욕에 사로잡힌 이들은 자신의 동포, 즉 추종 세력을 마구잡이로 노예로 팔아 세력 기반을 구축하기 시작했다. 이들은 동포를 제물로 삼아 자신의 야욕을 충족시키는 사람들이었다. 결국 노예무역은 야심과 탐욕을 가진 사람들의 합작품이었다. 아프리카인의 자발적 협력이 없었다면 아무리 유럽인이 노예를 확보하려 해도 한계에 부딪쳤을 것이다. 부족장이나 부유한 엘리트들은 자신이 보유하고 있는 권력과 지위 그리고 영향력을 이용하여 노예를 잡아들이고 이들을 유럽 상인에게 넘겼다. 이들은 지역 경제를 진흥시킨다는 이유를 내세웠으며 또한 아프리카에는 원래부터 노예제도가 있었다는 사실을 부각시켰다. 노예 상인들은 노예가 전통적으로 아프리카 사회의 한 요소라는 사실을 기초로 노예 거래를 정당화함으로써 양심의 가책이나 부끄러움이 없이 자신의 형제, 사촌, 이웃들을 잡아다가 유럽인에게 넘겼다. 유럽인이 직접 내륙으로 깊이 들어가 노예를 잡아오는 경우는 드물었다. 유럽인은 대개 해안에서 배를 정박하고 중간상인들이 내륙으로부터 노예를 데려오는 것을 기다렸다. 그러나 해안에서 노예를 구매하는 것보다 내륙에서 노예를 구하는 것이 훨씬 비용이 덜 들었기 때문에 유럽인 중에는 위험을 무릅쓰고 내륙으로 노예사냥을 나가는 사람들도 간혹 있었다.

처음 노예거래가 이루어졌을 때 거래 단위는 말이었다. 15세기 모리타니와 세네갈 연안에서는 보통 말 한 마리당 10-15명의 노예와 거래되었다. 그러다가 포르투갈 상인들이 남쪽으로 행동반경을 옮기자 말에 대한 선호는 점차 줄어들었다. 이동하기 힘든데다 무더운 현지 기후 여건으로 인해 말을 보살피기 어려웠기 때문이다. 그러자 금이 말을 대신하여 결제수단으로 등장했다. 포르투갈 상인은 1500-1535년 동안 노예해안으로부터 황금해안으로 1만 2000명의 노예를 수송했는데 결제는 대부분 금으로 이루어졌다. 유럽인은 유럽산 직물이나 금속 제품을 주고 노예를 구입하여 이들을 노예가 필요한 다른 지역으로 이송하고 그곳에서 금을 받았다. 이 당시 포르투갈 상인들의 3대 기지는 황금해안, 베냉 그리고 상투메였다. 금 대신 구리나 놋쇠로 만든 마닐라(manilla)[52]가 결제수단으로 사용되기도 했다. 베냉이나 니제르 델타 지역에서 처음에는 노예 1명당 12-15마닐라 정도에 거래되던 것이 점차 노예가 귀해지면서 1517년경에는 57마닐라까지 값이 뛰었다. 따라서 베냉에서 잡은 노예를 황금해안으로 옮기는 무역은 더 이상 수지맞는 장사가 아니었으므로 노예상인들은 다른 지

_마닐라

_카우리

역으로의 전환을 물색하고 있었다. 바로 이때 상투메 그리고 대서양 건너 새로운 식민지인 브라질에서 대규모 플랜테이션 농업이 시작되었고 이는 노예상인들에게 새로운 먹거리를 제공했던 것이다. 포르투갈 상인들은 이후에는 개오지 조개껍질(cowrie shell)을 화폐 단위로 사용했다. 카우리는 한때 노예무역에서 가장 널리 사용된 화폐단위였다. 대서양 노예무역의 52%가 18세기에 행해졌고 이때 연평균 61,000명의 노예가 거래되었는데 같은 기간 아프리카는 11,000톤 이상의 카우리, 숫자로는 100억 개 이상의 카우리를 수입했다. 1710년경 노예 1명당 4만-5만 카우리가 지급되었으나 1760년대에는 8만 카우리로 올랐고 1770년대에는 16만-17만 6000카우리를 지급해야 했다.[53] 카우리가 주로 사용되었던 곳은 볼타 강 하류에서 니제르 델타까지 1000킬로미터에 이르는 서부 해안지역이었고 여타 지역에서는 다른 화폐 단위가 사용되었다. 가령 시에라리온 해안에서 주로 노예무역을 했던 존 뉴턴이 사용했던 화폐 단위는 금속막대였다. 이와 같이 서양 노예상과 현지 중개인 그리고 구매자 간에 서로의 이익을 보장할 수 있는 탄탄한 네트워크가 구축되었고 편의에 따라 결제수단도 다양했다.

노예상인 중 많은 사람이 현지 네트워크를 구축하고 보다 편안한 환경 속에서 살기 위해 현지 여성과 결혼했다. 포르투갈어로 마님(senhoras: 시뇨라스)이라고 불리는 이 현지인 여성들은 남편이 죽으면 유산을 물려받아 부자가 되었다. 남편이 일찍 죽는 확률이 상당히 높았기 때문에 부를 물려받은 시뇨라스들은 현지에서 자본가 역할을 했다. 노예거래와 관련된 부대사업도 발달했다. 어떤 사람들은 노예거래를 돕기 위해 배에서 일하거나 나귀로 필요한 물품을 수송하거나 또는 동물 가죽이나 상아와 같은 물건을 노예상인에게 파는 사람들도 생겨났다.[54] 이러한 이유로 노예무역은 일부 아프리카인에게는 부를 쌓을 수 있는 좋은 기회로 작용했다. 여자 노예들은 흔히 소유주의 처나 첩으로 활용되었다. 노예가 아이를 낳으면 이 아이는 신분 상승의 기회를 가졌으며 덩달아 엄마까지 신분이 상승하는 경우도 흔했다. 특히 이슬람법에서는 첩이 아이를 낳으면 더 이상 매매가 불가능하며 주인이 사망하면 자유를 얻는 것이 관행이었다. 그리고 태어나는 아이는 자유인이었다. 따라서 여자 노예와 어린아이를 제외해버리면 노예의 숫자는 줄었다. 따라서 노예 인구를 유지하기 위해서는 계속해서 아프리카로부터 노예를 공급해야 했다. 예를 들어 아랍인이 플랜테이션 농장을 만든 인도양 연안 잔지바르와 펨바의 경우 1830년대에 노예 인구가 10만 명에 달했는데 이 숫자를 유지하기 위해서는 매년 2만 명 정도의 노예를 더 데려와야 했다. 노예의 사망률이 연 15-20%에 이르렀기 때문이다. 노예는 사람이 아니라 자동차 부품과 비슷했다.

노예거래의 성황에 영향을 미친 또 하나의 요인은 기후이다. 가뭄이 들면 먹을 것이 없는 사람들은 자진해서 노예가 되었다. 음식을 제공하는 사람에게 자신의 몸을 맡기는 것이다. 특히 1784-1795년 동안 서부아프리카에서 극심한 가뭄이 있었다. 사람들은 집을 버리고 먹을 것을 찾아 유랑해야 했다. 삶에 지친 이들은 자발적으로 노예상인을 찾아가거나 아니면 노예상인에게 잡혀 쉽게 노예가 되었다. 가뭄과 기근, 질병 그리고 전쟁은 연쇄적으로 사람들을 밖으로 내몰았으며 이들은 노예 사냥꾼의 좋은 먹잇감이 되었다. 서부아프리카에서 가뭄이 심했던 기간에 노예거래가 보다 홍했던 배경에는 이러한 기후적인 원인이 있었다.

노예거래는 오랜 세월에 걸쳐 서서히 이루어졌기 때문에 그 여파가 아프리카 사회에 미치는 영향은 생각만큼 크지 않았다고 주장하는 사람들도 있다. 사실 매년 인구 1000명당 50여 명이 질병 등으로 사망하는 아프리카에서 1000명당 6명 정도가 노예로 송출되었다면 그 숫자는 그렇게 크지 않았다고 생각할 수도 있다. 그러나 노예거래에는 단순히 숫자로 표시될 수 있는 이상의 요소가 있었다. 그것은 인간을 상품화한 거래였기 때문이다. 자신의 가족이나 친구 또는 이웃이 하루아침에 아무 흔적도 없이 사라졌다고 생각해보라! 그 여파가 쉽게 가라앉을 수 있겠는가? 이것은 인간의 존재에 관한 문제였으며 사람들의 의식 속에 오랫동안 공포로 남았다. 서부와 중부 그리고 일부 동부아프리카인은 20세대 400여 년에 걸쳐 납치, 포획 그리고 예속이라는 단어들이 주는 공포 속에 살았다. 베냉의 해변가에는 '망각의 나무(Tree of Forgetfulness)'라고 불리는 나무가 있다. 노예상인들은 끌려온 노예를 배에 싣기 전 이 나무 주위를 돌게 했다. 이것은 노예무역을 지탱하기 위한 일종의 의식이었다. 이러한 의식의 목적은 노예로 하여금 자기가 살았던 과거, 즉 집, 가족, 땅, 직업 등 모든 것을 머릿속에서 지워버리도록 하기 위한 것이었다. 그리고 노예상인들은 이러한 의식을 통해 항해 중 죽을지도 모르는(실제적으로 가능성이 큼) 노예의 원혼이 자신들을 공격하지 않기를 바라는 목적도 있었다.[55] 물론 노예들은 이러한 의식에도 불구하고 절대로 과거를 잊어버리는 법이 없었다. 그 반대로 자신에게 가해지는 시련이 혹독할수록 보다 더 생생하게 과거의 모든 것을 기억했다.

노예무역의 **최후**

수익이 높았던 노예거래가 중단된 이유는 두 가지이다. 첫째, 18세기 유럽에서 일어난 계몽사상은 유럽인의 생각을 바꾸어놓았다. 1776년 미국의 독립과 1789년 프랑스 혁명으로 자유와 평등에 관한 요구가 커지면서 노예제도에 대해 거센 비판이 일었기 때문이다. 둘째, 산업혁명이라는 시대적 변화가 아프리카에 대해 새로운 역할을 요구했다. 유럽과 아메리카에서 산업 생산이 비약적으로 증가하면서 아프리카에 대해 노예보다는 자원과 상품 시장으로서의 요구가 더 커졌다. 그러나 이렇게 변화한 여건에도 불구하고 노예무역을 완전히 폐지하는 데는 1세기 이상이 걸렸다. 1772년 영국은 우선 영국 내에서 노예제도를 금했으며 1833년에는 인도를 제외한 모든 영국 영토에서 노예제도를 금했다. 아랍에서의 노예무역은 1880년-1890년 사이에 종료되었는데 이는 유럽의 아프리카 분할 정복이 완성된 결과였다. 18세기가 되자 유럽과 미국에서 노예무역을 금지해야 한다는 주장이 팽배했으며 뜻 있는 사람들은 노예무역을 금지하기 위한 캠페인을 벌였다. 이들 중에는 사상가, 국회의원, 과거 노예 무역상 등이 포함되었다.

노예 자신들도 스스로를 해방하기 위한 움직임에 기여했다. 1791년 카리브해의 아이티(Saint-Domingue)로 끌려온 노예들이 반란을 일으켰는데 이 반란은 끝내 진압되지 않았다. 반란을 진압하러 온 유럽의 마지막 군대가 1798년 철수하자 아이티에는 흑인 정부가 수립되었다. 아이티가 독립하자 다른 지역에서도 노예제도를 철폐해야 한다는 공감대가 형성되었다. 아이티는 근대사회에서 흑인 노예의 후손이 건립한 최초의 공화국이 되었다. 사실 아프리카 노예의 저항 역사는 생각보다 훨씬 뿌리가 깊다. 세계에서 가장 오래된 역사를 가진 나라 중 하나인 이라크에도 흑인 저항의 역사가 있다. 아프리카에서 끌려와 소금광산에서 일하던 잔지(Zanj)라고 불리던 노예들이 9세기에 반란을 일으켜 유프라테스 계곡에 자치지역을 확보했다. 이들은 반란이 진압될 때까지 무슬림 칼리프군을 상대로 15년 동안이나 저항했다.[56]

유럽 국가들은 법으로 노예무역을 금지하기 시작했다. 1803년 덴마크를 필두로 1807년 영국, 1808년 미국이 뒤를 따랐고 1814년 네덜란드, 1818년 프랑스가 뒤를 이었다. 이후 1830년 브라질, 1843년 인도, 1854년 이집트, 1865년 미국(남북전쟁 후 재차 선언), 1878년 포르투갈, 1896년 시에라리온, 1897년 잔지바르가 노예무역을 금지했다. 1926년 국제연맹의 노예금지조약에 44개국이 비준했으며 1962년 사우디가 마지막으로 노예제도를 금지했다. 이렇게 노예제도가 법으로 금지되는 데에만 1세기 이상이 걸렸다. 법으로 노예무역이 금지되었어도 실제로는 무역이 계속되었다. 수익이 높고 오랜 관행으로 계속되어온 노예무역이 하루아침에 근절될 리는 만무했다. 노예무역이 금지된 19세기에 대서양을 건너간 노예의 숫자만 해도 300만 명 이상으로 1450-1900년 사이에 이루어진 노예무역의

28%에 달했다.[57] 영국은 불법 노예무역을 단속하기 위해 거의 60년 동안이나 대서양에 함대를 파견했다. 영국은 이 기간 중 1,635척의 노예선을 나포했고 16만 명 이상의 노예를 구출했다. 미국에서는

_ 시에라리온의 수도 프리타운

끌려온 노예들을 아프리카로 돌려보내는 운동이 시작되었다. 1792년 노예 1,190명이 노바스코티아를 출발해 시에라리온의 프리타운(Freetown)에 도착했다. 미국으로 온 노예를 아프리카로 돌려보내 그곳에 정착지를 만들려는 운동은 주로 시에라리온과 라이베리아를 대상으로 했다. 그러나 이 과정은 생각만큼 쉽지 않았다. 토착 흑인들은 원정 노예를 백인의 아류로 간주했다. 이들의 종교와 사고방식 그리고 생활방식이 서로 달랐기 때문이다. 원정 노예들의 입장에서도 토착 흑인과 똑같은 방식으로 집을 짓고 농업을 하면서 살아가는 것은 받아들이기 어려웠다.

토착 흑인들은 특히 두 가지 어려움에 봉착했다. 첫째, 노예무역의 금지로 거의 400년간이나 지속된 좋은 수입원이 사라졌다는 사실이다. 둘째는, 노예로 끌려갔던 사람들이 다시 돌아옴으로써 부족한 땅과 자원을 이들과 나누어야 하는 문제가 있었다. 이러다 보니 토착 흑인이 돌아온 노예들을 곱게 볼 리 만무했다. 이들은 이제 노예무역 금지로 끊긴 수입을 보충하기 위해 농산물, 목재, 콜라 열매, 상아 등과 같은 원자재를 몇 배 더 생산해야 했고 이를 위해서는 많은 노동력이 필요했다. 그러다 보

니 또 노예가 필요했다. 소위 합법적인 무역(legitimate commerce)을 위해 노동력이 필요하다 보니 이제 아프리카 내에서 노예거래가 성행하게 되었다. 바다를 건너가는 노예무역 대신 아프리카 내에서 노예를 공급하는 비즈니스가 자리를 잡은 것이다. 예를 들어 1860년대 남부 나이지리아의 이바단(Ibadan)에서는 104개 유력한 가문이 5만 명 이상의 노예를 소유함으로써 평균 한 가문당 500명 정도의 노예를 소유했으며 개인이 2천 명 이상의 노예를 소유하는 경우도 있었다.[58] 이들 노예들은 농업은 물론 군인, 경호원, 수공업 근로자, 목축 노동자 등으로 다양하게 사용되었다. 한편, 19세기에 서부 아프리카에서 노예거래가 어려워지자 대신 사헬과 사하라를 지나 홍해를 건너 아랍으로 향하는 노예거래가 활발하게 이루어졌다. 또 동부아프리카의 잔지바르에서 배를 타고 아랍으로 건너가는 노예거래도 성행했다. 19세기 말 사헬 지역의 주민 중 30-50%가 노예였다는 통계도 있다. 1820년 4,500명에 불과하던 노예가 19세기 말에는 이 지역 인구의 3분의 1을 차지할 정도였다. 이집트에서는 노예가 흔해지자 군인의 봉급을 노예로 주는 일도 생겨났다. 1830년대 잔지바르 플랜테이션 농업에 동원된 노예의 숫자가 10만 명이었으며 동부 아프리카에서 플랜테이션 농업이 정점에 달했던 1875-1884년 사이 케냐 해안에는 43,000-47,000명의 노예가 있었고 이들은 이 지역 인구의 44%에 달했다.

노예 해방은 격렬한 저항에 부딪쳤으며 실제로 노예가 완전히 없어지기까지 오랜 시간이 걸렸다. 일찍이 남아공에 진출하여 케이프 식민지를 개발하면서 스스로를 아프리카너(Afrikaners)라고 부르는 네덜란드인들은 농장 운영을 전적으로 노예에게 의존하고 있었다. 1833년 영국이 법으로 노예제도를 폐지하고 모든 식민지에서 노예 해방을 선언하자 아프리카

_ 라이베리아의 지도상 위치

너들은 이에 크게 반발했다. 영국이 노예를 풀어주는 대가로 지급한 보상금은 기대에 훨씬 미치지 못하는 액수였다. 그러나 아프리카너들이 정말로 분노하는 이유는 따로 있었다. 그것은 노예와 주인이 동등하게 취급된다는 사실이었다. 오랜 세월 동안 주종관계를 이루고 살아온 아프리카너들은 이러한 사실을 인정할 수 없었다. 영국의 식민통치 아래에서는 영국법에 따라 노예를 포기하지 않을 수 없었던 강경 아프리카너들은 케이프 식민지를 벗어나 다른 곳으로 향했다. 약 6000명의 아프리카너들이 가족과 노예를 데리고 동북쪽을 향해 떠났다. 아프리카너는 새로운 식민지 나탈(Natal)에 공화국을 세우고 노예제도를 계속 유지했다. 영국은 이를 관망만 하지는 않았다. 영국은 1843년 군함을 파견하여 아프리카너를 무력으로 제압하고 나탈을 식민지로 합병했으며 노예를 해방했다. 시에라리온의 수도 프리타운(Freetown)은 원래 18세기 말 노예로 끌려갔다 돌아온 사람들을 위해 만든 정착지였고 영국의 반노예무역 캠페인을 위한 전진기지였다. 그러나 영국의 노력에도 불구하고 시에라리온에서는 프리타운 건설 후에도 노예제도가 130년이나 더 지속되다가 1928년이 되어서야 종식되었다. 라이베리아는 미국에서 돌아온 노예를 위해 1821년에 창립한 국가였으나 노예제도가 오랫동안 지속되다가 1960년대에 와서야 최종적으로 종식되었다.[59]

4

식민지배와 아프리카

정복의 역사와 **아프리카 분할**

아프리카의 역사를 보면 유럽의 식민지배가 시작하기 오래전부터 국가나 부족 간에 서로를 침범하고 정복하는 역사가 있었음을 알 수 있다. 가령 모로코는 1591년 사헬을 넘어 송가이(Songay) 왕국을 정복했다.

아프리카에 맨 먼저 진출한 유럽 국가는 포르투갈이다. 15세기부터 포르투갈인은 아프리카 서부 해안에 진출하여 무역 통로를 열었다. 1448년 포르투갈 상인들은 지금의 모리타니에 무역기지를 열고 요새를 구축했다. 이들의 주요 관심사는 어업이었다. 상인들의 수익은 엄청나서 최소 50%, 많으면 800%나 되는 수익을 올릴 수 있었다. 포르투갈 상인은 유럽으로부터 모직물, 면직물, 은, 외투, 카펫 및 옥수수 등을 가져왔고 동물, 가죽, 생선, 타조알, 금, 상아, 노예 등을 가져갔다. 포르투갈의 로비에 설득당한 교황은 서부아프리카에서 포르투갈의 독점적인 무역권을 인정했는데 이에 대해 스페인, 프랑스 그리고 영국은 큰 불만을 품었다. 무역이 진행되면서 곧 노예거래가 큰 이득이 된다는 사실이 드러났다. 말 한 필을 10-15명의 노예와 교환할 수 있었기 때문이다. 포르투갈 상인은 노예거래를 통해 부를 축적하고 영토를 확장할 수 있었다. 탐험가로 잘 알려진 바스코 다 가마는 1497년 7월 리스본항을 출발하여 희망봉을 지나 모잠비크와 동부 아프리카 연안에 상륙한 후 인도까지 항해하는 데 성공했으며 1499년 8월 포르투갈로 돌아왔다. 물론 바스코 다 가마는 포르투갈에서 영웅이 되었다. 그러나 그의 항해는 외교적인 측면에서는 실패였다. 그가 방문한 여러 나라 중 어떤 나라와도 동맹을 맺지 못했으며 우호협력조약을 체결하지도 못했다. 오히려 바스코 다 가마는 동부아프리카의 이슬람 세력과 적대관계에 빠져버렸던 것이다. 바스코 다 가마가 인도 항로 개척에 성공한 후 포르투갈은 무력으로 동부아프리카 연안에서 세력을 확장했다. 16세기 초 포르투갈인은 대포와 총으로 무장한 선박을 가지고 스와힐리어를 사용하는 동부아프리카의 거점 도시들을 공격했다. 포르투갈의 지배를 받아들이는 곳에 대해서는 조공을 바치도록 했고 저항하는 도시는 무차별 공격하여 무슬림교도를 죽이고 그들의 재산을 탈취했다. 이런 방식으로 잔지바르, 말린디, 몸바사는 물론 모잠비크 연안에 있는 도시들이 포르투갈의 수중에 들어갔다. 포르투갈은 스와힐리어 해안에 대한 공격을 기독교의 이슬람교에 대한 투쟁으로 명명했으나 이들의 잔인한 행동은 비난의 대상이었다. 바스코 다 가마는 제2차 인도 원정 시 승객 380명을 태우고 메카로 순례를 떠나는 무슬림 선박을 발견했다. 그는 이 선박을 무차별 공격하여 침몰시켰는데 이 배에는 많은 부녀자들이 타고 있었다. 이슬람교도들은 이 소식을 듣고 포르투갈의 만행에 치를 떨었다.

1870년까지 유럽의 아프리카 분할은 상당히 진전되었으나 보다 결정적인 계기는 1884년의 베를린회의였다. 악명 높은 이 회의에서 유럽 열강은 아프리카 분할을 공식적으로 인정했고 이로써 아프리카 쟁탈전은 가속화되었다. 아프리카는 어두운 운명의 그림자 속으로 깊이 빠져들어 갔다. 발 빠르게 움직인 영국이 우선적으로 많은 영토를 차지했고 프로이센-프랑스전쟁(보불전쟁)에서 패해 알사스-로렌을 독일에 뺏긴 프랑스는 이를 만회하기 위해 서부아프리카에서 잇달아 식민지를 개척했다. 이들에 이어 독일, 벨기에, 포르투갈, 이탈리아 및 스페인이 쟁탈전에 끼어들었다. 당시 아프리카에서 독립을 유지했던 나라는 태고의 역사를 가진 에티오피아와 라이베리아(1821년 미국에서 자유를 얻은 흑인이 돌아와 창설한 나라) 2개국뿐이었다. 그러나 영국, 프랑스, 독일, 이탈리아 등 큰 국가들은 유럽 내부 문제나 아시아 식민지에 보다 큰 관심을 보인 반면 벨기에나 포르투갈과 같이 작은 국가들이 아프리카 식민지에 더 열을 올렸다. 열강의 아프리카 점령은 종종 무력과 연결되었으며 용병을 고용하는 경우도 많았다. 또 선교사들이 전초기지 역할을 하는 경우도 흔했다.

벨기에 정부는 콩고를 지배하면서 다른 서방국가와는 달리 지역 엘리트를 양성하지 않았다. 영국이나 프랑스가 지역 엘리트를 양성한 것은 언젠가는 토착민에게 국가를 넘겨주어야 한다고 생각했기 때문인데 벨기에는 콩고를 영구 지배하려고 했기 때문이다. 이러한 꿍꿍이속을 가진 벨기에는 틈이 있을 때마다 콩고가 너무 낙후되어 있기 때문에 계속 자신의 지배하에 있어야 한다고 주장했다. 1950년대 후반 아시아의 식민지들이 독립하면서 아프리카에 독립 물결이 일어났을 때에도 벨기에는 콩고를 계속 지배할 수 있을 것으로 생각했다. 그러므로 벨기에가 1960년 갑자기 콩고의 독립을 인정한 것은 놀라운 일이었다. 예기치 않은 일이 벌어졌던 까닭은 프랑스와 영국 식민지들이 대거 독립하는 모습을 보면서, 벨기에는 어차피 붙들지 못할 바에는 콩고의 독립을 빨리 인정하는 것이 궁극적으로 자국의 이익에 부합한 것으로 생각했기 때문이다.

_ 세실 로드

열강의 아프리카 분할이 시작되면서 제국의 창립에 기여하는 사람과 몸을 사리지 않는 모험가들이 생겨났다. 영국 출신의 세실 로드(Cecil Rhodes), 조지 골디(George Goldie), 해리 존스턴(Harry Johnston), 독일의 칼 페터스(Carl Peters), 프랑스 제국주의 팽창을 위해 일한 사보르냥 드 브라자(Savorgnan de Brazza) 등이 그런 사람들이다. 이들은 사병을 양성하고 탐험대를 구성했으며 많은 영토를 점령했다.[60] 유럽의 침략이 본격화하면서 열강에 대항하는 아프리카인의 저항이 점차 거세지는 가운데 토착인은 끈질기게 싸웠으나 우수한 무기와 전략으로 무장한 유럽인을 당해낼 수는 없었다. 아프리카인 중에는 자기보다 강한 이웃나라의 지배를 견제하기 위해 유럽인과 자발적으로 협력하는 지도자들도 생겨났다.

유럽 열강은 식민지를 분할하면서 인위적으로 국경을 정했다. 아프리카의 역사나 문화에 대한 깊은 지식이 없는 이들은 지도를 펼쳐놓고 협상하면서 잣대로 국경을 그었다. 수많은 전통적인 왕족, 부족과 여타 부락들은 이들이 존속시키려고 생각하는 대상이 아니었다. 바콩고(Bakongo)는 프랑스령 콩고와 벨기에령 콩고 및 포르투갈령 앙골라로 나뉘었고, 소말리랜드는 영국, 이탈리아, 프랑스가 각각 세 쪽으로 분할했다. 서양이 만든 새로운 국경은 190개의 동일 문화권을 서로 갈라놓았으며 이로써 역사와 문화 그리고 언어를 공유하지 않는 종족들이 한 국가에 속하게 되었다. 아프리카의 분할이 끝났을 때 1만여 개에 달하는 아프리카의 정치공동체들이 유럽이 지배하는 40여 개에 불과한 식민지와 보호령으로 편입되었다. 이로써 유럽이 억지로 만든 근대 아프리카가 탄생한 것이다.[61]

분쟁의 빌미를 제공한 **유럽**

유럽이 북위 12도를 경계로 인위적으로 북부 이슬람지역과 남부 비이슬람지역 그리고 아랍 지역과 아프리카 지역으로 구분해놓은 것은 끝없는 분쟁의 대상이 되었다. 수단의 독립 후 영국 관리들이 떠난 자리는 신속하게 북부 이슬람인이 차지했으므로 800여 개의 고위직 중 불과 6개 자리만이 남부인에게 배분되었다. 이때부터 수단에서 비극의 씨앗이 잉태되었다. 1958년 군이 권력을 장악하면서 실권자인 아부드(Ibrahim Abboud) 장군은 남부 지역에 이슬람과 아랍어 수용을 강요했다. 그는 기독교를 서양 선교사가 남부에 강요한 종교로 간주했을 뿐 아니라 아프리카의 전통적인 종교를 경멸했다. 당연히 이에 반발한 남부가 무력으로 저항하자 내전이 벌어져 10여 년간 지속되었다. 그러다가 1969년 쿠데타로 누메이리(Gaafar Numeiri)가 집권하면서 남부에 대한 융화정책이 시작되었다. 집권층은 긍정적인 자세로 남부와 협상한 결과 1973년 새 헌법을 제정하여 내전을 종식하고 종교의 자유를 인정하는 드문 성과를 이끌어냈으나 문제를 완전히 해결하지는 못했다. 평화협정은 11년간 지속되었으나 양측 간의 갈등은 여전히 남았다. 1978년 남부에서 석유가 발견되자 주민들은 남부에 정유소를 건설하기 원했으나 누메이리는 북부에 정유소를 짓고 홍해를 통과하는 송유관을 건설하도록 명했다. 이것이 양측 간에 결정적으로 불화를 가져왔다. 갈등이 증폭되자 1983년 누메이리는 자신이 이룩했던 융화 정책을 스스로 포기하고 일방적으로 수단을 이슬람 공화국으로 선포했다. 수단은 곧 다시 내전으로 빠져들어 갔다. 남부군은 에티오피아에서 존 가랑(John Garang)을 지도자로 하는 수단 인민해방운동(SPLM)을 창설했으며 SPLM은 이후 2011년 남수단이 분리 독립할 때까지 수단과의 투쟁에서 중심기관이 되었다. 남북수단을 둘러싼 분쟁에서 주변 국가들은 서로 다른 입장을 취했다. 수단 정부가 에리트레아 반군을 지원하는 데 앙심을 품은 에티오피아의 멩기스투는 SPLM을 지원했다. 멩기스투와 협력 관계인 리비아의 카다피도 SPLM을 지원했다. 이에 대한 대응으로 누메이리는 리비아와 차드 내 반 카다피 세력을 지원했으며 미국은 친소적인 멩기스투와 카다피에 대한 대항마로 누메이리를 지원했다. 복잡한 역학관계 속에서 승부가 나지 않는 싸움을 계속하던 누메이리는 본국에서 폭동과 파업 및 시위가 일어나면서 군이 반대세력을 지지하자 1985년 4월, 16년간의 집권을 끝으로 실각했다.

©Wienke, Ulrich
_누메이리

_존 가랑

아프리카에서 가장 가난한 나라 중 하나인 차드는 독립 당시부터 부족과 종교 문제로 갈등에 빠졌다. 초대 대통령 톰발바이에(Francois Tombalbaye)는 남부 사라(Sara)족 출신의 기독교도로서 북부의 이슬람인을 경멸하고 싫어했다. 톰발바이에는 정계에 입문하기 전 교사 생활을 하면서도 자신의 이러한 성향을 노골적으로 드러내었다. 프랑스 지배 당시 남부는 프랑스식 교육을 받아들이고 프랑스 통치에 적극 협력했다. 이 결과 하급관리의 대부분은 남부 출신이었다. 이에 반해 유목민인 북부 이슬람인은 프랑스의 통치에 협력하지 않았으며 프랑스식 교육도 받아들이지 않았다. 권력을 잡은 톰발바이에는 반대파를 숙청하고 1당 독재 체제를 확립했다. 톰발바이에는 북부의 이슬람 전통을 무시하면서 높은 세금을 부과하고 반발하는 주민을 탄압했다. 1965년 차드 중부 말가메(Malgame)에서 이슬람 농민이 세리(稅吏)들의 폭정에 항거하여 시위를 일으키자 군이 군중에게 발포함으로써 반란이 일어났다. 반란은 동부와 다른 이슬람 지역으로 확산되었다. 이슬람 세력에게 많은 지역을 뺏기자 톰발바이에는 프랑스의 지원을 요청했다. 프랑스는 톰발바이에가 이슬람 주민의 권리를 회복하고 이슬람계 장관들을 다시 복귀시킬 것을 조건으로 군대를 파견했다. 프랑스군이 반란을 평정하는 데에는 별 문제가 없었으나 철수한 후 사태는 더욱 악화되었다. 결국 톰발바이에는 사태를 수습하지 못한 채 반대파 군장교를 숙청하려다가 오히려 역습을 당해 1975년 군사쿠데타의 와중에서 살해되었다. 이후 차드는 끝없는 내전과 반목의 소용돌이 속으로 빠져들었다.

_카다피

한편, 1969년 27세의 나이로 쿠데타를 통해 집권한 리비아의 카다피는 막대한 석유 수입을 바탕으로 다른 나라들의 내정에 깊숙이 간섭했다. 카다피는 은크루마, 니에레레, 카운다, 모부투 등 아프리카의 다른 지도자처럼 기묘한 인물이었다. 카다피는 자신이 이상적으로 생각하는 사회의 실현을 위해 3권으로 된 녹서(Green Book)를 발간하고 이를 실현하기 위해 노력했으나 성과는 미미했다. 카다피는 아랍의 단합을 주장했으나 아랍권 내에서 동조를 얻지 못했으며 이웃국가인 이집트의 사다트와 수단의 누메이리는 모두 카다피를 싫어했다. 아랍 통합의 뜻을 이루지 못한 카다피는 외교 전선으로 눈길을 돌려 외국의 반군과 반대세력을 지원하면서 자신이 혐오하는 정권의 타도를 도모했다. 그는 폭력과 암살, 뇌물 등을 구사하면서 해외에 있는 혐오세력의 제거에 몰두했다. 그가 지원하는 세력만 해도 팔레스타인 해방군, 아일랜드 공화군(IRA), 바스크 분리주의자, 필리핀과 태국의 무슬림 반군 등 다양했다. 아프리카에서는 에리트레아의 게릴라, 서부사하라의 폴리사리오, 남부아프리카 해방군, 니제르와 말리의 반군 등을 지원했다. 그는 또한 30여 개의 아프리카 국가들이 이스라엘과 관계를 단절토록 했으며 우간다의 이디 아민과는 동맹을 맺었다. 카다피는 석유로 벌어들인 수입으로 프랑스와 소련 등으로부터 전투기, 잠수함, 헬기 등을 들여와 구축한 막강한 군사력을 바탕으로 역내 패권을 노렸다. 카다피는 끊임없이 이웃 차드의 분쟁에 직접 개입했으며 아오주(Aozou) 지역을 점령했다. 그러나 20여 년간 차드 분쟁에 개입했음에도 불구하고 카다피군은 결국 차드에서 뜻을 이루지 못하고 철수했으며 1994년 국제사법재판소 결정에 따라 아오주 지역의 영유권도 포기해야 했다. 희대의 독재자 카다피는 부정축재와 기묘한 행동으로 국제사회의 피에로로 간주되었다. 부질없는 목표를 향해 동분서주하던 카다피는 마침내 2011년 아랍의 봄 민중혁명 당시 반군 세력에 의해 사살되어 최후를 맞았다.

악명 높은 수탈자 **레오폴드 2세**

_레오폴드 2세

가장 악명 높은 식민지 경영자로 알려진 인물은 당시 벨기에 국왕 레오폴드 2세였다. 그는 콩고 자유국의 절대 지배자였으며 이곳에 1인 왕국을 세웠다. 콩고 개발에 개인 재산을 투자했고 모든 행정을 좌지우지했다. 순전히 자신의 이익만을 위해 수단과 방법을 가리지 않고 모든 잔인한 방법을 동원해 콩고를 수탈했으며, 이 거대한 땅을 자신의 사유지로 만들어 수익을 독차지했다. 레오폴드의 악행이 알려지면서 그는 유럽 열강의 압력에 의해 1908년 콩고를 벨기에 정부에 이양해야만 했다.

1835년에 태어난 레오폴드 2세는 그의 아버지 레오폴드 1세로부터 식민지 경영의 숙원을 이어받았다. 소국의 왕이었던 레오폴드 1세는 식민지를 얻기 위해 크레타, 쿠바, 텍사스의 일부 등을 구입하려고 했으나 번번이 실패했다. 아버지의 야망을 이어받은 레오폴드 2세는 황태자 시절부터 보르네오, 피지, 솔로몬 아일랜드, 남미 등에 식민지를 가지려고 시도했으나 그 역시 실패를 거듭했다. 1865년 왕이 된 후 레오폴드의 열망은 더욱 깊어졌다. 그는 극동, 필리핀, 뉴기니, 베트남 등에 교두보를 마련하려 했으나 모두 실패했다. 그러다가 마지막으로 관심을 기울인 곳이 아프리카였다. 세상에 잘 알려진 아프리카 탐험가 데이비드 리빙스턴은 1841-1873년간 아프리카를 탐험했다. 그는 잠베지 강을 탐험했고 빅토리아 폭포를 발견했다. 그러던 중 갑자기 종적을 감춤으로써 세상을 떠들썩하게 만들었다. 이때 리빙스턴을 찾기 위한 임무를 띠고 파견된 사람이 미국 신문

기자인 헨리 스탠리였다. 백방으로 리빙스턴을 찾아 다니던 스탠리는 마침내 1871년 11월 탕가니카 호수 변의 우지지(Ujiji)에서 극적으로 리빙스턴을 만나게 되는데 이 이야기가 세간에 널리 퍼진 후 서방은 아프리카에 대해 보다 큰 관심을 가지게 되었다. 이 뒤 영국이 리빙스턴의 탐험을 돕기 위해 파견한 카메론(Cameron)은 1873년 3월 인도양의 잔지바르에서 출발하여 1875년 11월 대서양의 앙골라까지 동서를 관통함으로써 아프리카 탐험에서 신기원을 이룩했다.

_ 리빙스턴 박사

_ 헨리 스탠리

카메론의 아프리카 탐험 소식에 가장 관심을 기울인 사람 중 하나는 레오폴드 2세였다. 레오폴드는 여행에서 돌아온 카메론을 만나 콩고가 이루 말할 수 없이 자원이 풍부한 곳이라는 소식을 들었다. 레오폴드는 속으로 콩고를 꼭 식민지로 삼겠다고 결심했다. 그는 이를 위해 우선 겉으로 박애를 표방하는 국제기구를 결성했다. 레오폴드는 1876년 9월 브뤼셀 왕궁에서 벨기에, 영국, 프랑스, 독일, 오홍제국,[62] 이탈리아, 러시아 등의 탐험가, 지리학자, 정치인, 박애주의자, 선교사, 기업인 등이 참가한 가운데 사흘 동안 브뤼셀 지리회의를 열었다. 레오폴드는 자신의 목적을 달성하기 위해 참가자를 극진하게 대접했으며 참가자의 환심을 샀다는 점에서 이 회의는 대성공이었다. 레오폴드는 이를 발판으로 국제아프리카협회(IAA)를 구성하였으며 IAA는 점차 명망 있는 국제기구로 자리 잡았다. 레오폴드는 서양 문명을 아프리카에 전파하는 선구자로 인식되었다. 그러는 동안 스탠리는 빅토리아 호수와 탕가니카 호수를 우회하여 콩고 강을 따라 항해한 뒤 대서양 입구에 도달하는 콩고 횡단에 성공했다. 이 소식을 들은 레오폴드는 스탠리를 이용하기로 마음먹었다. 1878년 12월 레오폴드와 스탠리는 마침내 콩고 개발에 관한 계약을 맺었으며 스탠리는 콩고로 돌아갔다. 콩고 개발의 핵심은 스탠리 풀(현 지명은 말레보 호, Malebo Pool)을 장악하는 것이었다. 스탠리 풀을 장악할 경우 콩고 강 상류를 따라 항해할 수 있으므로 콩고의 내륙에 있는 자원을 개발하는 데 꼭 필요한 곳이었다. 스탠리는 가급적 많은 땅을 확보하라는 레오폴드의 지시에 따라 현지인과 400여 개의 협정을 맺어 관할권을 확보함으로써 콩고 내륙 개발을 위한 전초지를 확보했다. 불라 마타리(Bula Matari, 바위를 부수는 사람)라는 별명을 얻은 스탠리는 힘으로 밀어붙여 현지인에게 공포를 심어준 후 일을 진척시키는 재간이 있었다. 스탠리의 이러한 스타일은 후에 벨기에가 그대로 이어받았다. 스탠리의 도움을 얻어 레오폴드는 평생의 꿈을 달성했다. 그가 얻은 콩고 식민지는 벨기에의 75배, 아프리카 대륙의 13분의 1에 달하는 광활한 영토였다.

레오폴드는 뱃길을 열기 위해 증기선을 운항하고 군데군데 기착지를 건설하는 등 투자를 시작했다. 겉으로는 콩고를 문명화시키려는 것처럼 보였던 레오폴드의 진정한 목적은 콩고에서 가능한 한 최대의 부를 창출하는 것이었다. 이 투자는 모두 레오폴드 개인의 몫이었다. 레오폴드가 콩고를 개인 영지로 개발했기 때문이다. 그러나 개인이 이 넓은 땅을 모두 소유하는 것에 대해 이견이 없을 리 없었다. 레오폴드는 자신의 소유권을 국제적으로 인정받을 필요성을 절실히 느꼈다. 레오폴드는 국제아프리카협회를 콩고국제협회(IAC)로 바꾸면서 기회를 노렸다. 그 기회는 1884년 11월에 왔다. 비스마르크가 베를린에서 서부아프리카의 분쟁을 조정하기 위한 국제회의(아프리카 분할회의)를 개최한 것이다. 레오폴드는 이 회의를 절호의 기회로 여기고 외교력과 협상력을 최대한 동원했다. 레오폴드는 프랑스와 영국 및 포르투갈의 반대에도 불구하고 독일의 지지를 얻어 교묘하게 자신의 원하는 바를 달성했다. 이 회의에서 콩고에 대한 그의 독점적인 권리가 인정되었던 것이다. 레오폴드는 콩고 개발이 박애주의에 입각한 것이라고 수차 강조했지만 결국 그의 마각은 드러났다. 처음 몇 년간 인프라 개발을 위해 큰 금액을 투자한 레오폴드는 곧 이를 회수하고 이어 막대한 이익을 거두어들이기 시작했다. 레오폴드는 처음에는 상아 무역을 겨냥하여 닥치는 대로 상아 수집을 명령했다. 다음에 레오폴드가 눈독을 들인 자원은 고무였다. 자동차 타이어가 개발되면서 세계적으로 생고무 수요가 급격히 늘어났던 것이다. 1890년 콩고가 수출하는 고무는 100톤에 불과했으나 1896년 1300톤으로 늘어났으며 1898년에는 2000톤 그리고 1901년에는 6000톤으로 급속히 증가했다. 생고무는 레오폴드에게 황금알을 낳는 거위가 되었다. 그러나 그 이면에는 콩고 원주민에 대한 처절한 학대가 있었다. 특히 레오폴드가 고무 개발권을 부여한 Abir(Anglo-Belgian-India Rubber Company)는 잔혹한 행위로 악명이 높았다. Abir는 마을 원주민에게 2주 동안 1인당 4킬로그램의 고무를 모아오도록 할당량을 정했다. 할당량을 가져오지 못하는 사람에 대해서는 잔혹한 형벌이 자행되었다. 때리고 감옥에 가두는 것은 물론이고 손과 발을 자르거나 사살하는 경우도 비일비재했다. Abir는 보다 큰 수익을 올리기 위해 많은 마을을 자신의 직접통제 하에 두거나 아니면 주민들에 대한 할당량을 높였다. 마을 주민들은 Abir에 예속된 노예나 다름없었다. 이들은 생업을 전폐하고 고무 채취에 나서도 할당량을 채우기 어려웠다. 이들은 필사적으로 할당량을 채우기 위해 나무껍질을 벗기거나 가지를 잘라내었으므로 고무나무가 점차로 고갈되어 고무 채취는 갈수록 어려워졌다. 고무 채취는 이제 원주민들에게는 죽느냐 사느냐 하는 전쟁과 비슷했다. 레오폴드가 고무 채취를 시작하기 전 콩고 인구는 최소 2000만 명으로 추산되었다. 그러나 1911년 인구 조사에 의하면 콩고 인구는 850만 명에 불과했다. '고무난'을 피해 무려 1000만 명 이상이 도피하거나 사라진 것이다. 레오폴드는 자신의 야욕을 위해 콩고를 초토화시켰다. 특히 레오폴드의 하수인이 자행한 사람의 손과 발을 자르는 형벌은 천인공노할 만행이었다. 이들은 부녀자와 아이들에 대해서도 이와 같은 만행을 자행했다. 많은 사람이 불구가 되었다.

마침내 이러한 사실이 세상에 알려지자 레오폴드는 국제사회의 압력에 견디지 못하고 1908년 11월 콩고를 벨기에 정부에게 양도했다. 그는 콩고를 양도한 지 1년 후에 사망했는데 그의 사후 숨겨놓은 많은 재산이 발견되었다. 이들은 모두 레오폴드가 콩고를 수탈한 대가로 얻은 이익이었다. 콩고가 막대한 자산 가치를 가진 땅이라는 사실이 속속 드러났다. 1959년 콩고는 전 세계 구리 생산의 10%, 코발트의 50% 그리고 산업용 다이아몬드의 70%를 차지했다. 벨기에가 콩고를 물려받은 후에도 수탈은 계속되었다. 콩고인들은 정치적 자유는 물론 토지소유권이나 여행의 자유를 누리지 못했으며 늘 강제노동에 동원되었다. 콩고를 수탈의 대상으로만 생각하는 벨기에는 콩고인의 교육에는 무관심했다. 아프리카에서 도도한 변화의 물결이 밀려온 1950년이 되어서야 보다 높은 교육을 원하는 학생들이 중고등학교에 제한적으로 입학이 허용될 정도였다.

저항 또 저항

서양인에게도 식민지배가 쉬웠던 것은 아니다. 식민지 초기 시절에 많은 저항이 있었다. 소규모 반란은 식민통치가 시작된 후 수십 년 동안 지속되었다. 코트디부아르의 바울레(Baoule)족은 프랑스 마을을 하나씩 개별적으로 상대하면서 1911년까지 투쟁했다. 나이지리아의 이보족은 1919년까지 저항했고 세네갈의 졸라(Jola)족은 1920년대 그리고 남부 수단의 딩카(Dinka)족은 1927년까지 저항했다. 소말리아 그리고 북부아프리카에서도 무슬림 반군이 주동이 되어 1930년대 초까지 게릴라전이 계속되었다. 그러나 1930년대에 와서 저항은 거의 종식되었고 유럽의 식민화는 합법적으로 정착되었다.[63] 남아공에서는 줄루족을 비롯한 호전적인 종족이 완강하게 저항함으로써 백인에게도 많은 희생자가 발생했다. 백인이 가는 곳마다 추장들은 죽을 결심이 되어 있다고 위협하면서 백인에게 아프리카를 떠날 것을 종용했다. 서부아프리카에서는 만딩고(Mandingo) 제국의 창건자인 투레(Samori Ture)가 8년 동안 프랑스에게 강력히 저항했다. 짐바브웨에서는 다수족인 쇼나와 소수족인 은데벨레가 연합하여 백인 정착자들에게 저항했다. 독일의 양대 식민지인 독일 동부아프리카(Tanganyika)와 서남아프리카(나미비아)에서도 완강한 저항이 있었다. 독일은 반란을 진압하기 위해 1904-1908년간 헤레로(Herero)족의 4분의 3과 나마(Nama)족 절반을 몰살시켰다. 앙골라에서는 오밤보(Ovambo)족의 추장 만두메(Mandume)가 병력 4만 명을 동원하여 포르투갈에 저항했다. 모잠비크, 탄자니아, 가나, 부르키나파소 등 곳곳에서 저항이 있었다. 특히 에티오피아에서는 강력한 저항이 일어났다. 1890년 에티오피아를 침공한 이탈리아에 대해 국왕 메넬리크(Menelik) 2세는 병력을 동원하여 항거했다. 메넬리크는 유럽의 군주처럼 지방호족들에게 병력 동원을 요청해서 군대를 모았다. 메넬리크는 현대식 총기로 무장한 10만 병력을 이끌고 1896년 3월 아도와(Adowa)에서 1만 5000명의 이탈리아군과 싸워 승리했다. 이 전투에서 이탈리아군 3179명과 2천 명 이상의 현지인 병력이 사망했으며 이보다 훨씬 많은 숫자의 군인들이 부상했다. 이탈리아는 이 전투에서 40% 이상의 병력을 잃고 11,000정의 총기와 대포를 상실했다. 물론 에티오피아 측은 더 큰 손실을 입었으나 이 전투에서 승리함으로써 이탈리아와 평화협정을 맺고 독립국가로서의 지위를 굳혔다. 에티오피아는 서방 식민 세력과 싸워 이긴 최초의 아프리카 국가가 되었다. 이후 에티오피아 동부 하라르(Harar) 총독이었던 메넬리크의 친족 라스 타파리(Ras Tafari)는 1930년 황제 대관식을 갖고 스스로를 하일레 셀라시에(Haile Selassie) 황제로 칭했다. 셀라시에는 1935년 공습과 독가스로 무장한 50만 무솔리니군의 침공을 받고 패전하여 영국으로 망명했으나 2차대전 중인 1941년 영국의 도움으로 다시 정권을 회복했다. 셀라시에는 1975년 좌파 장교들의 쿠데타에 의해 실각하기까지 34년을 더 통치했다. 셀라시에는 아프리카의 현대판 절대군주였다. 그는 '왕 중의 왕 그리고 유다의 정복하는 사자'라는 거창한 공식명칭을 지녔다. 모든 학교, 병원, 도로, 교량, 협회 등이 그의 이름을 따 명명되었고 그의 초상화는 지폐와 주화에 새겨졌다. 그의 생일, 대관일 그리고 그가 망명지로부터 아디스아바바로 돌아온 날은 모두 에티오피아의 국경일이 되었다. 조그만 키에 온화한 모습의 셀라시에는 반대세력을 제거

© Anefo

_ 하일레 셀라시에

하고 영토를 넓히는 데에는 무자비한 지도자였다. 많은 독재자처럼 비상한 기억력을 가진 셀라시에는 그의 개인적인 기억력에 의지해 국가를 통치했다. 그에게 잘 보이는 사람은 발탁하고 그렇지 않은 사람은 제거되기 일쑤였다. 심한 기근과 경제 위기 속에서도 아무런 조치도 취하지 않은 채 자신이 구축해놓은 아성에서 국민과 유리된 생활을 하던 셀라시에는 결국 1975년 108명의 군 대표가 결성한 군사위원회 데르그(Derg)가 일으킨 쿠데타에 의해 강제로 퇴위당하고 감옥에서 지내다 같은 해 8월 27일 사망했다. 셀라시에는 아프리카에서 가장 오랫동안 한 나라를 통치한 지도자 중 하나로 기록되었다.

좌파 장교 중에서 가장 두각을 나타낸 멩기스투는 1977년 여름까지 혁명동지들을 제거한 후 1인 독재체제를 구축했다. 공산주의 신봉자였던 멩기스투는 정권을 장악한 후에는 태도를 바꾸어 하일레 셀라시에와 같이 자신과 측근이 부와 특권을 누리도록 하는 데에만 전념하면서 황제와 같이 호화롭게 살았다. 많은 독재자처럼 멩기스투도 비천한 출신이었다. 그의 어머니는 에티오피아 귀족이 혼외에서 낳은 딸이었고 아버지는 귀족 집의 경비원이었다. 거의 정규 교육을 받지 못한 멩기스투는 어렸을 때부터 군에서 '보이'로 자랐다. 검은 피부에 비밀이 많고 음울한 성격을 지닌 멩기스투는 셀라시에 주변에 있는 부유하고 좋은 출생배경을 가진 엘리트들을 증오했다. 데르그에 가담하여 권력을 잡은 멩기스투는 데르그가 경쟁자들 간에 분열되자 가장 먼저 기선을 잡았다. 1977년 2월 멩기스투와 그의 추종자들은 궁전에서 모인 데르그 간부회의에서 회의 중 갑자기 방을 뛰쳐나갔다. 방 안에는 멩기스투가 적으로 간주한 7명의 위원들만 남았다. 곧이어 멩기스투의 경호원들이 기관단총을 들고 회의장에 난입하여 이들을 살해했으며 이후 에티오피아는 멩기스투의 1인 천하가 되었다. 멩기스투는 민간 출신 정적에 대해서는 적색테러를 감행했다. 반대파에 대한 무자비한 살인과 암살을 자행한 것이다. 수천 명이 죽고 수천 명이 투옥되었다. 1977년 말까지 반대세력을 붕괴시킨 멩기스투는 다음 수순으로 반대세력을 처단하기 위해 자신이 만든 조직의 조직원과 혁명을 지지했던 청소년 세력까지 제거했다. 멩기스투는 1인 독재를 확립하기 위해 모든 걸림돌을 하나씩 하나씩 제거해나간 것이다. 멩기스투 시절인 1984-1985년 북부 고원지대에서 있었던 극심한 가뭄으로 수많은 사람이 굶어죽었으나 멩기스투는 이를 철저하게 은폐했다. 그는 혁명의 업적을 내세우는 것에만 치중했을 뿐 가뭄은 늘 있는 일로 치부했다. 멩기스투의 가뭄에 대한 대응책은 북부 지역 주민 150만 명을 보다 기름진 땅을 가진 남동부로 옮기는 것에 불과했다. 1986년 관권을 동원한 이주가 끝났을 때 60만 명이 강제로 소개되었으나 5만 명은 새로운 땅으로 가보지도 못한 채 혼란 속에서 죽었다. 대가뭄으로 죽은 사람의 숫자를 정확히 알 수는 없으나 약 100만 명이 사망한 것으로 추정되었다. 멩기스투는 군사쿠데타를 피해 짐바브웨로 망명하여 현재까지 그곳에서 거주하고 있다.

_멩기스투

식민시대 초기에는 반란이 자주 일어났다. 원인은 주로 억압적인 토지, 노동 및 세금 정책 때문이었다. 남아프리카에서는 1906년 나탈주의 줄루족이 세금부과에 항의해 반란을 일으켰고 탕가니카에서는 1905년 독일에 저항해 마지마지 반란[64]이 일어났는데 격렬한 전투에서 수만 명의 아프리카인이 죽었다. 라이베리아에서는 토착 크루족이 미국 출신 흑인이 세운 정부에 저항해 반란을 일으켰다. 그러나 식민체제가 강화되면서 대규모 반란은 서서히 줄어들었다. 식민주의자의 주요 관심은 땅과 노동력을 헐값에 얻는 것이었다. 식민주의자들은 주로 정부가 앞에 나서서 수용하는 방식으로 토지를 취득했다. 대규모 토지 수용은 케냐, 남로디지아, 포르투갈령 아프리카, 벨기에령 콩고, 알제리 등에서 주로 일어났다. 이에 반해 코트디부아르, 튀니지, 리비아, 카메룬 등에서 있었던 토지 수용은 비교적 소규모였다. 지하자원을 개발하고 플랜테이션 농장을 운영하기 위해 식민주의자들은 현지 노동력을 필요로 했다. 식민당국이 즐겨 사용한 노동력 착취 방법은 높은 세금을 부과하는 것이었다. 세금을 납부할 길이 없는 현지인은 대신 노동력을 제공해야 했기 때문이다. 모잠비크와 니아살랜드인은 남아공 광산에서 일했고, 오트볼타인[65]은 코트디부아르와 황금해안(가나)에 있는 코코아 농장에서 일했다. 유럽인은 또한 아프리카 근로자의 노동을 감시하기 위해 동남아프리카에는 인도인, 서아프리카에는 레바논인을 대거 데려와 중간 관리자로 활용했다. 이 결과 지금까지 인도인이 동남아프리카의 상권 그리고 레바논인이 서아프리카의 상권을 장악하고 있다.

남서부아프리카(현재 나미비아)에서는 독일 식민주의자들에 의한 수탈과 횡포가 심해지자 현지인 헤레로족이 반란을 일으켰다. 1904년 1월 현지인은 백인 농장과 거주 지역을 습격하여 싸울 수 있는 연령의 남자들을 모두 죽였다. 이 습격으로 100명 이상이 희생되었으나 여자와 아동, 선교사 그리고 독일인이 아닌 다른 유럽인은 무사했다. 이 사건에 대한 보복 임무를 띠고 독일에서 파견된 폰 트로타(Lothar von Trotha) 장군은 초토화작전을 펼쳤다. 폰 트로타는 헤레로족을 칼라하리 사막으로 몰아넣으면서 다시 이 땅으로 돌아오면 여자와 아이를 막론하고 모두 사살하겠다는 칙령을 발표했다. 이 칙령은 베를린의 명령에 따라 2개월 후 취소되었지만 그동안 많은 인명 손실을 초래했다. 헤레로족의 운명을 보면서도 이번에는 다른 사막 종족인 나마족이 반란을 일으켰다. 나마 게릴라들은 1,500명에 불과했고 총기로 무장한 사람이 절반에도 못 미쳤지만 1년 이상 15,000명의 독일군을 곤경에 처하게 했다. 헤레로족과 나마족의 반란을 진압하기 위해 독일은 본국으로부터 17,000명의 병력을 파견했고 2000만 파운드가 넘는 비용을 소진했다. 전쟁이 모두 끝나고 1911년 집계한 인구조사에 의하면 2만 명의 나마족 중 9,800명이 생존했고 8만 명의 헤레로족 중 생존자는 15,000명에 불과했다. 독일은 나미비아로 명명한 이 땅을 차지했으나 그 대가는 컸다. 나마족과 헤레로족을 합쳐 모두 75%에 이르는 인명이 손실되었던 것이다.[66]

©Sara Atkins
_ 칼라하리 사막의 아이들

독일 식민지였던 탄자니아의 목화 재배지에서 일어난 마지마지(Maji-Maji) 반란으로 많은 사상자가 발생했다. 독일의 공식적 보고에는 7만 5000명이 사망했다고 되어 있으나 실제로는 당시 이 지역 인구의 3분의 1인 25만-30만 명이 죽었는데 대부분 기아로 사망했다. 그 대가로 반란군이 살해한 적은 유럽인 15명과 독일군에 소속된 현지인 병력 389명에 불과했다. 1899-1902년간 영국과 보어(Boer)인[67] 사이에 일어난 보어 전쟁은 아

_ 보어전쟁

프리카 땅에서 벌어진 유럽인 간의 전쟁으로 1차 대전의 전초전이었으며 남부아프리카에서 일어난 역사상 가장 큰 전쟁이었다. 사건의 발단은 영국이 트란스발(Transvaal)에 있는 보어인의 금광을 차지하려 한 데 있었다. 당시 남아공에서 생산되는 금은 영국이 세계 금융 중심지로서의 지위를 유지하는 데 필수적이었다. 그러나 프리토리아의 네덜란드계 크루거 정부는 생각이 달랐다. 크루거 정부는 금은 아프리카너(남아공으로 이주한 네덜란드인) 농부의 이익을 위해 사용되어야 한다고 믿었다. 이들은 유럽으로 금을 수출하여 유럽 금융가들의 배를 부르게 할 생각은 전혀 없었다. 이런 가운데 영국의 영토사냥꾼인 세실 로드는 내부에서 반란을 일으켜 트란스발 정부를 전복시키려 했으나 실패했고 이것이 발단이 되어 영국과 보어인은 전쟁으로 휩쓸려 들어갔다. 전투는 1899년 10월부터 시작되었으며 양측은 모두 크리스마스 전까지는 전쟁이 끝날 것으로 생각했으나 결과적으로는 2년 반이나 지속되어 1902년 5월이 되어서야 끝났다. 이 전쟁에서 영국은 448,000명의 병력을 동원하여 이 중 22,000명이 죽었고 보어측은 88,000명의 병력을 동원했는데 사망자는 7000명 이상이었다. 전쟁 초기에 영국군이 블룸폰테인, 요하네스버그 및 프리토리아 등 주요 도시들을 점령할 때만 해도 전쟁은 쉽게 끝날 줄 알았다. 그러나 보어인은 전열을 정비하여 게릴라 작전을 구사했다. 영국은 전쟁이 장기화할 것을 우려하여 보어인의 집을 태우고 농산물을 폐기하며 가축을 몰수하고 가족들을 강제수용소에 격리하는 조치를 취했다. 수용소의 조건이 너무 열악하여 많은 사람이 전염병으로 사망했다. 1901년 6월-1902년 5월간 27,927명의 보어인이 강제수용소에서 죽었는데 이 중 2만 2000명은 16세 미만의 아동이었고 4000명은 부녀자였다. 보어 전쟁은 백인들의 전쟁으로 알려졌지만 실제로는 흑인의 희생도 컸다. 흑인 인구가 백인보다 최소 4배 이상 되는 흑인의 본거지에서 일어난 전쟁에 흑인이 개입하지 않을 수 없었기 때문이다. 양측은 흑인을 정찰, 경비, 탐정, 메신저 등 여러 가지 역할로 사용했고 흑인들은 이에 응하지 않을 수 없었다. 많은 흑인이 강제수용소로 끌려갔고 거기서 죽었다. 흑인의 희생은 수만 명에 달했다.[68]

백인의 **조악한 식민지 경영**

백인들은 이곳저곳에 식민지를 세우기는 했으나 예산은 빈약하기 짝이 없었다. 유럽인의 식민지에 대한 기본 통치 방침은 재정 자립이었다. 행정은 최소한으로 행해졌으며 교육은 선교사의 손에 맡겨졌다. 경제활동은 주로 민간회사가 맡았으며 정부의 주요 기능은 법과 치안을 유지하고 세금을 거두며 도로와 철도를 관리하는 것이었다. 1891년 영국은 니아살랜드(현재의 말라위)에 식민지를 세웠는데 94,000제곱킬로미터의 면적에

100만-200만 명 가량의 인구를 가진 이 나라에 대한 연간 예산은 1만 파운드에 불과했다. 니아살랜드보다 두 배 이상의 면적과 인구를 가진 우간다에 대한 식민 통치는 1894년에 시작되었는데 연 예산은 5만 파운드였다. 1914년 북부와 남부 나이지리아를 하나로 통합한 영국이 1930년대 말 2000만 명에 달하는 국민을 통치하기 위해 파견한 관리는 400여 명에 불과했다. 900만 명을 관할하는 수단의 경찰청에는 140명이 근무했고 1930년대 중반 적도 부근의 프랑스 식민지 전체에 파견된 관리는 206명이었다. 프랑스령 서부아프리카는 8개국에 1500만 명을 통치하는 곳이었는데 프랑스 관리는 도합 385명이었다. 영국의 적도 아프리카 식민지 전체의 인구는 4300만 명에 달했는데 1,200명의 영국 관리가 이들을 통치했고, 아프리카의 심장 콩고를 지배한 벨기에의 1936년 정부 관리 숫자는 728명이었다.[69] 영국은 자신이 개척한 식민지 개발권을 영국 기업에게 부여하고 이 기업으로부터 기부금을 받아 식민지를 운영하려 했으나 계획대로 되지 않았다. 영국은 오직 남아공에서만 세실 로드가 쌓은 자본을 활용하여 성공적으로 식민지를 운영할 수 있었다. 식민 세력이 아프리카를 식민화할 때 가장 유익한 수단이 된 것은 기관총과 키니네였다. 노예무역 시절부터 아프리카인도 소총을 소유할 수 있었으므로 소총으로 무장한 유럽인은 크게 두려운 존재는 아니었다. 그러나 기관총은 달랐다. 1884년 개발된 맥심(Maxim) 기관총은 1초에 11발의 탄환을 발사할 수 있었고 이

_ 맥심 기관총

는 모든 소총 무기를 압도했다. 맥심 기관총으로 무장한 프랑스군은 단 1명도 사망하지 않고 말리에서 일어난 반란을 진압했다. 영국군은 수단과의 전투에서 49명의 사망자를 내고 수단군 10,800명을 사살했다. 키니네도 식민지 개발에 큰 역할을 했다. 서부아프리카 밀림 지대에서 한때 유럽인은 5명당 4명이 말라리아로 죽었다. 그러나 1850년대 키니네가 발명되면서 말라리아로 인한 사망률이 현저히 줄자 유럽인은 안심하고 아프리카 진출에 박차를 가할 수 있었다.

유럽이 무력으로만 식민지를 개척한 것은 아니다. 가뭄과 기근 그리고 역병이 아프리카의 식민지화에 일조했다. 예를 들어 남서부아프리카의 유목민족은 역병으로 2만 5000마리의 가축을 잃고 생존이 위기에 처하자 역병에 대한 백신을 구입하고 새로운 가축을 사기 위해 자진해서 자신의 토지를 백인에게 팔았다. 이로써 백인 목장주들은 가만히 앉아서 목장의 크기를 넓힐 수 있었다. 이런 식으로 백인 목장이 커지자 원주민들은 원래 자신의 소유였던 백인 목장에서 노동자로 일해야 했다. 이런 과정을 거치면서 흑인들은 강탈당하지 않고도 자연스럽게 식민화되었다. 남아공 당국은 1913년 토지법을 제정하여 전체 인구의 20%에 불과한 백인에게 전체 토지의 87%를 배분하고 흑인에게는 13%만 배분했다. 이렇게 해서 백인은 흑인을 점점 더 좁은 구역으로 몰아넣고 위축시킬 수 있었다. 이 토지법은 결국 아파르트헤이트 통치구조의 모태가 되었다. 남아공 백인은 미숙련 흑인 노동자를 교육시켜 숙련 노동자로 만들려 하지 않았다. 오히려 그들은 흑인이 미숙련 노동자로 남도록 의도적으로 방치했다. 그 이유는 백인이 경쟁에 직면하지 않고 편안하게 높은 임금을 누릴 수 있도록 하기 위해서였다. 이렇게 해서 흑인들은 백인이 만든 허울 좋은 홈랜드(Homelands 또는 반투스탄)[70]에 갇혀 아무 희망 없이 원시적으로 살아야했다. 말이 좋아 자치지역이지 재정적으로 자립할 수 없는 홈랜드 내의 흑인들은 백인의 필요에 따라 일해야 하는 노예와 다름없었다. 또 여러 개의 홈랜드로 흑인 거주지역이 분산되자 흑인들이 서로 단합하는 것도 훨씬 어려워졌다. 백인의 입장에서는 홈랜드로 인해 흑인을 말썽 없는 노동력으로 관리하기가 훨씬 용이해진 것이다.

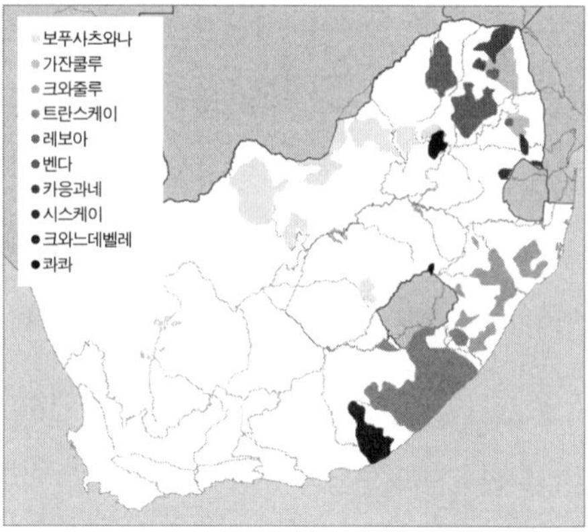

_ 남아공 홈랜드

식민시대 때 아프리카 여성의 지위는 더 악화되었다. 왜냐하면 이 당시 유럽인은 가부장적인 체제를 구축하면서 유럽식 전통에 따라 남성만을 주로 상대하고 여성은 거의 상대하지 않았기 때문이다. 식민시대 전에는 아프리카의 전통사회에서 추장으로 활동한 여성이 많이 있었다. 시에라리온의 멘데족, 북로디지아의 통가족 등에는 여자 추장이 있었고 큰 권한을 가진 여성 공직자들도 있었다. 그러나 식민시대에 들어와 이런 전통은 모두 사라졌다. 여성은 또한 식민시대 때 토지를 소유한다거나 근로자로 일할 수 있는 경우가 드물었고 가정의 수입은 대부분 남자가 관리했다. 여성이 사업을 해서 큰돈을 버는 경우는 극히 드물었고 대부분 여성은 시장에서 싸구려 물건을 팔거나 노점상을 하면서 근근이 생활을 꾸려갔다. 아프리카를 정복한 유럽인은 아프리카 문화를 저급한 문화로 취급하고 높은 문화가 낮은 문화를 지배하는 것은 역사의 순리라고 주장했다. 유럽인은 또한 우생학적으로 백인이 우월하며 열등한 존재인 아프리카인은 스스로를 통치할 능력이 없다고 주장했다. 그러나 유럽인은 아프리카를 정복해놓고도 수적으로 너무 적었기 때문에 현지인을 활용할 수밖에 없었다. 예를 들어 나이지리아의 경우 인구 10만 명당 영국인 관리는 1명에 지나지 않았다. 유럽인은 가급적 전통적인 추장이나 종교지도자 등을 통치에 활용했으나 적절한 인물을 발견하지 못하는 경우에는 전혀 새로운 인물을 등용했다. 전통적인 가치에 덜 민감한 프랑스의 경우 통역, 안내자 또는 요리사 등을 현지 관리자로 활용하기도 했다.[71] 유럽인은 아무리 전통적인 권위자라도 식민지 당국에 충성하지 않으면 당장 파면하고 다른 사람으로 교체했다. 대신 권위에 복종하고 식민당국에 충성하는 현지인들의 자리는 보장되었다. 식민주의자들은 교육받은 아프리카인을 서기, 사환, 하급관료 등으로 고용했다. 극히 예외적인 경우를 제외하고 아프리카인이 고위직에 오르는 경우는 거의 없었다. 군대와 경찰은 유럽이 아프리카를 통치하는 가장 긴요한 수단이었다. 이들을 훈련시키고 감독하는 사람들은 유럽인이었으나 군과 경찰 인력의 대부분은 현지인이었다. 식민주의자들은 군과 경찰을 자신에게 절대 복종하는 나긋나긋한 조직으로 만들었다. 군과 경찰은 폭동을 진압하는 데도 자주 투입되었다. 군과 경찰은 동족을 진압하면서 권력의 맛을 알게 되었으며 이렇게 길들여진 군과 경찰은 독립 후에도 독재 권력의 하수인으로 막강한 힘을 누렸다.

제1차 세계대전과 **아프리카**

_ 1차대전시 동부아프리카에서의 영국군

1차 대전이 발발하자 아프리카는 곧 백인들 간 전쟁의 본격적인 무대가 되었다. 200만 명 이상의 흑인이 병사, 짐꾼, 노동자 등으로 징발되었으며 이 중 20만 명 이상이 목숨을 잃었다. 전쟁이 시작되자 아프리카 내 독일 항구들이 우선 공격 목표가 되었다. 토고의 로메, 카메룬의 두알라, 남서아프리카의 스바코프문트(Swakopmund)와 뤼데리츠(Lüderitz) 등이 연합군에 의해 점령되었고 동부 아프리카에서는 다레살람과 탕가(Tanga) 등이 영국 군함에 의해 파괴되었다. 연합군이든 독일군이든 양측이 동원한 군인은 대부분 아프리카인이었다. 오직 남서아프리카에서만 흑인 동원이 배제되었는데 이는 독일이 과거 현지인 헤레로족과 나마족에 대해 저지른 잔혹 행위 때문에 군 지휘관들이 보복을 두려워해 현지인 동원을 꺼렸기 때문이었다. 따라서 대부분의 전투는 아프리카인 대 아프리카인 방식으로 진행되었다. 가나인과 다오메이인(Dahomeans)이 토고인과 싸우고 나이지리아인이 카메룬인과 싸우는 그런 식이었다. 연합군은 서부아프리카인을 동부로 보내 케냐인과 함께 독일군에 대항토록 했다. 100만 명 이상의 병력이 동원되었는데 처음에는 현지인이 자발적으로 참가했으나 점차 병력 동원이 힘들어지자 서방은 노예무역 시대와 같이 흑인을 닥치는 대로 잡아들여 강제로 동원했다. 프랑스통치하의 서부아프리카에는 전쟁 발발 당시 14,785명의 흑인 병사가 있었는데 1915-16년간 프랑스 당국은 5만 명을 추가로 징용했다. 콩고에서는 26만 명 이상의 짐꾼이 징용되었으며 영국이 지배하는 동부아프리카에서는 18세-45세 사이의 모든 남자가 군사적 임무를 수행해야 한다는 칙령이 반포되었다.[72] 1차 대전에서 독일이 패하자 독일의 아프리카 식민지는 영국, 프랑스, 벨기에, 남아공 등에 의해 분할되었다. 탕가니카는 영국, 남서아프리카는 남아공, 르완다와 부룬디는 벨기에에게 양도되었고 토고와 카메룬은 영국과 프랑스가 나누어 가졌다. 이탈리아의 지원에 대한 대가로 영국은 이탈리아에게 케냐의 일부인 주바랜드(Jubaland)를 떼어서 소말리아 식민지에 부속케 했다.

식민주의 시대 특히 19세기 말 백인의 문화적 우월주의는 극에 달했다. 무역, 기독교 그리고 군사력을 강점으로 내세운 서양 세력은 스스로를 가장 우월한 존재로 생각했으며 한 시대를 풍미했던 사회적 다위니즘은 유럽인을 진화 사다리의 정점에 앉혔다. 반면 아프리카는 진화 사다리의 가장 밑에 자리 잡았다. 서양인은 사하라 사막으로부터 림포포 강 사이에 살고 있는 아프리카 원주민을 역사도 없고 내세울 문화도 없는 가장 미개한 존재로 간주했다. 유럽인은 남미의 습지대나 태평양의 절해고도에 살고 있는 미개인과 아프리카인을 동일한 존재로 간주했으며 아프리카는 너무 오랫동안 정체 상태에 있었기 때문에 심장이 뛰지 않는 곳이라고 했다. 유럽인은 왕국의 전통이 없는 아프리카 국가에 유럽식 왕국을 세우려 하기도 했고 프랑스 같은 나라는 아프리카에서 공화국 전통을 세우기가 어렵자 아예 프랑스를 모국으로 삼아 무조건 따르도록 종용하기도 했다. 그러나 이러한 현상은 1차 대전 후 크게 바뀌었다. 유럽은 아프리카를 보다 오래 그리고 보다 효율적으로 통치하기 위해 아프리카의 전통에 관심을 가지기 시작했으며 잊힌 역사와 전통을 발굴하기 위해 인류학적으로 아프리카를 탐구했다. 독일, 벨기에, 영국, 헝가리, 프랑스 등은 서로 앞을 다투어 학자들과 탐험대를 아프리카에 파견하여 아프리카의 전통과 뿌리를 캐기 시작했다.

왜 유럽의 태도가 전후 갑자기 바뀌었을까? 그것은 아프리카에서 식민통치에 대한 저항이 거세어질 것을 우려했기 때문이다. 발등에 불이 떨어진 유럽 열강은 종전 후 독립 또는 자치를 약속하면서 많은 병력과 물자를 징발했으나 전후 이 약속은 지켜지지 않았다. 그뿐만 아니라 유럽은 아프리카인끼리 싸우도록 하여 많은 피를 흘리게 하였다. 유럽은 전후 아프리카 통치가 그전과는 다를 것으로 생각했다. 유럽식으로만 밀어붙일 경우 자칫하면 심각한 저항에 봉착할 우려가 있었다. 이러한 상황 변화가 유럽인으로 하여금 아프리카의 전통과 뿌리를 잘 이해하여 식민지를 보다 효과적으로 통치해야 할 필요성을 야기시켰던 것이다.

종족주의

종족주의(tribalism)라는 것은 따지고 보면 서양인이 만들어낸 일종의 신화이다. 아프리카에 많은 종족이 있는 것은 사실이지만 종족이 다르면 외국인과 같고 종족끼리는 서로 원수라고 하는 서양인의 주장은 다분히 허구이며 지나치게 과장되었다. 서양인은 필요에 의해 종족주의를 아프리카의 상징으로 포장했으며 이에 따라 사람들은 '종족주의'하면 바로 아프리카를 연상할 정도가 되었다. 식민주의자들은 종족을 하나의 통치 단위로 간주했다. 그들은 모든 사람이 하나의 종족에 속해 있도록 행정체제를 구축했다. 그 결과 A종족에 속했던 어떤 마을 사람들은 갑자기 B종족이 되었다. 필요에 의해 없던 종족이 만들어지기도 했다. 케냐의 아발루이야(Abaluyia)나 칼렌진(Kalenjin) 같은 종족은 이러한 예에 속한다. 종족 분류에는 선교사도 한몫을 했다. 이들은 아프리카의 수많은 언어를 단순화시켜 몇 개의 언어군으로 분류했다. 식민주의자는 이를 활용하여 언어에 따라 종족을 묶었다. 요루바, 이보, 에웨(Ewe), 쇼나 등의 종족은 이렇게 해서 형성되었다. 케냐의 마사이와 키쿠유, 남아공의 줄루와 코사(Xhosa), 나이지리아의 요루바와 하우사 및 이보, 르완다와 부룬디의 후투와 투치 등은 서양이 만든 종족 간 갈등의 대표적인 예이다. 이들은 종족이 다르기 때문에 서로 증오하고 파괴하는 것으로 알려져 있으

_마사이 가족

_키쿠유 여인들

나 사실은 그렇지 않다. 코사족과 줄루족의 언어는 70%가 같으며 이들은 일상적인 의사소통이 가능하다. 이들은 결혼, 가족, 종교 등 사회적인 관계에 있어서 관습이나 가치관을 공유한다. 코사와 줄루의 구분은 영국이 1870년대 토착민과 전쟁을 벌일 때 편의상 만든 것에 불과하다. 케냐에서 마사이와 키쿠유는 불구대천의 원수로 알려져 왔으나 사실은 다르다. 키쿠유는 간헐적으로 마사이족과 싸움을 벌인 적도 있으나 키쿠유 분쟁의 대부분은 키쿠유족 내에서 일어났다. 키쿠유는 마사이와 무역 거래를 했고 상호 간에 혼인이 이루어졌으며 많은 사회적, 의식적 규범을 공유하고 있다. 키쿠유 언어도 마사이 언어로부터 큰 영향을 입었다. 나이지리아의 하우사, 이보 및 요루바족의 경우도 마찬가지이다. 이들은 어느 정도 문화적 차이에 따라 종족의 특성을 유지하기는 했으나 서로 비슷한 문화와 언어를 가졌으며 시대적 상황에 따라 관계가 나빠지기도 하고 좋아지기도 했다.[73] 유럽인은 자신의 필요 특히 행정상의 필요에 의해 종족주의를 만들어냈다. 일종의 이간정책이라 할까, 종족을 구분하고 대립시키면 식민지를 다스리기가 더 편

_ 요루바 여인

©Melvin Baker

_ 하우사 음악가

했기 때문이다. 하나의 종족이 만들어지면 이를 다스릴 추장이 생겼다. 따라서 종족이 많을수록 야심가들의 이해에 부합했다. 그만큼 많은 자리가 생기고 이권이 생기기 때문이다. 이렇게 해서 종족주의는 점차 아프리카의 상징으로 굳어졌다.

©Julien Harneis from Conakry, Guinea

_후투 아이들

종족 문제의 대표적 사례로 알려진 후투족과 투치족 간의 갈등도 인위적으로 왜곡된 측면이 다분하다. 르완다와 부룬디는 작은 나라이면서도 인구 밀도는 아프리카에서 가장 높은 나라들이다. 르완다와 부룬디는 1차 대전 전까지 독일의 동부아프리카 식민지에 속해 있었다. 독일은 이 지역에 살고 있는 인종을 셋으로 분류했다. 반투 계열로 흔히 볼 수 있는 펑퍼짐하고 땅딸막한 모습의 후투와 함족(Hamitic) 계열의 유목민족으로 북부에서 내려온 투치 그리고 피그미족에 속하는 트와(Twa)가 그것이다. 투치가 이 지역에 들어온 과정은 길고 평화적이었으며 이들은 후투 언어를 받아들여 사용했다. 따라서 이 세 종족은 모두 같은 언어를 사용했다. 백인은 이 세 종족 중 투치를 우대했다. 투치족은 대체적으로 키가 크고 호리호리하며 얼굴 모습이 서양인과 흡사했다. 투치는 르완다와 부룬디의 인구 중 12-15%에 불과했지만 독일은 식민지 통치를 위한 조력자로 투치를 택했다. 독일이 투치를 택한 데에는 투치의 용모가 큰 역할을 했지만 투치의 기민한 판단력도 작용했다. 투치는 교육을 그들의 권력을 강화하기 위한 수단으로 받아들였으며 교회 및 식민 행정부와의 긴밀한 관계 구축이 그들의 지위를 향상시키는 데 긴요하다는 사실을 간파했다. 따라서 투치는 교육에 열성적이었고 교회와 식민 정부에 헌신적이었다. 투치는 곧 이 지역의 정치와 경제를 좌우하면서 거의 독점적이고 귀족적인 지위를 누렸다. 독일이 허용한 관직은 모두 투치가 독차지했다. 독일은 르완다와 부룬디에 커피나무를 대량으로 들여왔으며 이 지역을 커피의 주산지로 만들고자 노력했는데 이러한 계획에도 투치는 적극 협력했다. 그러다가 1차 대전에서 독일이 패배하자 이 지역은 벨기에의 식민지가 되었다. 콩고라는 큰 내륙 식민지를 가진 벨기에는 바다로 나가는 통로를 확보하기 위해 1884년 베를린회의에서 콩고 강 남쪽으로 연결되는 앙골라의 일부를 차지하기 원했으나 열망은 이루어지지 않았다. 해안통로를 열망하던 벨기에는 1차 대전이 끝난 1919년 또 다른 제안을 내놓았다. 그것은 영국이 르완다와 부룬디를 차지하고, 벨기에는 콩고 강 남쪽의 앙골라 영토 일부를 포르투갈로부터 할양받으며, 포르투갈은 그 대신 영국이 점령한 독일 동부아프리카의 남동쪽 영토 일부를 얻는다는 것이었다. 그러나 이 제안도 포르투갈의 반대로 이루어지지 않았다. 원하지 않은 영토를 식민지로 추가하게 된 벨기에는 이 땅을 콩고의 연장선상에서 관리했다. 르완다와 부룬디는 좁고 지하자원도 없지만 인구는 많은 곳이다. 벨기에는 르완다와 부룬디의 흑인을 콩고의 카탕가에 있는 구리광산의 노동자로 사용했다. 1930년 르완다-부룬디 남성 인구의 2%가 콩고에서 노동자로 동원되었다. 벨기에는 독일이 시작했던 커피 재배를 적극 장려했다. 생산량이 점차 증가하여 르완다는 1929년 연 50톤의 커피를 수출했고, 1937년까지 연 생산량이 2000톤에 달했다. 벨기에 지배하에서도 투치족에 대한 우대는 계속되었으며 후투족은 하인으로 취급되었다. 투치는 교육의 특권을 독차지했고 다른 종족과는 다른 귀족으로 양성되었다. 후투족도 나중에는 교육을 받기 시작했으나 투치족에 비하면 큰 차별을 감수해야 했다. 교육에 대한 이러한 차별은 후투에게 깊은 상처를 주었으며 투치에 대한 반감을 더욱 고조시켰다. 후투는 마침내 1957년 후투 강령(Hutu Manifesto)을 발표하여 정치, 경제, 사회, 문화 모든 면에서 투치족이 세력과 특권을 독차지하고 있는 독점구조에 대해 비판하면서 차별의 철폐를 요구했다. 그러나 벨기에 당국의 반응은 미온적이었다.

투치와 후투를 물리적으로 판별하는 것은 결코 쉬운 일이 아니다. 양 민족은 수세기에 걸친 혼인과 문화적 혼합으로 인해 종족 구분이 모호해졌다. 전형적인 모습의 투치와 후투는 외모로써 쉽게 구분할 수 있지만 수많은 혼혈인을 투치 또는 후투로 단정 짓는 것은 거의 불가능하다. 1926년 벨기에는 신분증을 발급하면서 이러한 문제에 봉착했다. 뾰족한 방법을 찾지 못한 식민 당국은 양 종족 간의 소득 격차를 감안한 편법을 고안하여 10마리 이상의 소를 소유한 사람은 투치, 그 이하인 사람은 후투로 분류하는 무리수를 두었다. 투치와 후투는 서로 같은 언어를 사용하고, 같은 이름을 쓰며, 동일한 사회적 관습을 갖고 있고, 동일한 신을 섬기고 있다. 르완다의 부락에는 전통적으로 결혼과 가정 문제를 담당하는 추장, 영토 분쟁을 담당하는 추장, 그리고 가축을 담당하는 추장, 이렇게 3명의 추장이 있었다. 이 추장들은 후투 출신이기도 하고 투치 출신이기도 했다. 이렇게 동질적인 사람들을 어떻게 구분할 수 있겠는가? 대호수지역의 다른 곳에도 후투 또는 투치 계열의 사람들이 살고 있다. 가령 우간다에는 투치에 해당하는 바히마(Bahima)족과 후투에 해당하는 바히루(Bahiru)족이 나란히 평화롭게 공존하며 살고 있다. 동부 콩고에는 투치에 해당하는 바냐물렝게(Banyamulenge)족이 역시 다른 종족들과 평화롭게 살고 있다. 르완다의 투치와 후투도 식민 시절 이전에는 마찬가지였다. 상호 큰 문제없이 평화롭게 살았던 것이다. 투치와 후투의 비극은 결국 식민주의자가 빚어낸 것이다. 벨기에 당국이 발급한 신분증은 나중에 르완다 정치 융합의 발목을 잡았다. 독립이 다가오면서 벨기에는 신분증 폐지를 제안했으나 이번에는 후투가 이를 거부했다. 이들에게 신분증은 다수 종족임을 증명할 수 있는 분명한 증거였으며 선거에서 승리를 보장할 수 있는 결정적 자산이었기 때문이다. 종족에 따라 정당이 결성되자 후투는 투치의 귀족 신분을 폐지하고 공화국을 창설하자는 캠페인을 벌였다. 양 종족 간의 갈등으로 1959년 최초의 폭동이 일어나자 앞날을 두려워 한 벨기에는 신속하게 입장을 바꾸어 다수족인 후투 지지로 돌아섰다. 1960년 벨기에는 곳곳에서 투치 추장을 후투 추장으로 교체했다. 그러자 후투 추장들은 곧 투치족 탄압에 나섰으며 이를 피해 13만 명에 달하는 투치가 콩고, 부룬디, 우간다, 탕가니카 등으로 피신했다. 1962년 7월 르완다는 후투 헤게모니를 신봉하는 카이반다(Kayibanda)를 초대 대통령으로 하는 공화국으로 독립했다. 르완다에서 바야흐로 후투 통치가 시작된 것이다.

5 독립과 아프리카

독립의 꿈

아프리카인을 개화시켜 독립심을 고취하는 데 가장 크게 기여한 것은 교육이다. 그러나 식민시대의 교육은 많은 문제점을 안고 있었다. 근본적인 문제는 유럽이 아프리카인을 아프리카인으로서가 아니라 유럽인이 되도록 교육하고 있었다는 사실이다. 유럽인은 유럽식 교과서를 그대로 아프리카인의 교육에 사용했다. 뜨거운 태양밖에는 본 것이 없으면서도 아프리카인은 봄, 여름, 가을, 겨울의 구분에 대해 배워야 했고, 알프스와 라인 강에 대해 배우면서 정작 아틀라스 산맥이나 잠베지 강에 대해서는 배우지 못했다. 이들은 유럽의 역사와 문화에 관해 배웠으나 자신의 역사와 문화에 대해서는 아는 것이 없었다. 그나마도 학교에 접근할 수 있는 아이들의 숫자는 매우 제한적이었다. 1938년 사하라 이남 아프리카 인구 1억 6500만 명 중에서 불과 1만 1000명 정도가 중등교육을 받았다. 오직 남아공, 황금해안 그리고 시에라리온에서만 그나마 인구의 0.1% 정도가 교육에 접근할 수 있었다.[74] 보다 높은 교육을 받기 원하는 흑인들은 유럽으로 건너갔다. 이들이 선택한 분야는 주로 법학과 의학이었다. 1920년대에 런던에서 변호사 자격을 얻은 60여 명의 흑인 변호사들이 시에라리온과 나이지리아에서 활동했다. 1913년 나이지리아에는 영국에서 자격증을 얻은 7명의 흑인 의사가 있었다. 프랑스에서 공부한 학생의 숫자는 이보다 적었다. 1905-1940년 사이에 프랑스령 서부아프리카에서는 12명의 학생이 프랑스 대학에서 졸업장을 얻었고 1920년대 프랑스에서 변호사 자격증을 얻은 사람은 2명에 불과했다. 1920-1930년대에는 수백 명의 유학생이 미국으로 건너갔다. 이들은 주로 선교사의 도움으로 미국행 티켓을 얻은 사람들이었다. 유학생들은 선진 학문을 배우면서 국가의 독립과 자치정부의 중요성을 점차 깨닫게 되었다.

아프리카에서 독립의 기운이 일어난 것과 소련이 발흥한 것은 절묘한 타이밍을 연출했다. 아프리카는 소련이 공산주의를 이식하기에 적합한 토양이었고 소련은 폭압적인 정부를 타도하여 새로운 국가를 창출할 수 있다는 본보기였다. 1917년 볼셰비키 혁명에 성공한 레닌은 식민지배를 받고 있는 국민에 대해 지원을 약속했는데, 소련은 아프리카를 식민지배로부터 자본주의를 거치지 않고 바로 공산주의로 갈 수 있는 새로운 모델로 생각했다. 나중에 아프리카의 지도자가 되는 콰메 은크루마, 은남디 아지키웨,[75] 해스팅스 반다, 조모 케냐타, 레오폴드 셍고르 등이 모두 1920-1930년대에는 공산주의에 탐닉했다. 케냐타는 모스크바에서 수학했고 저널에 영국의 식민지배, 백인 정착민 그리고 선교사를 비판하는 글을 싣기도 했다. 그러나 선구자격인 이들은 억압 받는 보통사람은 아니고 일종의 특권을 가진 아프리카의 엘리트들이었다. 공산주의에 관심을 갖기는 했지만 이들은 진심으로 아프리카를 공산주의화하려는 생각은 하지 않았다. 아프리카의 전통이 공산주의와는 다르고 아프리카를 발전시키는 데 공산주의가 유리할 것으로 생각하지 않았기 때문이다. 몇몇 아프리카 국가에 공산당이 생기고 소련의 원조가 들어오기도 했지만 아프리카의 독립 운동가들은 독립을 쟁취하고 흑인 정부를 세우면서도 자본주의 국가로부터의 원조를 원하는 이중적인 입장을 취했다. 냉전 중인 1963년 아프리카 통일기구(OAU)[76]가 결성됨으로써 서방과 공산 양 진영에 대한 아프리카의 가치는 더욱 높아졌다. 이들은 국제문제에서 이제 독자적인 목소리를 낼 수 있었기 때문이다. 중국과 쿠바는 이에 편승하여 아프리카에서 혁명을 부추기고 자신의 영향력을 확대하려고 했다. 중국의 주은래 총리는 1963년 12월부터 1964년 2월까지 아프리카를 방문하여 중국의 우정을 과시하고 혁명을 부추겼다. 쿠바의 카스트로는 1965년 동부 콩고에 최초로 군대 파견을 결정했다. 쿠바는 동부아프리카에 120명의 병력을 파견했는데 당시 팀 리더는 세상에 잘 알려진 혁명가 체 게바라였다. 체 게바라는 탕가니카 호수 서쪽 연안에서 결성된 자생적인 게릴라 집단을 지원했는데 이 집단의 리더는 나중에 콩고의 대통령이 되는 로랑 카빌라였다. 두 사람 사이의 인연은 우연치고는 공교로운 것이었지만 좋은 인연으로 남지는 않았다. 체 게바라는 카빌라가 이끄는 게릴라의 무능과 부패에 크게 실망했다. 체 게바라는 카빌라를 '혁명적인 진지함이 없는 인물'로 혹평했다. 결과적으로 체 게바라의 미션은 실패로 돌아갔고 그는 7개월 후 쿠바군을 이끌고 철수했다. 다레살람의 쿠바 대사관에는 체 게바라의 기록이 아직 남아 있

_체 게바라

다. 체 게바라는 "이번 작전은 실패의 역사이다"라고 기록했다.[77] 행동적인 쿠바는 이후 아프리카 여러 국가에 군대를 파견하게 된다.

선각자들이 독립의 꿈을 품었지만 이 꿈을 이루기 위해서는 촌장의 협력을 얻어야 했다. 촌장들도 독립에는 찬성했지만 속마음은 전혀 달랐다. 부락주민의 꿈은 중앙정부에 부유하고 유력한 주민대표를 보내 그를 통해 부락이 원하는 것을 얻어 오는 것이었다. 이들에게는 부락이 중요하지 국가 전체의 이익은 2차적인 것이었다. 지도자의 입장에서도 상황은 예상과 달랐다. 이들은 전국적인 지도자가 되고 싶어 했으나 지지하는 층은 대부분 이들과 같은 종족뿐이었다. 예를 들어 케냐의 초대 부통령이었던 오깅가 오딩가(Oginga Odinga)가 급진적인 사회주의 정당을 창설했을 때 그를 지지했던 사람들은 사회적 약자가 아니라 그와 같은 종족인 루오족이었다. 마찬가지로 오바페미 아올로오(Obafemi Awolowo)가 나이지리아 독립 초기에 사회주의적인 기치를 내세웠을 때 그는 노동자층의 영웅이 아니라 그의 종족인 요루바족의 영웅이 되었다. 서양인이 편의상 구축해놓은 종족주의는 아프리카 현실정치에서 막강한 힘을 발휘했다. 유권자는 정당이나 인물보다 종족을 보고 투표했다. 선동적인 정치인은 자신을 선출해주면 행정서비스를 향상하고 고향에 개발 프로젝트를 유치하겠다고 약속했다. 유권자들도 중앙무대에 진출한 후 지역사회에 전리품을 보내는 후보자를 원했다. 정치인과 유권자는 공히 종족적인 유대관계에 의존했다. 이로써 혈연관계, 씨족 그리고 종족은 아프리카 정치에서 가장 중요한 요소로 등장했다. 큰 종족은 모두 각자의 당을 만들고 같은 종족 출신을 국회의원으로 선출했다. 나이지리아의 핵심 종족인 요루바, 이보, 하우사는 이렇게 해서 모두 독자적인 정당을 가지게 되었다.

독립 전야와 **초기 시절**

케이프타운에서 카이로까지 아프리카를 남북으로 종단하는 거대한 영국의 식민지를 만들겠다는 세실 로드의 꿈은 현실이 되었다. 영국이 남아공, 짐바브웨, 잠비아, 말라위를 지나 탄자니아, 케냐, 우간다를 거쳐서 수단과 이집트에 이르는 광활한 식민지를 개척했기 때문이다. 세실 로드가 개척단을 이끌고 침범한 남아공 북쪽의 영토는 남로디지아(현재의 짐바브웨)가 되어 1890년부터 짐바브웨가 독립한 1980년까지 90년 동안 지속됨으로써 사하라 이남 아프리카에서 백인이 가장 오래 지배한 땅이 되었다. 프랑스의 드골 정부는 아프리카 식민지의 독립이 불가피해지자 1958년 아프리카 국가들에게 선택을 종용했다. 독립을 하되 프랑스가 원하는 방식으로 할 것이냐 아니면 프랑스와 결별하고 독자적으로 독립할 것이냐를 선택토록 한 것이다. 두 번째 방식을 택한 유일한 국가는 세쿠 투레가 이끄는 소국 기니였다. 투레는 노조를 통해 정상에 올라온 사람으로 세네갈의 셍고르나 코트디부아르의 우푸에부아니와 같은 엘리트들과는 출생과 성장 배경이 판이했다. 투레는 은크루마를 존경했으며 프랑스-아프리카 커뮤니티보다는 범아프리카 연합에 훨씬 관심이 클 정도로 반프랑스적이었다. 투레는 드골의 계획에 대해 즉각적으로 반감을 나타냈다. 그는 "노예로서 풍요롭게 사는 것보다 자유 속에서 가난하게 사는 것을 원한다"라고 말했다. 투레는 은크루마와 같이 스스로를 '아프리카의 위대한 아들'로 칭했다. 그러나 투레는 일종의 몽상가였다. 그는 농업에서 철학 그리고 축

_ 세쿠 투레

구에 이르기까지 만능에 가까운 인물로 묘사되었다. 그의 연설과 기니 및 아프리카의 발전에 관한 제안은 무려 20권이 넘는 책으로 발간되어 기니인의 필독서가 되었다. 그는 모든 분야에서 권위를 독차지하고 모든 중요한 결정을 혼자 내렸다. 기니는 투레가 '원맨쇼'를 펼치는 나라로 바뀌었다. 투레는 서방이 주동하여 정권을 전복시키려는 음모를 꾸미고 있다고 주장했다. 투레는 날조한 음모를 자신의 정적 탄압을 위한 구실로 이용했다. 그의 정권은 쇼와 같은 재판, 공개처형, 임의적인 투옥 그리고 고문으로 악명이 높았다. 투레의 학정을 피해 기니 인구의 5분의 1이 이웃국가로 피신했다. 그의 치하에서 50여 명의 장관이 살해당하거나 구금 중 사망하거나 또는 감옥에서 세월을 보내야 했다. 날조와 선전의 명수인 투레는 1972년 발생한 의약품 품귀 사태를 의사들이 혁명을 약화시키기 위해 꾸민 음모라고 비난했다. 그는 또 1973년 콜레라가 만연하자 이를 반혁명적 음모로 선전했으며 심지어 1976년 기니가 아프리카컵 축구 결승전에서 패하자 이것도 음모로 규정했다. 투레의 학정에도 불구하고 기니 경제의 버팀목이 된 것은 투레가 외국인의 손에 운영권을 남겨둔 보크사이트 광산이었다. 1960년 프리아(Fria)에서 채굴을 시작한 보크사이트 광산은 기니의 수출과 외화수입의 각각 4분의 3을 차지했다. 1975년이 되자 보크사이트 생산이 연 900만 톤에 달하면서 수출의 95% 그리고 GDP의 3분의 1을 차지했다. 투레는 악정에도 불구하고 암살되지는 않았으며 1984년 미국의 한 병원에서 심장수술을 받다가 사망했다.

투레가 돌출행동으로 나오자 드골은 다른 국가에게 미칠 영향을 감안해서 한번 본때를 보이기로 마음먹었다. 드골은 모든 프랑스 관리에게 기니로부터 즉시 철수할 것과 정부자산을 모두 반출토록 지시했다. 3000

여 명의 관리, 교사, 엔지니어, 의사, 기술자, 사업가 등이 신속하게 기니를 떠났다. 이로 인해 막상 기니가 독립했을 때 남은 것이라고는 아무것도 없었다. 정부의 문서와 파일은 모두 소각되었고 심지어 사무실 전화기와 문방구까지 프랑스가 모두 가져간 것이다. 이와 동시에 프랑스가 그동안 행해 오던 모든 형태의 원조와 투자도 즉시 중단되었다.[78] 프랑스와 결별한 기니는 소련에게 손을 내밀어 원조를 받았다. 그러던 중 프랑스와의 관계는 계속 악화되어 1965년 외교관계까지 단절했다. 기니의 사례는 다른 서부아프리카 국가들에게 생생한 학습 현장이 되었다. 기니의 현실적인 어려움을 목격한 다른 나라들은 독립하면서 프랑스가 내건 조건을 무조건 받아들였다. 이에 대한 반대급부로 프랑스는 어떤 정권이 독재이든 아니든 상관하지 않고 말만 잘 들으면 그 정권을 지원했다. 미국은 프랑스의 이러한 정책을 지지했다. 프랑스의 실용적인 정책이 서부아프리카를 소련의 침투로부터 지킬 수 있을 것으로 생각했기 때문이다. 1983년 리비아가 차드 내전에 개입했을 때 레이건 대통령은 미테랑 대통령에게 프랑스가 이를 저지할 역사적인 책무가 있다고 주의를 환기했을 정도로 프랑스의 영향력을 인정했다. 프랑스는 구식민지국가들이 자신의 뜻을 잘 따르도록 감독하기 위해 정보기관과 군을 활용했다. 프랑스는 1960년 이래 이런저런 사건으로 연평균 한 번씩은 본국으로부터 군대를 파견해 구식민지를 보호했다. 프랑스의 구식민지에 대한 영향력은 아직도 막강하다. 프랑스는 세파프랑(CFA)이라는 화폐를 만들어 이를 프랑화 그리고 지금은 유로화와 연동시켜 구식민지 국가에서 사용토록 했다. 프랑스는 구식민지 국가들과 개별적으로 군사협정을 체결했으며 최근까지 9000여 명의 병력을 구식민지에 주둔시키고 있다. 독립한 지 40년이 넘은 구식민지 국가에 거주하는 프랑스인의 숫자는 식민지시대보다 오히려 더 많다. 구식민지에서는 프랑스 회사가 주요 계약을 독차지하고 있으며 구식민지 국가의 주요 부처에는 프랑스 관리가 파견되어 자문을 행하고 있다. 프랑스는 오랜 세월 자신이 지배했던 식민지가 영국이 지배했던 식민지에 비해 훨씬 성공적이었다는 모습을 보여주려고 애썼다. 이러한 정책으로 인해 프랑스는 구식민지와 끈끈한 관계를 유지하고 있다. 프랑스어, 프랑스 음식, 프랑스식 제도와 생활방식 등 문화를 중시하는 프랑스의 성향도 구식민지와의 긴밀한 관계 유지에 큰 영향을 미쳤다.

반면, 콩고를 지배했던 벨기에나 앙골라와 모잠비크와 같이 덩치가 큰 나라를 지배했던 포르투갈의 말로는 좋지 않았다. 현지인에게 호감을 심어주는 데 실패한 이들은 식민지의 독립과 더불어 쫓겨나가다시피 현지를 떠나야했다. 1959년 1월 콩고에서 반란이 일어났을 때 수천 명의 벨기에인은 급히 콩고를 빠져나갔다. 유럽의 가장 가난한 국가 포르투갈은 독재자 살라자르(Salazar)가 철권통치를 펼치며 아프리카 식민지에 대해 선동을 일으키거나 정부의 대 아프리카 정책에 대해 비판하는 사람은 모두 투옥시키거나 유형을 보냈다. 포르투갈은 프랑스와 마찬가지로 아프리카 식민지를 자국 영토의 일부로 간주했다. 1932년부터 집권한 살라자르는 이러한 정책을 변화시킬 생각이 전혀 없었다. 그는 "우리는 어제 아프리카에 온 것이 아니다. 우리는 400년 전부터 아프리카에 있었다"라고 말했다. 과격한 성향을 지닌 앙골라 지성인이 1956년 창설한 앙골라인민해방운동(MPLA)이 포르투갈에 대한 독립투쟁의 선봉장이 되었다. 그러나 MPLA는 효율적인 기구와는 거리가 멀었다. MPLA는 무능한데다 내부 권력투쟁과 이견으로 늘 분열되어 있는 기구였다. 좌익성향의 MPLA는 소련의 지원에 의지하여 근근이 명맥을 유지했다. 살라자르의 비타협과 정치적 개혁 거부로 인해 포르투갈 식민지 곳곳에서 게릴라 투쟁이 일어났다. 기니비사우에서는 1963년 그리고 모잠비크에서는 1964년부터 본격적인 게릴라 투쟁이 시작되었다. 세 곳에서 동시에 일어난 반란을 제압하기 위해 포르투갈은 최소한 10만 명의 병력을 필요로 했다. 그러나 이는 포르투갈의 국력으로 봐서 가능한 일이 아니었다. 그럼에도 1968년 살라자르로부터 정권을 이어받은 또 다른 독재자 카에타노(Marcelo Caetano)는 살라자르와 같이 포르투갈의 아프리카 내 영토는 식민지가 아니라 자국의 일부라는 논리를 가지고 식민지를 끝까지 지키려 했다. 카에타노는 이를 위해 수천 명의 젊은 병사를 아프리카의 전쟁터로 보냈으며 1970년 초반까지 포르투갈 정부 예산의 거의 절반을 아프리카에서의 군사행동을 위해 사용했다. 카에타노의 강수는 결국 벽에 부딪쳤다. 현실을 무시한 무리수를 더 이상 좌시할 수 없던 장군들이 1974년 4월 쿠데타를 일으켜 정권을 전복시킨 것이다. 이 쿠데타로 인해 식민지에서 본격적인 반란이 일어나자 포르투갈은 식민지로부터 도망치듯이 빠져나왔다. 기니비사우에서는 반군과의 협상이 비교적 신속하게 이루어졌으나 모잠비크와 앙골라는 그렇지 못했다. 모잠비크에서는 포르투갈군이 철수하고 프렐리모(Frelimo) 게릴라가 도시로 압박해 들어오자 포르투갈인은 허겁지겁 모잠비크를 빠져나갔다. 1975년 모잠비크가 독립할 때까지 공무원, 매니저, 기술자, 장인, 상인 등 거의 20만 명의 포르투갈인이 모잠비크로부터 썰물 빠지듯이 철수했다. 이로써 모잠비크에는 전문성이나 기술을 가진 인력이 거의 남아있지 않았다. 이러한 어려운 상황에서도 프렐리모 지도자 사모라 마셸(Samora Machel)은 사회주의를 기치로 내세우면서 국가 재건을 외쳤다. 앙골라에서는 1975년 호베르투(FNLA), 네토(MPLA) 그리고 사빔비(UNITA)가 이끄는 3대 민족주의 세력[79] 간에 내전이 벌어지자 불안을 느낀 포르투갈인 대부분이 자진 철수했다. 6개월에 걸친 철수 중 빠져나간 포르투갈인이 무려 30만 명에 달했다. 이는 알제리 내전 이후 아프리카에서 일어난 최대의 엑소더스이다.

제2차 세계대전과 **아프리카**

2차 대전은 아프리카의 유럽에 대한 인식에 큰 변화를 가져왔다. 전투원, 짐꾼, 하인, 요리사, 운전사 등으로 전쟁에 참가한 아프리카인은 자신의 주인인 유럽인의 다른 모습을 보았다. 그들은 지금까지 보아왔던 이성적이고 확신에 차 있으며, 감정이 없는 신과 같은 유럽인이 아닌 인간적인 모습을 보았다. 그들은 전쟁터에서 공포와 두려움에 떠는 유럽인을 보았고, 부와는 관계가 없는 가난한 유럽인을 보았다. 아프리카인은 유럽인과 함께 전쟁터에서 나란히 싸우면서 유럽인에 대한 두려움을 떨쳐버리고 새로운 세계관을 가지게 되었다.[80] 아프리카인들은 2차 대전을 거치면서 행동하고 희생하고 투쟁하면 자신의 운명을 스스로 개척할 수 있다는 자신감을 가지게 되었다. 반면 2차 대전은 유럽인이 아프리카의 중요성을 재인식하는 계기가 되었으므로 자연스럽게 독립 아프리카가 국제사회의 일원으로 등장하게 되었다.

영국 식민지에서는 374,000명의 흑인이 영국군을 위해 동원되었다. 아프리카 병력은 에티오피아에서 이탈리아군을 무찌르고 하일레 셀라시에

황제를 복귀시키는 데 결정적인 역할을 했다. 아프리카군은 인도와 버마에 파견되어 싸우면서 민족주의 운동이 영국으로부터 자치를 얻는 데 얼마나 소중한 것인지 피부로 느낄 수 있었다. 프랑스령 아프리카로부터는 흑인 병력 8만 명이 유럽으로 이송되어 독일군을 상대로 싸웠다. 당시 프랑스는 친나치 비시 정부와 드골이 이끄는 자유 프랑스 정부 둘로 나뉘어 있었다. 많은 프랑스령 아프리카 국가들이 처음에는 비시 정부 편이었으나 적도기니는 드골 편을 들었다. 전쟁 중 2년 반 동안 콩고 강 북부 연안의 조그만 도시 브라자빌은 드골의 임시 수도가 되었다. 독일에게 점령당한 후 런던에 임시정부를 차린 벨기에에게 콩고는 생명줄이었다. 콩고는 벨기에 임시정부가 사용하는 재원의 85%를 공급했다. 전쟁 중 북서아프리카의 프랑스 식민지에서 16만 명의 흑인 병력이 동원되었고 영국 식민지에서는 이보다 2배 이상의 병력이 동원되었다. 아프리카의 풍부한 지하자원은 유럽이 전쟁을 수행하는 데 큰 몫을 담당했다. 연합군은 독일군의 봉쇄로 철, 주석, 동, 아연 등 주요 광물에 대한 접근이 차단되자 아프리카로 눈길을 돌렸다. 2차 대전을 종식시킨 원자탄만 하더라도 그 원료인 우라늄은 벨기에령 콩고로부터 조달된 것이다. 광물에 대한 수요의 증대는 아프리카 국가들의 경제 성장에 이바지했다. 시에라리온의 철과 나이지리아의 주석 생산이 늘어나자 1938-1946년 사이에 이 지역의 수출은 1억 7600만 불에서 3억 4400만 불로 급증했다. 남로디지아(지금의 짐바브웨)도 철 생산 증가에 따라 1938-1946년간 산업생산이 2000만 불에서 6800만 불로 3배 이상 증가했다.[81]

아프리카의 독립에 불을 댕긴 사람은 미국의 루스벨트 대통령이었다. 루스벨트는 2차 대전 중인 1943년 카사블랑카 회담 참가차 가는 길에 감비아에 들렀다가 그곳의 빈곤과 질병을 보고 경악했다. 루스벨트는 처칠에게 보낸 서한에서 감비아를 '지옥'으로 표현했다. 루스벨트는 전쟁 중 영국과 함께 작성한 대서양헌장에 전후 식민지의 자결권을 보장하는 조항이 포함되어야 한다고 주장했다. 미국은 한걸음 더 나아가 식민지 독립에 관한 시간표가 마련될 것을 요구했다. 이유는 다르지만 소련까지 식민지의 독립을 주장하고 나서자 연합국들은 제국주의 시대가 끝나고 있음을 공통적으로 느꼈다. 그러나 이론적으로는 식민지의 독립이 이루어질 것으로 예측하면서도 실제에 있어서는 비관론이 팽배했다. 영국의 지식층은 아프리카가 독립하기까지는 앞으로도 60-80년은 더 걸릴 것으로 생각했다. 미국인 중에서도 벨기에령 콩고가 독립하기까지 100년은 족히 걸릴 것이라고 말하는 사람이 있는가 하면 포르투갈의 식민지가 독립하기까지는 1000년이 걸릴 것이라고 극단적으로 예상하는 사람도 있었다. 이러한 상황에서 아프리카의 독립을 인정하기까지 각 나라의 행보는 서로 달랐다.

프랑스의 경우 친나치 비시 정부는 북아프리카의 식민지인 알제리, 모로코와 튀니지를 지배했고 드골 정부는 서부아프리카의 식민지를 관장했는데, 1942년 비시 정부는 전후 식민지 개발을 위한 10개년 계획을 발표했다. 이 계획은 식민지에 산업시설을 건설하려는 것이 아니라 해외 시장을 확보함으로써 프랑스 국내 산업을 보호하려는 것이었다. 그러나 이 계획은 전후 프랑스의 식민지 경제정책에서 근간을 이루게 되었다. 1944년 브라자빌에서 드골 주최로 열린 프랑스령 아프리카 회의에서 친프랑스 아프리카인들은 프랑스 식민지의 자치는 어떤 경우에도 생각할 수 없다는 결론을 내렸다. 종주국 프랑스는 여전히 아프리카 식민지를 '大프랑스(la plus grande France)'의 일부로 생각했다. 그러므로 식민지 국민의 정치적 권한이 커진다는 것은 자치를 허용하는 것이 아니라 보다 많은 아프리카인이 프랑스 의회에 진출하는 것을 의미했다. 브라자빌 회의 후 프랑스는 아씨밀레(교육받은 흑인 엘리트)들에게 참정권을 주고 식민지 엘리트에게 프랑스 국적을 부여하는 등 유인정책을 구사함으로써 식민지가 이탈하는 것을 막으려고 했다.

이와 반대로 영국은 아무리 이탈을 막으려고 해도 시대적 조류에 따라 민족주의가 발흥하는 것을 막을 수 없다는 상반된 결론을 내렸다. 영국은 1946년부터 아프리카인이 스스로 국정을 운영할 수 있도록 승인하는 계획을 세웠다. 아프리카 식민지를 독립시키기 위한 준비를 시작한 것이다. 특히 1956년 수에즈 운하 사태가 결정적인 계기가 되었다. 수에즈 운하의 국유화를 선언한 이집트의 나세르를 길들이기 위해 영국-프랑스-이스라엘이 합동으로 행한 전격 작전이 미국, 소련 및 중동국가들의 강력한 반대와 수에즈 운하 폐쇄로 인한 석유수급 부족으로 불리하게 전개되자 영국의 에덴 수상은 더 이상 버티지 못하고 손들고 말았다. 이 사건으로 나세르는 아랍의 영웅이 되었으며 현대판 살라딘으로 우상화되었다. 아랍의 영웅 나세르는 부패한 인물이 아니었고 중산층이 사는 집에서 검소한 생활을 했다. 그는 식생활도 검소하고 가족과의 관계를 중시해 특별한 약속이 없으면 꼭 집에 와서 점심을 먹을 정도로 가족적인 사람이었다. 그가 1970년 9월 52세의 나이에 심장마비로 급사했을 때 아랍인들은 영웅과의 이별에 대

_ 나세르

해 진정한 슬픔을 표시했다. 400만의 군중이 그의 장례식을 지켜봤으며 많은 사람이 이제 이집트는 고아가 된 것처럼 느꼈다. 수에즈사태로 인해 영국은 아랍세계에서 영향력을 크게 상실함으로써 결과적으로 제국주의적 야망이 종식되었다. 영국은 민족주의의 발흥에 따라 사하라 이남 아프리카에서는 더 이상 식민지를 지키기가 어렵다는 사실을 절실히 깨닫게 된 것이다.

_ 알제리 독립전쟁시 시내에 설치한 바리케이드

그러나 프랑스는 여전히 생각이 달랐다. 비록 영국과 함께 수에즈 작전에 참가하여 실패했지만 그들은 아프리카에서 제국주의 사명을 완수할 수 있다고 믿었으며 아프리카 식민지를 프랑스 영토의 일부로 간주하는 생각에 변함이 없었다. 프랑스는 마그레브에서는 특히 알제리를 중요시했다. 마그레브 식민지인 알제리, 모로코, 튀니지에서 모두 민족주의가 발흥했으나 프랑스는 보호령 형태로 운영되고 있는 모로코와 튀니지보다 직접 통치하고 있는 알제리에 집착했다. 민족주의 운동이 점차 격화되자 프랑스는 우선순위를 두기로 했다. 모로코와 튀니지를 포기하는 대신 프랑스 이익의 중심인 알제리는 무슨 대가를 치르더라도 지키기로 한 것이다. 이 결과 모로코와 튀니지는 1956년 3월 독립할 수 있었다. 그러나 알제리는 이로부터 6년간 50만 명이 사망하는 치열한 전쟁을 거쳐 1962년 7월에야 겨우 독립할 수 있었다.

전쟁이 끝나자 아프리카인은 유럽의 종주국들에 대해 보다 넓은 교육의 기회와 경제활동에 대한 참여를 요청했다. 유럽은 세상을 보는 눈이 달라진 아프리카인의 요구를 무시할 수 없었다. 영국은 아프리카 엘리트들을 아프리카 내에 있는 고등학교와 대학교에서 교육을 시켰으며, 프랑스는 행정관리나 테크노크라트를 주로 본국으로 데려다 교육을 시켰고 교사는 세네갈에 있는 폰티학교(William Ponty School)에서 훈련시켰다.

1945년 제6차 범아프리카 회의가 영국 맨체스터에서 열렸는데 이 회의에 가나의 은크루마(Kwame Nkrumah)와 케냐의 케냐타(Jomo Kenyatta)를 비롯한 지도자들과 법률가, 노조 지도자, 교사, 작가 등 많은 아프리카 지성인이 참여했다. 이들은 이 회의에서 식민주의를 강력히 규탄하면서 모든 아프리카 국가의 완전한 독립을 주창했다. 이들은 유럽이 자신들을 계속해서 힘으로 지배하려 하면 힘으로 저항할 것이라고 하면서 자유를 위해 끝까지 투쟁할 것이라고 선언했다. 맨체스터 회의는 아프리카 역사상 가장 중요한 회의 중 하나로 기록되었다. 맨체스터 회의 후에도 아프리카가 독립하기까지는 많은 우여곡절을 겪어야 했고 때로는 유혈사태가 벌어졌다.

케냐의 마우마우(Mau Mau)[82] 반란 같은 것이 그 예이다. 케냐의 최대 종족인 키쿠유족은 백인 정착자들이 자신의 땅을 차지하자 반란을 일으켰다. 나이로비 부근의 가장 비옥한 100평방마일의 키쿠유랜드가 백인 정착지로 사용되자 이들은 직접 백인을 공격하는 대신 백인정부에 협력하여 토지정책을 지지하는 어용 키쿠유를 공격 대상으로 했다. 폭력 사태가 난무하자 1952년 10월 백인정부는 비상사태를 선포했다. 그러나 이 사태는 진정되지 않고 게릴라전으로 양상이 바뀌어 4년 동안 지속되었다. 위기가 최고조에 달하던 때 영국은 11개의 보병대대와 21,000명의 경찰, 공군 폭격기 그리고 수천 명의 아프리카 병력을 동원했다. 이 사태로 거의 2,000명의 백인정부에 협력하는 왕당파 키쿠유가 살해되었으며 11,500명의 반란 세력이 죽었다. 그러나 백인 사망자는 32명에 불과했다. 잘 알려진 키쿠유 지도자 조모 케냐타는 마우마우 반란을 배후에서 조종한 혐의로 체포되어 재판을 받았다. 케냐타에게는 7년간의 노역과 무기한 연금이 선고되었다. 그러나 케냐타는 1961년 석방된 후 이듬해 국회의원에 당선되었고 1963년에는 초대 수상으로 취임했다. 위기로 보였던 마우마우 사건은 케냐타를 영웅으로 만들어 그가 초대 수상이 되는 길을 열어주었다. 케냐타는 국민으로부터 '므제(Mzee: 영감님)'라는 애칭으로 불렸다. 케냐타는 그 당시 많은 아프리카 지도자와 달리 처음부터 자본주의 노선을 택했다. 토착민의 개인기업 육성과 외국인의 투자를 장려했다. 국가의 지원에 힘입어 중산층은 공직, 농업, 상업 및 공업 등에서 성공할 수 있는 기회를 잡았다. 수도 나이로비는 아프리카에서 가장 번창하는 도시가 되어 외국 투자자들이 몰려들고 국제회의 센터가 건립되었다. 또 외국 관광객이 몰려들면서 관광이 국가의 주요 수입원 중 하나가 되었다. 케냐타 시절의 경제발전은 괄목할 만한 것이었다. 1960년대 GDP는 연평균 6%씩 상승했으며 1970년대에는 6.5%씩 상승했다. 1960-1979년간 1인당 소득 상승률은 2.7%였다. 눈부신 치적을 남긴 케냐타 자신은 부패한 인

_ 나이로비 풍경

물로 공격당한 적이 없었으나 그의 젊은 4번 째 아내 은기나(Ngina)와 나이로비 시장이었던 딸 마가렛은 부패의 대명사였다. 특히 은기나는 상업농장, 목장, 부동산, 호텔 등을 줄줄이 거느린 케냐 최대의 부자로 등장했다. 또 은기나와 마가렛은 모두 불법 상아거래에 가담했는데 이 시절 무려 7만여 마리의 코끼리가 밀렵되었다. 케냐의 국부로 불렸던 케냐타는 1978년 8월 사망했다. 케냐타의 신화는 그의 아들 우후루가 2013년 선거에서 대통령에 당선됨으로써 대를 이어가고 있다.

독립이라는 **가시밭길**

_ 우푸에부아니 부부

1957년 가나가 처음으로 독립한 후 많은 아프리카 국가들이 같은 길을 걸었으나 결코 쉬운 여정은 아니었다. 다른 생각을 가진 사람들도 있었다. 코트디부아르의 우푸에부아니 같은 사람은 독립을 탐탁지 않게 생각했다. 그에게는 정치적 독립보다는 경제 발전이 더 심각한 문제였다. 그는 코트디부아르가 프랑스에 남아 있으면서 프랑스 기업과 손을 잡아 많은 투자를 유치하려고 했다. 따라서 우푸에부아니는 드골의 프랑스-아프리카 커뮤니티 결성을 열성적으로 지지했다. 코트디부아르는 이 커뮤니티에 가장 오래 남아 있는 아프리카 국가가 되었다. 그러나 우푸에부아니도 도도한 변화의 조류를 끝까지 거스를 수는 없었고 코트디부아르는 1960년 독립했다. 드골 신봉자인 우푸에부아니는 독립 후 스스로 헌법을 기초하여 1인 통치를 확립했다. 그는 자신의 스타일을 바꾸려 하지 않았다. 우푸에부아니는 "민주주의는 성숙한 국민을 위한 제도이다. 아프리카와 같이 젊은 국가에서는 당분간 절대 권력을 가진 추장이 필요하다"라고 말했다.

©Colin Weyer, photographer

_ 이언 스미스

1960년 16개국이 독립한 것을 필두로 1965년까지 독립국 숫자는 38개국으로 증가했다. 그리고 1975년까지 10개국이 더 추가되었다. 짐바브웨는 1980년 그리고 남아공은 1994년에 맨 마지막으로 독립 대열에 합류했다. 처음에 짐바브웨의 독립투사들은 쉽게 독립할 수 있을 것으로 생각했다. 그러나 백인정권의 대표로 나온 이언 스미스(Ian Smith)는 만만한 사람이 아니었다. 백인농장주 출신으로 16년간 국회의원 생활을 한 스미스는 별로 내놓을 만한 업적도 그리고 정치적 재능도 없는 사람으로 보였다. 그는 어눌한 연설가였으며 구사할 수 있는 어휘도 매우 제한적이었다. 그러나 1964년 4월 자치정부 수상으로 선출된 후 이언 스미스는 그동안 감추어진 진면목을 드러냈다. 그는 정치적 투쟁에서 탁월한 재능을 가지고 있는 불굴의 투사 스타일이었다. 스미스는 남로디지아 내 22만 백인의 힘을 모아 1965년 11월 백인정권 수립을 선언했으며 이후 15년간 흑인 민족주의자들과 전쟁을 치렀다. 1975년 모잠비크의 해방은 스미스의 남로디지아 정부에 결과적으로 큰 타격을 입혔다. 모잠비크가 프렐리모의 무대가 되자 그동안 잠베지 강을 넘나들며 잠비아를 근거지로 어렵게 투쟁하던 무가베의 자누(ZANU) 게릴라들의 활동이 훨씬 더 편해졌기 때문이다. 이들은 이제 가깝고 이동하기 쉬운 모잠비크의 테테(Tete)를 근거지로 해서 활동할 수 있게 되었다. 이제

1,200킬로미터나 되는 남로디지아와 모잠비크 간의 긴 국경선은 자누 게릴라가 자유롭게 활동할 수 있는 무대로 변모했다. 게다가 프렐리모의 눈부신 성공은 자누도 끈질기게 투쟁하면 언젠가 성공할 수 있다는 본보기가 되었다. 남로디지아에서 게릴라 투쟁이 본격화한 시기는 11년 동안 감옥살이를 했던 무가베가 석방된 1974년 12월이었다. 투옥생활 중 방송통신과정으로 7개의 학위를 딸 정도로 책벌레였던 무가베는 감옥에 있는 동안 이미 혁명투사로 변신해 있었다. 그는 무력을 통한 투쟁이 아니고는 백인으로부터 독립할 수 없다는 신념으로 무장했다. 1976년쯤 되면 게릴라의 활동이 왕성해져서 남로디지아는 잇달아 큰 타격을 입기 시작했다. 게릴라들이 모잠비크 본거지로부터 동부 로디지아를 습격하여 백인 농장을 습격하고 상점을 약탈하며 지뢰를 매설하고 지방 흑인주민을 선동하는 일이 잦아졌다. 남부 은데벨레족의 지도자 은코모도 스미스와의 협상이 결렬되자 본격적으로 무력투쟁에 나섰다. 남로디지아의 상황은 점차 악화되었다. 키신저는 남로디지아 문제 해결을 위해 모종의 역할을 하려 했으나 여의치 않았다. 1976년 9월 프리토리아에서 이언 스미스를 만난 키신저는 남로디지아 문제의 해결을 위한 5가지 제안이 담긴 문서를 수교했다. 그 첫 번째는 남로디지아가 2년 내 흑인 다수 통치를 인정한다는 내용이었다. 이 문서를 본 스미스는 좌중을 둘러보면서 "내 유언장에 서명하기를 원하는군"이라고 말했다.[83] 전쟁이 지속되면서 승리를 확신한 무가베는 지구전을 계속하기 원했으나 무가베를 돕는 모잠비크의 사모라 마셸과 잠비아의 케네스 카운다는 피로감이 쌓여 어떻게든 협상을 통해 문제를 속히 해결하려 했다. 모잠비크와 잠비아는 모두 무가베의 게릴라에게 근거지를 공급했다가 여러 가지로 피해를 보고 있었다. 이러한 때

영국의 중재로 런던에서 남로디지아 문제 해결을 위한 회의가 열리게 된 것이다. 마셀은 만일 무가베가 회의 참석을 거부한다면 모잠비크는 자누 게릴라에 대한 지원을 중단하겠다고 협박했다. 게릴라전을 통한 영광의 승리를 확신했던 무가베는 이 회의에 참석할 마음이 전혀 없었으므로 몹시 화가 났으나 현실을 무시할 수는 없었다. 1979년 8월에 열린 회의 기간 중에도 무가베는 가급적 협상을 결렬시키기 위해 비협조적인 전술로 나섰으나 마셀의 계속적인 설득과 위협에 직면했다. 무가베가 결국 랑카스터 협정(Lancaster House Agreement)으로 알려진 합의문서에 서명함으로써 남로디지아 사태는 마침내 종료되었다. 1980년 3월 실시된 투표에서 무가베는 63%의 지지로 압도적인 승리를 거두었다. 은코모는 24%의 지지를 얻었으며 그동안 스미스 정부에 협력했던 꼭두각시 무조레와(Muzorewa) 주교는 불과 8%의 지지로 실질적으로 몰락했다. 남로디지아의 백인 사회는 전전긍긍했다. 그동안 무가베의 언행을 보고 판단할 때 자신들이 피신하는 수밖에 방법이 없는 것으로 생각했다. 그러나 1980년 4월 18일 짐바브웨의 독립일에 행한 연설에서 무가베는 화해와 용서를 강조했고 백인들은 이를 받아들였다. 짐바브웨에서는 모잠비크나 앙골라에서 일어난 것과 같은 백인의 엑소더스는 일어나지 않았다.

독립한 국가 중 경제적으로 자립할 수 있는 나라는 거의 없었다. 블랙 아프리카에서 두 번째로 부유하다고 하는 세네갈 같은 나라도 거의 프랑스의 원조에 의지했다. 오직 코트디부아르만이 경제적으로 자립할 수 있는 것으로 간주되었다. 당시 아프리카의 무역 합계는 세계무역고의 3%에 불과했다. 미국의 3개 기업, 즉 GM과 듀퐁 그리고 아메리카 은행(BOA)의 자산을 합치면 당시 아프리카 국가 전체의 GDP를 능가했다. 생각보다 쉽게 정부 이양이 이루어진 곳도 있었지만 지역의 특색에 따라 쉽지 않은 곳이 많았다. 콩고 같은 나라는 독립의 꿈은 이루었으나 이후 계속 시련을 겪어야 했다. 여러 곳에서 독립투쟁이 벌어졌고 많은 피를 흘렸다. 포르투갈 식민지인 앙골라, 모잠비크, 기니비사우는 모두 10여 년이 넘는 전쟁을 치른 끝에 독립했다. 나미비아와 짐바브웨도 흑인의 독립에 반대하는 토착 백인 세력의 저항으로 오랜 투쟁 끝에 겨우 독립을 이루어냈다. 에리트레아와 같은 경우는 에리트레아인의 자결권을 인정하지 않는 이웃 에티오피아를 상대로 오랜 투쟁 끝에 1993년 겨우 독립했다. 마지막으로 남아공에서는 아파르트헤이트 제도에 대한 끈질긴 투쟁 끝에 1994년 흑인정부가 최초로 탄생할 수 있었다. 형식적으로는 남아공이 아프리카에서 독립한 최초의 국가였다. 1910년 영국이 지배권을 포기했기 때문이다. 그러나 이는 주권을 유럽의 백인으로부터 남아공 내 백인으로 옮긴 것에 불과했다. 다수인 흑인이 합법적인 정부를 구성하기까지는 이로부터 84년이 더 걸렸다. 아프리카에서 인구가 가장 많은 나이지리아의 독립도 결코 쉽지 않은 과정을 거쳤다. 대부분이 무슬림이고 하우사 언어를 사용하는 북부는 나이지리아 영토의 4분의 3에 인구가 절반이 넘는 큰 지역이다. 북부는 지배계층인 풀라니(Fulani)가 거의 봉건적으로 통치해온 지역이었으며, 북부인은 전통적으로 남부인을 경멸하는 경향이 있었다. 수도인 라고스를 포함한 서부는 요루바족의 땅으로 여러 명의 추장이 공동으로 통치하는 지역이었다. 요루바족은 가장 먼저 유럽인과 접촉한데다가 도시생활의 경험이 배여 교육, 통상, 행정 분야에서 두각을 나타냈으며 서양인으로부터 습득한 기술을 지니고 있었다. 이보족이 사는 남동부는 가장 가난하고 가장 인구가 밀집한 지역이었으나 서양식 교육에 힘입어 많은 사람이 사환, 장인, 상공인, 근로자 등으로 도시에 진출했다. 다른 종족의 땅으로 옮겨온 이들은 토착 주민인 하우사나 요루바와 긴장 관계를 형성했다. 이보는 전통적으로 하우사-풀라니 또는 요루바와 달리 왕국이나 중앙집권적인 정부를 형성하지 않고 마을 단위의 자치 지역을 구성해서 살았다. 이렇게 이질적인 요소를 가진 큰 땅덩어리가 독립으로 인해 갑자기 합쳐지자 여러 가지 문제를 노정했다. 특히 지역 간 격차가 극심했다. 독립 시 인구의 54%를 가진 북부에 있는 초등학교 숫자는 전국의 10% 그리고 중고등학교 숫자는 5%에 불과했다. 당연한 일이지만 교육에 있어서 뒤진 북부 출신은 거의 관직을 차지하지 못했고 남부 출신이 대부분 관직을 독점했다. 특히 이보의 진출이 두드러졌다. 북부 출신은 고위 관료 중 1% 미만에 불과했다. 북부의 귀족들은 남부의 영향으로 인해 그들의 전통적인 특권이 손상되는 것을 우려했으며 이를 저지하려 했다.[84]

처음에 아프리카 국가가 독립할 때에는 곧 경제적으로 발전할 것이라는 기대가 팽배했지만 현실은 그와 반대였다. 아프리카 국가들은 전 세계적으로 경제 붐이 일어나던 때에 독립했기 때문에 출발은 좋았다. 1945-1960년간 아프리카의 경제는 연 4-6%씩 성장했다. 서부아프리카의 땅콩 생산은 1947-1957년 사이에 2배로 상승했으며 면화는 3배 증가했다. 케냐의 농산물 생산은 1954-1964년간 연평균 7% 증가했다. 무역 여건도 좋았다. 석유는 배럴당 2불에 불과했으며 공공부채의 규모도 적었고 외환보유율도 상대적으로 높았다. 게다가 서방은 새로 독립한 아프리카 국가에게 막대한 원조를 제공했다. 1964년 한 해 동안 서방이 사하라 이남 아프리카 국가들에게 제공한 원조는 10억 불 이상이었다. 아프리카가 독립할 때 주변 여건은 이와 같이 이상적이었다.[85]

유럽은 아프리카를 직접 지배하는 대신 경제관계를 통해 간접적으로 지배하는 신식민주의를 택했다. 1990년 아프리카 국가의 부채총계는 2720억 불에 달했는데 이는 아프리카 GDP의 90%에 해당했다. 유럽 국가들이 의도적으로 아프리카의 발전을 방해한 것은 아니었지만 아프리카는 산적한 내부 문제로 인해 낙후된 지역으로 남게 되었다. 아프리카가 발전하지 못한 데에는 부패, 비효율, 무능한 정치권력, 정책 부재 등 여러 가지 원인이 있지만, 잘못된 통치 방식과 그릇된 정책이 상황을 더욱 악화시켰다. 대표적인 것이 국영기업이다. 국영기업은 비효율과 부패의 온상이 되었다. 정치인들은 국영기업으로부터 정치 자금을 수탈했다. 입찰 사업에서 낙찰은 이름도 없는 회사들에게 주어졌고 프로젝트 비용은 부풀려져서 킥백(kickback)이 난무했다. 국영기업들은 있지도 않은 유령 직원에게 봉급을 지급했으며 정부 소유 은행들은 정치인이나 그의 가족에게 돌려받지 못할 돈을 빌려주어야 했다. 처음에 호기 있게 시작했던 공업화는 날이 갈수록 동력을 잃었다. 1960년대 제조업은 연평균 8%씩 성장했으나 1970년대에는 5%로 감소했다가 1980년대에는 거의 성장을 멈췄다. 외국 투자자들은 성장의 동력을 잃은 아프리카 대신 아시아와 중남미에 눈길을 돌렸다.

특히 농업의 쇠퇴는 극적이었다. 원래 아프리카는 농업을 기반으로 하는 사회이다. 하지만 잘못된 농업정책과 농민에 대한 수탈은 농업을 나락으로 몰고 갔다. 농민의 이익을 보호하기 위해 설립했다는 농산물구매처는 전형적인 수탈 기구로 전락했다. 농민들은 시장가격의 절반도 안 되는 가격으로 피땀 흘려 수확한 농산물을 구매처에 강제로 넘겨야 했다. 가나의 코코아, 탄자니아의 사이잘과 같이 구매가격이 생산비에 미치지 못하는 경우도 있었다. 낮은 생산자 가격, 부적절한 마케팅, 투자 부족, 금융기관 부재 등 종합적인 여건 미비로 농업은 점차 인기 없는 직종으로 전락했다. 1960년대 농업 생산 증가율은 연평균 2.3%대에 머물렀으며 이는 늘어나는 인구를 감당할 수 없는 수준이었다. 식량이 부족하자 전통적인 농업국가가 모두 식량 수입국이 되었다. 더 가난한 국가들은 외국으로부터의 식량 원조에 의존했다. 잠비아와 같이 넓고 비옥한 땅덩어리에 물이 풍부하여 천혜의 조건을 갖춘 농업국가도 식량 수입국으로 전락했다. 1979년 아프리카의 식량 수입은 1200만 톤에 달했다. 식량 수입이 늘어날수록 외화는 고갈되었으며 빚이 늘어났다. 아프리카 국가들은 점점 더 가난의 수렁으로 빠져들었다. 케냐, 말라위, 스와질란드, 코트디부아르, 카메룬 등 불과 몇 개 국가만이 농업을 기반으로 한 경제발전을 이룩할 수 있었다. 케냐는 1980년대에 이르기까지 커피와 차를 각각 2배 그리고 5배 증산했다. 코트디부아르는 독립 후 20년간 연평균 7%의 고성장을 기록했으며 그 원동력은 성공적인 상업농장 운영이었다. 친프랑스주의자였던 우푸에부아니 대통령은 프랑스의 투자와 프랑스인의 경영 능력을 적절히 활용했다. 프랑스의 투자가 최고조에 달했던 1970년대, 700만 인구의 국가에 프랑스인 정착자의 숫자가 5만 명에 달했다. 코코아 생산은 3배 그리고 커피 생산은 2배로 늘어나서 코코아는 세계 최대생산국이 되었고 커피는 브라질과 콜롬비아에 이어 3위가 되었다. 코트디부아르는 또한 아프리카 최대의 파인애플과 팜 오일 생산국이기도 했다. 농업에서의 눈부신 성공을 바탕으로 코트디부아르는 서부아프리카에서 나이지리아에 이어 두 번째 경제대국이 되었다. 1960년대 코트디부아르의 1인당 국민소득은 2배로 증가했는데 많은 사람이 종사하는 농업 위주의 성장이었으므로 부가 비교적 균등하게 분배되었다. 문자해득율도 60%가 상승하고 거의 모든 마을이 도로와 전기 혜택을 누렸다. 수도 아비장을 '서부아프리카의 파리'라고 부른 것이 결코 우연은 아니었다. 그러나 몰락은 순식간에 왔다. 코코아 가격 하락과 정부의 과도한 지출로 인해 1970년 1300불의 국민소득이 1992년 700불로 떨어졌다. 이후 끝없는 정정 불안과 부패로 인해 코트디부아르의 경제는 계속 내리막길을 걸었다. 최근으로는 선거 시비 끝에 2011년 4월 유엔군의 개입으로 전 대통령 바그보(Gbagbo)가 체포되어 국제형사재판소에 회부되었으며 와타라(Ouattara)가 대통령으로 정식 취임했다. 국제사회는 와타라가 10년간의 내전으로 인해 두 동강이 난 나라를 어떻게 추스르고 경제를 재건할지에 관심을 집중했다. 와타라는 2015년 10월 84%의 지지율로 재선되었는데 이는 그의 경제정책이 비교적 국민의 신뢰를 얻고 있다는 증표로 평가되었다.

©Zenman

_ 코트디부아르 수도 아비장의 모습

1990년대에 들어 아프리카 여러 나라에서 선거가 실시되자 아프리카가 민주화될 것이라는 기대가 팽배했다. 그러나 90년대 중반에 이르자 이러한 기대 대신 아프리카의 민주화가 정체되거나 아니면 오히려 후퇴할 것이라는 우려가 더 높아졌다. 왜냐하면 1994-1999년 사이에 가나만 민주화에서 진전을 보았을 뿐 코모로, 브라자빌 콩고, 감비아, 니제르, 잠비아 등은 오히려 후퇴하는 모습을 보였기 때문이다. 그러나 1999년부터 상황이 달라지기 시작했다. 나이지리아의 독재자 아바차(Sani Abacha)가 죽은 뒤 1999년 선거에서 오바산조가 대통령으로 취임하면서 민주화를 향한 여정이 본격화되었다. 가나는 1992년과 1996년 선거를 치른 뒤 2000년에는 야당 후보 쿠포르(John Kufuor)를 대통령으로 선출하면서 선거를 통한 정권교체의 기틀을 세웠으며 2009년에는 야당 후보 아타 밀스(John Atta Mills)를 다시 대통령으로 선출함으로써 평화적 정권교체의 전통을 공고히 했다. 가나에 이어 케냐, 세네갈, 시에라리온, 잠비아 등에서도 2002년까지 평화적 정권교체가 이루어졌다. 내전이 종식된 라이베리아에서는 2005년 10월 설리프(Ellen Johnson Sirleaf)가 아프리카 최초의 여성 대통령으로 선출됨으로써 신기원을 이루었다. 이러한 새로운 전통은 2012년 말라위에서 조이스 반다가 서거한 전임 대통령에 이어 대통령직을 물려받음으로써 계속되고 있다. 이러한 변화가 불과 20년 동안에 이루어졌다는 사실은 놀라운 것이다. 그리고 이러한 일이 세계 최빈국이 몰려 있는 아프리카에서 일어났다는 것은 더욱 놀라운 일이다. 1994년 모잠비크가 민주화되었을 때 1인당 국민소득은 불과 130불이었다. 민주화가 이루어진 사하라 이남 23개국 중 12개 국가의 1인당 국민소득이 600불 미만이다. 인류의 역사에서 가장 가난한 국가들이 이렇게 짧은 기간에 민주화를 이룬 것은 아프리카가 최초이다.[86] 교육 분야에서도 아프리카는 괄목할 만큼 빠르게 발전했다. 1960년 이후 20년 동안 초등학교 진학률은 36%에서 63%로 증가했고 중고등학교 진학률은 불과 3%에서 13%로 증가했다. 보건 분야에서도 진전은 놀라웠다. 아동 사망률이 인구 천 명당 38명에서 25명으로 감소했으며 평균수명은 39세에서 47세로 증가했다.

_ 아프리카 최초의 여성 대통령 설리프

독립 후 아프리카가 걸어온 길

독립 후 정권을 잡은 아프리카 지도자가 모두 악당이었기 때문에 아프리카가 발전하지 못했는가? 꼭 그런 것은 아니다. 물론 개인적인 탐욕을 앞세우고 올바르지 못한 결정을 내린 부패하고 타락한 지도자가 있었지만 많은 지도자는 자신이 최선을 다하고 있다고 믿는 선량한 사람들이었다. 새 지도자들은 식민당국으로부터 모든 권한을 이양받기는 했으나 그들이 통치한 국가는 서양국가가 아니었다. 아프리카는 여전히 전통적인 사회제도와 전근대적인 권력구조 그리고 인간관계가 지배하는 곳이었다. 서양식 권력을 이어받은 아프리카 지도자가 이들 국가를 통치하는 것은 마치 개 훈련교범을 가지고 고양이를 훈련시키는 것과 같았다.[87] 독립후 지도자로 등장한 사람 중 불과 몇 명만이 전통적인 귀족 출신이었다. 우연인지 아니면 필연인지 확실치 않지만 이들은 낮은 계층 출신의 지도자들보다 대체적으로 더 나은 통치를 했다. 대표적인 인물이 코사족 왕자 출신인 넬슨 만델라이다. 에티오피아의 황제 셀라시에는 전통적인 귀족 가문 출신으로 젊은 시절에는 매우 정력적이고 진보적인 통치 성향을 보였다. 코트디부아르의 첫 번째 대통령 펠릭스 우푸에부아니(Felix Houphouet-Boigny)나 탄자니아의 줄리어스 니에레레는 모두 추장의 아들이었다.[88] 니에레레는 동시대 다른 아프리카 대통령들의 방탕하고 부패한 모습과는 상반되는 개인적 성실함과 겸손 그리고 탁월한 능력을 가진 대통령으로 간주되었다. 그는 평등주의를 선호했고 모든 형태의 엘리트주의를 배척했다. 호리호리하고 강인한 모습의 니에레레는 탄자니아에서 므왈리무(Mwalimu)로 불렸다. '므왈리무'란 스와힐리어로 선생이라는 뜻이다. 늘 단순한 옷차림을 한 니에레레는 개인적 소유에는 관심이 없었고 스스로 세운 인생의 목표를 거의 선교사적인 열정으로 추구했다. 그는 은행에서 빚을 얻어 지은 다레살람 바닷가의 소박한 집에서 살았고, 근로자 간의 봉급격차를 줄이기 위해 솔선수범하여 자신의 봉급을 삭감했다. 그의 연설은 흔히 정치적 연설이라기보다 성직자의 설교와 비슷했다. 니에레레는 사회주의를 신봉했고 탄자니아에 사회주의를 정착시키는 일에 신명을 바쳤다. 니에레레의 목표는 가난과 무지 그리고 질병을 타파하는 것이었다. 1967년 2월 니에레레는 '아루샤 성명'으로 알려진 청서에서 농촌 지역의 개발을 통한 국가의 자립과 모든 생산수단과 교환수단에 대한 국가의 통제를 발표했다. 이에 따라 광범위한 국유화조치가 시행되었다. 하지만 국유화에 대한 보상은 거의 없었다. 가령 건물을 국유화할 경우 10년 이하의 건물에 대해서만 보상했다. 10년 이상의 건물은 이미 투자에 대한 수익을 거둔 것으로 간주했기 때문이다. 국유화로 인해 피해를 입은 사람은 주로 인도계 아시아인들이었다. 1967년 9월 니에레레는 우자마(ujamaa)라고 불리는 자립공동체 마을 창설을 주창했다. 함께 일하고, 함께 거두며, 함께 누리는 식의 사회주의 공동체 창립 운동을 전개한 것이다. 니에레레는 우자마 운동이 강제적이 아니며 자발적으로 진행될 것이라고 말했지만, 이 운동이 더디게 진행되자 초조해진 니에레레는 결국 시골 주민의 강제 이주를 명했다. 1973-1977년간 1100만 명의 농촌 주민이 새로 생긴 마을로 이주했다. 이 과정에서 이주를 거부하는 사람에게 강압과 폭력이 행해졌다. 1979년까지 농민의 90%가 우자마 마을로 이주했지만 이들이 거

_ 줄리어스 니에레레

둔 농산물 수확은 목표의 5%에 불과했다. 니에레레의 이상은 높았지만 현실적으로 그의 정책은 참담한 실패를 거둔 것이다. 1979년 공업, 은행, 상업농장, 공판장, 국영상점 등 분야에서 300여 개의 국영기업이 창설되었지만 이들은 모두 기업이 아닌 정부기관처럼 엄격한 관료주의에 따라 운영되었다. 국영기업은 또 정실에 따라 운영되었으므로 부실을 면치 못했다. 1970년대 말까지 탄자니아의 경제는 악화일로를 걸었다. 무역 적자가 계속 늘어나는 가운데 1980년 수출은 수입의 40%에 불과했으며 대외부채는 눈덩이처럼 불어났다. 1979-1982년간 농업생산은 10% 감소했으며 1977-1982년간 GDP는 3분의 1이 감소했다. 1975-1983년간 생활수준은 과거의 거의 절반으로 수축했다. 니에레레 자신도 1981년 독립 20주년 기념식에서 "지금의 우리는 1972년에 비해 더 가난하다"라고 말함으로써 경제정책의 실패를 시인했다. 그러나 사회주의 몽상에 빠진 니에레레는 사회주의 정책을 결코 포기하지는 않았다. 비록 경제정책에서는 실패했지만 부정부패 없이 강직하고 엄격한 정책을 펼친 결과 교육, 보건 등 사회분야에서는 괄목할 만한 성공을 거두었다. 취학대상 아동의 25%에 불과하던 초등학교 진학률이 95%로 상승했으며 성인의 문자해득률이 10%에서 75%로 상승했다. 전국 마을의 40%가 깨끗한 상수도시설을 가지게 되었으며 30%에는 보건소가 생겼다. 평균수명은 41세에서 51세로 높아졌다. 니에레레가 이룩한 사회분야에서의 진전은 추후 탄자니아가 경제적으로 성장하는 데 큰 밑거름이 되었다. 집권 내내 이상과 현실 사이에서 고민했던 니에레레에 대한 평가는 엇갈리지만 그가 보기 드물게 도덕적이고 사심이 없었던 지도자란 점에서는 의견이 일치한다.

가나는 독립 3년 후인 1960년 영국과 모든 관계를 끊고 은크루마를 대통령으로 하는 공화국을 수립했다. 가나는 다른 아프리카 국가들과 마찬가지로 정치, 경제, 사회 등 모든 분야에서 영국이 만든 인위적인 구조를 물려받았다. 가나란 국명은 8-11세기 사하라를 지나는 대상의 거점으로 번창했던 사헬 국가로부터 따온 이름이다. 영국의 통치를 받기 전 가나는 아산테 왕국이 지배하던 곳이었다. 아산테는 내륙으로부터 해안에 이르기까지 광범위한 권력을 행사했으며 노예무역의 거점이었다. 영국은 가나를 특별한 식민지로 생각했다. 가나는 코코아의 주생산지로서 넓고 풍요로운 상업농장을 가지고 있었다. 교육 시스템은 아프리카 최고 중 하나였으며 훈련받은 인력이 풍부하였다. 가나는 종족이나 종교적 분쟁이 없이 비교적 동질적인 요소를 가진 국가였다. 인구의 절반이 아칸족이었는데 이들은 동일한 언어를 사용했다. 따라서 황금해안 지역은 영국 식민주의자가 특별히 아낄 만한 장점을 두루 갖추고 있었다. 가나가 독립하자 소수 부족은 다수인 아칸족이 권력을 장악하면 영구 집권을 도모할 것으로 우려했다. 이러한 견해에는 일리가 있었으므로 이를 수긍한 영국의 도움을 얻어 첫 번째 가나의 통치자로 아칸족 출신이 아닌 시골 해안 출신의 은크루마가 등장했다. 은크루마가 지도자가 된 데에는 무엇보다 교육의 힘이 컸다. 그는 영국과 미국에서 공부했다. 원래 예수교 사제가 되려 했던 그는 매우 절제하는 인물이었다. 은크루마는 술과 담배를 하지 않았고 오직 정치에만 몰두했으며 스포츠, 음식 또는 개인적 취미 등에는 관심이 없었다. 그에게 취미가 무엇이냐고 물어보면 '일'이라고 답할 정도였다. 반면 은크루마는 매우 외로운 인물이었다. 그는 동료와 부하들을 신뢰하지 않았다. 그가 신뢰한 유일한 사람은 그의 개인 비서로 일한 영국 여성 에리카 파웰(Erica Powell)뿐이었다. 오랫동안 독신으로 지내던 은크루마는 비밀 결혼을 했다. 친구처럼 지내던 이집트의 나세르에게 자신의 신부를 구해주도록 부탁한 것이다. 그의 신부인 이집트 여성 리즈(Fathia Rizk)은 아랍어와 약간의 프랑스어를 구사했는데 은크루마는 이 언어들을 구사하지 못했다. 전에 한 번도 만난 적이 없는 두 사람은 서로 의사소통이 불가능했지만 1957년 12월 불과 몇 사람의 하객만이 참가한 가운데 비밀 결

_콰메 은크루마

혼식을 올렸다. 은크루마의 결혼이 알려지자 저자 거리의 모든 여인이 울거나 통곡했다고 한다. 리즈과의 사이에 3명의 자식을 둔 은크루마는 가족을 철저히 언론으로부터 보호했다.[89] 결혼으로 가정이 생겼음에도 불구하고 은크루마는 위안을 얻지 못했으며 계속 고독한 사람으로 남았다.

은크루마의 야심은 다른 지도자들보다 훨씬 컸다. 일에만 몰두하는 은크루마의 모습을 주시한 많은 사람들이 처음에는 그를 네루나 '현대판 모세'와 같은 인물로 칭송했다. 그는 스스로를 구세주적인 지도자로 간주하고 가나를 산업국가, 교육 중심지 그리고 다른 아프리카 국가들이 본받아야 할 사회주의 모델국가로 만들려고 했다. 그는 또한 아프리카를 정치, 경제, 군사 면에서 미국이나 소련과 같이 힘 있는 대륙으로 만들고 자신을 아프리카 전체의 지도자로 세우려는 야심도 가졌다. 언론은 절대적 권력을 잡은 은크루마를 매일 칭송했다. 그는 놀라운 지성과 예지력 그리고 성실성을 가진 인물로 묘사되었고 구세주로 칭송되었다. 그의 얼굴은 지폐와 동전 그리고 우표에 인쇄되었고 그의 동상이 의회에 세워졌으며, 그의 이름은 네온 불빛으로 밝혀졌고 그의 생일은 국경일이 되었다. 그러나, 은크루마는 모든 일을 독단적으로 처리했으므로 경제정책은 수많은

실수와 시행착오로 점철되었다. 은크루마는 소련과 중국의 조언에 따라 1966년까지 50개가 넘는 국영회사를 설립했으나 대부분이 조악한 경영과 무능한 관료주의로 말미암아 막대한 적자를 내는 골칫거리로 전락했다. 예를 들어 국영항공회사는 카이로와 모스크바 노선을 운행했는데 손님이 없어 승객은 대부분 국회의원이나 정부 관리 또는 그들의 친구들이었다. 물론 이들의 요금은 모두 정부가 부담했다. 경제 정책의 실패로 인해 부채가 산더미처럼 쌓여갔다. 1963년 1억 8400만 파운드였던 부채가 1년 후에는 3억 4900만 파운드로 급증했다. 은크루마의 경제정책은 한마디로 참혹한 실패였다. 1957년 독립 당시 이 지역에서 가장 번창한 국가였던 가나는 1965년에는 거의 파산 지경에 이르렀다. 은크루마의 외교정책도 물론 실패였다. 1963년 OAU를 창설하기 위한 회의에서 은크루마는 아프리카 연합정부를 구성하자는 제안을 했으나 아무도 이를 지지하지 않았다.

은크루마는 개인 회사를 차려놓고 정부와 계약하는 기업인으로부터 뇌물을 거두어들였다. 그는 필요하면 공적 자금도 사적인 목적으로 사용했다. 가난했던 은크루마는 부패한 부자가 되었다. 몽상적인 정책으로 실패를 거듭하던 은크루마는 군 조직을 분열시켜 군을 장악하려하다가 역풍을 맞아 정권을 잃었다. 1966년 2월 베이징을 거쳐 하노이를 방문하던 중 국내에서 군부가 쿠데타를 일으켜 정권을 전복시켰던 것이다. 실각한 은크루마는 기니의 세쿠 투레에 의해 망명이 받아들여져 코나크리(Conakry)의 한 별장에서 지냈다. 은크루마는 언젠가는 그를 추대하기 위한 봉기가 일어나 자신이 고향으로 돌아가게 될 것으로 믿었다. 끝까지 야망을 포기하지 않았던 은크루마는 아프리카 혁명을 구상하면서 서방을 공격하는 수 권의 저서를 남겼다. 그러던 중 암에 걸린 은크루마는 루마니아의 한 병원에서 치료를 받다가 1972년 4월 사망했다. 가나는 꿈을 안고 출발했지만 추락은 드라마와 같았다. 독립 당시 열대 국가 중에서 가장 번창한 국가였던 가나는 1980년경에는 거의 거지나 다름없게 되었다. 1970년대 가나의 GDP는 연 평균 3%씩 감소했다. 가장 중요한 분야인 코코아, 목재, 광업 및 제조업이 모두 쇠락의 길을 걸었다.

가나의 독립은 다른 아프리카 국가를 자극하여 1960년 안팎으로 제2차 독립의 물결이 일어남으로써 약 30개 국가가 한꺼번에 독립했다. 그러나 이후 포르투갈의 자국 식민지에 대한 독립거부와 남아공의 백인 지배로 말미암아 독립의 물결은 부분적으로 장애에 부딪쳤는데 1970년대 중반에 이르러서야 이 장벽이 무너졌다. 콩고는 1960년 6월 독립은 했으나 독립 후의 과정은 시련의 연속이었다. 25,000명의 군대는 낮은 봉급과 1,100명에 이르는 벨기에 장교단의 통제에 불만을 품고 반란의 기미를 보였다. 총리 루뭄바(Lumumba)는 장교를 모두 콩고인으로 교체함으로써 병사들의 불만을 무마하려 했으나 이번에는 군에 경험 있는 사람이 없게 되어 지휘관 공백사태가 발생했다. 이로써 군의 권위가 떨어지자 반란이 일어났으며 이에 놀란 25,000명의 벨기에인은 옆 나라인 브라자빌 콩고로 도피했다. 벨기에가 자국민 보호 명목을 내세워 일방적으로 군대를 파견하자 이를 벨기에의 식민지 회복 시도로 간주한 루뭄바는 외교관계를 단절하고 전쟁을 선언했다. 이러던 중 남부에 위치한 카탕가(Katanga)주 사태로 인해 정세는 더욱 악화되었다. 카탕가주 주지사 촘베가 분리 독립을 꾀하자 루뭄바를 제거할 기회가 온 것으로 생각한 벨기에가 이를 인정하고 지원하려는 움직임을 보였기 때문이다. 위기에 처한 루뭄바는 유엔에 군사 개입을 요청했다. 유엔군은 처음에는 3,500명이 파견되었다가 점차 늘어 나중에는 26개국 19,000명으로까지 확대되었다. 그러나 유엔군 확대에도 불구하고 벨기에 군대의 개입을 우려한 루뭄바는 벨기에군이 철수하지 않으면 소련군 지원을 요청하겠다고 위협했다. 미국은 루뭄바의 협박에 분노했으나 자칫 소련군이 들어오면 소련이 아프리카의 심장을 차지할 가능성이 있었다. 미국은 또한 이로써 콩고가 제2의 쿠바가 될 가능성도 있는 것으로 보았다. 미국은 이 사태를 심각한 위기로 간주했다. 루뭄바의 목표는 촘베를 제거하고 카탕가주의 분리를 막는 것과 이 과정에서 구 식민 종주국 벨기에의 개입을 막는 것이었다.

_루뭄바

이 목표를 달성하기 위해 루뭄바는 결국 소련의 군사적 개입을 요청했다. 함마숄드 유엔사무총장이 문제의 평화적 해결을 위한 중재에 나섰으나 루뭄바는 그를 '벨기에의 꼭두각시'라고 부르며 비난했다. 루뭄바가 소련의 지원을 요청하면서 서방과 대립하자 미 CIA는 그를 암살하려는 계획을 세웠다. 그러나 암살 계획이 행동으로 옮겨지기 전에 쿠데타가 일어나 29세의 군 사령관 모부투 대령이 집권했다. 모부투는 모든 소련인과 체크인의 출국을 명령했다. 모부투의 쿠데타 성공 배후에는 CIA의 지원이 있었으며 모부투는 쿠데타 후에도 CIA에 전적으로 의존했다. 모부투의 쿠데타가 성공하고 루뭄바가 실각하자 당시 소련 공산당서기장 후르시초프는 유엔에서 사무총장을 강력히 비난하면서 서방의 꼭두각시인 사무총장직을 폐지하고 대신 서방-사회주의-중립 3대 세력을 대표하는 트로이카 체제의 설립을 제안했다. 후르시초프의 제안은 투표에 회부되어 부결되었지만 콩고 문제로 인해 소련과 유엔 간에는 상당 기간 냉기류가 형성되었다. 군사력을 장악한 모부투는 콩고를 안정시켰지만 콩고를 발전시키지는 못했다. 모부투는 아프리카의 대표적 독재자이자 부패의 화신으로 변신했다. 서방과의 대립으로 인해 유명세를 탄 루뭄바는 쿠데타 후에도 그의 총리 관저에서 한동안 지냈다. 그러다가 군사 감옥에 수감된 후 카탕가주로 이송되어 그곳에서 죽었다. 루뭄바는 촘베와 카탕가주 장관 그리고 벨기에 장교들이 입회한 가운데 총살되었다. 그는 콩고에서 가장 저명한 정치적 순교자가 되었다. 루뭄바가 살해되었다는 사실은 비밀로 부쳐지다가 수십 년 후에야 공개되었다. 루뭄바 사망 후 1964년 루뭄바의 근거지였던 동부 콩고에서 대규모 반란과 폭동이 일어나 루뭄바의 지지자들이 '콩고인민공화국'을 세우고 반혁명분자를 잔인하게 살해했다. 이때 2만 명 이상의 콩고인이 살해되었다. 반군은 중국, 쿠바, 알제리 및 이집트의 지원을 받았으나 미국과 벨기에가 지원한 정부군에 의해 패퇴되었다. 이 내전으로 100만여 명이 목숨을 잃었는데, 콩고의 비극은 이것이 끝이 아니라 시작에 불과했다. 아프리카의 심장 콩고의 불안한 정세는 아직까지 지속되고 있다.

_모부투

모부투는 아프리카가 낳은 희대의 독재자이자 거대한 재산 축적자이다. 냉전의 와중에서 군사쿠데타로 정권을 잡은 모부투는 미국의 비호 속에서 1인 천하를 구축할 수 있었다. 그의 친미-반소 입장은 항상 워싱턴의 지지를 이끌어냈다. 모부투는 CIA로부터 정기적으로 자금을 받았고 콩고 내 CIA 책임자로부터 정기적으로 정세 브리핑을 받았다. 모부투는 아프리카의 정신을 회복한다는 명목으로 국가와 도시의 명칭을 바꾸었다. 콩고는 '큰 강'이란 뜻의 자이르로 개명되었고 수도 레오폴드빌은 킨샤사로 개명되었다. 모부투에 대한 개인숭배는 극에 달했다. 그에게 붙은 수사는 국가의 아버지, 인민의 구세주, 최상의 투쟁자, 위대한 전략가 등 희극적인 느낌마저 드는 것들이었다. 모부투의 놀라운 재능은 부의 축적에 있었다. 1973년 모부투는 경제적 독립을 이룬다는 핑계로 농장, 플랜테이션, 목장, 공장, 도매상점 및 소매상점 등 외국인이 소유하는 2000여 개의 기업을 몰수했다. 몰수한 기업은 국가가 관리하는 것이 아니라 모부투와 그의 친족들에게 주어졌다. 모부투는 국가 수입의 3분의 1 정도를 직접 관리했으며 중앙은행을 개인 금고처럼 다루었다. 그의 사업 영역은 금융, 농장, 다국적기업, 다이아몬드 거래, 광업 등 끝이 없었다. 1970년대 말까지 모부투는 아프리카에서는 물론이고 전 세계에서 가장 부유한 사람 중 하나가 되었다. 1980년대 모부투의 재산은 최소 50억 불 이상으로 추산되었다. 그는 이렇게 긁어모은 막대한 재산을 가지고 지중해의 프렌치 리비에라[90] 해안, 파리, 브뤼셀, 스페인, 포르투갈, 스위스, 이탈리아, 코트디부아르, 세네갈, 모로코, 브라질 등 각국에서 막대한 부동산을 사들였다.

모부투가 재산을 축적하는 동안 국가는 위기 속으로 빠져들었다. 자이르에 진출한 외국기업이 재산을 몰수당하는 상황에서 누구도 투자하는 사람이 없었다. 상업, 농업, 무역 등 모든 분야에서 투자가 끊기고 자이르의 경제는 마비되었다. 1975년 자이르의 부채는 30억 불에 달했으며 자이르 정부는 부채 상환 능력을 상실했다. 뒤늦게 위기를 깨달은 모부투는 1976년 국유화정책을 버리고 외국투자를 유치했으나 누구도 되돌아오는 사람이 없었다. 자이르에는 부정부패가 판을 쳤다. 40만 공무원 중 3분의

2는 사실상 가공인물이었고 그림자인 이들의 봉급은 부패한 고위관리가 대신 받았다. 군 장교는 병사들의 봉급을 가로채고 군대의 보급물자를 시장에 내다 팔았다. 군인들은 민간인으로부터 돈을 우려내었으며 길에 차단장치를 설치해 농민으로부터 통행세를 받았다. 공군 장교는 공군기를 가지고 민간항공회사를 운영했고 의사는 의료장비와 의약품을 시장에 내다 팔았다. 자이르에서는 뇌물 없이는 아무것도 이루어지는 것이 없었다. 부패당의 두목인 모부투는 부하의 부패를 묵과했다. 그는 부패를 비난하는 대신 "영리하게 조금씩 조금씩 훔쳐라"라고 충고했다. 모부투는 견제세력이 형성되는 것을 방지하기 위해 각료를 수시로 갈아치우거나 구실을 대어 투옥시키곤 했다. 미국의 저널리스트 하든(Blain Harden)은 "모부투와 그의 가족 곁에는 관리해야 할 사람이 늘 80여 명 정도 있었다. 이들 중 20명은 현직 각료이고, 20명은 망명상태이며, 20명은 감옥에 있고, 20명은 대사들이었다. 3개월마다 음악이 그치면 모부투는 패를 갈아치우곤 했다"라고 기술했다.[91]

르완다에서 독립의 물결이 일자 맨 먼저 태도를 일변한 것은 벨기에 식민당국이었다. 다수족인 후투가 폭동을 일으킬 조짐을 보이자 이들을 무마하기 위해 종전의 투치 지지에서 후투 지지로 하루아침에 입장을 바꾼 것이다. 1960년 초부터 식민당국은 투치 족장을 퇴임시키고 그 자리에 후투족을 앉히기 시작했다. 새로 임명된 후투 족장이 투치족을 탄압하자 위협을 느낀 투치는 인근국으로 피신했다. 모두 13만 명의 투치가 콩고, 부룬디, 탄자니아와 우간다 등으로 도피했다. 과거에 투치가 차지했던 모든 자리는 후투가 차지했으며 르완다는 후투 일색으로 변모했다. 벨기에 당국은 유엔의 권고로 국가화해회의를 열어 양 종족 간 화해를 도모하려 했으나 소용없었다. 르완다는 마침내 1962년 7월 후투인 카이반다(Kayibanda)를 초대 대통령으로 하는 공화국으로 독립했다. 르완다가 독립할 당시 투치는 전 인구의 9%에 불과했다. 르완다가 올바른 길을 걸어가기 위해서는 투치와 후투를 구분하는 신분증을 폐지하고 국민은 모두 르완다 시민이라는 공통인식을 심어주는 것이 필요했다. 실제적으로도 양 종족은 종족 간 결혼을 통해 오랜 세월 동안 평화롭게 살아온 전력이 있었다. 복수심 때문이었을까? 권력을 잡은 후투 정권은 화합 정책을 취하지 않았다. 후투 정권은 오히려 화해와 단합 대신 억압 정책을 택했다. 곧 엄격한 쿼터 정책이 시행되었다. 투치는 인구의 9%이므로 학교와 관청은 물론이고 심지어 민간 기업에서도 투치가 차지할 수 있는 자리는 9%로 한정되었다. 그러는 가운데 투치와 후투 간 무력 충돌이 시작되었다. 투치족 수백명이 죽고 수만 명이 피난을 떠났다. 후투가 바라는 바는 명백했다. 이들은 모든 투치를 르완다로부터 몰아내려는 것이었다. 이렇게 되자 투치는 게릴라를 조직하여 무력 투쟁에 나섰다. 카이반다의 과격한 숙청 정책은 내부의 반감을 사서 1973년 군 사령관 하뱌리마나(Habyarimana)가 쿠데타를 통해 정권을 잡았다. 그러는 사이에 난민 숫자는 점차 증가하여 40만명에 달했고 투치 지도자와 하뱌리마나에 반대하는 후투가 연합하여 르완다 애국전선(RPF)을 구성했다. RPF는 르완다를 공격할 준비를 갖춘 후 1990년 10월 공격을 개시했다. 그러나 RPF는 프랑스와 벨기에 연합군에 의해 패퇴했다. 한 번 공격에 실패한 RPF는 우간다의 도움을 얻어 군사력을 키웠는데 1994년 4월쯤에는 병력이 2만 5000명에 달할 정도로 강성한 세력이 되었다. 이렇게 되자 위협을 느낀 하뱌리마나는 RPF와 평화협상을 시작했고 그 결과 아루샤 협정이 체결되었다. 이 협정은 양측이 권력을 분할하고 투치 난민이 르완다로 귀환하며 RPF가 르완다 군대의 중심이 된다는 내용으로 되어 있었다. 이 소식을 들은 르완다 정부 내 후투 강경파는 몹시 분노했다. 이들은 하뱌리마나가 정권을 송두리째 투치에게 바치려는 것으로 해석했던 것이다. 이러던 도중 같은 해 6월 하뱌리마나가 탄 비행기가 격추되고 르완다와 부룬디 대통령이 모두 사망하는 사건이 발생하자 비극적인 제노사이드가 시작되었다.

이상과 현실 간의 **괴리**

아프리카 국가들이 독립하면서 채택한 이념은 크게 3가지이다. 첫째는 아프리카식 사회주의건설이다. 아프리카가 식민화되기 전 평등하고 공생적인 분위기에서 삶을 누렸던 전통을 다시 살리자는 것이다. 탄자니아의 줄리어스 니에레레가 벌였던 우자마 사회주의 운동 같은 것이 대표적이다. 이들은 가난 극복을 기치로 내걸면서 지나친 자본주의나 신식민주의를 경계하고 배척했다. 이들은 사회주의를 표방하면서도 마르크스 이념에 의존하지 않고 과거 아프리카 전통사회에서 필요한 교훈을 얻고자 했다. 두 번째는 자본주의이다. 자본주의를 기치로 내건 국가들은 외국의 원조와 투자를 끌어들여 사회를 발전시키고자 했다. 케냐와 코트디부아르 같은 국가들이 대표적이다. 이들은 비동맹을 크게 중요시하지 않았으며 서방과의 긴밀한 협력을 원했다. 세 번째는 아프리카식 공산주의이다. 이러한 노선을 걸은 국가는 계급투쟁 및 모든 억압받는 국가들 간의 연대 등을 강조하면서 소련 및 동구국가와 동맹을 맺었다. 그리고 공산주의식 계획경제를 실천했다. 에티오피아, 모잠비크, 앙골라 등이 대표적인 경우이다. 아프리카의 독립 과정에 있어서 이념적으로 가장 영향을 미친 2개의 그룹은 공산주의자와 아프리카니스트(Africanist)이다. 공산주의자들은 정치적 권력을 장악한 후 사회구조를 바꾸고 대중을 위해 경제를 운용하는 것을 목표로 삼았다. 이에 반해 아프리카니스트들은 '아프리카인을 위한 아프리카 건설'을 기치로 내세우며 아프리카인을 모든 형태의 외세에 의한 지배로부터 해방하는 데 목표를 두었다. 1977년 불과 31세의 나이로 경찰의 고문에 의해 살해된 남아공의 혁명가 스티브 비코(Steve Biko) 같은 사람이 대표적인 인물이다. 그에게 있어서 아파르트헤이트에 항거하는 주목적은 흑인을 정신적 또는 영혼적인 억압으로부터 해방하는 것이었다. 비코는 흑인의 정신개조를 위한 투쟁을 하는 동안 끊임없이 비밀경찰의 박해를 받았다. 비코는 3년 동안 29번이나 체포되어 투옥되면서도 끈질기게 투쟁을 계속했다. 식민지 해방투쟁을 벌임에 있어서 공산주의자들은 때때로 인종 차별 카드를 활용했고 아프리카니스트들은 때로는 공산주의자보다 더 강경한 전술을 펼쳤다. 이들은 서로 치열하게 경쟁했기 때문에 이를 간파한 유럽이나 소련 그리고 미국은 두 세력을 분리시켜 조종하는 전술을 구사했다.[92]

독재자들은 거의 예외 없이 절대적인 권력을 행사하기 위해 1당 체제를 구축했다. 1당 독재는 아프리카에서 새로운 규범이 된 후 별로 큰 저항에 봉착하지도 않았다. 물론 예외는 있었다. 브라자빌 콩고의 율루(Abbe Fulbert Youlou) 대통령이 1963년 1당 체제를 발표했을 때 노동조합과 청소년연합은 이에 반대하는 가두시위를 벌였다. 이미 부패한 것으로 정평이 나 있었던 율루에 대해 반대 세력과 군이 시위대를 지지함으로써 율루 정권은 무너졌다. 그러나 이것은 극히 예외적인 경우이고 대부분 국가에서는 1당 체제가 굳혀졌다. 아프리카 지도자들은 야당은 아프리카식 관행으로 보아 이질적인 것이며 잘 운영되기만 하면 1당 체제가 보다 효율적이라고 주장했다. 아프리카의 철인으로 알려진 탄자니아의 니에레레도 1당 체제를 적극 지지했다. 그는 양당 체제는 서방에서 사회경제적 계층 간 경쟁의 결과로 인한 산물인데 아프리카 사회는 본질적으로 무계급사회이기 때문에 양당 체제를 취할 이유가 없다고 주장했다. 그러나 현실적으로 1당 체제는 정권에 대한 반대세력을 제압하고 독재자를 권좌에 오래 앉아 있게 하기 위한 도구로 사용되었다. 1당 체제는 오직 소수의 특권층을 보호하기 위한 시스템으로 작용했다. 견제 장치가 없는 1당 체제 하에서 권좌에 오른 자들은 물 만난 물고기와 같았다. 이들은 자신에게 주어진 권력을 치부(致富)하는 데 사용했다. 권력자들은 마치 이집트의 파라오와 같이 행동했으며 평생 써도 남을 만큼의 돈을 긁어모았다. 그리고 권력자는 추종자에게도 떡고물을 남겨주었다. 1964년 세네갈의 예산 중 47%는 공무원 봉급에 쓰였다. 중앙아프리카 공화국과 코트디부아르에서는 이보다 더 많아 58%였으며 브라자빌 콩고에서는 62%에 달했다. 새로운 엘리트들이 얻은 부는 멋진 집, 사치스러운 자동차 그리고 호사스러운 생활 등으로 나타났다. 동부아프리카에서는 이러한 신흥 부유층을 가리켜 와벤지(WaBenzi)라고 불렀다. 와벤지는 '벤츠를 타고 다니는 사람들'이란 뜻이다.[93] 권력을 잡은 자들이 치부하면서 부패와 뇌물이 판을 쳤다. 정부 계약에서 10%를 권력자에게 상납하는 것은 관행이 되었다. 부패하지 않은 사람을 찾아보기 어려울 정도가 되었고 아프리카는 보다 깊은 수렁으로 빠져들었다.

냉전은 아프리카에 큰 영향을 미쳤다. 프랑스와 영국 식민지였던 국가들은 종주국과의 관계 때문에 자연스럽게 친서방 노선을 걸었고 상대적으로 안정을 얻었다. 그러나 프랑스와 영국 식민지가 아니었던 국가들은 대부분 어려운 시절을 경험해야 했다. 특히 포르투갈 식민지였던 앙골라, 모잠비크, 기니비사우는 모두 독립 과정에서 친서방과 친소로 갈라져서 피나는 전쟁을 벌였다. 앙골라의 경우 정부군 MPLA는 소련과 쿠바의 지원을 받았고 반군 UNITA는 남아공, 자이르, 잠비아 및 미국의 지원을 받았다. 모잠비크의 경우 정부군 FRELIMO는 소련의 지원 그리고 반군 RENAMO는 남아공과 서방의 지원을 각각 받았다. 아프리카의 뿔(Horn of Africa) 지역에서 한때 영토 팽창정책을 폈던 소말리아는 소련의 지원을 받아 군대를 양성했으며, 처음에 친서방이었던 에티오피아는 멩기스투가 쿠데타를 일으킨 후 친소 노선으로 선회하여 소련의 지원을 받았다. 친소 진영인 양국 간에 발발한 전쟁으로 소말리아가 한때 오가덴 지역을 점령했는데, 누구를 지원할 것인지 저울질한 끝에 소련이 에티오피아를 택함으로써 에티오피아는 오가덴을 되찾을 수 있었다.

이와 같이 독립 이후 벌어진 아프리카의 내전과 혼란한 정세의 많은 부분이 냉전과 밀접한 관계를 가지고 있다. 따라서 냉전의 종식은 아프리카에 큰 변화를 초래했다. 아프리카의 뿔 지역이나 남부아프리카의 분쟁은 다분히 냉전의 산물이었는데 이것이 끝나자 새로운 판이 짜이게 된 것이다. 1988년 고르바초프는 미국에게 아프리카 내 분쟁 종식을 위해 서로 협력할 것을 제의했다. 이로 인해 앙골라에서 쿠바군이 철수하고 나미비아의 독립이 이루어졌다. 개혁과 개방으로 발등에 불이 떨어진 러시아는 종전만큼 아프리카에 대해 관심을 쏟을 여유가 없었다. 따라서 러시아는 자신의 존재를 아프리카에서 유지하는 한 보다 큰 이익이 걸린 문제에 대해 서방의 지지를 얻는 조건으로 아프리카 문제는 서방에게 양보하려 했다. 그래서 양측 간에 비교적 용이하게 협조가 이루어질 수 있었다. 그 결과 1990년대 초반 아프리카 내 분쟁 지역이 10여 개에서 6-7개로 줄었다. 분쟁이 그치자 정치와 경제 분야에서 정상적으로 성장하는 국가가 많아졌으며 1995년에 이르자 아프리카 국가 전체의 평균 경제성장율이 5%에 달하게 되었다. 이 시절 대표적으로 성장한 국가들로 가나, 우간다, 말리 등을 들 수 있다.

6

아프리카 정치의 특징

민주주의 회의론과 **독재자**

아프리카에는 아예 민주적 전통이 없다고 말하는 사람들이 있다. 또 독립 후 아프리카에서 독재정치가 늘어난 것은 전통적 통치 방식으로 돌아간 것이라고 하는 사람들도 있다. 그러나 이것은 그림의 일부를 본 것에 불과하다. 식민통치 전 아프리카의 정치제도에는 민주적 요소들이 있었다. 장로회의나 무당이 왕이나 추장을 견제함으로써 정치는 균형을 이루었다. 장로나 무당들은 왕이 통치를 잘못할 경우 쫓아내고 다른 인물로 교체할 수 있었다. 물론 아프리카 사회에서 온전한 민주주의는 극히 드물었지만 나이지리아의 이보(Igbo)족이나 우간다의 아촐리(Acholi)족은 거의 평등사회를 이룩했다. 이들에게는 왕이나 추장이 없었으며 중요한 결정은 장로회의에서 이루어졌다. 토론은 적대적인 반론을 듣기 위한 것이 아니라 합의를 이루기 위한 것이었다.[94] 합의와 단합을 중시하는 아프리카에서 다당제는 문화적으로 다소 이질적인 감이 있었던 것은 사실이다. 우간다의 지도자 무세베니는 유럽에서 발달된 의회민주주의는 사회적 계급에 따라 분화되어 있는 유럽의 실정에는 맞으나 아프리카에는 맞지 않는다고 주장했다. 아프리카에서는 종족이 계층보다 더 중요하다는 것이다. 이러한 이유로 독립 후 대부분 아프리카 국가에서 다당제도가 사라졌다. 여당이 아닌 정당의 창설은 금지되거나 여당과 다른 정당들과의 통합이 이루어졌다. 그리고 반체제 인사는 탄압되었다. 이러한 행위에 대한 정당성은 오직 단합이었다. 아프리카에서 가장 존경받는 지도자 중 한 명인 니에레레 대통령도 "아프리카의 전통적인 민주주의 방식은 나무 밑에 앉아 토론을 통해 마을주민의 합의를 이끌어내는 것"이라고 말했다. 니에레레는 정당정치를 결코 옹호하지 않았다. 그러나 아프리카의 1당 정치는 필연적으로 1인 독재를 잉태하게 되었다. 아프리카가 다당제를 배척하자 다당제는 아프리카를 역습했다.

전형적인 아프리카 독재자의 모습을 보면 다음과 같다. 이들은 우선 돈을 탐한다. 이들은 자신의 사진을 가능한 모든 곳에 걸어놓으며 거리, 축구장, 병원과 대학 등에 자신의 이름을 붙인다. 이들은 자신의 이름 앞에 박사, 정복자, 지도자, 현자 등의 수식어를 붙이기 좋아하며 원하는 여자들과 잠을 잔다. 자이르의 유명한 독재자 모부투 세세 세코의 공식 명칭은 '국가의 아버지, 안내자, 지도자, 추장, 구원자, 정복으로부터 정복으로 옮겨가며 흔적으로 불을 남기는 전능한 투사'였다. 약탈자 모부투는 1인 천하를 구성하여 충성하는 자에게는 재산을 나누어주고 밉보이는 자에게서는 재산을 뺐었다. 모부투는 자신의 측근에게 세금징수권을 부여하여 약탈을 공식적으로 허용한 반면 그에게 대적할 만큼 세력이 커진 자들의 재산을 몰수했다. 그는 군인에게 봉급을 지급하지 않고 약탈을 통해 살아가도록 허용했다. 사회적 혼란이 자주 일어나는 것은 모부투에게는 유리한 일이었다. 이를 구실로 선거를 연기하고 권력을 강화했기 때문이다. 모부투에 저항해서 봉기하는 세력은 없었다. 그의 국내적 네트워크가 너무 강했을 뿐만 아니라 소련을 견제하기 위해 미국, 프랑스, 벨기에 등 강력한 외부세력이 그를 지지했기 때문이다.

계속해서 다른 모습을 보자. 독재자들은 모든 정책을 마음대로 조종하며 약자를 희생시켜 대중의 지지를 얻는다. 이들은 여당 외에는 모든 정당을 금지하며 선거 시 부정을 자행한다. 이들은 사법부를 약화시키고 언론과 학계를 통제한다. 이들은 교회에 출석한다. 신을 경외하고 백성을 두려워하는 사람으로 보이기 위해서이다. 대개 이러한 이미지들이다. 독재자는 입만 열면 아프리카를 사랑하고 아프리카인을 구할 사람은 자신밖에 없다고 주장한다. 그러나 이들의 집에는 아프리카적인 것은 거의 없다. 유럽식 그림, 유럽식 가구와 식기 등 모두 유럽판이다. 유일한 아프리카 토산품은 이 집에서 일하는 하인이다. 이 하인들은 주인을 위해 마치 노예와 같이 행동한다.[95] 말라위의 초대 대통령 해스팅스 반다는 정부와 경제를 장악했을 뿐 아니라 국민이 지켜야 할 도덕적 규범을 스스로 정하고 이를 지킬 것을 강요했다. 남자는 가발을 쓰는 것이 금지되었고 여자는 짧은 치마나 바지를 입는 것이 금지되었다. 영화, 외국신문과 잡지 및 책 등은 서양의 퇴폐적인 영향으로부터 보호하기 위해 철저하게 검열되었다. 많은 아프리카 지도자 중에서도 반다와 같이 고상한 인격을 내세우며 국민의 철저한 복종은 물론 노예와 같이 굴종할 것을 강요한 지도자는 없었다. 1964년 독립한 지 몇 주가 되지도 않아 그는 자신의 권위에 도전하는 장관들을 해임시키고 말라위를 1인 천하로 만들었다. 그는 국정의 모든 사소한 일에도 직접 개입하고 결정했다. 반다는 "말라위에서는 모든 것이 내 일이다"라고 말했다.

_ 해스팅스 반다

마치 신과 같은 절대 권력을 휘두르는 지도자에 대해 대중은 무력하다. 그것은 아프리카인이 워낙 가난하고 힘이 없어 일찍 체념하는 탓도 있지만 문화적인 요소도 다분히 있다. 아프리카인은 태생적으로 권력을 존중하고 권력을 가진 자를 두려워한다. 그리고 지도자는 아버지의 이미지를 가지고 있다. 이들은 대중을 핍박하고 억압하면서도 한편 자애로운 아버지처럼 행동하기도 한다. 아프리카의 체념주의는 이러한 복합적인 요소들이 합쳐진 결과이다. 나이지리아에서는 1억 4000만 명에 달하는 국민이 29년간 7만 명밖에 안 되는 군대에 의해 통치되었다. 군인 1명당 2000명을 통치하는 셈이다. 이 긴 세월 동안 나이지리아에서는 단 한 건의 대중 소요도 없었다. 아프리카에서 군사독재에 저항하여 대중 소요가 일어난 것은 단 세 차례뿐이다. 첫 번째는 1985년 카르툼 시민이 자파르 누메이리(Jaafar Numeiri) 대통령에 항거하여 시위를 일으켜 그를 쫓아낸 사건이다. 두 번째 소요는 1991년 토고에서 일어났다. 시민들이 거리로 몰려나와 군인을 막사로 밀어냈다. 그러나 군사독재자 에야데마(Gnassingbe Eyadema)는 프랑스의 지원을 얻어 권력을 유지했다. 세 번째는 2001년 코트디부아르에서 일어난 소요이다. 로베르 구에이(Robert Guei) 장군은 군대를 거리에 풀어 자신의 정권을 유지하려고 했으나 바그보(Laurent Gbagbo)를 지지하는 젊은이들의 시위로 물러나야 했다.[96] 아프리카에서는 독립 후 1980년대 말까지

30년 동안 단 한 명의 지도자도 선거를 통해 물러난 사람이 없었다. 그동안 통치자로 등극한 지도자 150여 명 중에서 불과 6명만이 자진해서 권좌에서 물러났다. 세네갈의 생고르, 카메룬의 아히조(Ahidjo), 탄자니아의 니에레레 등이 이러한 사람들이었다.

아프리카식 **독재정치**

아프리카 지도자들의 통치는 길고도 길었다. 코트디부아르의 우푸에부아니는 1993년 사망했는데 33년간 권좌에 있었다. 말라위의 초대 대통령 해스팅스 반다는 1971년 스스로를 종신 대통령으로 임명한 뒤 1994년까지 줄곧 권좌를 지켰다. 잠비아의 카운다는 다른 나라에 비하면 독재의 정도가 비교적 약했으나 27년간 1당 독재를 굳건히 지켰다. 가봉의 오마르 봉고는 석유 수입을 바탕으로 42년간 권좌를 지켰으며 세계에서 가장 부유한 사람 중 하나가 되었다. 리브르빌에 있는 그의 대통령궁을 짓는 데에만 5억 불이 들어갔다. 자이르의 모부투는 1997년 물러날 때까지 32년간 권좌에 있었다. 트라오레(Moussa Traore)는 말리를 23년간 통치했다. 1963년 올림피오 대통령을 암살했던 토고의 에야데마는 38년간 권좌에 있었으며 베냉의 케레쿠(Mathieu Kerekou)는 19년간 권좌를 지켰다. 케레쿠는 선거에서 패해 권좌를 내준 뒤 다시 선거에서 승리하여 2번 더 대통령을 역임한 진기록을 남겼다. 에티오피아의 멩기

_ 잠비아의 초대 대통령 케네스 카운다

스투는 17년간 철권을 휘두른 뒤 쿠데타로 실각하고 짐바브웨로 망명했다. 국부 케냐타의 사망으로 1978년 권력을 승계한 모이(Daniel arap Moi)는 케냐를 1당 독재국가로 만든 뒤 24년간 통치했다. 1960-1989년간 아프리카 29개국에서 치러진 150여 회의 선거에서 야당은 단 한 석도 건지지 못했다. 근본적으로 야당이 거의 존재하지 않았기 때문이다. 세네갈, 감비아 그리고 보츠와나 등 오직 3개 국가만 다당제 정치를 허용했다.

_ 케냐의 모이 전 대통령

그러나 90년대에 들어와 독재자의 장기 집권에 염증을 느낀 사람들은 변화를 추구했다. 여러 나라에서 학생이 항의 시위를 주도했으며 기업인, 전문직업인, 성직자, 노동조합, 공무원 등이 정치 개혁과 경제 정상화를 외치며 시위에 참가했다. 냉전이 종식되자 서방의 아프리카에 대한 태도가 바뀌었다. 서방은 과거와 달리 더 이상 자신에게 협조하는 억압 정부를 지지할 이유가 없었다. 1990년 6월 영국은 향후 원조는 다원주의, 책임 정부, 법치주의, 인권 그리고 시장경제를 지향하는 국가들에게 주어질 것이라고 선언했다. 1989년 베냉에서 일어난 학생들의 시위는 정권 교체의 신호탄이 되었다. 독재자 케레쿠는 국민의 압력에 못 이겨 1991년 선거를 실시했으나 패배했다. 베냉은 군이 민간의 힘에 굴복하고 현직 대통령이 선거에서 패한 첫 번째 사례가 되었다. 1993년 실시된 선거에서 아비올라(Abiola)가 승리했는데 그는 나이지리아 역사상 최초로 남부 출신이 대통령으로 당선된 기록을 세웠다. 1991년 치러진 잠비아 선거에서 노조지도자 출신의 칠루바가 카운다를 물리치고 76%의 압도적인 득표로 당선됨으로써 평화적 정권교체의 틀을 세웠다. 1994년 실시된 말라위 선거에서 30

년간 권좌를 지켰던 반다는 전직 장관이었던 물루지(Bakili Muluzi)에게 패해 물러났다. 이때 그의 나이는 96세였으니 아마 최고령 대통령으로서 세계 신기록을 세웠던 듯하다. 미국과 영국에서 교육받은 의사이자 스코틀랜드 교회의 장로였던 반다는 이로부터 3년 후 사망했다. 평생 권좌를 지킬 것 같았던 멩기스투는 1991년 에리트레아의 티그리냐족[97] 반군의 도움을 얻은 쿠데타에 의해 축출되어 망명을 떠났다.

1963년 5월 30개 아프리카 국가 대표들이 아디스아바바에 모였다. 이들이 모인 이유는 아프리카 통일기구(OAU)를 창설하기 위한 것이었다. 이들은 아프리카 연합헌장에 서명하고 모든 국가의 영토와 주권을 보장할 것을 서약했다. 이들은 아프리카 국가 간에 분쟁이 일어날 경우 대륙의 평화와 번영에 재앙이 될 것이라는 니에레레의 말을 명심하는 것 같았다. 그러나 바로 그때부터 재앙은 이미 시작되었다. 실바누스 올림피오(Sylvanus Olympio) 토고 대통령의 빈자리가 이를 말해주고 있었다. 올림피오는 4개월 전 25세의 에야데마(Etienne Eyadema) 상사가 일으킨 쿠데타에서 암살되었다. 에야데마가 일으킨 이 쿠데타는 블랙 아프리카에서 일어난 최초의 쿠데타였다. 1963년 올림피오의 암살로 시작된 쿠데타는 1997년 모부투의 실각에 이르기까지 70여 회 이상 일어났다. OAU 창립 총회에 참가했던 국가 중 쿠데타를 경험하지 않은 나라는 카메룬, 코트디부아르, 세네갈, 탄자니아 및 튀니지 5개국에 불과했다. 베냉 같은 나라는 독립 후 불과 10년 동안 6번의 쿠데타와 5번의 헌법 개정 그리고 12명의 국가 원수를 경험해야 했다.[98] 아프리카에서 초기에 일어난 많은 쿠데타는 무혈 쿠데타였다. 베냉에서 발생한 6차례의 쿠데타는 모두 무혈이었다. 오트볼타(부르키나파소)에서 일어난 세 번의 쿠데타에서 아무도 사망한 사람이 없는 것을 정치인들은 자랑스럽게 여겼다. 그래서 1982년 네 번째 쿠데타에서 군 병력끼리 충돌하여 총격전이 벌어지자 사람들에게 큰 충격을 안겨주었다.

나이지리아와 같이 영토가 넓고 인구가 많으며 원유를 비롯한 자원이 풍부한 나라는 큰 잠재력을 가졌지만 기대에 부응하지 못했다. 하우사, 이보 및 요루바족으로 갈라진 이 나라는 독립 이후 줄곧 종족 간의 갈등에서 벗어나지 못했다. 쿠데타와 반쿠데타 그리고 암살과 폭력이 난무한 가운데 나이지리아는 좀처럼 정상 궤도를 찾지 못했으며 국제사회에 위험한 국가라는 오명을 남겼다. 부와 권력이 지나치게 편중된 이 나라는 폭발적으로 원유 수입이 증가하는 가운데도 1970년대 국민소득 증가율은 연 1.7%에 불과했으며 1980년대에는 연 1.1%로 감소했다. 나이지리아는 북부의 하우사-풀라니가 주도권을 차지한 가운데 1962년 인구조사를 실시했는데 이 결과는 나라를 더욱 분열시켰다. 서로 인구가 더 많이 늘었다고 주장하는 가운데 조작된 인구조사 결과가 지역감정을 조장했기 때문이다. 이후 선거에서는 북부와 동부-서부연합이 대립하는 양상을 보였다. 1966년 군사 쿠데타가 일어나자 북부는 이를 부패한 정권을 척결하기 위한 것이 아니라 이보족이 정권을 장악하려는 음모로 받아들였다. 쿠데타 주동자인 이론시(Ironsi) 장군은 지역주의를 나이지리아의 가장 심각한 문제로 보고 이를 뿌리 뽑기 위해 연방제를 철폐하고 중앙집권제를 도입하며 행정의 통일화를 기하려 했다. 그러나 이를 강력히 반대한 북부는 역쿠데타를 일으켜 이론시를 살해하고 북부 출신의 고원(Gowon) 장군이 권력을 장악했다. 그러자 이번에는 동부에서 이를 규탄하는 폭동이 벌어짐으로써 백만 명 이상의 난민이 발생했다. 동부 지역 사령관 오주쿠

(Ojukwu)와 이보 민족주의자들은 이 사태를 이용해 동부의 분리 독립을 꾀했다. 이들은 고원 장군이 내놓은 모든 타협안을 거부했다. 이 타협안은 동부를 사실상의 자치지역으로 인정하는 것이었다. 폭동이 일어난 지 1년 후인 1967년 5월 30일 오주쿠는 동부 지역을 비아프라(Biafra)로 명명하고 독립을 선포했다. 이것이 비아프라 사태이다. 2년 반 동안 지속된 이 사태로 약 100만 명이 목숨을 잃었다. 처음부터 반란은 성공 가능성이 없었다. 나이지리아 공군은 반군의 중심지를 매일 폭격했으며 약 10만 명의 육군이 비아프라를 포위하고 공격했다. 전투가 벌어진 지 1년이 되자 주요도시, 공항, 항구 및 유전과 정유시설 등을 포함한 비아프라 영토의 절반이 정부군의 손에 들어갔다. 그러나 오주쿠는 국제사회의 지원을 요청하면서 끈질기게 투쟁을 계속했다. 서방국가와 민간 구호단체 및 교회들은 오주쿠의 요청을 거절하지 못하고 인도적인 차원에서 비아프라를 지원했다. 그러나 사태가 무한정 지속될 수는 없었다. 견디다 못한 비아프라는 1970년 1월 항복했다. 비아프라가 정부군에 항복하기 이틀 전 오주쿠는 코트디부아르로 망명했다. 험악한 군사독재자가 즐비했던 나이지리아의 전통에 비추어 보더라도 아바차(Sani Abacha) 장군은 악명이 높았다. 그는 새로운 수도 아부자에 지은 대통령궁에 들어앉아 절대적인 권력을 누리면서 엄청난 재화를 치부했다. 아바차는 공금 횡령, 정부계약을 통한 뇌물 수수, 석유펀드 등의 수단으로 40억 불 이상을

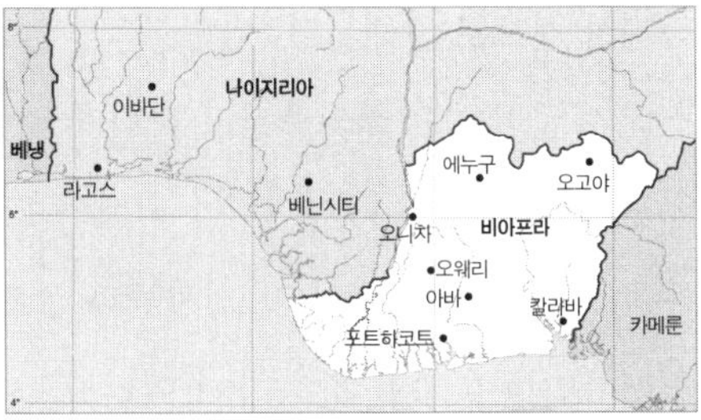

_비아프라 내전

축재한 것으로 알려졌다. 비사교적인 아바차는 거의 대중 앞에 모습을 드러내지 않았으며 해외출장도 다니지 않았다. 그가 대통령으로 재직하던 90년대, 아바차는 나이지리아 최대의 도시이자 상업수도인 라고스를 단 한 번도 방문하지 않았다. 장관들과 군고위층도 경호원과 소수의 측근에 둘러싸인 아바차를 접촉하기 어려웠으며 아바차는 주로 민간 자문단과 기업인만 상대했다. 아바차는 반대파는 무자비하게 탄압하고 민주주의에 대한 요구는 철저하게 무시했으며 해외로부터 쏟아지는 비난에도 아랑곳하지 않았다. 그는 타고난 강성 독재자였다. 1998년 6월 아바차가 죽은 후 실시된 선거에서 오바산조가 63% 득표로 대통령에 당선되고 1999년 5월 취임함으로써 16년간에 걸친 군사독재가 막을 내리게 되었다. 독립 후 40년간 지속된 부패와 착취로 나이지리아는 끝없이 추락했다. 극도로 비효율적인 공공행정, 학교와 병원 등 공공시설의 낙후, 고등교육의 몰락, 낡은 도로, 작동되지 않는 전화 시스템, 잦은 정전 등은 말할 필요도 없고 아프리카 최고의 산유국이라는 곳에서 석유보급도 제대로 되지 않았다. 1970년대 초 석유 개발이 시작되던 때에 비해 30년 후인 2000년대 나이지리아인은 보다 가난해졌다. 1인당 소득이 불과 310불로 1980년의 3분의 1 수준으로 감소했다. 인구의 절반이 하루 30센트로 살아가야 했으며 인구의 절반은 안전한 식수조차 누리지 못했다. 사법 시스템은 무질서 그 자체였다. 죄수들은 재판 없이 수감되어 몇 년이 될지 기약도 없이 기다려야 했다. 한 정부위원회가 조사한 바에 의하면 수감자 중 절반이 정당한 사법절차 없이 수감되어 있었으며 몇몇 수감자들은 10년 동안 판사 얼굴 한 번 보지 못하고 내내 감옥에 있었다고 진술하는 사람도 있었다.

2012년 3월 말리에 쿠데타가 발생하여 새삼 아프리카의 민주화에 관한 우려가 다시 불거졌다. 우선 쿠데타라는 구시대의 유물이 아직도 남아 있다는 자체가 사람들에게 충격을 안겨주었다. 2016년 12월에는 대선에서 패한 자메 감비아 대통령이 국가비상사태를 선포하면서 물러나지 않겠다고 버티다가 이웃국가들의 압력으로 인해 외국으로 망명하는 해프닝도 벌어졌다. 아프리카의 모든 나라가 이제는 선거를 치르고 있으며 선거를 통해 정권이 바뀐다는 사실이 점차 일반화되어가고 있다. 그런데 아프리카에서는 아직도 가끔 쿠데타가 일어나고 있는 것이 현실이다. 이러한 현상을 어떻게 보아야 할까? 전문가들은 아프리카의 대부분 나라가 아직도 무늬만 민주주의이지 내용은 독재 아니면 권위주의라고 한다. 짐바브웨 같은 나라가 대표적인 예이다. 또 하나의 문제는 선거가 공정하지 못하다는 점이다. 예를 들어 서부아프리카의 기니에서는 대통령이 95%의 지지율로 당선되었다. 이런 몰표 현상은 아프리카에 비일비재하다. 이는 아직도 선거가 투명하지 못하다는 증거이다. 서방 연구기관은 아프리카 54개국 중 모리셔스 1개국만을 '완전한 민주주의 국가'로 분류하고 있다. 보츠와나와 같이 민주주의가 발달했다는 나라도 이 범주에는 들어가지 못한다. 전통적으로 민주주의가 비교적 발달했다는 남부 아프리카 국가들, 즉 남아공, 마다가스카르, 말라위 등도 모두 문제를 안고 있는 국가로 분류되어 있다. 민주주의 실현에 있어서 가장 큰 문제는 역시 빈곤이다. 배고픈 국민이 돈이나 물건을 나누어주는 후보에게 투표하는 것이다. 선거 때마다 국가 권력이 폭력을 행사하는 것도 큰 문제이다. 콩고, 코트디부아르, 케냐, 나이지리아, 짐바브웨 등이 대표적인 사례이다.

그러면 역시 아프리카의 장래는 비관적일까? 그렇지는 않다. 첫째는 공산주의 몰락 후 이념 대립이 없어졌다는 점이다. 유권자들은 이제 당보다는 인물 본위로 투표할 수 있다. 둘째, 젊은 유권자층이 점차 늘어나고 있다. 새로운 세대는 세상의 변화에 밝고 민감하며 진정한 정치, 경제, 사회적 개혁을 원하고 있다. 셋째, 경제발전에 따라 중산층이 늘어나고 있고 이들은 인터넷과 SNS를 활용할 줄 안다. 이들은 아프리카가 안고 있는 문제를 더 이상 덮어두지 않고 공개적으로 비판하는 세대이다. 이렇게 되면 점차 부정선거가 설 땅을 잃게 된다. 결론적으로 아프리카의 민주화는 아직도 먼 길을 가야 하지만 그 전망이 어둡지는 않다. 말리의 쿠데타 하나가 그동안 아프리카가 이룬 민주화 업적을 거꾸로 돌려놓지는 못할 것이다. 감비아에서 일어난 해프닝 때에는 서아프리카경제공동체(ECOWAS)가 큰 역할을 했다. 아프리카의 민주주의를 지키겠다는 집단적 정의가 작용한 것으로 보이는데 이는 긍정적인 현상이다.

아프리카의 **쿠데타 전통**

아프리카에 왜 쿠데타가 끊이지 않았는지 그 내면을 들여다보면 납득할 만한 이유가 있었다. 지나친 부패와 착취, 정부의 무능과 과도한 재정 지출, 헌법을 무시해서라도 계속 권좌를 유지하려는 파렴치한 지도자들의 행태, 정치인 편에 서서 시위대를 무력으로 해산하는 정치군인, 민간 정부가 군의 예산, 권한 및 특권을 제한하려 할 때 나타나는 문민 간의 갈등, 이러한 것들이 주요원인이었다. 또 당연한 현상이지만 경제가 가라앉는 나라일수록 쿠데타가 더 많이 발생했다. 경제와 쿠데타는 아프리카에서 특별한 상관관계가 있다. 또 쿠데타는 이웃 나라에 전염되는 경향이 있다. 마치 유행가와 같이 한 나라에서 쿠데타가 일어나면 바로 이웃 나라로 전파된다. 그리고 쿠데타는 무엇보다 군 지도자의 권력에 대한 야심에서 일어나는 경우가 많았다. 군인들은 무력을 장악했다고 생각하는 순간 그다음 단계로 정치권력에 눈독을 들였다. 독립 이후 대부분 아프리카 국가가 최소 한 번 이상 쿠데타를 겪었을 정도로 많은 쿠데타가 있었다. 그리고 이 기간 중 성공한 쿠데타도 있었지만 실패한 쿠데타도 수백 차례에 달했다. 아프리카 국가 중 70%가 1980년 이후 최소한 1년 이상 무력 분쟁을 경험했다. 2000년 이래 앙골라, 라이베리아, 시에라리온 등에서 일어났던 장기 내전은 종식되었으나 코트디부아르 등에서 새로 내전이 일어남에 따라 1995년 이후 아프리카 전체로는 거의 30%에 달하는 국가들이 내전을 겪었다. 아프리카의 내전은 전염성이 강하다. 라이베리아의 내전은 시에라리온으로 전파되었고 르완다의 제노사이드는 콩고 내전을 야기했으며 수단의 다르푸르 사태는 차드 내전에 다시 불을 댕겼다. 아프리카에는 아직도 반체제 세력, 무장 봉기 세력 및 반군 등이 건재해 있다. 우간다의 반체제 민병대, 콩고의 20개가 넘는 무장 세력, 알제리의 살라피스트,[99] 코트디부아르 북부의 민병대, 남수단, 동부 차드 및 다르푸르의 무장 세력, 라이베리아와 기니의 반군 세력 등 많은 무장 세력이 있다. 1990-2005년간 아프리카의 분쟁으로 인한 손실은 2840억 불로서 이 기간 동안 모든 원조를 합친 것보다 더 많다. 몇몇 국가에서는 분쟁으로 인해 실질 GDP가 30-40% 감소되었으며 짐바브웨는 분쟁을 겪지 않고도 정치 실종으로 이보다 더 큰 손실을 입었다.

1960년대부터 1980년대까지 아프리카의 지도자는 대부분 폭력에 의해 권력으로부터 쫓겨났으나 1990년대부터는 이와 반대의 현상이 일어나고 있다. 대부분 지도자들은 선거나 사임 또는 기타 제도적인 과정을 통해 물러나고 새로운 지도자가 선출된다. 1960-1980년간 아프리카 지도자 4분의 3이 쿠데타나 암살 등과 같은 폭력적 방법에 의해 물러났으며 이는 세계 평균을 3배나 초과했다. 그러나 2000-2005년 사이에는 5명 중 1명만 폭력적 방법으로 물러났으며 이는 세계 평균 정도이다. 새로운 지도자들은 장기 집권을 할 수 없는 여러 가지 제약에 처해 있으며 대부분 국가가 헌법적으로 대통령 임기를 2회로 한정하고 있다. 또한 헌법을 개정하여 장기 집권을 꾀하려 드는 독재자도 이제 거의 없다. 1990년 이래 3선 개헌을 한 아프리카 국가로는 나미비아가 유일하다.[100] 그러나 아프리카의 민주화가 매끄럽게 진행되고 있는 것은 아니다. 한때 민주화를 이루었다가 후퇴하는 국가들이 있고 아직까지 쿠데타나 내전에서 벗어나지 못하는 국가도 있다. 1989년 아프리카의 3대 민주국가 중 하나였던 감비아는 1994년 자메(Yahya Jammeh)가 쿠데타를 일으켜 민주적으로 선출된 자와라(Dawda Jawara) 대통령을 축출함으로써 다시 어두운 터널로 들어갔다. 중앙아프리카공화국, DR콩고, 코모로, 기니비사우 등도 민주화를 이루는 듯했으나 다시 후퇴하는 모습을 보였다. 모이 대통령이 24년간 장기집권 끝에 2002년 대통령 출마를 포기함으로써 민주화의 서곡을 열었던 케냐에서는 2007년 선거에서 부정선거 시비로 폭력이 난무함으로써 민주화를 정착하기가 얼마나 어려운 것인지 여실히 보여주었다. 1970년대와 1980년대 아프리카에서 만연했던 정치적 폭력이 현저히 줄어든 것은 아프리카의 장래를 위해 매우 바람직한 일이다. 1990년대에는 한때 경제위기 심화, 냉전 종식 및 아파르트헤이트 체제의 붕괴 등으로 인해 정치적 폭력이 다시 소생하는 듯한 감이 있었으나 민주화가 뿌리를 내리면서 폭력은 점차 사라졌다. 뉴욕주립대 뱅크스(Arthur Banks) 교수에 의하면 암살, 총파업, 게릴라전, 정부위기, 숙청, 폭동, 혁명, 반정부시위 등 모든 종류의 폭력을 놓고 볼 때 1980-1995년간에는 아프리카 국가에서 매년 평균 26건의 폭력사태가 있었으나 1996년 이후에는 5건으로 그 숫자가 격감했다.[101]

©Afrika Force from South Africa

_ 방기의 풍경

중앙아프리카공화국(CAR)은 세계에서 가장 가난한 나라이다. 이 나라 수도 방기(Bangui)는 세계 최악의 도시 중 두 번째로 꼽히고 있다. 60세를 넘기는 사람이 거의 없을 정도로 낙후된 이 나라에 2012년 또 정변이 일어났다. 북부에서 결성된 셀레카(seleka)라고 불리는 반군이 수도 방기를 향해 진군함으로써 일어난 반란이다. 중앙아공화국 정부는 과거 식민종주국인 프랑스에 군대 파견을 요청했으나 프랑스는 별로 긍정적인 반응을 보이지 않았다. 프랑스는 이제 시대가 변했으므로 더 이상 남의 나라 국내문제에는 간섭하지 않겠다는 입장을 보였다. 보지제(Bozize) 정부에 대해 우호적인 차드가 군대를 급히 파견해 겨우 반군의 진격을 막았지만 소수에 불과한 차드군이 끝까지 반군을 막을 수 있을지는 의문이었다. 아니나 다를까 셀레카 반군은 2013년 3월 수도를 점령하고 보지제 대통령은 가족과 함께 DR콩고로 망명하고 말았다. 회교세력을 배경으로 한 셀레카 반군이 수도 점령 후 기독교 세력 숙청에 나서자 프랑스는 적극 개입 정책으로 입장을 변경했다. 유엔안보리에서 결의를 채택하고 유엔과 함께 현지에 군대를 파견한 것이다. 프랑수아 올랑드 대통령은 사태가 악화할 경우 추가파병을 약속하면서 "프랑스군은 깡패처럼 행동하는 현지 군벌들의 무장을 해제할 것"이라고 말했다. 중앙아공화국은 2007년에도 반란이 일어나 평화협정을 체결했는데 반군이 평화협정을 깸으로써 다시 반란이 일어났다. 이 나라는 1979년 악명 높았던 독재자 보카사가 물러난 후 계속해서 쿠데타와 반란에 시달려왔으며 보지제 대통령도 2003년 쿠데타로 정권을 잡은 사람이다. 중앙아공화국에는 목재, 우라늄, 다이아몬드 등 풍부한 자원이 있으나 활용이 문제이다. 프랑스만 한 크기를 가진 이 나라는 450만 인구가 여기저기 흩어져 살고 있기 때문에 지하자원을 개발하지 못하고 있으며 대부분 국민은 영세농업을 영위하면서 겨우 입에 풀칠이나 할 정도로 근근이 살아가고 있다. 개발을 가로막는 가장 큰 이유는 역시 정세 불안이다. 모잠비크, 앙골라, 잠비아, 나이지리아 등 과거에 정세가 불안했던 많은 나라들이 이제는 정치적 안정 속에 착실히 경제발전을 해나가고 있는데 중앙아프리카만이 이렇게 뒤쳐져서 아직도 정세 불안 속에서 헤매고 있는 것은 안타까운 일이다.

민주화의 전통을 세워가는 **아프리카**

아프리카에서 민주화가 어려운 이유는 다음과 같다. 첫째는 사회적 관계의 특징이 후견인-고객(patron-client)관계라는 점이다. 누가 한 자리를 차지하면 그 밑에서 일하는 사람이 생기고 보스는 수하들을 챙기는 그러한 관계를 말한다. 마치 야쿠자의 오야붕-꼬붕 관계와 비슷하다. 특히 아프리카의 사회적 특성이 가족과 친척 위주이므로 이러한 관계를 형성하기가 보다 쉬웠다. 둘째, 종족주의이다. 아프리카에서는 종족이 다르면 외국인보다 더 미워한다는 다소 과장된 이야기가 있을 정도로 종족 위주의 사회이다. 보츠와나, 레소토, 스와질란드와 같이 종족 구성이 단순한 국가는 손으로 꼽을 정도이며 대부분 국가는 많은 종족으로 구성되어 있다. 어떤 종족에서 성공한 사람이 나오면 그 사람 밑에서 일하는 사람들은 대부분 같은 종족 출신이며 보스는 종족의 이익을 가장 우선시한다. 정당도 종족에 따라 결성되는 것이 보통이다. 예를 들어보자. 짐바브웨에서는 다수족인 쇼나가 창립한 ZANU(Zimbabwe African National Union)와 소수족인 은데벨레가 창립한 ZAPU(Zimbabwe African Peoples Union) 간에 알력이 지속되었다. 먼저 창립된 ZAPU의 리더 조슈아 은코모는 북로디지아(현재의 잠비아)와 니아살랜드(현재의 말라위)의 예를 따라 국내에서 폭력사태가 심각하게 일어나면 영국이 개입함으로써 독립을 달성할 수 있을 것으로 생각했다. 그는 대부분의 시간을 외국에 돌아다니면서 민족주의 운동에 대한 지원을 요청했다. 그 사이에 리더를 잃은 국내의 ZAPU는 지리멸렬했다. 은코모의 지나친 해외 체류, 국내문제에 정면으로 부딪치려는 의지 부족, 우유부단, 이러한 것이 결국 ZAPU와 ZANU의 분리를 초래했고 결과적으로는 늦게 출발한 ZANU의 로버트 무가베에게 권력을 헌납하고 말았다. ZAPU와 ZANU는 노선이나 투쟁의 방식에서 별 차이가 없었으나 종족을 배경으로 한 라이벌 관계가 결국 내전으로까지 발전했다. 뒤에서 다루겠지만 대호수 지역에서 일어난 사건을 보면 종족 간의 분쟁이 얼마나 뿌리가 깊고 한 나라의 정치를 좌지우지하는 것인지 잘 알 수 있다. 셋째는 권력을 행사하는 방법이다. 대통령은 절대적인 권력을 행사하며 마치 신과 같은 존재가 된다. 그를 견제할 수 있는 장치는 거의 없다. 정부와 민간의 구별도 없이 대통령의 권력은 사회 전체에 미친다. 아프리카의 권력자는 현대판 파라오이다. 넷째, 아프리카의 낮은 사회경제적 발전의 수준이 민주화에 장애물이다. 민주화도 받아들일 여건과 토양이 되어 있어야 순조롭게 이루어지는데 그러한 조건이 아직 잘 갖추어지지 않은 것이다.

아프리카 지도자들이 부패한 근본적인 이유 중 하나는 아프리카 국가의 재정 부족이다. 독립 이후 아프리카 국가 치고 변변한 소득 기반을 갖춘 국가는 거의 없었다. 지도자를 포함해서 모든 공무원은 신분에 걸맞은 봉급을 받을 수 없었다. 이러한 상황에서 이들은 점차 권력을 재산 축적의 수단으로 이용하기 시작했다. 이들은 국가 기관을 사적인 목적으로 운영했으며 권력의 남용은 일상화되었다. 지도자는 무엇보다 자리를 보전하는 것이 부와 명예를 지키는 길이었다. 아프리카의 모든 지도자는 개인의 부를 우선순위에 두었으며 이로 인해 민주주의의 싹은 사라졌다. 이들은 국가의 자원을 자신의 재산으로 간주했다. 외국으로부터 들어오는 원조를 포함하여 국가의 수입이 국방, 교육, 보건 등 공공이익을 위해 쓰이는 것이 아니라 지도자의 개인적인 용도에 사용되었다. 지도자들은 권력을 유지하기 위해 공적 자금을 지방 세력가의 환심을 사는 데 사용했다. 이렇게 해서 부패가 만연하게 되었으며 부패가 심할수록 관료제도는 보다 더 커지고 더 비효율적으로 운영되었다. 아프리카에서 민주화가 중요한 이유는 부패 외에도 다른 지역과 비교해볼 때 보다 명백해진다. 아시아에서는 중국을 비롯한 몇몇 권위주의 국가가 눈부신 경제발전을 이룸으로써 과연 경제발전과 민주화 간에 상관관계가 있는지에 관한 논쟁이 일었으며 이 논쟁은 지금도 계속되고 있다. 그러나 아프리카의 경우에는 상관관계가 명백하다. 아프리카에서 권위주의 국가들은 예외 없이 모두 경제적으로 몰락한 반면 보츠와나, 모리셔스, 남아공, 가나, 카보베르데, 레소토, 모잠비크, 잠비아 등 민주화를 이룬 국가들이 가장 높은 경제발전을 보이고 있다. 이는 아프리카와 아시아의 문화적 전통과 사고방식의 차이, 제도와 시스템의 차이, 지도자의 개인적 성향 차이 등에 기인하는 것이지만 여하튼 아프리카에서는 실증적으로 민주화가 뒷받침이 되어야 경제발전을 이루는 것으로 결론을 내릴 수 있다. 에티오피아, 르완다, 우간다 등은 일부 민주화를 이루었으나 분쟁의 지속, 최고통치자에게 권력의 지나친 집중, 정권 교체를 위한 투명성 있는 과정의 부재 등으로 인해 자칫하면 지금까지 이룬 경제적, 정치적 진전이 후퇴할 우려도 있다. 민주화는 길고 험난한 과정일 뿐 아니라 긴 시간이 걸리는 과정이다. 한국과 인도네시아의 경우를 봐도 그렇다. 가나의 경우 롤링스(Jerry Rawlings)가 물러나고 선거에 의한 후계자가 선출되는데 19년이나 걸렸다. 에티오피아, 우간다, 르완다가 꼭 가나의 길을 밟으리라는 보장도 없다. 이들이 성공적 정권 교체의 전통을 굳건히 세우고 민주적인 제도를 정착시키지 않는 한 언제라도 다시 권위주의 국가로 회귀할 가능성을 배제할 수 없다.

아프리카 지도자 중에도 스스로 권력을 내려놓는 사람들이 나왔다. 결단을 내린 이들은 아프리카 민주 발전에 큰 공헌을 한 인물로 기록되었다. 세네갈의 레오폴드 셍고르, 카메룬의 아히조(Ahmadou Ahidjo), 나이지리아의 오바산조, 탄자니아의 니에레레, 카보베르데의 아리스티데스 페레이라, 잠비아의 카운다, 말라위의 해스팅스 반다, 그리고 남아공의 데클레르크 등이 이러한 사람이다. 문인 정치인으로 유명한 셍고르는 비록 처음에는 세네갈을 부패한 1당 독재국가로 전락시켰지만 1976년 다당정치를 허용했다. 그는 또한 1980년 테크노크라트 출신인 후계자 디우프(Abdou Diouf)에게 자발적으로 권력을 물려줌으로써 권력을 자발적으로 포기한 최초의 아프리카 지도자가 되었다. 문인답게 생고르는 실험정신이 강했던 것이다. 생고르는 장수한 정치인으로도 유명하다. 그는 2001년 프랑스에서 95세의 나이로 죽었다. 1970년대는 아프리카에서 가장 잔혹했던 독재정치가 막을 내린 시대이다. 1979년 4월 우간다에서는 탄자니아와 우간다 망명세력이 연합군을 형성하여 악명 높은 독재자 이디 아민의 8년에 걸친 독재를 종식시켰다. 적도기니에서는 마시아스 응게마 독재정권이 스페인의 개입으로 1979년 8월 막을 내렸다. 1979년 9월에는 스스로를 황제라고 칭했던 중앙아프리카공화국의 보카사가 프랑스군의 지원을 얻은 반군에 의해 무너졌다. 이들 3인의 독재자들은 수만 명의 희생자와 수십만 명의 난민을 발생시키고 국가경제를 부도 직전으로 몰고 갔으며, 국가를 개인적으로 통치했고 심한 부패가 만연했다는 점에서 공통점이 있었다.[102]

1990년대에 와서 아프리카의 민주주의는 크게 신장되었고 이에 따라 평화적인 정권 교체도 빈번히 이루어졌다. 1990년대 초까지만 하더라도 전직 대통령 중 은퇴 후 고국에서 평화롭게 살고 있는 사람은 거의 없었다. 1960년에서 1999년까지 40년 동안 이루어진 180여 회의 정권 교체 중 100회 이상이 쿠데타, 침략, 전쟁 등을 통해 폭력적으로 이루어졌기 때문이다. 사하라 이남 아프리카의 경우 2010년까지 81회의 쿠데타를 통한 정권교체를 경험했고 125회의 실패한 쿠데타를 경험했다. 국가 지도자 중 60-70% 이상이 좋지 않은 결말을 맞이했다. 1980년까지는 선거로 인해 정권이 바뀌는 경우는 거의 없었다. 그러던 것이 80년대 이후 선거를 통해 정권이 바뀌는 사례가 눈에 띄게 늘어나다가 90년대에 치러진 80여 회의 선거에서는 약 4분의 1이 야당의 승리로 돌아갔다. 이로써 한 번 여당이면 영원히 여당이라는 공식이 바뀌었으며 이제는 선거에 의해 정권이 교체되는 것이 당연한 일로 인식되고 있다. 아프리카 민주화의 시작은 일당체제의 종식과 다당제의 출범이었다. 그리고 무엇보다 중요한 것은 선거를 통해 지도자를 선출하는 방식이 정착되는 것이었다. 27년간 잠비아를 통치한 카운다는 선거에서 노조 지도자 칠루바에게 패하자 권좌에서 물러났다. 한때 종신대통령까지 선언했던 말라위의 해스팅스 반다는 1994년 선거에서 지자 순순히 물루지에게 정권을 내주었다. 이들은 그동안 아프리카에서 생소했던 선거를 통한 정권교체의 문을 열었다. 2012년 4월 말라위에서는 특이한 일이 벌어졌다. 2004년부터 집권한 빙구 와 무타리카(Bingu wa Mutharika) 대통령이 심장마비로 급사하고 여성 부통령인 조이스 반다(Joyce Banda)가 대통령직을 승계한 것이다. 조이스 반다의 대통령직 승계는 헌법에 따라 이루어졌다. 대통령 유고시 나머지 임기를 부통령이 맡는다고 헌법이 규정한 것이다. 그러나 반다의 대통령직 승계가 저절로 이루어진 것은 물론 아니다. 빙구 무타리카는 자신의 후계자로 동생 피터 무타리카를 염두에 두고 있었다. 빙구 사망 시 피터는 외교장관직을 맡고 있었는데 피터와 그를 지지하는 세력은 정권을 잡기 위해 며칠 동안 빙구의 사망을 공식적으로 발표하지 않고 방책을 논의했으나 실패로 돌아가고 말았다. 가장 중요한 군이 헌법을 수호키로 결정했기 때문이다. 물론 조이스 반다의 단호한 태도도 잠재적인 쿠데타 발생을 억제하는

_조이스 반다

데 큰 역할을 했다. 조이스는 빙구의 사망 60시간 후에야 대통령으로 취임할 수 있었다. 이 사건은 하나의 교훈을 주었다. 그것은 법에 민주적인 절차가 명기되어야 한다는 사실이다. 헌법에 부통령의 권력 승계가 명기되어 있지 않았더라면 조이스의 권력 승계는 어려웠을지도 모른다. 헌법에 이러한 점이 분명히 명기되어 있었고 이에 따라 군을 비롯한 주요기관이 헌법 수호의 입장을 확실히 밝혔기 때문에 이러한 일이 가능했다. 평소에는 주목을 받지 않지만 비상시에는 헌법을 위시한 법의 규정이 매우 중요하다는 사실이 이 사건을 통해 여실히 드러났다.

전설적인 아프리카의 **독재자들**

장 베델 보카사(Jean-Bedel Bokassa)의 독재는 극도의 탐욕과 개인적인 폭력 외에 우월성에 대한 헛된 망상이 결합된 결과였다. 그는 17명의 부인과 수십 명의 첩 그리고 공식적으로만 55명의 자녀를 거느렸다. 그의 부인들은 독일인, 스웨덴인, 카메룬인, 중국인, 가봉인, 튀니지인, 코트디부아르인 등 가히 국제적이었다. 그는 또 인육을 즐기는 것으로도 악명이 높았다. 어려서 고아가 된 후 할아버지 손에서 자란 보카사는 고교 졸업 후 프랑스 군대에 들어가 2차 대전과 인도차이나 전쟁에 참전해 훈장을 받았다. 프랑스군에서 중사로 17년간 근무한 그는 1961년 프랑스군을 떠나 중앙아프리카공화국 군대를 창설하는 일에 가담했으며 곧 합참의장이 되었다. 군을 등에 업은 보카사는 1965년 12월 쿠데타를 일으켜 다코(David Dacko) 대통령으로부터 정권을 찬탈했다. 위세부리는 것을 좋아하는 보카사는 수많은 메달과 훈장을 주렁주렁 단 제복을 특별히 제작해서 입고 다녔다. 보카사는 그의 이름을 딴 학교, 병원, 도로, 개발프로젝트, 대학 등이 생길 때마다 즐거워했다. 보카사는 12개의 장관직을 겸임하여 국가의 모든 일에 개입하고 모든 결정을 스스로 내렸다. 모든 인사권은 보카사가 직접 행사했는데 견제 세력의 형성을 막기 위해 장관은 보통 1년에 6번씩 바뀌었다. 다이아몬드와 상아를 팔아 벌어들인 국가의 수입은 보카사의 개인 돈이나 마찬가지였다. 보카사는 이 돈을 가지고 유럽 각지에서 호화주택을 구입했으며 수도 방기에서 80킬로미터 떨어진 베렝고에 엄청난 규모의 관저인 '조상의 집'을 짓고 이곳까지 고속도로를 깔았다. 극도의 친프랑스주의자인 보카사는 드골을 '파파'라고 부르며 흠모했다. 드골의 장례식 때 보카사는 달래기 어려울 정도로 어린아이와 같이 소리 높여 울었다. 보카사는 지스카르 데스탱 대통령을 '경애하는 사촌'으로 부르며 그와 깊은 친분관계를 유지했으며, 데스탱을 위해 야생동물로 가득 찬 전용별장을 만들고 비싼 다이아몬드를 선물로 주곤 했다. 1인 천하만으로 만족하지 못한 보카사는 1977년 12월 황제 즉위식을 가졌다. 호화스러운 대관식에 들어간 돈이 2200만 불에 달했다. 포장도로가 400킬로미터밖에 안 되는 세계에서 가장 가난한 나라 중 하나인 중앙아공화국에서 벌어진 이러한 해프닝은 세상을 경악케 했다. 보카사의 기괴한 행동은 여기에서 그치지 않았다. 폭력 성향이 있는 보카사는 1972년 잡범 소탕 작전을 벌이면서 잡힌 범죄자들을 직접 무자비하게 구타했다. 보카사는 1976-1979년간 감옥에 잡혀 온 장교, 군인, 학생, 잡범 등 많은 사람을 학살했다. 많은 사람이 망치나 체인 같은 것으로 구타당해 죽었다. 보카사는 또 사자와 악어를 키우는 콜롱고 별장(Villa Kolongo)에 즉결재판소를 차려놓고 죄수를 사자와 악어밥으로 만들기도 했다. 보카사는 학생 시위가 일어나자 이들을 체포하여 1인 독방에 20-30명씩 구겨 넣었다. 다음 날 아침 감옥문을 열자 많은 학생이 질식해 죽어 있었다. 보카사는 때때로 감옥에 나타나 직접 학생을 구타하거나 살해하는 일에 가담하기도 했다. 이런 일이 계속되자 그동안 보카사를 비호해왔던 프랑스는 국제여론의 질타에 더 이상 견디지 못하고 그를 제거하기로 결정했다. 1979년 9월 보카사가 리비아를 방문한 틈을 타서 가봉과 차드에 주둔하는 프랑스군이 방기로 공수되어 정부를 전복시킨 후 다코 전 대통령을 복귀시켰다. 보카사의 자택을 수색한 결과 냉장고 안에서 인육이 발견됨으로써 보카사가 인육을 즐겼다는 항간의 소문을 입증했다. 보카사는 프랑스에 망명을 신청했으나 거부된 후 코트디부아르로 망명했다. 1980년 궐석재판에서 살인, 횡령, 카니발리즘 등의 혐의로 그에게 사형이 선고되었다. 4년간 코트디부아르에 체류한 보카사는 프랑스로의 망명이 허용되어 파리로 갔으나 향수병에 시달린 끝에 1986년 자진해서 중앙아프리카공화국으로 돌아왔다. 재판에 회부된 보카사는 살인 혐의로 사형선고를 받았으나 무기형 그리고 20년형으로 감형되었다. 수감 중 종교에 귀의한 보카사는 자신을 예수의 사도로 칭했다. 7년 복역 후 석방된 보카사는 방기에 거주하다가 1996년 75세로 사망했다. 보카사의 일생은 시종일관 기묘하기 짝이 없는 삶이었다.

_ 이디 아민 캐리커처

전설적인 독재자로 알려진 우간다의 이디 아민은 평생 정규교육을 받은 적이 없었고 거의 무학이었다. 1946년 영국군 막사에서 요리사로 일했던 아민은 큰 체격에다가 스포츠에 대한 재능 그리고 영국 장교들에 대한 높은 충성심으로 주목을 끌었다. 그는 9년 동안 우간다에서 헤비급 복싱 챔피언을 지냈다. 케냐의 마우마우 반란 때 상병으로 반란 진압에 투입된 아민은 살인을 서슴지 않는 잔인한 행동으로 주목을 끌었다. 살인 혐의로 군사재판에 회부될 뻔했던 아민을 구해준 것은 당시 우간다의 수상 밀튼 오보테(Milton Obote)였다. 오보테의 비호 아래 아민은 승승장구하여 1964년 중령으로 진급했으며 군 부사령관이 되었다. 그러나 오보테의 학정과 부족 편파 정책으로 인해 두 사람 사이가 갈라졌다. 오보테가 신임하는 장교의 살해 혐의와 군 예산 유용 혐의를 받고 있던 아민은 오보테의 해외 방문을 틈타 쿠데타를 일으켰다. 1971년 1월의 쿠데타는 군 내부에서 별 저항이 없었고 우간다의 많은 지역에서 환영을 받았다. 이는 그동안 오보테의 학정으로 인한 것이었다. 아민은 처음에는 유화정책을 펴며 민심을 얻기 위해 노력했으나 얼마 가지 않아 본색이 드러났다. 아민은 오보테 지지 세력이 역쿠데타를 일으킬까봐 두려워 이들을 무차별 학살했다. 그는 국정에는 별 관심이 없었고 자신의 정권을 유지하는 데 총력을 기울였다. 막대한 자금이 군 예산으로 투입되었으며 돈이 부족하면 중앙은행으로 하여금 돈을 찍어내게 했다. 장관들은 아민과 반대되는 의견을 제시하거나 불평하면 큰 위험이 닥친다는 사실을 깨달았다. 그들은 모두 입을 닫고 아민의 뜻에 순종했다. 경제사정의 악화로 아민의 인기가 크게 떨어지자 그는 이를 만회하기 위해 비수를 주로 인도인으로 구성된 아시아계 사회로 돌렸다. 소수 이민으로 구성된 아시아계는 상권을 쥐고 현지인과 유리된 배타적인 그룹을 구성하고 있었으므로 질시의 대상이었다. 1972년 8월 아민은 영국 국적을 가진 모든 아시아인은 3개월 내 우간다를 떠날 것을 명했다. 보복을 두려워한 아시아인은 사업 기반을 고스란히 남겨놓고 트렁크 몇 개만 움켜쥔 채 우간다를 떠났다. 그러나 아시아인의 축출은 우간다 경제에 재앙을 초래했으며, 일반 국민에게는 전혀 이익을 가져다주지 못하고 소수 아민 측근의 배만 불리는 결과를 낳았다. 아시아인이 남겨 놓고 떠난 재산을 아민 측근이 독차지했기 때문이다. 그뿐만 아니라 우간다를 떠난 약 5만 명의 아시아인 중에는 의사, 치과의사, 수의사, 교수, 기술자 등 우간다가 당장 필요로 하는 전문직업인이 많았다. 이들의 탈출로 우간다에는 전문직 공동현상이 생겼으며 우간다의 정부 수입은 40%가 감소되었다. 다른 독재자들과 마찬가지로 아민도 스스로를 과시하는 경향이 두드러졌다. 아민은 자신을 원수, 종신 대통령으로 봉하고 '대영제국의 정복자' 또는 '스코틀랜드 왕좌의 진정한 승계자'와 같은 우스꽝스러운 칭호를 붙였다. 무학인 그는 교육과 경험이 풍부한 관리들을 멸시하고 혐오했으며 학식이 높은 사람을 본능적으로 불신했다. 그러나 서방세계에서는 아민의 변덕스럽고 잔인한 행동이 경멸의 대상이었지만 아프리카에서는 영웅 취급을 받았다. 아시아인을 대거 추방함으로써 서방 제국주의에 정면으로 항거하는 것처럼 보이는 그의 행동이 아프리카의 이익을 대변하는 것으로 보였던 것이다. 7년여 영웅 행세를 하던 아민은 1979년 스스로 초래한 판단착오로 인해 몰락하고 말았다. 내부 반란을 저지하고 군 내부의 갈등을 무마하기 위해 희생양이 필요한 아민은 북부 탄자니아를 침공했다. 아민은 이 전쟁에서 승리하여 정권을 공고히 하려는 심산이었다. 그러나 탄자니아는 아민의 생각만큼 만만한 상대가 아니었다. 탄자니아는 4만 5000명의 병력을 우간다 국경에 진군시키고 아민 정권의 타도를 목표로 삼았다. 패퇴를 거듭하던 아민은 그의 고향인 서부

나일주로 피신했다가 사우디아라비아로 망명했다. 8년간에 걸친 아민의 폭압정치로 우간다는 거덜이 났으며 25만 명이 사망했다. 아민의 뒤를 이어 전 대통령 오보테가 다시 정권을 잡았으나 그 역시 아민과 비슷하게 폭압정치를 계속했다. 1985년 오보테가 전복되었을 때 한때 아프리카의 진주로 불리었던 우간다는 세계에서 가장 가난한 나라가 되어 있었다.

세상에 덜 알려졌지만 적도기니의 독재자 마시아스 응게마는 아마 아프리카 독재자 중에서도 가장 잔인하고 엽기적인 사람일 것이다. 1968년 독립한 적도기니를 이끄는 응게마는 교육 수준이 낮고 지적 능력이 떨어지는 사람이었다. 스페인의 식민통치를 혐오했던 응게마는 우선 공무원, 교사, 기술자, 전문직업인, 상인 등 7000여 명의 스페인인을 적도기니로부터 추방시켰다. 이후 그는 초대 정부 12명의 장관 중 10명을 처형하고 이 자리에 자신의 가족 그리고 자신과 같은 종족인 소수족 에상기(Esangui) 사람들을 앉혔다. 지성인을 저주할 정도로 싫어하는 응게마는 교육수준이 높은 사람을 대상으로 테러를 자행했다. 수천 명이 처형되었고 전체의 3분의 2에 달하는 국회의원과 고위 공무원이 살해되거나 체포 또는 추방되었다. 기괴한 성격의 응게마는 자기 첩들의 과거 연인을 추적하여 살해하는 한편 그가 한때 연모했던 여인들의 남편까지 살해했다. 응게마의 학정을 보다 못한 관료 114명(이들은 처형당한 관료의 후임으로 응게마가 손수 임명한 사람들임)은 국제사회에서 적도기니가 고립되지 않도록 온건한 정책을 펴줄 것을 요청하는 서한을 대통령에게 연명으로 보냈다. 그 결과 114명 모두가 체포되어 고문을 당했으며 그중 많은 사람이 살해되었다. 국가의 행정이 마비되고 국고가 바닥난 적도기니에서 봉급을 정기적으로 받는 사람은 응게마, 군, 경찰 그리고 민병대밖에 없었다. 나머지 공무원들은 스스로 알아서 살아야 했다. 교육, 농업, 건설, 자원 등을 담당하는 핵심 부처들은 예산이 없어 개점휴업 상태로 남았다. 중앙은행도 총재가 1976년 사형당한 후 폐쇄되었다. 모든 외환은 응게마가 직접 관리했는데 그는 외환과 함께 엄청난 양의 자국 화폐를 처소에 쌓아놓고 살았다. 응게마는 외화가 부족하면 외국인을 인질로 잡아 몸값으로 보충하기도 했다. 한 독일 여성은 5만 7600불을 내고 풀려났고 한 스페인 교수는 4만 불을 냈으며 한 소련인은 6000불을 내야 했다. 응게마는 종교계에 대해서도 기괴한 행동을 취했다. 응게마는 교회 예배 시 그를 '유일한 기적'으로 언급하도록 했으며 모든 교회에 그의 초상화를 내걸라는 칙령을 내렸다. 응게마의 협박에 못 이겨 성직자들은 "마시아스 외에는 신이 없다"거나 "신은 마시아스 때문에 적도기니를 창건했다. 마시아스가 없었다면 적도기니는 존재하지 않았을 것이다"라는 식으로 설교해야 했다. 이러한 개인숭배에도 만족하지 못했던지 응게마는 급기야 1974년과 1975년 칙령을 내려 모든 종교 집회와 장례식 그리고 설교를 금지했다. 로마가 기독교를 박해하던 시절처럼 적도기니에서 기독교 숭배는 범죄 행위로 간주되었다. 모든 교회는 문을 닫았으며 많은 교회가 창고로 사용되었다. 응게마의 폭정 하에서 적도기니는 나치의 강제수용소를 방불케 하는 처참한 인권 유린의 장소로 변모했다. 30만 인구 중 최소한 5만 명이 살해되었고 12만 5000명이 해외로 망명했다. 지식층에 대한 박해로 이 나라에 남아 있는 지식인은 거의 없었다. 시간이 흐르면서 응게마의 가족과 측근이 그의 광기에 겁을 집어먹었다. 가족들은 먼저 응게마를 치지 않으면 결국 자신들이 제거될 것으로 생각했다. 1979년 8월 응게마의 조카인 오비앙(Obiang Nguema) 국방장관이 마침내 칼을 빼들었다. 쿠데타를 일으켜 응게마를 체포한 것이다. 응게마는 제노사이드, 경제파탄 및 공적 자금 횡령 혐의로 재판에 회부되었다. 약 8만 명으로 추산되는 학살 사건 중 응게마가 직접 관련된 사안이 500건 이상에 달하는 것으로 드러났다. 법정은 응게마에게 사형을 선고했다. 그러나 응게마의 초자연적인 힘을 두려워한 총살대는 누구도 응게마의 형 집행에 참가하려 하지 않았다. 정부는 궁리 끝에 외국으로부터 총살대를 초빙했다. 모로코 총살대가 응게마의 사형을 집행한 것이다.

아프리카의 **영웅 만델라**

27년간 감옥살이를 한 만델라가 1990년 석방된 후 1994년 75세의 나이로 대통령에 취임한 것은 남아공 역사뿐 아니라 아프리카 역사에서 신기원을 이룬 일대 사건이다. 만델라는 무력투쟁에 나서기로 결심한 후 체포되어 1964년 6월 45세의 나이에 무기징역을 선고받았다. 만델라는 케이프타운으로 옮겨진 후 앞바다에 있는 로벤섬(Robben Island)으로 이송되었다. 죄수번호 466/64를 받은 만델라는 석회석 광산에서 노동을 하거나 비료에 쓰이는 해조류를 채취하거나 또는 아프리칸스어를 공부하면서 지냈다. 남아공 내 소요가 지속되면서 국내외에서 만델라를 석방하라

_ 만델라가 수감되었던 로벤섬 감옥

는 목소리가 커지자 남아공 정부는 만델라를 로벤섬에서 케이프타운 근처에 있는 폴스무어(Pollsmoor) 감옥으로 이송했다. 그러나 만델라의 존재에 대한 국제사회의 관심은 점점 더 커졌다. 만델라 석방의 싹이 보인 것은 1989년 9월 데클레르크(F. W. de Klerk)가 보타를 대신해서 남아공의 대통령이 된 후이다. 데클레르크도 투철한 아파르트헤이트 지지자였으나 그는 보다 실용적이고 변화에 순응하는 사람이었다. 마침 소련에서는 고르바초프가 개혁과 개방에 나서고 있었다. 정책이 바뀐 소련과 쿠바는 아프리카의 분쟁으로부터 손을 떼기로 결정했다. 1988년 12월 쿠바군이 앙골라로부터 철수하는 대신 남아공군도 앙골라로부터 철수하여 나미비아를 독립시키기로 합의가 이루어졌다. 소련의 지원이 축소되자 모잠비크의 프렐리모도 1989년 마르크스-레닌주의를 포기하고 모잠비크를 다당제 국가로 선언했다. 남아공에서는 공산 진영의 아프리카민족회의(ANC)에 대한 지원이 중단됨에 따라 ANC가 집권할 경우 남아공이 소련의 전진기지가 될 것이라는 우려도 사라졌다. 이러한 일련의 변화에 따라 남아공 백인의 성향도 바뀌기 시작했다. 백인 신세대들은 남아공이 아파르트헤이트로 국제사회에서 부랑국가로 취급받고 고립되는 것을 싫어했다. 경제인들은 인종 분리보다는 고립에서 벗어나 자유로운 비즈니스를 원했다. 남아공 백인들은 데클레르크에게 ANC의 합법화와 만델라의 석방을 권고했다. 이러한 환경 변화에 따라 데클레르크는 마침내 1990년 2월 ANC를 합법화하고 만델라를 석방한 것이다. 만델라는 1994년 5월 19일 남아공의 최초 흑인 대통령으로서 역사적인 취임식을 가졌다. 이 취임식에는 전 세

_ 아프리카의 영웅 넬슨 만델라

계 170여 개국에서 몰려든 정상과 귀빈들이 그의 취임을 축하했다. 만델라는 마침내 아프리카의 성자가 되었다. 그러나 국제사회에서 만델라의 이름이 높아지는 것을 모두 좋아한 것은 아니다. 짐바브웨의 무가베는 만델라를 신출내기로 생각했다. 그는 만델라가 대통령이 되었을 때 이미 15년간 집권하고 있었으며 스스로를 짐바브웨뿐 아니라 남부아프리카에서 가장 영향력 있는 지도자로 생각하고 있었다. 만델라가 대통령이 되기 전까지 무가베는 남부아프리카개발공동체(SADC)에서 좌장 노릇을 하고 있었는데 만델라가 등장함으로써 SADC의 지도권은 자연스럽게 만델라에게 넘어갔다. 그뿐만 아니라 무가베는 지역적인 인물에 불과했으나 만델라는 세계적인 인물로 스포트라이트를 받았다. 무가베는 매우 예민한 성격을 지닌 사람으로서 특별한 인물로 인식되기 위해 평생을 노력해왔으며 그러한 시점에 다가섰다고 생각하는 순간 만델라가 혜성과 같이 등장했다. 만델라는 무가베에게 참기 힘든 존재였으며 무가베는 만델라를 시기하고 질투했다. 무가베의 따가운 시선을 의식한 만델라도 무가베를 지칭하여 "태양이 나오기 전까지 별과 같았던 존재"라고 말했다.

남아공의 쓰라린 과거사를 법으로 다스리지 않고 진실 및 화해위원회를 설치하여 평화와 관용으로 다스린 만델라에게 국제사회는 큰 기대를 걸고 아프리카의 어려운 문제에 대한 개입을 요청했다. 그가 난제들을 평화롭게 해결해줄 것으로 기대했기 때문이다. 그러나 만델라는 국제관계에서는 기대에 미치지 못했다. 자이르의 모부투 대통령을 하야시키는 과정에서 만델라는 카빌라에게 유혈 사태를 그치도록 요청했으나 거절당했다. 카빌라는 모부투와 협상할 것을 원하는 만델라의 요청을 거절하고 오히려 군대를 킨샤사로 진군시킴으로써 많은 희생자를 낳았다. 만델라는 그의 명성에도 불구하고 유혈사태를 중지시킬 수 없었으며 이로써 그의 영향력에 한계가 있음이 드러났다.

50년간의 피나는 투쟁 끝에 75세의 나이로 집권한 만델라를 기다리고 있는 것은 순탄한 평야가 아니라 험준한 산맥이었다. 만델라는 스스로 "높은 산꼭대기에 올랐는데 가서 보니 더 높은 봉우리가 첩첩이 쌓여 있었다"라고 고백했다. 산적한 문제 중에서도 흑백 간의 격차는 심각한 문제였다. 남아공의 백인만으로 국가를 이룰 경우 국민소득이 세계 24위를 차지하는 데 반해 흑인만으로 국가를 이룰 경우에는 레소토나 베트남보다 낮은 123위를 기록할 정도로 격차가 컸다. 인구의 13%에 불과한 백인이 전체 소득의 61%를 차지했고 민간인이 소유한 자산 중 불과 2%만이 흑인 소유였다. 교육, 위생, 수도, 전기 등 모든 사회경제 분야에서 흑인은 다른 아프리카 국가들과 다를 바 없는 수준에 있었다. 아프리카에서 규모가 가장 큰 경제에다 최고의 인프라를 자랑하고 있다고는 하나, 정부의 재정적자는 늘어나고 빚에 허덕이고 있는 것이 남아공의 실정이었다. 공식 실업률이 33%에 달하고 경제성장은 1-2%대에 머물고 있었다. 만델라는 외국 투자를 유치하기 위해 동분서주했으나 외국투자자들은 ANC의 오랜 국유화전통에 심각한 우려를 갖고 있었다. ANC가 정권을 잡는 데 조력한 노동조합은 강경한 입장을 고수하며 자신의 요구조건만을 내세우고 있었다. 그뿐만 아니라 오랫동안 투쟁 일변도로 지내온 역사로 인해 이곳저곳에서 데모와 소요가 일어났다. 시민들은 요구사항이 있으면 으레 거리로 나서는 것이 습관화되어 있었다.

만델라가 분열된 사회를 하나로 묶기 위해 동원한 전술은 화해와 단합이었다. 만델라는 과거 백인 지도자들과 융화하는 모습을 보였으며 감옥에서 익힌 아프리칸스어를 자주 구사했다. 만델라는 1995년 럭비 월드컵 개막식에 나타나 그때까지 백인의 전유물이었던 럭비를 남아공의 국가스포츠로 탈바꿈시켰다. 만델라는 결승전이 열리는 조벅(요하네스버그)의 엘리스 파크(Ellis Park) 경기장에서 스프링복(Springbok, 남아공 국가대표팀의 명칭) 유니폼과 모자를 착용하고 주장을 포옹했다. 백인이 대부분인 경기장은 순식간에 "넬슨, 넬슨"을 외치는 연호로 가득 찼다. 백인과 흑인이 한 마음이 되는 순간이었다. 남아공팀이 결승에서 뉴질랜드에게 극적으로 승리하자 흑백을 불문하고 모두 거리로 나와 축제 분위기를 이루었다. 만델라는 럭비를 통해 백인의 마음을 얻고 남아공을 관용과 화해의 나라로 몰고 갔다. 과거사를 정리하기 위해 1995년 논란 끝에 설립된 '진실과 화해 위원회'는 순전히 만델라의 작품이었다. 이 위원회는 범법자를 처벌하기 위한 목적이 아니라 과거사에 대한 진실을 밝히기 위한 목적으로 설립되었다. 비밀경찰의 살인과 고문 행위가 계속해서 밝혀졌으나 이들은 모두 사면되었다. 전 대통령 데클레르크도 위원회에 3차례 출석했다. 데클레르크보다 죄과가 훨씬 큰 전 대통령 보타는 여러 번 참석 요청에도 불구하고 끝내 참석하지 않았다. 위원회에서는 아파르트헤이트 정권의 폭력뿐만 아니라 ANC의 폭력에 관해서도 증언이 이루어졌다. 위원회는 아파르트헤이트 당국뿐 아니라 ANC도 폭력과 인권침해에 책임이 있다고 판결했다. 예상했던 대로 백인은 위원회 활동을 좋아하지 않았으며 과거의 진실을 묻어버리기 원했다. 추악한 과거를 들추어내기 싫어하는 인간의 본성이 작용한 것이다. 백인은 70% 이상이 위원회가 흑백 간 인종 갈등을 오히려 악화시켰다고 평가했다. 그러나 흑인들은 대체적으로 위원회의 활동과 결과를 지지했다. 아파르트헤이트 종식으로 가장 혜택을 본 사람은 흑인 중산층이었다. 이들은 지금까지 접근할 수 없었던 영역에 자유롭게 접근할 수 있었다. 흑인들은 곧바로 기업 내 관리자층의 10%를 차지했다. 기술과 자격을 갖춘 흑인이 진출할 수 있는 분야는 매우 다양했다. ANC 정부는 흑인 중산층의 기업 진출을 장려하기 위해 이들에 대한 우대정책을 시행했다. 이 결과 이번에는 흑흑 간의 격차가 깊어졌다. 흑인 정치인, 정부 관리, 기업인, 경영인, 상인 등이 전에 없이 성장하면서 풍요로운 삶을 누리는 반면 나머지 흑인들은 깊은 나락으로 떨어졌다. 흑인 인구의 약 5%만이 부를 누리는 중산층에 해당했다. 나머지 95%는 극심한 가난에 시달렸다. 만델라는 대중과 잘 어울리고 소통하는 정치인이었다. 그는 계층을 가리지 않고 대화하고, 같이 사진 찍고, 늘 함께하는 모습을 보여주었다. 2013년 12월 5일 95세의 나이로 타계한 만델라를 추모하는 수많은 사람들은 대부분 그의 다정다감한 모습을 다시 볼 수 없는 것이 가장 아쉽다고 말했다.

만델라의 후임 음베키는 사회 개조에 역점을 두었다. 그는 흑백 간에 심각한 빈부격차가 존재하는 한 진정한 화해는 있을 수 없다고 믿었다. 그는 좌절한 수백만 흑인이 자포자기 끝에 폭발하는 것을 남아공 사회의 가장 위험한 변수로 생각했다. 음베키는 만델라와는 스타일이 크게 달랐다. 만델라가 대중적이고 소통하는 지도자라면 음베키는 뒷방에 앉아서 정책을 구상하는 스타일이었다. 음베키는 흑인을 중앙정부, 지방정부, 국영기업 등의 취업에서 우선적으로 배려했다. 이 때문에 수천 명의 숙련된 백인이 자리에서 물러났고 공직은 ANC 정책의 한 축이 되었다. 10년 동

_ 타보 음베키
전 남아공 대통령

안 약 75만 명의 백인이 흑인 우대, 높은 범죄율, 공직의 사유화 등을 이유로 남아공을 떠났다. 음베키는 또한 주변에 순종하는 아첨꾼들을 배치하고 반대하는 사람은 숙청하는 독재자적인 기질을 드러냈다. 음베키는 짐바브웨의 독재자 무가베를 무조건 지지하는 모습을 보임으로써 국제사회의 빈축을 샀다. 음베키는 아프리카의 전통에 따라 무가베를 장로로 그리고 독립투쟁의 영웅으로 극도로 존중했다. 음베키는 무가베의 백인 농장 몰수나 선거 폭력, 인권 침해 등에 대해 일체 비판하지 않았으며 늘 '조용한 외교'를 강조했다. 어떻게 보면 그는 무가베의 입장을 반복하는 앵무새와 같았다. 음베키의 명성은 그의 고위 관료들이 심각한 부패에 연루되어 있다는 사실이 밝혀짐으로써 더욱 손상되었다. 음베키는 그의 각료들이 무기거래에서 3억 불 이상의 뇌물을 받았다는 사실이 밝혀졌음에도 불구하고 시종일관 이를 부인하였으며 치부를 덮으려고만 하였다. 만델라가 시작한 남아공 흑인정부의 좋은 전통이 음베키를 거치면서 손상되었고 그 뒤를 이은 주마(Jacob Zuma) 때에 와서도 지속되고 있다. 주마는 부패와 강간, 사기 등 여러 가지 범법 혐의에도 불구하고 2009년 대통령으로 선출되었고 2014년 재선에 성공했으나 끊임없는 스캔들로 심각한 사임 압력에 직면하고 있다. 아프리카의 희망으로 떠오른 남아공은 그동안 이룩한 경제성장과 사회 안정에도 불구하고 심각한 빈부격차와 치안 악화 및 부패 등으로 인해 그 장래는 불투명하게 보인다.

_주마 현 남아공 대통령

아직 남아 있는 어두운 그림자:
나이지리아와 짐바브웨의 예

종교적 대립이 심한 나이지리아에서 이슬람 세력의 테러가 점차 커지고 있다. 북동부 지역을 휩쓸고 있는 보코 하람(Boko Haram, '서방교육은 사악하다'는 뜻)이라는 그룹이 테러의 주범이다. 이들은 거의 매일 총격을 가하거나 폭탄을 터뜨리고 있는데 외국투자자들을 몰아내기 위한 것이다. 2014년 4월 보코 하람은 한 여학교에 침입하여 수업을 받고 있던 여학생 276명을 무더기로 납치함으로써 전 세계를 경악케 했다. 원래 알카에다의 지원을 받고 있던 보코 하람은 2014년 8월 이슬람 칼리프국가 재건을 선포한 뒤 2015년 3월에는 IS(이슬람국가)에게 충성을 맹세함으로써 아프리카에서 과격 이슬람의 선봉자 역할을 자처하고 있다. 이에 따라 이들의 테러수법도 보다 과격하고 잔인한 양상을 띠고 있다.

이들의 궁극적인 목표는 이슬람법(샤리아)에 입각한 이슬람국가를 건설하는 것이다. 나이지리아에서 이슬람 세력이 융성하는 이유는 가난, 빈부 격차, 부패, 지역 격차 등으로 인한 것이다. 동북부의 문맹률은 수도 라고스에 비해 3분의 2나 높고 북부의 소득수준은 기독교 지역인 남부에 비해 절반밖에 안 된다. 상황이 이러니 절망에 빠진 젊은이들이 쉽게 이슬람 과격세력에 포섭되고 있다. 보코 하람의 조직이 아직 완비된 것은 아니지만 주민들의 광범위한 지지를 얻어 보다 강한 세력으로 성장할 가능성이 높다. 알제리가 종교 문제로 10년 이상 내전 상태에 있었던 사실을 상기할 때 보코 하람의 성장은 치명적인 결과를 초래할 수 있다. 보코 하람은 일부 정치인, 경찰과 연결되어 있으며 테러 수법을 볼 때 다른 이슬람 테

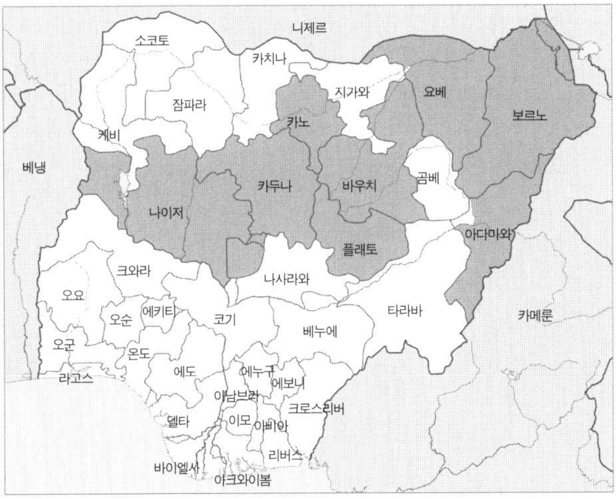

_ 보코 하람의 영향권

러단체들로부터 물심양면 지원을 받고 있는 것이 확실하다.

나이지리아는 사하라 이남 아프리카에서 가장 많은 이슬람교도를 가진 나라이다. 이런 나라에서 이슬람 과격파에 의한 테러가 강화되고 있다는 사실은 불길한 일이다. 더군다나 나이지리아는 아프리카 최대의 석유 수출국이므로 테러로 인해 훨씬 심각한 여파를 끼칠 수 있다. 특히 2012년 이후 나이지리아 북부 분쟁은 더 증폭되고 있다. 테러 공격으로 1000명 이상이 죽었는데 이는 전년보다 50% 증가한 숫자이다. 테러주동자는 물론 보코 하람이다. 나이지리아는 아프리카에서 가장 많은 1억 6000만 인구를 가지고 있고 인구가 계속 증가하고 있는 나라이다. 많은 인구 중 이슬람교도와 기독교도가 거의 반반으로 갈라져 있다. 양 종교 간 갈등은 오래된 것이나 최근 토지 문제로 갈등이 더 깊어졌다. 일부 정치인들은 공공연하게 분리 독립을 외치고 있지만 이는 매우 위험한 일이다. 40년 전 비아프라 내전 때 100만 명이 죽었던 것을 상기할 필요가 있다. 북부의 내전은 경제에도 큰 피해를 입히고 있다. 북부의 GDP는 30%가 축소되었고 전기와 수도 공급이 끊긴 곳이 늘어나고 있으며 가난한 북부와 부유한 남부 간의 격차는 더욱 벌어지고 있다. 보코 하람은 알카에다의 지원을 얻어 2011년 유엔사무소를 폭파했으며 세력 확장을 위해 니제르, 차드, 리비아에 있는 과격 단체들과도 연계를 추진하고 있다.

문제를 해결하려면 나이지리아 정부가 발 벗고 나서야 하는데 정부는 아직까지 무능한 모습만을 보이고 있다. 국가 예산의 4분의 1이 안보 관련 예산인데 무기 구입 과정 등에서 부패한 관리들이 잔치판을 벌이고 있는 반면 애매한 국민만 고통을 당하고 있다. 나이지리아 경찰은 매우 악명이 높다. 연간 경찰에 의해 죽는 사람이 보코 하람에 의해 죽는 사람보다 더 많을 정도이다. 경찰은 마구잡이로 사람을 죽이고 보코 하람 조직원들의 가족을 투옥시키고 있는데 이는 사태 해결에 도움을 주기는커녕 사태를 더 악화시키고 있다. 문제를 해결하려면 우선 부패한 관리들의 엉뚱한 짓과 경찰의 무자비한 행동부터 막아야 할 필요가 있다. 그다음에 협상을 통해 보코 하람의 테러행위를 중단시키는 것이 타당한 수순일 것이다. 보다 근본적인 문제는 남부와 북부 간의 소득 격차이다. 보코 하람이 탄생한 북동부에는 남부에 비해 가난한 사람이 너무 많다. 당연한 결과이지만 북부의 남부에 대한 인식은 좋지 않다. 이러한 문제는 결코 무력으로 해결될 수 있는 성질의 것은 아니다. 북부에 대해 의료, 교육, 교통, 전기 등 인프라망을 확충하면서 민심을 달래는 것이 분쟁을 종식시키는 근본적인 해결책이 될 것이다. 결국 문제 해결의 열쇠는 나이지리아 정부가 쥐고 있는 것이다. 사실 나이지리아의 부패는 안보보다 더 심각하다. 세상에서 나이지리아보다 더 부패한 나라는 없다는 것이 중론이다. 나이지리아의 부패는 공개적이며 모든 분야에 골고루 퍼져 있다. 사회 곳곳에 부패와 횡령, 절도가 만연해 있다. 나이지리아는 겉으로는 정상적으로 기능하는 국가와 같이 보이나 안으로는 부패가 조직적으로 기능하는 위험한 국가이다. 지도층의 부패 규모는 상상을 초월할 정도이다. 나이지리아에서 석유는 경제의 거의 모든 것이다. 1966년 석유는 정부 수입의 10%에 불과했으나 1990년에는 97%를 차지했다. 현재 석유 수입은 나이지리아 GDP의 3분의 1 그리고 정부 수입의 4분의 3을 차지하고 있다. 1996년 나이지리아 정부 위원회의 조사 결과 걸프전 시 유가상승으로 갑자기 늘어난 석유수입 중 무려 120억 불이 증발된 사실이 드러났다. 당시 원유수출 계좌는 바방기다 대통령이 전적으로 관장하고 있었다. 바방기다의 후임 아바차 대통령이 1998년 사망했을 때 그의 가족은 아바차가 재임 5년 중 횡령한 20억 불을 반납해야 했다. 그러나 아바차가 횡령한 규모에 비하면 20억 불은 '새발의 피'라는 것이 중론이었다. 이 때문에 나이지리아 국민의 국가에 대한 신뢰는 어느 나라보다 낮다. 국민의 12%만이 국가가 국민의 뜻에 의해 통치된다고 믿고 있으며 불과 7%만이 정부를 신뢰하고 있다.[103]

종교나 부패가 나이지리아가 처한 문제의 전부는 아니다. 나이지리아는 크게 하우사족이 지배하는 북부, 이보족의 본거지인 남동부 그리고 요루바족이 지배하는 남서부로 나뉜다. 요루바족 중에도 무슬림이 있지만 대개 북부는 이슬람 그리고 남부는 기독교로 나뉘어 있다. 영국은 하우사족을 신뢰하여 이들을 중심으로 나이지리아를 통치하려고 계획했었다. 오바산조와 아바차 등 몇몇을 제외하고 대부분의 지도자는 북부에서 나왔다. 나이지리아 정치의 아킬레스건은 국민들이 제로섬 게임 의식을 가지고 있다는 점이다. 한 종족에서 대통령이 나오면 그 종족은 잘살게 되지만 나머지 종족은 모두 패자가 된다는 그런 류의 사고방식을 말한다. 전통적으로 줄곧 지도자를 배출해왔던 북부사람들은 지도자는 앞으로도 북부에서 나와야 하며, 요루바족은 관리, 그리고 이보족은 기업인으로 족하다는 인식을 갖고 있다. 반면 남부인은 대통령직이 지역별로 순환되어야 한다고 주장한다. 문제는 나이지리아 국민 대다수는 아직도 정권이 누구 손에 가느냐에 따라 특정한 종족, 특정한 지역이 권력과 부를 독차지하는 것을 당연시하고 있다는 사실이다.

아프리카 지도자는 국내 문제가 어려워지고 여론의 압력이 가중되면 공격목표를 밖으로 돌리는 경향이 있다. 아프리카 지도자들은 1980년대 국민의 감정과 분노를 분출하는 대상으로 IMF와 세계은행을 목표로 삼았다. 이들은 신식민주의를 상징하는 기관으로 묘사되었으며 아프리카 외부에 있는 '악의 세계'의 상징이 되었다. 짐바브웨의 무가베 대통령은 90년대 민주화에 대한 요구가 강해지자 대중의 관심을 돌리기 위한 방법으로 콩고에 대한 군사개입을 결정했다. 자원이 풍부한 콩고에 대한 군사개입은 정치인과 군지도자들에게 부수입을 안겨주기도 했지만 주로 국민의 감정을 가라앉히는 데 유력한 수단으로 작동했다. 몇 년 후 무가베는 국민의 관심을 돌리기 위한 방편으로 이번에는 백인 농장주들에 대한 탄압을 결정했다. 농장 몰수로 인한 불안한 정세로 1980년 짐바브웨의 독립 후에도 남아 있던 백인 중 25만-30만 명이 짐바브웨를 떠나고 불과 5만 명 정도만이 고향을 지켰다. 농장 파동으로 떠난 사람들은 독립 당시 짐바브웨 정부가 꼭 필요하다고 강권해서 남은 사람들이었다. 상업농장주는 사실 짐바브웨 경제의 핵심이었다. 상업농장의 숫자는 6000개 이상이었는데 이들은 모든 경작지의 약 40%와 가장 비옥한 땅의 3분의 2를 차지하고 있으면서 짐바브웨 농산물의 4분의 3을 생산했다. 이들은 주식인 옥수수의 90%, 면화의 90%, 거의 100%에 달하는 담배, 그리고 밀, 커피, 차, 사탕수수 등을 생산했다. 이들이 생산하는 농작물은 짐바브웨 수출의 3분의 1에 달했고 전체 근로자 3분의 1을 고용했다. 상업농장으로 인해 짐바브웨는 남부 아프리카에서 곡창(bread basket) 역할을 계속해 왔다. 독립 당시 흑백 간의 경제적 격차를 줄이기 위해 백인이 소유하고 있는 좋은 토지를 점진적으로 흑인에게 배분한다는 합의가 있었다. 다만 백인 농장주에게 합당한 보상을 해주는 조건이었다. 그러나 국가 경제가 악화되고 부패한 관리들이 자신의 호주머니를 채우는 상황에서 보상은 물 건너 간 조건이 되고 말았다.

독립 전 무가베와 함께 게릴라 투쟁을 했던 군인들이 대략 3만 명에 달했는데 대부분 실업자였다. 이들은 과거 전우 중 불과 소수만이 부와 권력을 누리고 자신들은 생계조차 이어가기 어려운 처지에 있음을 토로하면서 불만을 표출했다. 1997년 일단의 퇴역 군인들이 거리에서 시위를 벌였는데 이들은 혁명가를 부르고 북을 치고 플래카드를 흔들며 무가베를 강도 높게 비판했다. 무가베는 이들을 달래야 할 필요성을 절감했다. 무가베가 생각해낸 묘수는 농장몰수라는 카드였다. 2000년 초 헌법개정안을 국민투표에 부쳤으나 통과되지 않은 것이 결정적인 계기로 작용했다. 무가베는 이 헌법개정안에서 짐바브웨는 보상 없이 토지를 몰수할 수 있고 몰수된 토지에 대한 보상책임은 영국에게 있는 것으로 규정했다. 그러나 이 개정안은 55%의 반대로 부결되었다. 무가베는 이를 창기라이가 이끄는 민주변화운동(MDC)과 백인 농장주 간의 합작품으로 규정하고 즉각 적인 보복에 나섰다. 상업농장주협회는 대법원의 보호를 요청했다. 대법원은 농장 몰수를 불법으로 선고했지만 무가베는 오히려 백인 재판관을 악당으로 몰았다. 무가베는 대법원장을 협박해서 사임케 한 후 자신의 측근을 재판관으로 임명했다. 희극적이지만 그 결과 대법원은 입장을 바꾸어 토지 몰수를 합법으로 인정했다. 이 당시 백인 농장주는 독립적인 사법부와 외부 세력 특히 영국의 보호를 받고 있었다. 그러나 이러한 보호장치는 무가베가 완력을 행사하자 허무하게 무너져버렸다. 무가베의 농장 강제 수용 조치는 영국, 미국, 세계은행과 IMF 등으로부터 강한 비판에 직면했지만 별 소용이 없었다.

농장을 자진 헌납하지 않는 농장주들은 '전쟁 퇴역군인'으로 불리는 무력 집단에 의해 강제로 쫓겨났다. 그러나 '퇴역군인'으로 불리는 대부분은 사실은 전쟁 경험이 없는 젊은 층이었다. 이들은 무력 사용을 목적으로 정부에 의해 동원된 사람들이었다. 수천 명의 농장주가 강제로 농장을 뺏기는 과정에서 수십 명의 백인과 수백 명의 흑인 근로자들이 살해되었다. 그러나 약 400명의 농장주들은 끝까지 버텨 살아남았다. 강철과도 같은 이들은 구타, 절도, 가옥침입과 파괴 그리고 끝없는 협박과 공갈에도 무너지지 않고 버틴 사람들이다. 거물인 체 하는 현지인은 변호사와 경호원을 대동하고 나타나서 당장 농장을 내어놓으라고 협박했으며 일부 침입자는 농장을 점유하고 아예 그곳에 기거하면서 아내와 딸을 강간하겠다고 협박했다. 정신적 강인함만이 이런 상황에서 버틸 수 있는 유일한 무기였다. 한 농장주의 아내는 침입자가 기르던 가축에의 접근을 막는 통에 배고파 울부짖는 소리를 듣고도 며칠 동안 먹이를 주지 못하자 가축들이 나중에는 잠잠해졌다고 회고하고 있다. 죽은 것이다.[104] 백인이 쫓겨났다고 해서 일반 흑인이 얻은 이익은 전혀 없었다. 오히려 많은 일자리가 없어졌고 소득 감소로 생활이 더욱 어려워졌다. 몰수된 농장은 무가베의 부인과 처남 및 다른 친척, 군 고위층을 비롯한 대통령 측근 및 일부 퇴역군인들에게 배분되었다. 예를 들면, 33명의 소작농에게 나누어 주는 것으로 알려졌던 3000에이커의 한 농장은 그 당시 농업장관 망궨데(Witness Mangwende)가 차지한 것으로 드러났으며 약 300여 개의 상업농장이 장관, 경찰청장, 공군사령관 등 고위 공무원들에게 분배된 것으로 드러났다. 농장 몰수가 일어난 지 8년 후인 2008년 한때 효자 노릇을 했던 담배와 커피의 생산은 80%가 감소했고 생계형 작물인 옥수수의 생산도 절반으로 줄었다. 다른 나라에서 가뭄이 들어도 늘 풍족한 생산을 자랑했던 남아프리카의 곡창 짐바브웨는 식량 수출국에서 수입국으로 전락하고 말았다.

백인에게도 농장 몰수 사태에 대한 책임이 전혀 없지는 않다. 백인 농장주들은 한 농장당 수백-수천 명의 흑인 노동자를 고용하면서 이들에게 집, 의료, 자녀들의 교육에 이르기까지 혜택을 제공했으나 교육과 훈련을 통해 이들을 매니저로 양성하지는 않았다. 노동자는 어디까지나 단순한 노동자였을 뿐 이들에게 보다 나은 미래를 설계할 기회는 부여하지 않았다. 만일 많은 흑인 노동자들이 교육을 받고 매니저로 신분이 상승했었더라면 백인으로부터 농장을 몰수하여 흑인에게 나누어준다는 무가베 정부의 논리가 모순에 봉착함으로써 다른 전략으로 선회했을지도 모른다. 무가베는 점진적이고 온건한 방법으로 흑인에게 토지를 이양하는 정책을 펼칠 수도 있었다. 세금이나 토지 쿼터제 등 많은 정책 옵션이 있었다. 그러나 무가베는 비슷한 정책도 펼치지 않다가 갑자기 백인농장을 몰수했다. 무가베는 이를 인종대립이나 식민주의 역사 등과 연계시켜 정치적으로 이용한 것이다. 농장 몰수로 가장 큰 피해를 본 사람은 백인농장주가 아니라 농장에서 일했던 흑인 노동자들이었다. 150만 명에 달하는 노동자와 그의 가족들은 하루아침에 오갈 데 없는 신세로 전락했다. 이들 중 약 40만 명이 질병과 영양실조 등으로 사망했다. 농장 몰수로 혜택을 본 사람은 4000여 명에 불과하다. 이들은 무가베가 자신을 지지해준 대가로 농장을 나누어 준 사람들이다. 그러나 이들 중 대부분은 농장 관리에 실패했다. 농업에 경험이 없었기 때문이다. 백인농장주 축출 전 6500개에 달했던 상업농장이 현재에는 400여 개만 남아 있다. 농장 사건과 직접 관계가 없는 1300만 국민은 당시에는 피해도 이익도 보지 않았다. 그러나 이들도 결국 피해자가 되었다. 농업 파탄으로 짐바브웨가 농작물 수입국으로 전락했기 때문이다. 경제 추락과 정치적 탄압을 피해 수많은 사람이 짐바브웨를 떠났다. 백인뿐만 아니라 의사, 간호원, 교사, 회계사 등 전문직종을 가진 흑인 중산층이 대거 짐바브웨를 탈출했다. 그들은 무가베가 집권하는 동안에는 짐바브웨에 장래가 없는 것으로 보았다. 2004년까지 인구의 4분의 1에 해당하는 300만 명이 남아공을 비롯한 외국으로 망명했다. 2005년 국회의원 선거에서 승리한 무가베는 자신에게 반대하는 도시 주민에 대한 숙청을 명했다. 이번에는 하라레나 불라와요 같은 대도시의 빈민이 그 대상이었다. 무람바츠비나(murambatsvina, 쇼나어로 '쓰레기를 치워내다' 라는 뜻)로 명명한 이 작전에서 경찰과 청년 대원들은 빈민 지역의 주민을 몰아내고 집을 철거했다. 이 작전으로 70만 명이 집을 잃었으며 10만 가정과 3만 2000개의 일자리가 상실되었다.

짐바브웨는 아프리카에서 가장 경제개발에 성공한 국가였으나 스스로의 선택으로 이미 이룬 발전을 무너뜨리고 나라를 후퇴시킨 대표적 사례이다. 1980년 짐바브웨의 독립 당시 평균수명이 57세였으나 2006년에는 남자 37세, 여자 34세로 세계에서 가장 수명이 낮은 국가로 추락했다. GDP는 절반 이상 축소되었고 2008년에는 천문학적인 인플레가 일어나 자국 화폐를 포기하고 달러화를 도입했다. 초인플레 시절에 부자가 된 사람은 모두 권력과 가까운 사람들이다. 이 당시는 '500불짜리 벤츠'라는 말이 유행이었다. 그도 그럴 것이 특혜층은 미화 500불을 가지고 짐달러-미달러-짐달러-미달러 식으로 암시장과 정규시장에서 4번만 환전을 하면 벤츠를 사기에 충분한 돈을 마련할 수 있었다.[105]

수입이 줄어들고 일자리가 없게 된 수백만 명이 남아공을 비롯한 외국으로 빠져나갔다. 이들은 대부분 고등교육을 받고 전문 직업을 가진 사람들이다. 이 결과 2007년 남아공 내 수학교사 5명 중 4명이 짐바브웨인이라는 통계가 나왔다. 짐바브웨가 모범적인 현대사회로부터 스스로 자초한 후진사회로 후퇴하기까지 10년이 채 걸리지 않았다. 그만큼 발전하기는 어려워도 망하기는 쉽다는 사실을 보여준 것이다. 현재의 짐바브웨는 인구 75%가 극빈층이며 실업률이 60%에 달한다. 국토 전체에 걸쳐 노후한 인프라를 개선해야 함에도 불구하고 예산이 없어 방치하고 있다. 이 때문에 가장 기본적인 전기와 수도 공급이 부족하여 국민 전체가 고통을 받고 있다.

_1백조 짐바브웨 달러 지폐

짐바브웨의 초인플레가 극에 달했던 2008년 여름 인플레율은 2억 3100만 퍼센트라는 말도 안

되는 상태에 달했고 급기야 100조 달러짜리 지폐까지 발행되었다. 도저히 버틸 수 없게 된 짐바브웨는 2009년 1월 자국화폐를 버리고 미달러화를 공용화폐로 채택했는데 이것이 자신들이 말하는 달러화정책(dollarization)이다. 미달러를 채택한 후 짐바브웨 경제는 안정을 되찾았으며 달러화의 유입량이 많지 않으므로 인플레율도 비교적 낮은 수준에 머물러 있다. 짐바브웨 은행은 예금자가 3개월간 돈을 맡기면 월 8~10% 정도의 이자를 지급한다. 은행은 이 돈을 주로 소매상이나 공무원에게 빌려주는데 대출이자는 월 12% 이상이다. 예금자가 3개월밖에 돈을 맡기지 않으므로 은행이 예금을 산업계에 빌려줄 여력은 없다. 짐바브웨의 돈줄은 농산물과 광물 판매, 해외동포의 송금 그리고 남아공 은행으로부터의 차입금 등이다. 2012년 짐바브웨 내 은행의 예금 잔고는 44억불에 달했는데 은행과 예금자가 모두 불안감을 가지고 있다. 초인플레 때 예금과 부채가 동시에 사라져버린 기억 때문이다. 집중적 예금인출(뱅크런)이 일어날까봐 겁내는 예금자들은 돈을 은행에 단기간만 맡기고 있으며 은행은 대출의 30%를 늘 유보금으로 보관하고 있다. 은행들은 목돈이 들어오면 해외의 다른 큰 은행에 예치하는 것이 관례이다. 모두 위험을 분산하기 위한 것이다. 짐바브웨 은행 중 현지은행으로 가장 큰 것은 짐바브웨 상업은행(CBZ)이고 바클레이즈, 스탠다드차타드 등 외국은행이 있어 5강(Big Five)을 이루고 있다. 불안한 예금자들은 대부분 빅 파이브에 예금하고 있다. 은행의 불안요인은 또 있다. 짐바브웨의 시대착오적인 51% 내국민 지분법 때문이다. 이 법에 의하면 금융부문도 지분의 51%를 현지인에게 넘기도록 되어 있는데 다행히 재무장관과 중앙은행장이 합동으로 틀어막고 있어 그런 일은 아직 발생하지 않고 있다.

짐바브웨의 2012년 무역적자는 36억 불이다. 생산시설 가동률이 30%에 불과한 짐바브웨에게 무역적자가 느는 것은 당연한 일이다. 이 적자를 메꾸기 위해 보다 많은 달러화를 유입해야 하는 상황이므로 이대로 가다가는 빚이 계속 늘어나 자국화폐의 재도입은 생각하기도 어려울 것이다. 미달러화를 지폐로만 쓰지 동전을 쓰지 않기 때문에 상거래에서 우스꽝스러운 일이 벌어지고 있다. 센트 대신 남아공의 랜드화 동전이 주로 쓰이고 있는데 이것도 충분하지 않다. 따라서 가게들은 잔돈의 액수를 표시한 종이쪽지를 발행하고 있다. 외국인은 종이쪽지에 별 신경을 쓰지 않기 때문에 사실상 물건을 더 비싼 값에 사는 셈이다. 동전이 부족하기 때문에 빵과 같이 기본적인 생필품의 가격은 부풀려져 있다. 그러나 국민은 초인플레에서 해방되었다는 안도감에서인지 현재의 미달러 유통체제에 만족하고 있는 듯하다. 희한하게 굴러가고 있는 화폐경제 그것이 오늘날 짐바브웨의 현실이다.

무가베 대통령은 자신을 부족사회의 추장처럼 여기고 있다. 아프리카 전통에 의하면 추장은 죽기 전에 권력을 이양하는 법이 없으므로 이런 점을 감안할 때 무가베는 결코 은퇴하지 않을 것이라고 보는 견해가 많다. 창기라이 전 총리는 지도자로서 과단성 있는 사람이나 무능한 보좌진이 그를 제대로 보필하지 못하였다는 것이 중론이다. 정부 각료 중에서는 비티 전 재무장관이 가장 돋보이는 인물이었다. 창기라이 전 총리가 이끄는 MDC는 오랜 민주화 운동을 통해 비티 등 유능한 인재를 다수 육성했으며 MDC 내에는 용기 있는 인물이 많다. 다만 MDC는 행정경험이 적어 아직 서투른 측면이

©Al Jazeera English
_로버트 무가베

있는데 국민이 아무런 일도 한 것이 없다고 야당을 비난만하는 대신 열정과 용기를 지닌 인물들을 격려해주는 것도 필요할 것이다. 여당 인사의 부정부패가 심각하여 대부분 각료들이 부동산과 광산 등을 소유하고 있으며 여러 대의 고급승용차를 보유하고 있는 사람도 많다. ZANU-PF 내에서 계속 권력 승계가 이루어지는 것은 일종의 연성쿠데타(soft coup)이므로 국제사회는 이러한 상황을 막기 위해 공동의 노력을 기울여야 한다는 견해가 설득력을 얻고 있다. 이러한 사태를 막는 데 남부아프리카개발공동체(SADC)의 역할이 중요하다는 것은 말할 필요가 없다. SADC은 짐바브웨가 자신의 동의 없이 독자적으로 선거를 강행하거나 2008년처럼 폭력과 부정이 재연되는 것에 극력 반대하는 입장을 취하고 있다.

_모건 창기라이

2008년 국회의원 선거에서 승리한 야당 MDC는 대통령선거에서도 창기라이의 승리를 주장했다. 그러나 5주를 기다린 끝에 나온 정부의 공식 발표는 창기라이 47.9%, 무가베 43.2%였다. 짐바브웨 헌법에 의하면 1차투표에서 과반수 득표자가 나오지 않을 경우 결선투표를 치러야 한다. 이미 군과 경찰 그리고 ZANU-PF 열성분자들을 동원한 폭력과 각종 선거부정을 맛본 창기라이는 승산이 없다고 보고 결선투표에 참여하지 않았다. 6월 27일 무가베가 단독으로 출마한 결선투표에서 대통령으로 확정되었음은 물론이다. 이후 SADC의 중재로 연립정부가 구성되어 창기라이가 총리를 맡고 MDC 출신 국회의원들이 각료직의 절반을 차지했다. 울며 겨자 먹기 식으로 구성된 이 연립정부는 그야말로 적과의 동침이었다. 한 정치 평론가의 표현에 의하면 "한 집에서 살면서 침대만 같이 쓸 뿐 나머지는 따로따로 살아가는 방식"이었다. 무가베 대통령은 2011년 선거를 강행하려다가 SADC의 반대로 무산되었고 2012년에도 마찬가지 움직임을 보였다가 결국 2013년 선거를 치르기로 SADC과 합의했다. 2013년 3월 신헌법이 국민투표를 통해 채택된 후 무가베는 전격적으로 7월 31일에 선거를 실시하겠다고 발표했다. 노회한 승부사 무가베는 자신의 생애에 마지막이 될 이 선거에서 61%를 얻어 34% 득표에 그친 창기라이를 압도했으며, 국회의원 선거에서도 ZANU-PF가 160석을 얻어 3분의 2의 압도적인 다수를 차지했다. 망연자실한 창기라이와 측근들은 부정선거를 주장하며 끝까지 투쟁할 것을 선언했으나 국제사회의 폭넓은 지지를 얻지 못했고 MDC는 창당 이래 최대의 위기를 맞게 되었다.

여당 내에는 풍부한 행정 경험을 지닌 온건파 세력이 있지만 전반적인 분위기로 인해 제 목소리를 내지 못하고 있다. 온건 인사들은 공식적인 자리에서는 반서방, 비공식적인 자리에서는 친서방의 두 얼굴을 가지고 있는 성향이 있다. 과거에 부패가 심하지 않았던 짐바브웨는 이제 부패가 만연한 나라로 탈바꿈했다. 공무원이 봉급을 제대로 받지 못하는 나라에서 부패는 피할 길이 없는 것이다. 특히 음포푸(Mpofu) 전 광업장관과 촘보(Chombo) 전 도시개발장관 등은 대표적으로 부패한 인물들로 널리 알려져 있다. 잠재력에 관한 한 짐바브웨를 아프리카 국가 중에서 상위에 올려놓는 견해는 도처에 있다. 이러한 견해에 따르면 짐바브웨가 처한 문제는 주로 정치적인 것이므로 정치 상황이 개선되면 천혜의 기후와 풍부한 광물자원, 질 높은 인적 자원, 안전한 치안, 잘 갖추어진 인프라 등으로 경제 발전의 잠재력이 매우 크다는 것이다. 과거 짐바브웨의 농업과 공업 기반은 매우 튼튼했으나 2000년 토지개혁 후 백인농장주 축출과 이로 인한 서방의 경제제재 그리고 무능한 경제 운용으로 나라가 피폐해졌다. 현재 산업시설 가동률이 30%에 불과하며 상업농장은 과거의 10%도 되지 않는다. 짐바브웨 주재 전 영국대사에 의하면 많은 영국기업이 짐바브웨의 정치가 안정되는 대로 재진출할 준비를 하고 있다고 한다. 그만큼 짐바브웨의 잠재력을 높이 평가하고 있기 때문이다. 짐바브웨에 진출하기 위해서는 단기 이익에 급급해하기보다 장기적인 시각을 가지고 접근하는 것이 성공 확률이 높을 것이라는 분석이 중론이다.

1980년 짐바브웨의 독립 후 무가베 대통령이 정권 확립 과정에서 남부 지역의 소수 은데벨레족 2만여 명을 잔인하게 학살했던 사건(일명 '구쿠라훈디'[106] 작전)은 여전히 깊은 상처로 남아 있으며 무엇보다 당시 사건을 주도했던 인물(무가베, 므난가와 부통령 등)이 아직도 요직을 차지하고 있기 때문에 이 사건의 진상이 밝혀지지 않고 있다. 북한 교관이 이 작전을 위해 구성된 제5군단을 훈련시켰으며 이 특수부대를 지휘한 인물은 공군 제독 쉬리(Perence Shiri)였다.[107] 무가베는 1980년 후반 북한과 비밀협정을 맺었다. 이에 따라 1981년 8월 106명의 북한 교관이 짐바브웨에 파견되어 5군단 양성에 들어갔다. 5군단의 본부는 동부 고원지대인 이니양가(Inyanga, 현재의 Nyanga)에 있었으며 총 병력은 3000-3500명에 달했다. 군인들은 모두 ZANU에 충성하는 쇼나족 출신으로만 구성되었다. 1982년 초까지 훈련이 완료되자 군인들은 태권도를 구사하며 북한군 식으로 경례하고 북한군 식 보법으로 행군했다. 무가베는 이제 기회가 왔다고 생각했다. 핑계 삼은 것은 마타벨레란드(Matabeleland, 은데벨레족의 본거지)에서 발견된 다량의 무기였다. 무가베는 이를 "은코모의 쿠데타를 입증하는 움직일 수 없는 증거"라고 주장했으나 사실 이 무기는 ZIPRA(ZAPU의 군사조직)가 해산될 때 내놓은 무기를 저장한 것에 불과했다. 조슈아 은코모는 내무장관직으로부터 해임되었으며 다벤과(Dumiso Dabengwa), 마수쿠(Lookout Masuku) 등과 같은 ZIPRA 장군들은 반역죄로 기소되었다. 이렇게 해서 1983년 1월부터 구쿠라훈디 작전이 전개되었다. 구쿠라훈디란 쇼나어로 '낙엽을 쓸어가는 비'를 뜻한다. 이 말은 해방전쟁 중에는 백인을 쓸어버린다는 뜻으로 쓰였는데 이제 마타벨레란드의 쓰레기를 쓸어버린다는 뜻으로 쓰이게 되었다. 무가베가 이 작전을 전개한 것은 라이벌 조슈아 은코모를 몰아내고 ZANU의 일당독재 체제를 확립하기 위한 것이었다. 처음에 5군단이 목표로 삼았던 사람들은 과거 ZIPRA 소속 군인과 ZAPU 당원이었으나 점차 희생자의 범위가 넓어져 민간인 특히 여자와 아이들까지 포함되었으며 그 수법도 보다 잔인해졌다. 행동을 개시한 5군단은 직접 수상실로부터 작전 지시를 받았다. 작전 개시 후 6주 만에 2000명이 살해되었으며 전체 사망자수는 2만 명에 달한다. 군인들은 수십 수백 명씩 마을 사람들을 잡아 학교 등 공공장소에 모아놓고 구타와 교육을 병행한 뒤 집단으로 처형시켰다. 스스로 무덤을 파게 한 후 처형했으며 마을 전체를 불태워 없애고 사람들을 산 채로 화형에 처했다. 서방언론에 의해 학살 소식이 일부 보도되었으나 짐바브웨 언론은 시종일관 침묵했다. 종주국인 영국은 처음부터 끝까지 소극적인 태도로 일관했다. 막 출범한 무가베 정부와 불편한 관계가 형성되는 것을 원치 않았기 때문이다. '공적 1호'로 낙인 찍힌 은데벨레족의 지도자 은코모는 암살을 겨우 모면한 뒤 런던으로 도피했다. 무가베는 무자비한 작전 끝에 마침내 목표를 이루었다. 1987년 12월 견디다 못한 은코모가

©Rob C. Croes / Anefo

_ 조슈아 은코모

단일화협약에 서명함으로써 ZAPU와 ZANU가 ZANU-PF 1당으로 통합된 것이다.[108] 인권단체 등은 구쿠라훈디 사건의 진실을 밝히고 책임자를 가려내기 위해 노력해 왔으며 이로 인해 정부의 탄압을 받았다. 당시 북한은 짐바브웨 장교를 북한으로 데려가거나 아니면 북한 교관을 파견하여 특수부대를 양성했는데 북한에 의해 훈련받은 장교들이 지금도 군부 내에 다수 남아 있다. 북한은 현재 대사관을 유지하지 않고 무역대표부만을 운영하고 있으나 2008년 선거에도 북한이 개입했다는 소문이 있었다. 구쿠라훈디 사건 후에도 짐바브웨는 군인과 정보요원을 북한에 파견하여 특별 훈련을 시키는 등 상호 긴밀한 협력 관계를 유지해 왔다.

짐바브웨 언론이 정부를 비판 보도하는 것은 가능하지만 일정한 제한이 있다. 우선 정확하고 신뢰할 수 있는 정보원(情報源)이 있어야 하며, 기사가 특정한 시각에 치우치지 않고 객관성이 있어야 한다. 이 나라의 특성상 대통령과 그의 가족 및 군부에 대한 보도는 매우 민감한 사안이기 때문에 언론은 가급적 다루지 않는 경향이 있다. 반면 정부 인사, 특히 야당이나 총리 등에 대한 보도는 매우 자유로운 편이다. 여-야를 막론하고 언론을 불편하게 여기는 경향이 있는 것은 사실이다. 정부 부처 공무원은 언론 접촉과 인터뷰가 원칙적으로 허용되지 않으며 기자들은 주로 장·차관을 취재하고 있다.

7

내전

후투와 투치

아프리카는 독립 후 내전을 겪지 않은 나라가 거의 없을 정도로 내전이 일종의 유행이 되어왔다. 2006년 한 해에만 전 세계 유혈 분쟁의 40%가 아프리카에서 일어났으며 11개 아프리카 국가가 내전의 공포에 떨어야 했다. 최근에는 달라졌지만 10년 전까지만 해도 내전으로 인해 아프리카에서는 매년 180억 불 정도의 국민소득이 사라졌다고 한다. 1990년부터 2005년 사이에 분쟁이 일어났던 아프리카 국가의 손실을 합하면 무려 3000억 불이나 된다. 국가마다 차이가 있지만 내전을 치르는 사이에 매년 GDP의 15% 정도가 사라져버리는 것이다.[109] 아프리카에서 내전이 자주 일어나는 이유는 결국 재화의 부족에 있다. 가뭄으로 흉년이 들어 농산물이 부족하면 가격이 폭등함으로써 내전이 일어난다. 이를 방지하기 위해 외국원조를 보험으로 사용하자는 의견도 있다. 어차피 원조를 줄 것이면 자연 재해가 일어난 나라에 주어 폭동이 일어나는 것을 방지하자는 것이다. 보츠와나는 1960년대 독립 이후 한 번도 분쟁을 겪지 않았다. 보츠와나 정부는 가뭄 보험을 만들어 농산물 수확이 감소할 때에는 보험으로 농민의 소득을 보장해주었다. 이 결과 보츠와나는 늘 안정과 평화를 누릴 수 있었다. 다른 아프리카 국가도 보츠와나의 예를 참고하여 보험 제도를 운영하자는 것이다.[110]

언제부터인가 대호수 지역에는 후투족과 투치족이 함께 살았다. 전통적으로 후투는 농작물을 재배하고 투치는 목축을 하면서 살았다. 서양의 식민통치가 시작된 후 권력에 가까운 쪽은 늘 투치였다. 이는 투치가 서양인과 용모가 비슷한데다 식민당국에게 협력했기 때문이다. 서양인은 자신과 용모가 비슷한 투치가 에티오피아의 고원지대나 아프리카의 뿔 지역으로부터 온 민족이라고 믿었다. 1890년 르완다를 동부아프리카 식민지의 일부로 편입한 독일은 용모가 서로 다른 투치와 후투를 인종적으로 구분하는 법을 만들었다. 독일은 원시적으로 보이는 이 아프리카인들이 실제로는 복잡한 사회문화적 구조를 가지고 있다는 사실을 깨닫지 못했다. 독일은 키나 용모 등 그들이 정한 잣대에 따라 후투와 투치를 구분하고 인종 간 구분을 제도화했다. 독일의 뒤를 이은 벨기에 식민정부는 이러한 권력 불균형을 보다 더 심화시켰고 이를 뒷받침하기 위한 이론까지 만들어냈다. 반투 계열로 키가 작고 통통한 후투와 달리 투치는 중동과 북동아프리카에서 유래한 함족의 후손이라는 것이다. 함족은 오래전부터 유럽 문명과 교류가 있었으며 백인의 먼 친척으로 간주된다고 했다. 이러한 이론을 만든 식민주의자들은 권력을 투치의 손에 넣어주었다. 이러다가 식민통치가 끝나자 수적으로 우세한 후투는 르완다에서 권력을 장악했으나, 투치 세력이 훨씬 강한 부룬디에서는 1966년까지 투치 왕국이 지속되었다. 1960년대 초 르완다에서 권력이 후투로 이양되는 과정에서 많은 투치가 죽고 10만-20만 명에 달하는 투치가 이웃나라로 피신했다. 이를 필두로 르완다와 부룬디에서는 후투와 투치 간에 권력을 장악하기 위한 피비린내 나는 투쟁이 전개되었다. 1990년대 초 르완다의 후투 엘리트는 정치적 반대 세력의 관심을 돌리고 정권을 유지하기 위해 투치의 위협을 과장해서 공포와 증오의 대상으로 선전했다. 이들은 민병대를 무장시키고 살인조를 결성함으로써 대대적인 투치 숙청을 준비했다. 이 때부터 대량살상의 씨앗이 잉태되었다. 한편, 르완다로부터 우간다로 피신한 투치는 게릴라단체(RPF)를 만들어 후투를 상대로 끈질기게 투쟁했다. 당시 우간다 대통령 밀튼 오보테의 박해를 받던 르완다 투치는 무세베니의 반군을 지원했고 무세베니가 승리하자 하나의 세력 집단으로 성장했다. 무세베니는 1986년 7월 우간다에서 10년 이상 거주한 모든 르완다인에게 우간다 국적을 부여했다. 1987년 캄팔라에서 결성된 RPF의 목표는 투치가 르완다로 돌아가는 것과 르완다의 정치 개혁을 이루는 것이었다. 1990년 10월 전쟁 준비를 마친 RPF가 르완다를 공격하자 르완다 대통령 하뱌리마나는 프랑스, 벨기에 그리고 자이르군의 지원을 얻어 맞섰다. 큰 희망을 가지고 나섰으나 연합군에게 패퇴한 RPF는 폴 카가메를 새로운 지도자로 해서 전열을 정비했다. 카가메는 RPF를 정예 게릴라 단체로 육성한 후 르완다 북부 지역을 습격하고 빠지는 'hit and run' 전법을 구사했다. 치열한 전투로 희생자가 늘어나자 1992년 양측 간에 정전협정이 체결되었으며 이어 하뱌리마나는 탄자니아의 아루샤에서 개최된 평화회담에 참석했다. 그러나 하뱌리마나의 투치 반군에 대한 유화적인 태도는 국내 강경파의 반감을 샀다. 군과 정보기관, 대학, 언론 등을 중심으로 후투의 권력을 유지하기 위한 조직이 구성되었다. 군 내부에는 'amasusu'라는 비밀조직이 형성되어 민병대를 훈련시키고 무기를 공급했으며 암살조가 구성되었다. 이들은 "투치에게는 자비가 없다"라는 경구를 주문처럼 외우고 다녔다. 1993년 아루샤 평화협정에 하뱌리마나가 서명한 것은 국제사회의 압력에 의한 것으로 그로서는 시간을 벌기 위한 일종의 전술이었다. 이 협정에 의하면 후투와 투치가 서로 통합하도록 되어 있었는데 후투 강경파는 이를 절대 용납하지 않았기 때문이다. 1993년 6월 이웃 부룬디에서는 은다다예(Melchior Ndadaye)가 최초의 후투 대통령으로 선출되었는데 과격 투치 장교에 의해 납치 살해되는 사건이 일어났다. 이로 인해 투치와 후투 간에 벌어진 살육전으로 15만 명이 살해되었다. 이를 지켜본 르완다의 후투 강경파는 르완다에서도 투치가 권력을 쟁취하여 후투를 지배하려는 의도를 가지고 있다고 확신하게 되었으며 투치에 대한 전의를 더욱 불태웠다.

_ 하뱌리마나 전 르완다 대통령

불안한 상황이 지속되던 중 1994년 4월 하뱌리마나와 신임 부룬디 대통령이 동승한 비행기가 누군가가 쏜 미사일에 의해 추락되자 잔혹한 대량학살이 벌어졌다. 이들은 다레살람에서 열린 아프리카 정상회담에 참가하고 돌아오는 길이었다. 당시 양 대통령은 모두 후투 출신이었는데 이들을 투치가 암살한 것인지 후투가 암살한 것인지는 확실치 않다. 하뱌리마나 르완다 대통령은 아루샤 평화협정에서 투치에게 너무 많은 양보를 했다는 비판을 받고 있었으며 군 내부에 적이 많았다. 비행기 추락 직후부터 조직적으로 학살이 자행되었다. 학살자들은 정규 군인과 민병대로 구성되었다. 이들이 첫 번째 제물로 삼은 것은 평화협상에서 투치에게 양보를 거듭해 후투의 권력기반을 약화시켰다고 생각한 정부 내 후투 출신 고위 관리들이었다. 대통령이 죽은 후 급히 수립된 임시정부의 수반인 후투족 출신 여성 총리 우윌링기이마나(Agathe Uwilingiyimana)부터 먼저 살해되었다. 유엔평화유지군 소속인 벨기에 군인 10명이 그녀를 경호했으나 후투의 습격을 받아 체포된 후 모두 살해되었다. 이를 계기로 벨기에를 비롯한 소수 국가들로 구성된 유엔평화유지군은 르완다로부터 철수했다. 프랑스와 벨기에 군대는 외국인과 르완다 정부고위인사들을 소개(疏開)하는 임무를 수행할 뿐 르완다 내부에서 일어나는 학살에 대해서는 수수방관했다. 학살자는 투치족의 명단을 가지고 있었으며 이 기회에 투치를 말살시키려 했다. 라디오 방송은 "투치와의 전쟁은 모든 후투의 의무이므로 군을 도와 투치를 처치하라"고 부추겼다. 라디오는 "아직 무덤이 꽉 차지 않았다"고 선동했다. 수도인 키갈리에서 시작된 학살은 곧 전국으로 퍼졌다. 이것은 나치의 유태인 학살보다 더 심한 제노사이드였다. 성직자, 의사, 교사 할 것 없이 이 광란의 잔치에 모두 가담했다. 당시 르완다에 살고 있던 90만 투치 중 불과 13만여 명만 살아남을 수 있었다. 학살의 80%는 비행기 추락 후 6주 내에 신속히 이루어졌다. 학살은 매우 조직적이고 계획적으로 진행되었다. 이 학살로 인해 르완다로부터 흘러나오는 물에는 인간의 잔해가 넘쳤으며 빅토리아 호수에는 커다란 시체 더미가 쌓였다.[111]

학살자는 상대편을 죽이지 않으면 자신이 죽기 때문에 할 수 없이 학살에 가담했다고 말한다. 그러나 이것은 인간의 광기였다. 군인과 민병대만으로 이렇게 많은 사람을 죽일 수는 없었다. 민간인이 가담했기 때문에 가능한 일이었다. 단순히 사람만 죽인 것이 아니라 모든 잔혹한 방법으로 죽였다. 부모로 하여금 자식이 죽는 장면을 보게 한 후 부모를 죽였으며, 자식으로 하여금 부모를 죽이게 했다. 시체에서 사지를 절단하고 몸체만 차곡차곡 쌓았다. 엄마에게 땅을 파게 한 후 아이를 산 채로 묻었다. 땅속에서 나오려는 아이를 두들겨 패서 다시 땅속으로 들어가게 했으며 이런 과정은 아이의 움직임이 없을 때까지 계속되었다.

_ 르완다 제노사이드

아루샤 평화협정에 따라 군사행동을 잠시 중단했던 RPF는 대량학살의 현장 르완다를 향해 진격하여 7월 키갈리를 점령했다. 이렇게 되자 학살을 자행했던 많은 후투가 이제 보복을 두려워해 인근국가로 피신했다. 아이러니컬하게 국제사회의 관심은 대량학살을 당한 투치보다 후투 피난민에게 더 쏠려 이들에 대한 구제활동이 대규모로 전개되었다. 르완다에 군대를 파견했으나 학살을 막지 못했던 프랑스는 후투 살인자를 비호했다는 비난을 받으면서도 후투 피난민 구호활동에 적극 가담했다. 당시 르완다의 인구가 700만-800만 명이었는데 불과 2개월간의 짧은 대량학살로 인구의 10% 이상이 손실되었다. RPF의 군사행동으로 인해 약 10만 명의 후투가 살상되었으나 투치는 제노사이드에 대한 보복으로 후투를 절멸시키려 하지는 않았다. 키갈리를 점령한 후 폴 카가메는 연합정부를 수립하고 통합정책을 펼쳤다. 18명의 장관 중 12명이 후투 출신이었고 대통령으로 선임된 인물은 죽은 하뱌리마나의 친척인 후투족 비지뭉구(Pasteur

Bizimungu)였다. 카가메는 부통령에 임명되었다. 그러나 이것으로 게임이 끝난 것은 아니었다. 피난민을 위장하여 자이르로 피신한 후투 살인자들은 피난민 캠프를 통제하고 식량을 관장하는 가운데 모은 자금으로 무기를 구입하여 역습의 기회를 노렸다. 이들의 준동으로 르완다는 더 많은 피해를 입었을 뿐 아니라 결국 자이르 모부투 정권의 몰락을 가져왔다.

르완다 학살의 **앞과 뒤**

의아하게 여기겠지만 르완다의 비극은 사실 소말리아에서 시작되었다고 볼 수 있다. 소말리아의 무정부상태를 청산하고 군벌 아이디드(Aideed)를 제압하기 위해 1993년 미국은 해병대를 파견했다. 조지 부시 대통령은 1991년 걸프전쟁에서 막 승리한 뒤였고 미군은 큰 전쟁이 아닌 국지적인 분쟁에서도 뛰어난 역량을 발휘할 수 있다는 점을 입증하고 싶었다. 유엔으로부터 개입 요청을 받은 미국은 인도적인 차원 외에도 오합지졸과 비슷한 소말리아 민병대를 신속히 제압하고 작전 목표를 완수한다는 점에서 소말리아를 적절한 시험장으로 생각했다. 미국은 처음에는 아이디드와 마디 등 군벌에 대해 유화정책을 폈으나 유엔평화유지군으로 파견된 파키스탄 병력 26명이 아이디드의 본거지에서 살해된 사건이 발생한 후 아이디드를 체포하는 적극 정책으로 선회했다. 모가디슈에 자리를 잡은 미군 사령부는 첩보를 토대로 아이디드 색출 작전에 나섰다. 그러다가 잘못된 첩보로 인해 한 번 크게 실패했다. 아이디드 일당이 회합하고 있다는 빌딩을 무차별 폭격하여 54명을 살해했으나 그중에 아이디드는 없었던 것이다. 화가 난 미국은 400명의 레인저스와 130명의 델타포스 등 정예부대를 모가디슈에 파견하여 본격적으로 아이디드 색출에 나섰다. 그러던 중 미군은 1993년 10월 3일 2명의 아이디드 측근을 체포하기 위해 대낮에 16대의 헬기를 동원하여 아이디드 본거지를 습격했는데 벌떼같이 덤벼드는 민병대의 역습에 봉착했다. 전투는 오래 지속되었다. 1시간이면 족할 것으로 예상했던 전투가 15시간 동안 지속되었다. 한밤중에 고립된 미군은 치열한 교전 끝에 블랙호크 헬기 2대와 병사 18명을 잃었으며 73명이 중상을 입었다. 이날 1000명 이상의 소말리아인이 사망했는데 대부분은 여자와 아이들이었다. 전투가 끝난 다음 날 사망한 미군 시신 2구가 모가디슈 시내에 끌려다녔고 로이터 통신은 이를 전 세계에 방송했다. 소말리아 반군은 이 전투를 '레인저스의 날(Malinti Rangers)'이라고 부르며 승리를 자축했고 미국은 최정예부대가 오합지졸에게 패한 수모를 곱씹어야 했다. 그로부터 한 달 후 미군은 소말리아로부터 철수했으며 클린턴 대통령은 소말리아 내 유엔평화유지군에 대한 지원금 제공을 거부했다. 미국은 이로써 소말리아로부터 완전히 손을 뗀 것이다. 이듬해인 1994년 르완다에서 참사가 벌어졌을 때 미국은 소말리아 때의 악몽을 기억해냈다. 미국은 르완다의 제노사이드를 바라만 볼 뿐 개입은 거부했던 것이다.

1994년 르완다의 참사는 전 세계에 잘 알려졌지만 바로 옆 나라인 부룬디에서 일어난 학살은 상대적으로 잘 알려지지 않았다. 그러나 부룬디도 투치와 후투의 종족 간 증오에서 벗어나지 못했다. 부룬디는 1962년 독립 이후 줄곧 투치가 통치해왔는데 종족 대립으로 1965년, 1969년, 1972년, 1988년 그리고 1991년 다섯 차례에 걸쳐 학살이 일어났다. 부룬디에서의 후투 학살은 대부분 투치가 지배하는 군에 의해 저질러졌다. 2005년 다당제 민주주의가 확립되기 전까지 부룬디의 정치는 투치가 좌지우지했기 때문이다. 1972년 후투의 반란이 일어나자 투치 출신 미콤베로(Michael Micombero) 대통령은 교사, 교회 지도자, 은행원, 간호사, 상인, 공무원 등 직업을 가리지 않고 후투 지식인을 체포해 살해했다. '선택적 대량학살'로 알려진 이 사건에서 20만 명의 후투 지식인이 죽고 20만 명은 르완다로 피신했다.

1992년 최초의 후투 대통령 은다다예(Melchior Ndadaye)가 등장하자 종족 간 갈등은 더욱 골이 깊어졌다. 은다다예는 투치 대신 후투를 정부 고위직에 등용하고 후투족에게 땅을 되돌려주었으며 해외로 피신한 후투를 본국으로 불러들였다. 그러나 은다다예가 투치 일색인 군 개편에 나서자 투치 장교들은 더 이상 이를 방관하지 않았다. 이들은 은다다예와 후투 지도자를 살해하고 정부를 전복한 것이다. 이에 흥분한 후투가 전국에서 투치를 살해하기 시작하자 투치는 군의 지원을 얻어 맞대응으로 후투를 살해했다. 서로 죽고 죽이는 살육전이 벌어졌다. 1주일간 지속된 살육전에서 10만-20만 명이 살해되었고 부룬디 인구의 거의 5분의 1에 해당하는 100여 만 명의 주민이 스스로 집을 버리고 난민이 되었다.

콩고 내전은 사실상 르완다 사태로부터 출발했다. 악명 높은 독재자 모부투를 몰아내기 위해 봉기한 동부 출신의 로랑 카빌라를 르완다와 우간다가 도왔기 때문이다. 모부투는 르완다의 후투에게는 큰형과도 같은 존재였다. 그는 하뱌리마나가 어려울 때마다 그를 도왔다. 1990년 RPF의 침공 시에도 모부투는 군대를 파견하여 하뱌리마나를 지켰다. 따라서 르완다의 투치 정권에게 모부투는 눈에 가시 같은 존재였던 것이다. 30년 이상 독재를 해온 모부투는 부패의 화신으로 이미 국제사회의 눈 밖에 나 있었다. 많은 아프리카 지도자들은 그를 이미 골동품이 된 '공룡'으로 간주했다. 오직 프랑스만이 프랑코폰 아프리카의 영향력을 확대하기 위해 모부투를 지원했다. 프랑스는 앙글로폰의 대표로 등장한 우간다의 무세베니에 대응하여 모부투가 프랑코폰의 대변인으로 행동해줄 것을 원했다. 그러나 이미 대세는 기울고 말았다. 르완다와 우간다의 지원을 얻어 내전을 일으킨 지 8개월 후 카빌라 군대가 킨샤사에 입성하자 모부투는 모로코로 도피했다. 이로부터 4개월 후 모부투는 도피지에서 사망했다. 카빌라가 대통령으로 취임한 후 무세베니 대통령은 공공연하게 모부투가 스스로 르완다 문제에 개입함으로써 몰락을 자초했다고 말했다. 그러나 막상 모부투가 물러나자 카빌라는 르완다의 말을 더 이상 고분고분하게 듣지 않았다. 대국 기질이 있는 콩고는 르완다와 같이 조그만 국가의 통제를 받는다는 사실을 용납할 수 없었으며, 카빌라도 자신이 르완다의 꼭두각시가 아니라는 사실을 보여주기 위해 르완다와 거리를 두기 시작했다. 카빌라는 독자적인 노선을 추구하면서 강력한 군대를 양성하기 위해 르완다의 숙적인 동부의 마이마이족과 손을 잡았다. 카빌라는 르완다 군사고문단을 킨샤사에서 축출한 후 르완다군을 나라 밖으로 몰아내려고 했다. 르완다가 카빌라의 이러한 행동을 용납할 리 없었다. 카빌라를 배신자로 간주한 르완다는 콩고 동부에서 반란이 일어나자 반군 세력을 지원했다. 르완다는 항공편으로 군인을 킨샤사로 날라 수도를 점령하려고 했다. 위기에 몰린 카빌라는 짐바브웨와 앙골라에게 도움을 요청했으며 이들의 개입으로 맹렬히 진격해오는 르완다군을 겨우 물리칠 수 있었다. 짐바브웨는 콩고와 직접적 이해관계는 없었으나 지역 맹주를 자처하는 무가베 대통령이 국내 여론을 돌리기 위해 군사를 파견했다. 앙골라의 도스 산토스 대통령도 지역 어른으로서의 역할을 고려하고 콩고에서 공백이 생길 경우 UNITA 반군이 배후에서 습격해올 가능성을 우려해 참전했다. 잘 훈련된 짐바브웨군과 전쟁에서 잔뼈가 굵은 앙골라군은 전투기를 동원해서 르완다군을 공격했다. 한번도 공중 폭격을 경험해본 적이 없는 르완다군은 이로 인해 큰 손실을 입었다. 곤경에 빠진 르완다군이 UNITA에게 도움을 요청하자 UNITA는 앙골라 내에 한 비행장을 확보해서 르완다군이 키갈리로 철수하도록 협조했다. 그러나 전쟁은 여기서 그치지 않고 오히려 국제전으로 비화했다.

©Ceresnet
_ UNITA 기

1998년 8월 르완다와 우간다는 전열을 가다듬은 후 새롭게 콩고를 공격했으며 이에 대해 앙골라와 다른 이웃국가들이 카빌라를 지원했다. 이제 전쟁은 바야흐로 국제전 양상으로 접어들었다. 결국 이 전쟁은 우간다, 르완다, 부룬디 연합군과 콩고를 지원하는 앙골라, 짐바브웨, 나미비아, 차드 연합군 간의 다국적 전쟁 형태로 발전했다. 이 전쟁에 참가한 국가들의 이해관계는 서로 달랐지만 공통적으로는 역내 세력 확장, 안보적 토대 구축, 자신의 종족에 의한 지배권 확립 등의 목적이 있었고 이 밖에 자원이 풍부한 콩고로부터 물질적인 보상을 얻을 수 있을 것이라는 기대도 작용했다. 마치 시체를 뜯어먹는 독수리 떼와 같이 참전국은 전리품을 챙기기 위해 덤벼들었다. 카빌라는 특히 앙골라와 짐바브웨에게 좋은 이권을 배분했다. 앙골라는 콩고의 석유 배급권을 가져갔으며 짐바브웨는 다이아몬드와 금 채굴 그리고 삼림 벌채권을 가져갔다. 르완다와 우간다는 행정권이 미치지 않는 콩고 동부를 식민지로 만들어 금, 다이아몬드, 목재, 콜탄(coltan), 커피, 가축 등 모든 자원을 수탈해갔다. 특히 탄탈럼(tantalum) 원석인 콜탄은 톡톡히 효자 노릇을 했다. 2000년 국제시세가 파운드당 30불에서 240불로 8배나 치솟았기 때문이다. 전쟁이 정점에 달했을 때 앙골라, 짐바브웨, 나미비아, 부룬디, 르완다, 우간다, 수단 그리고 차드 등 최소한 9개국이 이 전쟁에 참가했다. 콩고를 둘러싼 이 다국적 전쟁은 아프리카에서 일어난 첫 번째 세계대전이라고 할 수 있다. 르완다를 비롯한 공격자들은 이 전쟁이 속히 끝날 것으로 생각했지만 방어망은 의외로 견고했고 정체 상태가 지속되었다. 많은 국가가 가담함으로써 양 진영에 상호 연합세력이 구성되었다. 전쟁에 필요한 무기는 결코 부족하지 않았다. 콩고는 짐바브웨, 리비아, 이란 등으로부터 무기를 공급받았고 르완다는 남아공의 지원을 얻었다. 무기공장을 가진 우간다는 자체 생산 외에 일부는 동구권으로부터 공급을 받았다. 전쟁 당사자들이 특히 눈독을 들인 자원은 다이아몬드였다. 그래서 다이아몬드 매장량이 풍부한 콩고 남부 카사이주와 남동부 카탕가주에서는 전투가 보다 치열했고 장기화했다. 콩고 전쟁으로 인해 르완다에서 학살당한 투치족 80만 명의 4배가 넘는 인명이 살상되었다. 르완다가 카빌라를 전복시키기 위해 설립한 무장단체인 콩고민주연합(RCD, Congolese Rally for Democracy)은 서로 갈라져 한쪽은 르완다의 지원을 받고 다른 쪽은 우간다의 지원을 받았다. 이들끼리 싸움이 벌어짐으로써 콩고 동부내륙지역은 극도로 불안하고 암울한 땅이 되었다. 한쪽이 다른 쪽을 점령할 때마다 학살과 약탈 및 강간이 벌어졌고 많은 사람이 희생되었다. 2001년 로

_ 조셉 카빌라
현 DR 콩고 대통령

랑 카빌라가 암살당한 후 그의 아들 조셉이 정권을 이어받았으나 동부 콩고의 불안한 정세는 아직도 지속되고 있다.

내전의 여러 가지 모습: **앙골라, 모잠비크, 수단**

국제사회가 아프리카 내전을 바라보는 시각에는 많은 차이가 있다. 특히 프랑스와 영국, 미국 간에는 항상 라이벌 의식이 있었다. 프랑스는 중부아프리카에서 우간다의 무세베니와 르완다의 카가메 세력이 커지는 것을 전통적인 프랑스 영향권에 대한 앙글로폰 세력의 도전으로 생각했다. 반면 서부아프리카에서 상대적으로 기반이 약한 영국은 시에라리온에서 자신의 전통적인 영향력을 유지하기 원했다. 따라서 시에라리온 반군과 협정을 맺고 코트디부아르나 부르키나파소 같은 불어권 국가들과 좋은 관계를 유지하는 라이베리아 대통령 찰스 테일러를 프랑스가 지지하는 데 대해 매우 불편한 감정을 가졌다. 프랑스와 영국 및 미국 간의 경쟁 관계는 겉으로는 잘 드러나지 않으나 각각 독자적인 이익을 추구하는 경향으로 말미

_ 앙골라 지도

암아 아프리카 내전을 종식시키는 데 분명히 걸림돌이 되었다.[112]

_조나스 사빔비

자원이 많은 나라에서는 내전을 종식하기가 더 힘들다. 대표적인 경우가 앙골라이다. 2002년 UNITA 지도자 조나스 사빔비가 살해됨으로써 앙골라 내전이 막을 내렸지만 이 내전은 아프리카에서 가장 긴 내전 중 하나였다. 자원이 많은 앙골라는 반군으로 하여금 필요한 무기와 물자를 용이하게 공급받을 수 있는 여건을 제공했으므로 반군은 특별히 경제적인 이유로 내전을 종식해야 할 필요성을 느끼지 않았다. 다이아몬드 거래를 통해 UNITA는 투쟁을 계속해나갈 만한 수입원을 충분히 확보했다. 사빔비가 연간 다이아몬드 거래로 인해 얻는 수입은 3-5억 불에 달했다. 모부투는 사빔비가 다이아몬드를 팔 수 있도록 생산자 증명서를 발급해주었고 사빔비가 수입한 무기를 자이르에 보관토록 도와주었다. 사빔비는 브라자빌 콩고와 토고의 도움도 얻었다. 토고의 에야데마 대통령은 사빔비의 자녀를 보호해주었다. 평화협정이 체결되어 전쟁이 끝나는 것이 UNITA에게 꼭 좋은 일만은 아니었다. 종전 후 실시될 선거에서 UNITA가 질 경우 수익 높은 비즈니스가 사라질 것이기 때문이었다. 사빔비와 같은 혁명가의 개인적 동기도 있었지만 이런 풍부한 자원 때문에 앙골라 내전은 장기화했다. 모잠비크는 상황이 반대였다. 다이아몬드같이 당장 현금화할 수 있는 자원이 없는 모잠비크의 전쟁 당사자들은 수익률이 높은 전시 경제를 창출할 수 없었다. 오랜 싸움 끝에 피차 자금이 고갈된 내전 당사자들은 국제사회의 지원을 전제로 한 평화 회복에 응하지 않을 수 없었다. 전쟁 종식 후 모잠비크는 GDP의 70%

를 원조에 의지할 정도로 국제사회의 도움에 의지했다. 반면 앙골라는 종전 후에도 원조가 GDP의 10%를 넘은 적이 없었다. 아프리카의 다이아몬드 생산국은 축복보다 저주를 받은 경우가 더 많다. 남아공과 나미비아 및 보츠와나를 제외하고 앙골라, DR콩고, 중앙아프리카공화국, 시에라리온, 짐바브웨 등 다이아몬드 생산국에서 생산된 다이아몬드의 대부분은 국가 재건을 위해 쓰이지 않고 정치권력의 정권 유지나 개인의 치부 또는 전쟁자금으로 쓰였다. 다이아몬드는 작고 가벼워서 수송이 용이하면서도 높은 가치를 지닌 광물이기 때문에 부패한 정치인이 가장 선호하는 광물이 되었다. 전 세계적으로 1930년대 짧은 시기를 제외하고 1890년대 이래 다이아몬드 가격이 하락한 적은 한 번도 없다. 그만큼 다이아몬드는 안정적인 수익을 내는 광물이다.

아프리카의 내전은 대리전 양상으로 전개되는 경우가 흔하다. 원래 앙골라 내전은 모부투의 지원을 받은 호베르투(Holden Roberto)가 이끄는 FNLA까지 포함해서 3파전이었으나 나중에 MPLA와 UNITA의 2파전 양상으로 굳어졌다. 좌익인 MPLA는 소련과 쿠바의 지원을 받았고 우익인 UNITA는 남아공과 미국의 지원을 받았다. 사빔비는 3개의 아프리카어와 4개의 유럽어에 능통할 정도로 재주가 많은 사람이었다. 크로커(Chester Crocker) 전 미국무부 차관보는 사빔비를 '세계 수준의 전략적인 마인드'를 가진 인물로 평가했다. 1986년 사빔비는 백악관에 초대되어 미 국민에게 '민주주의 챔피언'으로 소개되었다.[113] 그러나 미국의 칭송에도 불구하고 사빔비는 타고난 독재자였다. 그는 권력에 대한 아집이 대단했으며 자신에 대해 메시아적인 환상을 가지고 있었다. 그는 어떠한 반대와 비판도 허용하지 않았고 절대적인 권력을 행사했다. MPLA도 마찬가지지만 사빔비는 권력을 유지하기 위해 공포를 도구로 삼았다. 그는 체계적으로 UNITA 내 라이벌과 비판자를 숙청했다. 사빔비는 이들의 가족까지 모두 처형했다. 소련에서 교육받은 석유 엔지니어 출신의 도스 산토스는 1979년 네토(Agostinho Neto)가 죽은 후 MPLA의 지도자가 되어 개인숭배를 바탕으로 한 독재체제를 구축했다. 도스 산토스는 38년째 집권함으로써 현존하는 아프리카 장기집권자 중 서열 2위가 되었다. 1위는 적도기니의 오비앙 응게마(Teodoro Obiang Nguema) 대통령으로 도스 산토스와 같은 1979년에 집권했으나 한 달이 더 빠르다. 3위는 1980년에 집권한 짐바브웨의 무가베 대통령이다. 앙골라는 석유가 풍부할 뿐 아니라 대서양 연안에 좋은 항구를 가지고 있다. 미국은 소련이 앙골라에 진출해서 해군기지를 건설하는 것을 우려했고 남아공은 쿠바군과 소련군이 앙골라에 진주할 경우 자국 안보에 직접적인 위해가 될 것으로 우려했다. 이 때문에 남아공은 앙골라에 친서방적이고 온건한 정부가 수립되는 것을 원했다. 남아공으로서는 앙골라 작전에서 성공할 경우 남아공이 강력한 반공산국가라는 이미지를 심어줌으로써 아파르트헤이트 제도로 인한 손상을 완화하고 미국과의 관계를 향상시키는 효과도 기대하고 있었다.

©Rodrigues Pozzebom/ABr

_ 적도기니의 현 대통령 테오도로 오비앙 응게마

강대국들은 각자 다른 입장을 가지고 서로 이해관계에 맞는 진영을 지원했으나 직접적인 충돌은 피했다. 미국의 전략은 소련으로 하여금 앙골라를 보호하기 위해 최대한 돈을 많이 쓰도록 하는 것이었다. 이를 위해서는 지연전술이 필요했다. 이렇게 해서 앙골라 내전은 30년 가까이 지속되었다. 1990년대 들어와 미국회사가 앙골라 석유개발에 참여하자 미국은 서서히 태도를 바꾸어 도스 산토스가 이끄는 좌익 MPLA에 대해서도 지원을 행하기 시작했다. 미국의 지원이 약해지자 UNITA의 몰락이 서서히 진행되었다. 앙골라 내전에서 MPLA가 승리한 것은 미국의 태도 변화도 있지만 소련과 쿠바의 적극적인 지원 때문이었다. 특히 쿠바는 직접 전투 병력을 파견하여 MPLA가 어려운 고비에 처할 때마다 구세주 노릇을 했다. 쿠바가 파견한 병력은 5만 명에 달했으며 MPLA는 미국회사가 개발한 석유를 팔아 소련으로부터 무기를 구입했다. 1987-1990년 사이에 소련은 30억 불 어치의 무기를 MPLA에 공급했다. 앙골라 내전의 한 역설적인 측면은, 앙골라 정부로서는 미국 회사가 개발한 유전을 반군으로부터 보호해야 하는데, 정작 미국 정부는 이 반군을 지원한다는 점이었다. MPLA의 정책은 실패의 연속이었다. 소련식 계획경제와 국유화를 바탕으로 한 MPLA의 경제정책은 앙골라 경제를 파국으로 몰아갔다. 공업과 농업이 모두 몰락했고 원유가 유일한 수입원이었다. MPLA는 원유에 전적으로 의존해 전쟁을 수행했다. 소련과 쿠바의 MPLA 적극 지원과는 대조적으로 미국의 UNITA 지원은 미온적이고 소극적이었다. 미국은 군사적으로는 절대 개입하지 않았다. 키신저가 이 내전의 중요성을 역설하면서 미국의 적극 지원을 주창했으나 의회를 설득하는 데에는 역부족이었다. 미국은 미온적인 개입으로 아프리카에서 친구를 얻는 대신 오히려 미국에 대한 불신만 키우고 말았다.

모부투의 조력을 얻은 사빔비는 자이르를 근거지로 하여 주로 북부 앙골라에서 게릴라 투쟁을 했다. 자이르는 미국의 원조와 다이아몬드 거래가 이루어지는 통로였다. 사빔비는 모부투 외에는 정치적인 목적에서 자신을 지원한 남아공 백인정권의 도움으로 겨우 지탱해나갔다. 13년간 그의 본부는 앙골라 서남부의 한적한 마을인 잠바(Jamba)에 자리 잡고 있었다. 1996년 사빔비의 강력한 동맹자인 모부투가 실각하자 MPLA군은 남부 콩고로 쳐들어가 사빔비군의 보급로를 끊었다. MPLA군은 또 북부 잠비아의 발전소를 폭격함으로써 잠비아의 사빔비에 대한 지원을 차단했다. 사빔비의 마지막 친구였던 브라자빌 콩고의 파스칼 리수바(Pascal Lissouba) 대통령도 앙골라군이 지원하는 반군에 의해 무너졌다. 사방에서 적으로 둘러싸인 사빔비는 남쪽과 동쪽으로 피신해 다니다가 2002년 2월 잠비아 국경 루바(Luva)에서 마침내 MPLA군에 의해 사살되었다. 그의 나이 67세였다. 이로써 30여 년간 지속되던 긴 앙골라 내전이 마침표를 찍었다. 한때 국제사회의 중재로 MPLA와 화해한 적도 있었던 사빔비는 선거에서 패하자 다시 전쟁을 택했으며 이는 그의 몰락을 재촉했다.

©Jomako
_ 콩고공화국의 수도 브라자빌의 시가지 모습

앙골라 내전은 한 사람의 야망을 실현시키기 위한 전쟁이었다. MPLA측의 부통령 제의도 물리친 사빔비의 유일한 꿈은 앙골라 대통령이 되는 것이었으나 그는 결국 꿈을 이루지 못한 채 죽었다. 전쟁에서 승리한 MPLA는 정권을 잡았으나 부패 공화국으로 타락했다. 1997-2002년 사이에 증발한 돈이 42억 불에 이른다. 연평균 7억 불에 달하는 이 금액은 전체 GDP의 거의 10%이며 같은 기간 교육, 보건, 사회복지에 배정된 예산의 합계와 같다. IMF에 의하면 1996-2001년 사이에 약 40%에 이르는 국가 예산의 지출이 정상적으로 회계 처리되지 않았으며 2001년에는 거의 10억 불에 이르는 수입이 증발했다. 석유로 연 수입 300억 불 이상을 올리는 앙골라에서 소득이 균등하게 배분되었다면 1인당 소득이 2000불에 달했을 것이다. 그러나 앙골라는 국민소득으로 보아 177개국 중 161위에 그쳤다. 2000년대 앙골라의 1600만 인구 중 하루 1불 미만으로 살아가는 인구가 95%에 이르렀다.[114] 2003년 런던에서 발간되는 〈Economist Intelligence Unit〉의 보고서에 의하면 앙골라에서 개인 재산이 5000만 불 이상인 사람이 39명, 1억 불이 넘는 사람도 20명에 달했다. 극도로 부유한 재산가 7명 중 6명은 정부 고위공무원이었고 나머지 1명은 최근에 은퇴한 공무원이다. 최고 부자 59명의 재산 합계는 40억 불에 달했다. 반면, 대부분 앙골라 국민은 하루 1불 미만으로 살아가고 있으며 수도 루안다 주민 중 400만 명이 깨끗한 물에 접근하지 못하고 오염된 벵고(Bengo) 강물을 그대로 사용하고 있다. 공산주의를 이념으로 내세운 MPLA 치하에서 이렇게 빈부격차가 심해진 것을 어떻게 설명할 것인가? 2002년 사빔비 사망 후 앙골라 경제는 연 11%씩 성장했으며 2007년에는 무려 22% 성장을 기록했다. 그 결과 명목상으로는 1인당 국민소득이 거의 9000불에 달한다. 수도 루안다는 세계에서 가장 물가가 높은 도시 중 하나이다. 중간 수준의 호텔 숙박료가 400불, 생수 1병이 5불 그리고 오믈렛 한 개가 37불에 달한다. 앙골라는 경제의 대부분을 원유에 의존하고 있다. 원유 수입은 GDP의 50% 그리고 수출의 90%를 점유하고 있다. 이 나라의 농업은 큰 잠재력을 가지고 있지만 정부는 원유 외에 다른 분야 개발은 거들떠보지도 않는다. 현 정부는 경제개발계획을 세울 능력도 의지도 없는 것이다. 앙골라는 한때 세계 4위의 커피 및 사이잘 생산국이었다. 그러던 것이 정부의 무관심으로 커피 수출은 1974년 1억 8000만 불에서 2010년 25만 불로 추락했다. 앙골라는 유엔 인간개발지수에서 최하위를 면치 못하고 있다. 2010년 평균수명은 50세이며 성인의 3분의 1이 문맹이다. 앙골라는 정부와 당이 모든 것을 좌지우지하는 나라이다. 권력에 줄을 댄 사람들은 정부를 통해 쉽게 백만장자가 된다. MPLA는 마치 왕국과 같아 모든 것을 지배하며 부를 배분하는 역할을 한다. 그러나 국민은 이러한 구조를 비판하지 않는다. 순종하고 침묵할 뿐이다.

앙골라와 비슷하게 오랫동안 내전을 치렀던 모잠비크의 경우도 결과는 비참했다. 16년간의 전쟁으로 모잠비크는 파괴되고 피폐해졌다. 당시 인구 1800만의 나라에서 1990년대 초반까지 100만 명 이상의 국민이 사망했고 500만 명이 난민이 되었다. 인구의 90%가 빈곤층으로 전락했고 60%는 절대 빈곤에 빠졌다. 집단 기아에 빠지지 않기 위해 모잠비크 정부는 외국의 원조에 전적으로 의존했다. 전후 모잠비크처럼 빠르게 복구한 나라는 드물다. 내전이 끝난 1992년 이 나라의 1인당 국민소득은 50불도 채 되지 않았으나 지금은 거의 1000불에 이르고 있다. 모잠비크의 급상승은 정부의 선정과 친비즈니스 정책 그리고 모잘(Mozal) 알루미늄 공장 건립, 남아공으로의 가스 파이프라인 건설, 테테의 석탄 개발 등 큰 프로젝트에 기인하는 바 크다. 모잠비크의 인도양 연안에서 대규모 가스매장량이 발견되어 조만간 본격적으로 가스를 생산하기 때문에 성장의 잠재력은 훨씬 더 크다고 하겠다. 그러나 모잠비크에는 심각한 청년실업과 외국투자자들의 투자를 견제하는 세력 그리고 정부위주의 개발을 중시하여 민간부문을 억제하고 지나친 관료주의를 지향하는 세력이 있어 문제가 없는 것은 아니다. 이들은 앙골라식으로 정부와 당이 주도하는 관치주의 행정과 분배 체제 확립을 선호하며 자유 시장 경제는 배척하는 경향이 있다. 예를 들어 관광분야를 보면 모잠비크의 허술한 실정을 깨달을 수 있다. 부족한 관광 인프라, 제한적인 항공노선과 비싼 요금 및 불편한 비자 시스템 등으로 모잠비크의 관광객은 탄자니아의 10분의 1 그리고 케냐의 20분의 1에 지나지 않는다. 이것이 아직까지는 모잠비크의 현실이다.

2011년 7월 남수단이 수단으로부터 분리 독립함으로써 오랜 내전이 끝나고 이제 이 지역에도 평화가 정착하는 것 같았다. 그러나 상황이 점차 안 좋아지더니 급기야 2012년 4월 남수단군이 수단 영토를 깊숙이 치고 들어가 유전지역 헤글리그(Heglig)를 점령했다. 이로써 자칫하면 평화를 정착하기 위한 국제사회의 오랜 노력이 수포로 돌아가고 이 지역에 전쟁이 재연될 가능성도 있다. 원래 수단과 남수단은 수십 년간 전쟁을 벌였던 사이이다. 2002년까지 정부군과 SPLM 간의 전쟁에서 200만 명이 죽고 400만 명이 집을 잃었다. 따라서 아직 풀리지 못한 감정의 골이 깊어지면 언제라도 다시 싸울 수 있는 위험한 관계에 놓여 있다. 양측 간에 가장 큰 문제는 역시 원유이다. 원유매장량의 80%에 해당하는 60억 배럴의 원유가 남쪽에 매장되어 있다. 수단의 원유는 1978년 어퍼 나일(Upper Nile)주의 벤티우(Bentiu)에서 맨 처음 발견되어 미국 셰브론사가 10억 불을 들여 탐사했다. 셰브론은 이 지역에서 2개의 주요 유전을 발견하고 이들을 각각 'Unity' 및 'Heglig'로 명명했다. 1992년 셰브론은 수단 정부의 강요로 4200만 에이커에 달하는 유전 지역에 관한 개발권을 양도해야 했는데 수단 정부는 이후 유전을 여러 블록으로 나누어 개발권자를 물색했다. 수단 정부는 이 지역의 치안을 강화한 후 'The Greater Nile Petroleum Operating Company'라는 컨소시엄을 만들었는데 이 컨소시엄에 중국의 국영회사들과 말레이시아 회사가 가담했다. 이 회사는 2년 내에 유전으로부터 홍해의 새로운 항구에 이르는 1540킬로미터의 파이프라인을 건설했다. 1999년 5월 파이프라인 개통식이 바시르 대통령 참석 하에 개최되었고 원유 수출은 같은 해 8월부터 시작되었다. 2001년까지 수단은 하루 24만 배럴의 원유를 수출하는 산유국이 되었다. 원유 수입이 정부 재정의 40%를 점유할 정도로 커지자 바시르는 늘어난 자금을 바탕으로 국방력을 강화하기 시작했다. 이러던 중 2011년 1월 국민투표에서 남부인은 99%의 찬성으로 분리 독립을 지지했으며 6개월 후 남수단은 마침내 독립국가가 되었다. 그러나 독립 후 많은 문제에 처하고 있다. 남수단은 전 세계에서 가장 개발이 늦은 지역 중 하나이다. 도로, 학교, 보건소 등도 거의 없고 원유채굴시설 외에는 맥주공장 하나가 덜렁 있을 뿐이다. 기능을 가진 인력은 극소수에 불과하고 전 국민의 85%가 문맹이다. 이런 연고로 독립도 하기 전에 미리 남수단을 '실패가 정해진 국가'로 단정 짓는 사람들도 있었다. 설상가상으로 2013년 12월 남수단에서는 내전이 벌어져 나라의 존립이 위태로운 상황으로 치닫고 있다. 내전 발발 후 한 달 만에 1만 명이 넘는 사망자와 40만 명의 난민이 발생했다. 남수단 내전은 딩카족인 실바키르 대통령을 지지하는 정부군과 누에르족인 리에크 마차르 전 부통령을 지지하는 반군이 대립하는 일종의 종족 분쟁이다. 신생국가인 남수단이 이 분쟁을 슬기롭게 극복하지 못하면 국가의 장래가 매우 불투명해질 우려가 있다. 헤글리그를 둘러싼 수단과 남수단 간의 분쟁이 어떤 위험성을 가지고 있는지 좀 더 살펴보자. 2009년 헤이그 중재재판소는 남코르도

©Prince jasim ali
_ 오마르 알 바시르 수단 대통령

판(South Kordofan)주를 수단의 영토라고 판결했는데 원유 생산지인 헤글리그가 이 주내에 위치하고 있다. 그러나 유전을 뺏기기 싫은 남수단은 계속 헤글리그에 대한 영유권을 주장했다. 수단이 이를 좌시할 리 없었다. 수단은 아프리카연합(AU)과 유엔안보리에 이 문제를 상정했다. 비록 수단과 남수단은 갈라졌지만 반군들은 아직 양측 영토 내에 남아 있다. 남수단의 반군인 SPLM-North는 남코르도판주 누바 산맥에 위치하면서 블루나일주에 대한 게릴라 공격을 감행하고 있다. 또 수단의 반군도 남수단에 위치하면서 소란을 일으키고 있다. 적대 세력이 자국 영토에 남아 계속 문제를 일으키고 있으니 피차 안보적으로 매우 불안한 상황이다.

©COSV

_ 다르푸르 지역

문제가 이렇게 되니 한때 진정되는가 싶었던 다르푸르 지역의 정세가 다시 불안해지고 있다. 유엔은 수단측이 다시 용병을 고용하고 무기를 공급하여 다르푸르의 주민을 위협하고 있다고 보고하고 있다. 반면 다르푸르의 반군은 남수단의 지원을 받고 있다. 까딱하면 수단과 남수단 간의 대리전쟁이 다르푸르에서 일어날 가능성도 있다. 원유를 둘러싼 갈등은 결코 작은 문제가 아니다. 수단과 남수단의 젖줄은 결국 원유이기 때문이다. 유전을 둘러싼 문제가 해결되어야 다른 문제도 풀릴 수 있다. 수단 문제의 궁극적 해법은 원유에 달려 있다고 말할 수 있다. SPLM과의 내전이 해결되기도 전에 일어난 다르푸르 사태는 수단에 대한 국제사회의 이미지를 더욱 실추시켰다. 이 사태의 발단은 1980년대 극심한 가뭄과 사막화로 인해 아랍 유목민이 다르푸르 북쪽의 메마른 땅으로부터 흑인 농민들이 사는 남쪽으로 이주해간 데 있다. 양측의 충돌에도 불구하고 카르툼 정부는 긴장을 완화시키기는커녕 아랍 유목민의 편을 들어 이들에게 무기를 공급했다. 양측 간에 충돌이 본격화하자 카르툼은 흑인 원주민을 쫓아내고 아랍인을 정착시키기 위해 공군기로 마을을 공습하고 지상군을 파견하는 등 본격적인 공세에 나섰다. 이때 잔자위드(janjaweed)로 알려진 아랍 민병대가 정부의 옹호 하에 마음대로 살인, 약탈 및 강간을 자행했다. 이들은 마을을 송두리째 불태우고 수천 명의 주민을 살해했으며 집단으로 여자를 강간하고 아이를 납치하고 가축을 빼앗아갔다. 국제사회가 평화 중재 노력을 전개했음에도 별 소용이 없었다. 2010년까지 다르푸르 사태로 30만 명이 사망하고 300만 명의 피난민이 발생했다. 2008년 헤이그의 국제형사재판소(ICC)는 바시르 대통령을 제노사이드, 인도주의에 반한 범죄 및 전쟁범죄로 기소했다. 바시르에게는 ICC의 체포영장이 발급되어 있는 상태이다. 바시르 정권은 테러리스트를 비호하고 남부와의 전쟁에서 잔학한 행동을 했으며 반대파를 무자비하게 탄압함으로써 국제사회에서 최악의 정권으로 규탄되고 있다.

아프리카 내전의 **특징적 현상들**

아프리카에서 광물자원이 풍부한 나라는 대부분 혹독한 시련을 겪었다. 다이아몬드를 무기로 라이베리아를 끝없는 혼란에 빠뜨린 찰스 테일러 같은 폭군이 대표적 인물이다. 자원이 많은 국가의 국민은 자원이 스스로를 풍요롭게 만들어줄 것으로 기대했다. 그러나 대부분 그러한 기대는 빗나갔다. 자원은 오히려 정변과 내전을 일으키고 군사적 충돌을 부추기는 요소로 작용했다. 역설적이지만 자원이 빈약하고 의존할 곳이라고는 농업밖에 없는 국가들이 오히려 상대적으로 안정세를 나타냈다. 농업국들은 가난하지만 큰 정변이 없는 가운데 정치적으로 안정을 누렸다.

아프리카에서 한번 내전이 일어나면 잘 그치지 않는 이유 중 하나는 젊은 군인들이 갈 곳이 없기 때문이다. 이들은 전쟁으로 먹고 사는 일종의 용병이므로 전쟁이 그치면 생업이 사라진다. 시에라리온에서 정부군과 반군 혁명연합전선(RUF) 간에 전쟁이 오래 지속되자 염증을 느낀 양측 지도자들은 평화협정 체결을 원했다. 그러나 RUF 군인들은 이에 반대했다. 이들은 오랜 전투를 통해 약탈에 익숙했고 군인은 무기를 가지고 있을 때에만 주민으로부터 존중받을 수 있다는 사실을 알고 있었다. 무기는 이들에게 생존의 수단이자 사회적 지위인 셈이다. 이들은 무기를 놓는 순간 자신의 존재 가치가 사라진다는 사실을 피부로 느끼고 있었으므로 또 다시 쿠데타를 일으켰다. 죽고 죽이는 데만 익숙한 이 젊은이들은 탈출할 곳이 없었다. 살인, 강간, 유괴, 고문, 손목 자르기 등의 잔학 행위에 길들여지고 마약과 폭력에 익숙한 이들이 보통 생활로 돌아갈 여지는 거의 없었다. 소년군인은 한번 발을 들여놓으면 좀처럼 빠져나가기 어렵다. 도망치려다가 잡히면 RUF 군인들에 의해 즉결 처형되고 적에게 잡히면 보복으로 살해되기 때문이다. 소년군인 중에는 자발적으로 가담한 애들도 많았다. 군에 가입하면 무엇보다 굶을 걱정이 없고 하는 일 없이 무기력하게 지내는 것으로부터 벗어날 수 있었다. 아이들이 무기 다루는 훈련을 받으면 학교에 다니는 것보다 훨씬 빨리 대가를 얻을 수 있었다. 식량, 돈, 따뜻한 목욕, 어른 대접을 받는 것 등이다. 그리고 동료들이 잃어버린 가족과 친구를 대신해주었다.

아프리카에서 가장 잔혹한 제노사이드가 발생하던 1994년 남아공에서는 흑인 정권이 탄생했다. ANC의 끈질긴 투쟁이 결실을 거둔 것이다. ANC는 로버트 무가베가 이끄는 ZANU 게릴라가 7년간의 끈질긴 투쟁 끝에 1980년 독립을 이루어내는 것을 보고 영감을 얻었다. 이를 두고 노벨문학상 수상자인 나이지리아의 소잉카(Wole Soyinka)는 "르완다는 우리의 악몽이고 남아공은 우리의 꿈이다"라고 말했다. 같은 해에 한쪽에서는 최악의 살육이 벌어지고 다른 한쪽에서는 흑인 해방이 일어난 것을 빗댄 말이다. 1964년 반란 행위로 투옥되었던 만델라는 27년 만인 1990년 석방되었고 결국 흑인 정부의 초대 대통령으로 선출되었다. 아파르트헤이트 정권은 만델라를 영구 격리시키면 그의 영향력이 사라질 것으로 생각했지만 현실은 그 반대였다. 감옥에 있는 동안 만델라의 영향력은 보다 커졌던 것이다.

르완다와 남아공에서 같은 해에 일어난 일은 선과 악의 극단이지만 한 가지 공통점이 있다. 그것은 인구 문제이다. 르완다는 아프리카에서 가장 인구 밀도가 높은 나라이다. 비행기 격추로 사망한 하뱌리마나 대통령은 입버릇처럼 "글라스는 가득 차 있다"라고 말했다. 르완다는 폭발적인 인구로 인해 모든 정책이 소용없는 처지에 놓여 있었다. 이런 상황에서 아루샤 협정에 따라 수십만 명의 투치 난민이 르완다로 돌아온다고 하니 후투는 거의 공황 상태에 빠졌다. 어쩌면 이것이 르완다 문제의 핵심일 것이다. 후투는 악착같이 투치의 귀환을 막아야 했고 그러기 위해서는 희생양이 필요했다. 후투 강경파는 하뱌리마나 대통령을 암살하고 그 죄를 투치에게 덮어씌워 투치를 멸절시키려 했을 가능성이 높다. 그러나 암살자들은 하나만 알고 둘은 몰랐다. 그것은 아무리 죽여도 인구는 금방 회복된다는 사실이다. 캄보디아의 크메르 루즈는 1975-1979년간 인구 12%를 죽였으나 죽은 만큼의 인구가 회복되기까지 불과 4년밖에 걸리지 않았다. 마찬가지로 인구의 10%가 손실된 르완다도 학살 후 원래 인구로 돌아가기까지 3년밖에 걸리지 않았다. 남아공의 경우에도 아파르트헤이트를 무너뜨린 요소가 여럿 있지만 그중 인구적인 측면을 간과해서는 안 된다. 아파르트헤이트 기간인 1951-1991년간 남아공 인구는 1270만 명에서 3890만 명으로 3배 증가했다. 절대 인구가 증가한 것뿐 아니라 인종별 구성도 크게 변화했다. 1951년 백인은 전체 인구의 21%, 혼혈(coloureds)과 아시아계가 11%, 그리고 흑인이 68%였다. 그러던 것이 1985년에는 백인 14%, 혼혈과 아시아계 10%, 그리고 흑인은 76%를 차지했다. 아파르트헤이트 당국은 백인 숫자를 늘리고 흑인을 줄이기 위해 백인의 이민과 흑인의 가족계획을 적극 권장했음에도 불구하고 그 반대의 결과가 나온 것이다. 사실 이러한 추세는 지속되고 있다. 2010년 백인은 전체인구의 9%로 줄었으며 반면 흑인은 83%를 차지하고 있다.[115] 흑인 인구는 이제 5300만 명 이상에 달하고 있다. 이러한 급격한 인구 변화는 흑백 간의 세력 균형에 중대한 변화를 초래했을 뿐 아니라 경제 분야에서 흑인의 참여가 없이는 실물경제를 운용할 수 없는 상황으로 변모했다. 이는 결국 아파르트헤이트 체제가 더 이상 버틸 수 없다는 사실을 의미했다. 데클레르크 백인 정부의 결단이 있었다는 점을 인정하지만 그보다 더 중요한 것은 백인 정부가 이러한 결단을 할 수밖에 없었던 상황의 변화이다. 이러한 상황 변화의 중심에 인구 변화가 서 있다.

전쟁과 내전이 많은 아프리카에서 일어나는 독특한 현상 중 하나는 전쟁이 끝난 후 처벌이나 보복이 거의 없다는 점이다. 코로마(Koroma), 샌코(Sankoh), 찰스 테일러 등을 위시한 폭군이 쓸고 간 시에라리온에서는 많은 잔학한 일이 벌어졌다. 그러나 전쟁이 끝난 후 RUF 게릴라들은 대부분 고향으로 돌아왔으며 아무런 처벌도 받지 않았다. 시에라리온의 시장에서는 엄마가 자신의 아들을 살해하거나 딸을 강간한 범인을 보면서 함께 살아가고 있다. 아이들은 부모를 살해한 RUF 지휘관을 대하면서 살아간다. 자신의 손과 발을 자른 범인을 보면서 살아가는 피해자도 있다. 이들의 공통점은 보복하지 않는다는 점이다. 비아프라 내전을 겪은 나이지리아에서는 '승자도 없고 패자도 없다'라는 점을 강조한 정책이 도입되었고, 마우마우 사건을 겪은 케냐, 오랜 독립투쟁을 겪은 짐바브웨, 그리고 아파르트헤이트를 경험한 남아공에서는 정부가 모두 화해와 타협의 정신을 강조했으며 국민은 이에 순종했다.[116]

8

중국의 아프리카 진출

8

중국의 **아프리카 진출 역사**

아프리카에 맨 먼저 진출한 국가는 유럽이 아니라 중국이다. 1405년 정화제독이 이끄는 대규모 중국선단이 아프리카 동부해안을 방문했으며 이후에도 수년간 중국선단의 방문이 이어졌다. 정화는 모두 7번 아프리카를 방문했다. 정화의 선단은 대규모였다. 1,500톤급의 갈레온선 62척에 100여 척의 수행선박들이 동행했으며 거의 3만 명에 이르는 군인이 탑승했다. 그러나 중국 선단은 평화적이었으며 정복을 위해 온 것이 아니었다. 그들은 명나라 황제에게 바칠 선물로 기린, 얼룩말 등 열

_ 남아공의 중국인 광산 노동자들

대동물을 싣고 갔으며 이는 명황제가 세계의 지배자라는 것을 과시하기 위한 것이었다. 그러나 중앙정부의 쇄국정책에 따라 1431년을 마지막으로 중국선단은 더 이상 아프리카를 방문하지 않았다.

반면 정화가 아프리카를 최초로 방문한 지 50년 후 아프리카 서부 해안에 상륙했던 유럽은 적극정책을 펼쳐 이후 500년 동안 아프리카를 주름잡는 세력이 되었다. 운명의 장난이라고나 할까, 아프리카를 점령한 유럽은 아프리카의 노동력에 만족하지 않고 중국인을 아프리카로 데려왔다. 아프리카에 온 중국 쿨리들은 사실상 노예와 비슷했다. 1904-1905년 영국은 남아공의 광산 개발을 위해 중국인 근로자 5만여 명을 남아공으로 데려왔다. 악명 높은 벨기에의 레오폴드 2세는 고무 수출을 위해 대서양 연안으로부터 킨샤사에 이르는 철도를 부설키로 하고 중국 노동자를 데려왔다. 1892년 아프리카에 도착한 540명의 중국 근로자 중 300여 명은 작업 중 사망하거나 부시(bush) 지대로 도망갔다. 부시로 도망간 중국인 중 살아남은 수 명이 나중에 콩고의 내륙 영토 깊숙한 곳에서 발견되었는데 이들은 800킬로미터를 도보로 이동한 것으로 드러났다. 이들은 태양이 뜨는 동쪽을 향해 걷고 또 걸었다. 해안에 도착하면 고향으로 돌아갈 배를 탈 수 있을 것으로 생각했던 것이다.[117]

현대에 들어와서도 중국은 아프리카에 가장 적극적으로 진출한 나라라고 할 수 있다. 이는 결코 하루아침에 이루어진 것이 아니다. 중국은 1950년대 말 베이징대학 내에 국립아프리카연구소를 설립했다. 1960년대부터는 아프리카에 철도 부설 등 경제적 지원을 아끼지 않았다. 탄잠(Tanzam) 철도가 그 대표적인 예이다. 새로 독립한 남부아프리카 국가들은 아파르트헤이트가 한창인 남아공에 대한 의존을 끊고 싶었다. 그러나 당시 모든 도로나 철도는 남아공과 연결되어 있었다. 아프리카인은 잠비아의 코퍼 벨트로부터 탄자니아의 다레살람에 이르는 새로운 철도를 건설하기 원했으나 남아공의 반대 입장을 지지하는 서방측으로부터 필요한 자금을 구할 수 없었다. 이때 중국이 자발적으로 나서서 5년에 걸쳐 이 철도를 지어준 것이다. 철도 건설을 위해 수천 명의 중국 근로자들이 동원되었다. 근로자는 모두 푸른색의 마오 제복을 입고 일했으며 현지인과는 일절 접촉하지 않았다. 1975년 중국이 철도를 인계한 후 많은 문제점이 발견되었지만 탄잠 철도는 아프리카에서 중국의 인기를 높이는 데 크게 기여했다. 당시 이 철도는 중국의 아프리카에 대한 대표적 원조 사례로 기록되었다.

중국은 아프리카와의 관계 강화를 위해 54개 아프리카 국가 중 50개국과 수교하고 47개국에 대사관을 설치했다. 무엇보다 중요한 것은 정상외교가 이 모든 것을 뒷받침하고 있다는 점이다. 2003년 출범한 중국의 전 지도부 시절 후진타오 주석과 원자바오 총리는 번갈아가며 아프리카를 12번이나 방문했다. 3년마다 열리는 중국-아프리카협력포럼(FOCAC)에 참석하는 아프리카 정상의 숫자도 꾸준히 늘고 있다. 2000년 첫 포럼 당시 4명이었던 아프리카 정상 참석자가 2003년 6명, 2006년 42명, 2009년에는 49명에 달했다. FOCAC의 성과도 눈부시다. 2009년 합의한 사항만 봐도, 3년간 100억 불 양허성 차관 제공, 최빈국에 대한 추가 채무 탕감, 아프리카 중소기업에 10억 불 특별융자 제공, 30여 개 병원에 5억 위안의 의료장비 제공, 현지 의사 및 간호사 3000명 양성, 아프리카 과학자의 중국 연수 등 사회·문화·경제 전반에 걸쳐 획기적으로 협력을 확대했다.[118]

중국의 아프리카 경제 진출이 본격화한 것은 1996년 5월 장쩌민 주석의 아프리카 방문을 계기로 해서이다. 장 주석은 이때 "중국의 제 2단계 아프리카 진출은 그전과는 완전히 다를 것”이라고 말했다. 이전 중국의 아프리카 진출이 이념적, 정치적이었다면 장 주석의 방문을 계기로 중국은 이념을 배제하고 순수한 경제적 동기에 의한 진출을 모색했다. 중국의 대 아프리카 무역은 1996년 56억 불이던 것이 2000년 100억 불, 2005년 400억 불, 2007년 650억 불 그리고 2010년에는 1200억 불 등 고속으로 증가했다. 중국은 2009년 미국을 제치고 아프리카의 최대 교역상대국으로 부상했으며 2012년 교역액이 1,984억 불에 달한 후 최근에는 2,200억 불에 이르고 있다. 중국은 주로 공산품, 기계장비, 운송장비 등을 수출하고 있으며 최대 수출품목인 면직물과 신발이 전체 수출액의 49%를 차지하고 있다. 최대 수입 품목은 전체 수입액의 59%를 차지하는 원유 등 석유제품이며 광물자원 비중은 32%이다. 2011년 중국의 대 아프리카 석유수입 의존도는 18.7%이고 아프리카 지역의 대 중국 석유수출 비중은 17.8%이다. 중국은 아프리카 국가의 수출품에 대한 무관세 실시 등으로 대 아프리카 교역에서 지속적인 적자를 보고 있는데 그 규모가 확대되는 추세이다. 2012년 말 중국의 대 아프리카 직접투자 누계가 200억 불에 달했고 투자형태도 초기의 지분합작 등 소규모 투자에서 인프라 건설, 공룡 지분 인수 등으로 대형화하고 있다. 중국이 1950-2009년간 개도국에 제공한 396억 불의 원조 중 45.7%가 아프리카에 제공되었다. 세네갈에서 소말리아, 카이로에서 케이프타운에 이르기까지 최소 1000여 개의 중국기업이 활동하고 있으며 아프리카 전체에 거주하고 있는 중국인은 100만 명이 넘는다. 좀 시간이 지난 것이지만 2007년 10월 중국의 아프리카 내 활동을 분석하는 남아공의 한 잡지가 실은 기사를 보면 중국의 파상적인 진출을 짐작할 수 있다. 기사에 의하면, 콩고의 광산과 인프라 개발 사업에 50억 불 투자,

중국 국영석유회사는 나이지리아 연안에서 석유와 가스 개발을 위해 23억 불 투자, 모잠비크 내 잠베지 강 댐건설을 위해 20억 불 투자, 남아공의 페로크롬 광산 구매를 위해 6500만 불 투자, 잠비아의 은돌라 스타디움 건설을 위해 7000만 불 지원 등이다.[119]

중국의 **특징적인 진출 양상**

분야별로 보면 건설업이 대표적으로 최근 아프리카 내 투자의 4분의 3을 차지한다. 중국기업은 연간 500억 불 이상 인프라 프로젝트 계약을 체결하고 있다. 지난 2008년 중국철도공사와 중국수리수전건설집단공사(Sinohydro)는 DR콩고와 29억 불의 패키지 딜을 체결했다. 중국은 DR콩고로부터 1000만 톤의 구리와 60만 톤의 코발트를 확보하는 대신 병원, 철도 등의 인프라를 건설해주기로 한 것이다. 중국의 아프리카 투자 금액은 지난 2005년 이미 세계은행의 투자 규모를 넘어섰다. 2006년 중국의 대아프리카 인프라 투자 금액이 71억 불을 기록한 후 중국은 매년 50억 불 이상씩을 투자하고 있다.[120] 농장 투자에 있어서도 투자액이 이미 50억 불을 넘어섰는데 이를 지켜보는 아프리카의 근심이 커지고 있다. 중국이 필요로 하는 원유의 3분의 1은 아프리카로부터 수입하고 있으며 앙골라와 수단 등으로부터 원유 수입이 점차 증가하고 있다. 1999-2007년간 세계시장에서 구리 가격이 500% 증가했는데 주원인은 중국 내 수요 증가 때문이다. 금융 분야에서도 중국의 진출은 현저하다. 중국 상업은행은 아프리카 최대은행인 남아공 스탠더드뱅크(Standard Bank) 지분의 20%를 획득했다. 중국의 진출은 놀랍지만 문제도 많이 있다. 한국 기업이 아프리카에 성공적으로 진출하기 위해서는 중국의 활동과 경험을 잘 분석해서 강점과 약점을 파악하는 것이 좋다. 한국 기업이 틈새를 잘 파고들면 아프리카에서 분명히 좋은 기회를 찾을 수도 있다.

2007년 5월 상하이에서 아프리카 개발은행 연차 총회가 열렸다. 여기서 중국은 향후 3년간 200억 불의 원조와 차관을 제공하기로 약속했고 이를 그대로 이행했다. 이는 아프리카에 대한 단일 지원으로는 사상 최대 규모였다. 유럽과 미국, 일본 등이 사하라 이남 아프리카 사회기반시설 구축을 위해 조성한 특별펀드(70억 불)보다 3배가량 되는 금액이다. 중국이 아프리카에 제공키로 한 융자는 세계은행의 4배 규모에 달한다. 중국의 수출입은행은 나이지리아, 앙골라 및 수단에 대해 200억 불 차관을 제공했으며 대륙 전체에서 300개가 넘는 프로젝트에 참여하고 있다. 대대적 투자를 바탕으로 중국-아프리카 교역량도 비약적으로 늘고 있다. 예를 들어 2010년 1-11월간 중국-아프리카 교역 규모는 1148억 불로 전년 대비 43.5%나 증가했다. 불과 6년 전인 2004년만 해도 중국과 아프리카의 교역은 300억 불이 채 되지 않았다. 그러나 지금 중국은 아프리카의 최대 교역 상대국이 됐다. 또 2009년 중국의 대 아프리카 직접 투자액은 93억 3000만 불로 2003년의 4억 9000만 불과 비교해 20배 가까이 뛰었다. 중국 기업의 아프리카 석유, 가스, 구리 등에 대한 투자는 2015년까지 500억 불에 이를 것으로 남아공의 스탠더드뱅크는 추산했다. 인적 교류와 문화적 교류도 늘어나고 있다. 2009년까지 중국이 아프리카에 지어준 학교는 모두 107개, 여기에 3만 명의 유학생에게 장학금을 지급했다. 이 같은 대규모 지원에 힘입어 아프리카인 40만 명이 매년 중국을 찾고 있다.[121]

중국의 아프리카 진출은 점점 거세지고 있는 중이다. 그리고 양적 또한 질적으로 변화하고 있다. 중국인이 현재 아프리카에 100만 명 정도 진출해 있다고 하는데 정확한 숫자는 알 수 없다. 중국의 새 지도자 시진핑은 2013년 취임 후 첫 번째 해외순방지로 남아공과 탄자니아 그리고 DR콩고를 택했다. 중국이 아프리카에 얼마나 공을 들이고 있는지 보여주는 증거이다. 시진핑은 향후 2년간 아프리카에 200억 불의 차관을 제공하고 아프리카 인재 3만 명 육성을 지원하겠다고 약속했다. 2013년 중국과 아프리카 간 교역은 2000억 불을 돌파하고 대 아프리카 직접 투자도 300억 불에 육박했다. 중국의 아프리카 진출은 과거에는 자원 확보에 집중되었다. 아직도 중국의 대 아프리카 수입의 80%는 광물 자원이다. 중국의 진출이 자원에 초점을 맞추었기 때문에 알제리, 나이지리아, 남아공, 수단, 잠비아 같은 자원국에 투자가 집중되었다. 그러나 중국은 요즘 비자원분야에 더 관심을 쏟고 있다. 이를 위해 중국의 국영회사와 민간회사가 경쟁을 벌이고 있고 중국 사모펀드도 들어오고 있다. 이제 중국은 에티오피아나 DR콩고 같은 비산유국에 보다 정력을 쏟고 있다.

아프리카에서 중국의 이미지는 좋은 것과 나쁜 것 반반이다. 아직도 중국이 지역경제에 도움을 주지 않고 싹쓸이 한다는 이미지가 남아있지만 이제 일자리 창출, 기술 이전, 지역경제에 대한 투자라는 좋은 이미지로 슬슬 바뀌고 있기도 하다. 잠비아의 전 대통령 사타와 같이 후보 시절 반중국 성향으로부터 당선 후 친중국으로 180도 입장이 바뀐 사례도 있다. 사타는 중국을 폄하한다는 이유로 노동장관을 해임했고 부통령을 베이징에 보내 집권당과 중국공산당 간의 제휴를 모색하기도 했다. 전체적으로 보면 아직은 중국에 대한 거부감이 여러 곳에서 보인다. 남수단이 독립한 후 맨 먼저 쫓겨난 사업가는 중국인이었다. DR콩고는 키부(Kivu) 지역에서 중국인 무역업자 2명을 추방했고 알제리 법원은 부패 혐의로 2개 중국기업의 공공사업 입찰 참가를 금지했다. 중국이 아프리카의 인심을 얻으려는 쪽으로 입장을 선회한 것에는 인도, 브라질, 러시아, 터키, 한국 등 뒤쫓아오는 국가들의 영향도 크다. 특히 최근 인도와 브라질의 적극적인 활동이 두드러진다. 중국은 아프리카의 정치 영역에서도 조금씩 변화를 보이고 있다. 균형을 중시하는 중국은 여당과 야당을 모두 접촉하는 경향이 있고 내전이 있는 지역에서 평화중재 노력도 보이고 있다. 중국의 이러한 변화가 우리에게 어떤 영향을 미칠지 잘 분석해봐야 할 필요가 있다.

최근 중국의 맹렬한 아프리카 진출을 보면 중국은 이미 아프리카를 주름잡는 세력으로 성장했고 앞으로 그 영향력을 보다 확대할 가능성이 높다. 중국은 최근 아프리카의 변화를 주도하는 3대 요소 중 하나이다. 나머지 둘은 인구 증가와 중산층 형성이다. 중국의 아프리카 진출에는 긍정적인 면과 부정적인 면 둘 다 있지만 중국이 아프리카를 변화시키고 있는 중심축 중 하나라는 것은 부인할 수 없는 사실이다. 특히 중국 정부는 20여 년 전부터 아프리카에 열심히 공을 들이고 있는데 이제는 정부뿐 아니라 민간의 큰손도 신디케이트를 만들어 아프리카를 공략하고 있다. 예를 들어보자. 홍콩의 퀸즈웨이(Queensway)에 본거지를 둔 'China International Fund' 또는 'China Sonangol'이라고 불리는 조직이 있다. 이 신디케이트는 지난 10여 년간 아프리카에서 수십억 불에 달하는 계약을 체결했다. 이 조직의 창립자는 샘 파(Sam Pa)라는 인물로서 40년 전 바쿠에서 학교를 다닌 적이 있고 지금은 베로니카 펑(Veronica Fung)이라는 여자와 함께 활동하고 있다. 샘 파는 중국의 큰손을 파트너로 하여 자금을 조달하고 있는 것으로 알려져 있다. 이들이 벌이는 사업은 주로 자원과 인프라 프로젝트를 교환하는 것이다. 이들은 앙골라에서 'China Sonangol'이라는 회사를 세워 연 200억 불에 달하는 중국으로의 원유 수출을 독점하고 있다. 이들은 앙골라와의 특수한 관계를 이용해 싼 값에 석유를 사서 비싼 값에 팔므로 엄청난 수익을 올리고 있다. 이들은 기니에서는 보크사이트와 철광석을 확보하는 대신 70억 불에 달하는 주택 및 교통 인프라 건설을 추진했으며, 짐바브웨에서도 'Sino-Zimbabwe Development Limited'라는 회사를 세워 금, 백금, 크롬 광산을 받는 대신 80억 불 규모의 철도, 공항 및 주택 사업을 추진했던 것으로 알려져 있다. 이러한 신디케이트는 분명히 바람직하지 않다. 뒷돈이 오가고 암거래가 이루어지기 때문이다. 그러나 주목할 점도 있다. 그것은 중국 기업의 위험을 두려워하지 않는(risk-taking) 자세이다. 후진국에서 사업을 하려면 누군가 앞에서 끌고 가는 사람이 있어야 한다. 그렇지 않으면 현지인은 잘 움직이지 않는다. 파상적인 공세, 적극성, 밀어붙이기, 이러한 공격적인 요소가 필요하다. 이런 점에서 아프리카에 진출한 중국 기업들은 우리에게 시사점을 제공하고 있다.

아프리카가 성장하면서 항공업이 번창하고 있는데 역시 중국의 영향이 크다. 아직 미약하지만 항공업에서 분명히 성장의 신호가 오고 있다. 원래 아프리카의 중심 항공사는 셋으로, 북서아프리카의 모로코항공(RAM), 북동아프리카의 이집트항공(EgyptAir), 그리고 남부아프리카의 남아공항공(SAA)이 있다. 그런데 요즘은 케냐 항공과 에티오피아 항공이 새롭게 떠오르고 있다. 케냐 항공은 아프리카 내 42개 도시에 출항하고 있고 에티오피아 항공은 35개 도시에 운항 중이다. 별것 아니라고 하는 사람이 있을지 모르지만 이는 과거에 비하면 대단한 발전이다. 불과 10여 년 전만 하더라도 아프리카 국가 간 항공 노선은 매우 미약했고 특히 동부와 서부를 연결하는 노선은 거의 없었다. 동부에서 서부로 가기 위해서는 유럽으로 우회하여 가는 것이 보통이었다. 변화에 가장 큰 영향을 미친 것은 중국의 아프리카 진출이다. 중국과의 거래가 늘면서 중국을 오가는 서부아프리카인이 동부를 경유하게 되었고 이로써 케냐 항공과 에티오피아 항공은 호시절을 만나게 된 것이다. 한국인에게도 앞으로 서부와 동부아프리카를 여행할 때 과거와 같이 꼭 유럽을 거쳐서 가는 불편함은 적을 것이다. 물론 아직 문제점은 많다. 보안시스템이 완벽하지 않으며 나이로비나 아디스아바바 공항은 비좁고 쉴 곳이 별로 없는 데다 노후한 비행기도 많다. 나이로비 공항은 에어버스 A380시대에 보잉 707용 공항이라고 비꼬는 말이 있을 정도이다. 그러나 승객이 증가함에 따라 점차 서비스가 개선되고 항공기도 새것으로 교체될 것이다. 2010년 케냐항공은 316만 명의 승객을 실어나르면서 매출 11억 불에 4500만 불의 영업이익을 올렸다. 케냐항공의 아프리카 내 노선은 이익의 40%를 창출하고 있다. 케냐항공은 비행기를 더 구입하고 노선을 대폭 확장함으로써 2020년까지 모든 아프리카 국가에 출항을 목표로 하고 있다. 아프리카 노선의 항공료는 아직 비정상적으로 비싸다는 문제도 있다. 아디스아바바에서 나이로비에 가는 요금이 유럽에 가는 것과 맞먹으며 하라레-요하네스버그 간 왕복 항공료는 성수기에 800불이나 한다. 그러나 이러한 문제도 항공사 간에 경쟁이 커지면서 점차 개선될 것이다. 우간다 엔테베와 나이로비 간 항공료는 항공사 간의 경쟁으로 인해 이미 많이 내렸다. 최근에는 저가를 내세운 소형 항공사들도 생겨나고 있다. 나이지리아의 Arik Air, 케냐의 Fly540, 남아공의 1Time 등이 그것이다. 조금 더 시간이 흐르면 아프리카 내 항공산업이 활성화하고 있는 모습이 뚜렷이 들어날 것이다.

2012년 6월부터 대한항공이 사하라 이남 아프리카로는 최초로 나이로비에 출항한 것은 기념비적인 일이었다. 그러나 서부 아프리카에 에볼라 바이러스가 창궐하면서 2015년 7월 3년 만에 운항을 중단한 것은 아쉬운 일이다. 표면적인 이유는 에볼라 바이러스였지만 계속 적자운영을 해왔던 점에 비추어 당분간 운항을 재개할 가능성은 높지 않을 것으로 보인다. 중장기적으로 보아 국적 항공기 취항으로 한국과 아프리카 간 교류는 크게 증가할 것으로 예상된다. 특히 방문객이 일단 서울에서 나이로비로 왔다가 그곳에서 다른 국가를 연쇄적으로 방문하는 경향이 점차 커지게 될 것이다. 이로써 아프리카의 잠재력을 인정하는 사람들이 늘어나면 아프리카에 대한 투자도 점차 증가하게 될 것이다. 대한항공의 질 높은 서비스는 아프리카 항공사들의 경쟁력을 높이는 데 기여할 수도 있다. 또한 케냐를 경유하여 아시아를 방문하는 서부아프리카인이나 여타 외국인이 대한항공을 이용하는 빈도가 높아질수록 자연스럽게 아프리카 항공사들이 자극을 받을 것이다. 이러한 제반 요소들을 감안할 때 대한항공의 전향적인 검토가 요구된다.

중국과 경쟁 관계에 있는 인도의 아프리카 진출 확대 노력도 최근 들어 두드러진다. 인도는 원래 나라의 크기에 비해 정부의 지원이나 외교력은 떨어지는 나라이다. 예를 들면 인도의 외교관 숫자는 싱가포르나 뉴질랜드와 같이 작은 나라보다도 더 적다. 이런 인도가 아프리카에 부쩍 공을 들이고 있다. 2011년 개최된 아프리카-인도 정상회담에서 만모한 싱 인도 총리는 향후 3년간 50억 불의 연성차관(soft loan)을 제공하겠다고 약속했고 10억 불을 교육, 철도 및 평화유지를 위해 추가로 제공할 것을 약속했다. 2010년 인도가 아프리카에 준 무상원조는 2500만 불에 지나지 않으니 2011년에 인도 총리가 약속한 것은 실로 막대한 액수이다. 인도는 세계에서 4번째로 큰 원유소비국이며 15년 후에는 원유 전량을 해외에서 수입해야 한다. 이와 같이 심각한 자원 부족에 시달리고 있는 인도가 아프리카에 눈독을 들이는 것은 당연하다. 인도가 아프리카에 파견하고 있는 평화유지군은 숫자로 보아 세계 3위 수준이며 인도는 남아공과 함께 유엔 안보리 상임이사국에 진출코자 노력하고 있다. 인도의 아프리카에 대한 근접정책으로 최근 대 아프리카 무역이 급증하고 있다. 2011년 무역고는 500억 불을 초과했다. 인도는 남아공에서 다이아몬드와 금, 모잠비크에서 석탄, 말라위와 니제르에서 우라늄을 수입하고 있다. 물론 아직 중국과는 상대가 되지 않는다. 중국의 대 아프리카 무역액은 최소 3배 이상이며 자원 진출이나 인프라 사업 등에서 인도를 훨씬 능가한다. 그러나 중국의 아프리카 진출은 정부 주도인 데 반해 인도는 민간 주도이다. 소형자동차로 유명한 Tata, 핸드폰 회사인 Bharti Airtel, 그리고 제약회사들이 아프리카에 대한 투자를 확대하고 있다. 무엇보다 인도 회사는 가난한 인도 소비자를 많이 상대해봐서 마찬가지로 가난한 아프리카 소비자의 심리를 잘 안다는 장점이 있다. 그리고 인도인은 이미 수십 년 전부터 동부와 남부아프리카에서 지역 상권을 장악하고 있다. 장기적으로 보아 인도의 아프리카 진출은 점차 확대될 것이 확실하다. 한국으로 봐서는 또 하나의 만만치 않은 경쟁자가 생긴 셈이다.

중국의 파상적 진출에 대한 **거부감**

중국의 대 아프리카 경제관계가 확대되는 속도를 보면 무섭다. 2010년만 해도 무역규모가 벌써 1200억 불(대략 중국/호주 간 무역액과 동일)에 달했고, 지난 2년간 중국이 아프리카에 공여한 차관은 세계은행의 차관 규모를 능가한다. 2005-2010년간 중국의 해외투자 중 14%가 사하라 이남 아프리카에서 행해졌다. 그럼에도 아프리카의 중국에 대한 인식이 좋은 것만은 아니다.

중국이 지역 경제를 죽이고 있다는 비판은 값싼 중국 제품 때문이다. 중국의 값싼 의류제품이 들어오자 남아공의 의류산업은 큰 타격을 입었다. 800개의 공장이 문을 닫고 6만 명의 실직자가 생겼다. 나이지리아의 의류업체들은 중국의 염가 의류 때문에 도산하고 수천 명이 실직했다. 닭이나 양배추 같은 식품도 마찬가지다. 탄자니아의 최대도시 다레살람은 아예 중국인이 시장에서 거래를 못 하도록 막고 있다. 중국인의 부패한 상관행도 문제이다. 아프리카보다 더 부패했다는 평가를 받기도 한다. 이 때문에 세계은행은 중국기업이 아프리카에서 입찰에 참가하는 것을 금하기도 한다. 중국이 아프리카의 자원을 싹쓸이 하고 있다는 것이 더 이상 맞는 말은 아니다. 중국은 이제 자원보다 생산기지 건설과 상품시장 개척에 보다 열을 올리고 있기 때문이다. 중국은 광산이나 원유정과 멀리 떨어진 곳에서도 철도와 교량 등 인프라를 건설하고 있다. 중국의 끝없는 진출 확대에 거부감을 가진 아프리카 정치인 중에서는 반중국 캠페인을 벌이는 사람들도 있다. 잠비아의 야당 지도자였던 사타(Michael Sata) 같은 사람이 대표적인 경우이다. 그러나 그는 막상 대통령에 당선된 후에는 유화적인 태도로 돌아섰다. 중국의 파상적인 로비 공세 때문이다.

지난 10년간 아프리카로 건너온 중국인의 숫자가 지난 400년간 아프리카에 온 유럽인의 숫자보다도 더 많다고 한다. 처음에는 주로 정부나 국영기업에서 일하는 사람이 왔는데 이후 민간인이 차차 늘어났고 계약이 끝난 후에도 아예 현지에 주저앉는 사람이 많아졌다. 중국의 대 아프리카 투자 중 제조업이 차지하는 비율이 22%로 광업의 29%에 근접하고 있는 것은 중국이 아프리카를 산업기지로 삼고 있다는 증거이다. 에티오피아에 거주하는 중국기업 중 3분의 2는 제조업체이다. 아프리카는 곧 중국의 세계시장을 향한 제조업기지가 될 가능성이 높다. 이를 위해 중국정부는 지원을 아끼지 않는다. 행정부와 당 및 군에서 고위급 인사가 계속해서 아프리카를 방문하면서 선물 공세를 펼치고 있다. 중국의 아프리카 진출에는 우선 국영회사가 앞장선다. 주인도 없고 주주도 없는 국영회사는 꼭 시장가격에 얽매이지 않고 원하는 것을 얻어내기 위해 수단과 방법을 가리지 않는다. 막대한 자본을 배경으로 이들은 어떠한 자원에도 거침없이 투자할 수 있다. 놀랄 만큼 공격적인 이러한 국영회사의 뒤에는 중국정부가 있다. 중국은 서양에 비해 기동력이 빠르다. 서양의 고급 인력은 높은 임금, 보험, 의료, 좋은 집과 하인, 비즈니스석 비행기표, 사륜구동 차량 등을 요구한다. 그러나 중국 근로자는 거주할 곳만 있으면 나머지 조건에는 크게 신경 쓰지 않는다. 서양회사는 여론에 민감하므로 사회적, 환경적 규범을 준수하려고 노력하나 중국 회사에게 이러한 부담은 거의 없다. 중국인은 심지어 전쟁터도 두려워하지 않는다. 2007년 에티오피아의 오가덴 사막 지역에서 9명의 중국 석유노동자들이 반군에 의해 살해되었으나 중국은 아랑곳하지 않고 계속 이곳에서 일했다. 서양회사였다면 아마 현장으로부터 즉시 철수했을 것이다. 서양이 아프리카 국가의 부패, 인권, 환경침해 등에 관한 문제를 계속 제기하는 것도 중국에게는 플러스 요인이다. 내정불간섭 원칙을 고수하는 중국은 아프리카 국가들에게 고마운 존재이다. 중국은 아프리카의 인권이나 부패에 대해 아랑곳하지 않는다. 아프리카 국가는 대체적으로 이러한 중국의 태도를 환영하고 있다.

중국의 대 아프리카 진출은 이미 무역 차원을 넘어섰다. 중국 기업은 원유개발과 광물개발에 적극 나서고 있으며 도로, 댐, 텔레콤 등 인프라 사업에 박차를 가하고 있다. 중국의 아프리카에 대한 직접투자는 2005년 10억 불을 넘어선 뒤 계속해서 증가하고 있다. 아프리카에 중국인이 얼마나 있는지 정확히 아는 사람은 아무도 없다. 한 가지 확실한 것은 수십만에 달하는 노동자와 기업인이 부를 찾아서 아프리카로 건너왔다는 사실이다. 이들은 텔레콤 기술자로부터 건설 노동자, 식당 주인, 잡화상, 약국 등 다양하다. 중국인이 아프리카에 온 이유는 무엇인가? 그것은 단 하나, 돈을 벌기 위해서이다. 중국인은 서방인과 달리 개도국에서 돈을 버는 방법을 잘 알고 있다. 이들은 부정부패가 판을 치고 법을 잘 지키지 않으며 인프라가 엉성한 곳에서 사업하는 방법을 알고 있는 것이다. 그러나 이러한 마구잡이식 진출에는 문제가 많이 있다. 중국은 아프리카의 가장 큰 무역상대국이며 필요한 원유의 3분의 1을 아프리카로부터 수입할 정도로 서로에게 중요하다. 그러나 아프리카의 중국에 대한 인식은 썩 좋지 않다. 중국 상품은 저질의 대명사가 되었고 중국이 아프리카에서 신식민주의를 펼친다는 비판이 있으며 중국 사람이 길거리의 개를 잡아먹는다는 소문도 퍼지고 있다. 한때 구세주와 같이 생각했던 중국에 대한 이미지가 희석되고 있는 것이다. 중국 건설회사의 날림 건설로 건물이 무너져 내리는 사례가 늘어나고 있다. 앙골라 수도 루안다에 지은 병원은 수개월도 못 가 균열이 생겨 문을 닫았으며 잠비아 수도 루사카와 치룬두(Chirundu) 간 130킬로미터 도로는 폭우로 무너졌다. 아프리카에 온 중국인은 대개 비즈니스라고 하면 수단과 방법을 가리지 않는 사람들이어서 법과 규칙을 무시하는 일이 다반사이다. 짐바브웨의 환경장관은 중국기업이 마치 '마코로코자(makorokoza) 광산업자' 같다고 말했는데, 이는 불법 금광업자를 비꼬는 말이다. 중국이 운영하는 잠비아 동 광산의 근로자는 2년을 일해야 겨우 안전 헬멧을 쓰는 것이 허용되는데 헬멧을 쓴다고 해도 안전 및 보건 시설이 미비하여 안전사고가 거의 매일 일어날 정도이다. 당국의 단속을 피하기 위해 중국의 매니저는 노동조합 지도자에게 뇌물을 주고 중국 본토에 위락 여행을 보냈다. 이러한 일이 지속되자 마침내 2010년 열악한 근로조건에 항의하는 시위가 일어났는데 중국인 매니저가 총을 쏘아 근로자 십여 명을 부상시키는 사태에까지 이르렀다. 잠비아의 참비시(Chambishi) 광산은 오래된 광산인데 중국의 국영기업이 인수해서 2003년 광산을 재개했다. 지역 주민들은 처음에는 환호했으나 얼마 안 가 열악한 근로조건이 알려지면서 분노했다. 근로자는 적절한 안전 장비를 보급 받지 못했으며 최저임금에 못 미치는 임금을 받았고 휴일을 거부당했다. 마침내 2005년 폭발사고가 생겨 50명의 근로자가 사망하자 이 광산은 문을 닫고 말았다. 잠비아인은 이 사태를 지켜보면서 중국의 광산 투자는 노예노동을 바탕으로 한 것이므로 이런 식의 투자보다는 차라리 투자가 없는 것이 더 낫다는 쪽으로 의견이 모아졌다.[122] 중국은 광산 개발이나 건설공사를 하면서 환경에 대한 영향은 거의 무시한다. 타당성 검사와 같은 기본적인 과정도 생략하기 일쑤이다. 2007년 중국은 파이프라인을 건설하면서 가봉의 로앙고(Loango) 국립공원을 심각하게 훼손했다. 같은 해 모잠비크에서는 500만 불에 달하는 불법 목재를 가득 실은 컨테이너 531개가 적발되기도 했다.

중국의 무역과 투자는 아프리카 몇 개국에 집중되고 있다. 남부아프리카에서는 남아공과 잠비아가 대표적이다. 중국의 진출에 대한 우려는 많다. 첫째는 중국의 진출이 과거 유럽과 미국의 투자자가 행했던 것과 같은 전철을 밟아 자원을 수탈할 뿐 관련 산업을 다원화하지 않을 것이라는 점이다. 둘째는 중국의 원조가 거의 차관 형태로 되어 있어 나중에 부채 문제를 야기할 가능성이 있다는 점이다. 또 중국이 경제협력 협상 과정에서 투명성이 결여되어 부패를 야기하고 선정을 손상하며 환경을 파괴하고 근로기준을 훼손함으로써 이익보다 손해를 끼칠 것이라는 점이다. 중국의 노동자가 대거 밀려오면서 아프리카 노동자를 밀어내고 있으며 중국의 매니저는 현지 인력을 거칠게 다루고 있다. 앞에서 말한 잠비아의 참비시 동광산 인명사고 수개월 후 근로자들은 열악한 노동조건 개선과 임금 인상을 외치며 대규모 시위를 벌였다. 중국의 행태에 분개한 잠비아인은 2006년에도 대통령 선거 후 폭동을 일으켜 중국인 상점을 약탈했다. 아프리카에 진출하면서 왜 현지 인력을 고용하지 않느냐는 물음에 대해, 중국의 한 장관은 "아프리카인은 야간과 주말에 일을 시

©Andrew Hall

_남아공 동광산

키기 어렵고 중국 근로자와 같이 열심히 일하지 않는다"라고 말했는데, 아프리카인은 이러한 발언을 인종차별적인 것으로 받아들이고 있다.

아프리카에 온 중국인 중 다수는 건설노동자로 이들의 숫자는 수십만 명에 달한다. 이들은 대부분 중국의 스타디움 외교 정책에 의해 아프리카로 들어온 사람들이다. 중국은 아프리카에 상징적인 건물을 무상으로 지어주면서 중국 본토에서 노동자를 직접 데려왔다. 아프리카에 대규모로 들어온 중국인은 건설 프로젝트가 끝난 후에도 본국으로 돌아가지 않고 아프리카에 남아 뒷골목 상권까지 장악하고 그들 중에는 아프리카의 시골을 돌며 보따리 장사를 하는 사람들까지 있다. 아프리카에 정착한 중국인은 값싼 중국의 공산품을 대량으로 들여와 가격경쟁을 무너뜨림으로써 태생적으로 허약한 아프리카의 제조업을 고사 위기에 빠뜨리고 있다. 가격경쟁에서 불리한 아프리카의 공장들은 값싼 중국 공산품의 범람으로 줄줄이 문을 닫고 있는 실정이다. 중국 정부는 아프리카 내 건설 사업을 중국 건설업체들에게 전적으로 밀어주었으므로 중국 정부가 행한 원조의 대부분은 결국 다시 중국 건설업체들에게 돌아갔다. 표면적으로 중국이 아프리카에 무상으로 건물을 지어준 것으로 보이지만 이런 식의 원조는 결국 '왼쪽 호주머니에서 꺼내 오른쪽 주머니로 옮기는' 피상적인 것에 그치고 말았다.[123]

외국 투자자들이 개도국 토지 사용권을 확대하고 있는 것에 대해서도 일반적으로 비판이 거세다. 외국 투자자가 점유하고 있는 개도국의 토지는 8000만 헥타르에 달하는데 이 중 절반인 50.7%가 아프리카, 19.3%는 아시아, 8.8%는 중남미에 있는 땅이다. 8000만 헥타르는 영국, 프랑스, 독일, 이탈리아의 모든 농지를 합한 면적보다 더 넓다. 예를 들어 오일달러가 넘치는 사우디는 세네갈의 벼농사 지역 70%를 점유하고 있다. 외국인의 토지 사용이 문제가 되는 것은 계약이 잘 지켜지지 않기 때문이다. 에티오피아의 경우 46개 계약 중 16개만 지켜지고 있고 모잠비크의 경우 계약이행률이 절반에 못 미친다. 외국 투자자가 계약하면서 내놓는 조건은 고용 창출, 새로운 기술 전수, 인프라 개선 그리고 세수 증가 등 주로 4가지이다. 그런데 이 약속은 대부분 잘 지켜지지 않는다. 모잠비크의 경우 한 프로젝트에서는 2,650개의 일자리 창출을 약속했는데 불과 35-40개만 생겼다. 일자리가 생겨도 외국기업은 밖에서 근로자를 데리고 오는 경우가 더 많다. 기술 이전도 이행되지 않는 경우가 대부분이다. 현지 농부들은 그저 구경만 해야 한다. 마다가스카르에서는 과거 정부가 수년 전 어떤 한국기업에게 경작이 가능한 토지 절반에 대한 사용권을 주겠다고 약속했다가 이것이 빌미가 되어 정권이 전복되는 사태까지 발생했다. 토지의 이용조건도 빈약하기 짝이 없다. 에티오피아에서는 연간 헥타르당 이용료가 2불이며, 라이베리아에서는 5불에 불과하다. 거저먹기인 셈이다. 외국기업은 세금에 관해서도 처음에는 많이 납부하겠다고 약속하지만 실상은 다르다. 외국기업이 내는 세금이 현지 토지 소유주가 내는 세금보다 더 적은 경우도 흔하다. 외국투자자가 현지 농부에게 지급하는 보상금도 빈약하기 짝이 없다. 100년간 토지를 사용하는 조건으로 불과 수개월분의 소득에 해당하는 보상금을 주는 경우도 있다. 이렇게 조건이 열악함에도 불구하고 토지 사용 계약이 빈번한 것은 땅을 찾는 투자자에 비해 땅을 내놓는 공급자의 숫자가 더 많기 때문이다. 외국에서 땅을 매입하는 국가는 대개 인구가 많고 식량이 부족한 자본국들이다. 중국이 대표적인 나라이다. 한편으로는 개도국의 부패한 관료가 농부나 토지 소유주를 부추겨

반강제적으로 토지 계약을 장려하기도 한다. 이들이 그 대가로 수수료를 받는 것은 물론이다. 현재 개도국에서의 토지 시장은 수요와 공급 그리고 브로커까지 삼박자가 잘 맞아 떨어지는 형국이다. 그러나 공정성에 관한 비판이 거세짐에 따라 점차 제동이 걸릴 것이다. 계약 내용이 합리적이고 계약 조건을 잘 지켜야 투자자와 공급자가 원만한 관계를 유지함으로써 계약이 오래 지속될 수 있다. 이런 점에서 앞으로 모범 사례가 많이 나와야 할 것이며 특히 아프리카 지역이 주목의 대상이다.

9

기지개를 켜는 아프리카

9

아프리카의 **상승세와 과제**

2000년대 들어 석유, 광물, 농산물 등 주요자원의 가격이 급상승함에 따라 이들 자원을 수출하는 아프리카의 소득이 급증했으나, 2008년 세계 금융위기를 계기로 지난 수년간에는 석유 등 자원 가격이 폭락하여 아프리카 경제를 침체에 빠뜨리기도 했다. 그러나 국제 자원가격은 최근 다시 상승 곡선을 타고 있다. 아프리카에는 세계 백금의 95%, 크롬의 90%, 코발트의 50% 그리고 망간, 바나듐 및 티타늄의 20%가 매장되어 있다. 원유가는 2000년 이후 세 배나 급등했으며 이에 따라 나이지리아, 앙골라, 차드, 수단, 가봉 같은 산유국의 소득이 급증했다. 구리 가격은 2001년부터 2007년 사이에 단위(unit)당 70불에서 350불로 상승했으며 커피 가격은 단위(unit)당 41불에서 113불로 상승했다. 그뿐만 아니라 농산물 가격은 일반적으로 보아 꾸준히 상승할 것으로 예상되고 있다. 자원 가격의 상승은 자원을 주요 수출품목으로 하는 아프리카에 분명히 유리한 일이지만 들쑥날쑥한 자원가격으로 말미암아 아프리카 경제의 안정성이 침해받고 있는 것도 사실이다. 주목해야 할 점은 아프리카 경제 성장에서 자원분야가 차지하는 비중은 갈수록 줄어들고 있는 반면 소비·유통과 통신, 관광 등 민간부문의 비중이 커지고 있다는 사실이다. 지난 2002년 경제 성장에서 자원분야가 차지하는 비율이 37%에서 2007년 24%로 줄어든 반면 소비·유통 부문은 7%에서 13%로 늘어났다. 외국인의 직접투자(FDI)도 크게 늘어나고 있다. 2000년 98억 불에 불과했던 아프리카 FDI가 2008년 721억 불로 8년 새 8배 가까이 늘었다.[124] 2011-2015년간 세계 고성장 상위 10개 국가 중 에티오피아, 모잠비크, 탄자니아, DR콩고, 가나, 잠비아, 나이지리아 등 7개국이 아프리카 국가이다. 2010년 이후 아프리카의 연평균 경제성장은 5-6%에 달하며 2000년-2007년간 사하라 이남 아프리카 국가의 평균 소득증가율은 3%에 달했다.

중국이나 인도의 성장에 비하면 미약하다고 할지 모르나 아프리카는 분명히 과거와 선을 긋고 새로이 출발하고 있다. 지난 수십 년간 일상이 되다시피 했던 전쟁, 기근 그리고 절망을 요즘 아프리카에서 찾아보기는 힘들다.[125] 고질적인 HIV/AIDS 퇴치에서도 많은 진전이 이루어졌다. 이제 200만 명 이상이 에이즈 진행을 억제하는 약을 공급받고 있으며 에이즈로 인한 사망자도 2005년부터 하강세로 돌아섰다. 지속적인 교육과 사람들의 인식 변화로 에이즈를 예방하기 위한 조치가 강화되었으며 에이즈는 이제 관리 가능한 병이라는 인식이 확산되었다.

아프리카에서 공업이 전혀 없었던 것은 아니다. 짐바브웨는 과거 남부 아프리카에서 빼어난 공업국이었고, 잠비아도 남아공과 짐바브웨에 이어 공업이 발달한 나라였다. 1970년대 잠비아는 미쓰비시 트럭과 자동차를 생산했으며 피아트, 푸조 및 랜드로버를 조립했다. 루아풀라(Luapula)주의 만사(Mansa)에서는 배터리를 생산했고 치파타(Chipata)에서는 자전거를 생산했으며 카피리 음포시(Kapiri Mposhi)와 카브웨(Kabwe)에서는 유리와 의류를 제조했다. 북서부의 므윌리룽가(Mwililunga)에는 파인애플 통조림 공장이 있었고 서부의 몽구(Mongu)에는 캐슈넛 가공공장이 있었으며 던롭은 은돌라에서 수출용 타이어를 제작했고 세리오스(Serioes International)는 영국과 독일로 수출하는 고급 양복을 재단했다. 레버 브라더스(Lever Brothers), 존슨앤드존슨(Johnson&Johnson) 및 콜게이트팔몰리브(Colgate-Palmolive)는 가정용품과 화장실용품 등을 제조했고 ITT Supersonic은 리빙스턴에서 TV와 라디오를 생산했다. 이만하면 결코 공업이 없는 것은 아니었다. 그러나 2012년에는 이러한 공장들 대부분이 사라졌다. 치파타 자전거공장은 맥주공장 창고, 리빙스턴 자동차 조립공장은 소형 목재공장, 카브웨의 섬유공장은 돼지사육장으로 변모했고 카푸에의 섬유공장은 옥수수 저장창고로 전락했다. 왜 이러한 일이 벌어진 것일까? 그 답은 정부의 정책에 있다. 수입대체산업을 육성하기 위해 정부가 부여했던 세제상의 특혜와 수입상품에 부과했던 높은 관세 등 유인요건이 모두 사라지자 외국기업이 투자했던 이러한 공장들도 모두 사라졌던 것이다. 물론 정부의 잦은 정책 변화, 법적 규제 등 정치적 요인으로 인해 기업의 금융접근성이 힘들어진 것도 공업의 쇠락에 치명적인 역할을 했다.[126] 잠비아는 현재 다시 성장하고 있는데 과거에 번창했던 공업의 전통을 살리기 위해 투자 유인정책을 구사하고 있다. 잠비아의 경우를 보면 정부의 일관된 정책이 공업화에 얼마나 중요한 것인지 알 수 있다. 반면 과거에는 없었던 새로운 산업이 번창하는 경우도 있다. 케냐의 화훼산업이 좋은 예이다. 케냐는 1주일에 21

번씩 항공기로 유럽 시장에 꽃을 실어 나른다. 'flower flights'로 알려진 신흥 수출산업으로 케냐는 연간 10억 불을 벌어들인다. 케냐에서 생산한 꽃의 30%가 연 20억 불 규모의 영국 화훼시장에 공급되고 있으며 35억 유로 규모의 EU 꽃이꽃(cut flower) 시장의 25%를 점유하고 있다. 케냐에는 5000개의 화훼농장이 있는데 수출의 75%는 25개 회사가 장악하고 있다.[127]

세계국가들의 민주화와 자유를 지수(최고 1, 최악 7)로 발표하는 프리덤 하우스(Freedom House)는 1970년-1980년대 대부분 아프리카 국가의 지수를 6으로 분류했다. 이는 사실상 아프리카에 민주화한 국가가 없고 정치적 자유가 없다는 뜻이다. 그러나 90년대 들어와 정치적 변화가 일어나고 정권교체가 이루어지면서 2007년 아프리카 국가의 프리덤 하우스 지수는 평균 4를 기록했다. 이는 대단한 발전이며 경제적으로는 크게 성장하고 있지만 정치적 자유를 누리지 못하고 있는 중국이나 베트남을 뛰어 넘는 결과이다.[128] 아프리카에서 비교적 민주화를 이룬 국가 중에는 인구가 적은 나라가 많다. 2010년 프리덤 하우스가 '자유로운 국가'로 분류한 9개국 중 보츠와나(200만), 카보베르데(50만), 모리셔스(130만), 상투메프린시페(16만), 나미비아(210만) 등 5개국이 인구 200만 명 미만의 소국이다. 물론 남아공과 같이 큰 나라도 이 리스트에 포함되어 있으므로 소국과 민주화 간에 꼭 상관관계가 있다고 단정 짓기는 어렵지만 아프리카의 경우 소국이 비교적 민주화를 잘 진행시키고 있는 것이 사실이다. 극단적인 낙관주의자들은 2010년 이후 아프리카의 명목 경제성장률이 연 10%, 실질성장률이 6-7%에 달해 2030년에는 남아공을 제외한 사하라 이남 아프리카의 GDP가 4.5조 불에 달할 것이라고 한다. 나이지리아는 두 자리 성장을 계속함으로써 남아공을 추월하여 2027년까지 1조 불 경제에 먼저 도달할 것이라는 관측도 있다.[129] 사실 나이지리아는 이미 2013년부터 남아공을 제치고 아프리카 최대의 경제대국으로 부상했다. 그러나 아프리카에서 인구가 많은 나라는 대체적으로 저조하고 인구가 적은 나라가 상대적으로 호조를 보이고 있다. 대표적으로 인구가 많은 나라인 DR콩고(6400만), 에티오피아(8100만) 및 나이지리아(1억 6000만)는 개인소득으로 보아 모두 가장 가난한 나라에 속한다. 반면 소국인 보츠와나, 모리셔스 및 세이셸은 가장 부유한 국가들이다. 소국이 비교적 종족 구성이 단순해서 갈등이 적고 관리하기 쉽다는 장점이 있어 경제적으로 성공했다는 관측도 있다. 반면 큰 나라에서는 보다 많은 갈등과 분쟁이 계속되어 온 것이 사실이다. DR콩고, 에티오피아 및 나이지리아 3개국의 인구를 합하면 사하라 이남 아프리카 전체의 36%에 해당한다.[130]

아프리카가 보다 발전하기 위해서는 경제를 다변화시켜야 한다. 단순히 원자재를 공급하는 구조로부터 생산을 다변화하는 것은 발전을 위한 필수조건이다. 경제가 다변화하면 보다 많은 일자리를 창출하고 생산성을 높여 임금을 상승시키며 소득이 늘고 빈곤을 줄일 수 있다. 가장 중요한 것은 경제적으로 이익을 얻는 사람의 층을 넓히는 것이다. 이는 광범위한 중산층 형성을 위해서이다. 물론 이러한 일이 쉬운 것은 아니다. 이를 위해 아프리카가 해야 할 핵심 과제는 3가지이다. 즉, 농업을 발전시키고 비즈니스 비용을 줄이며 인프라를 구축해야 한다. 그런데 현실적으로 농업을 발전시키는 것이 쉽지 않다. 특히 두 가지 문제가 농업 발전을 가로막고 있다. 첫째 유럽, 미국, 일본 등에서 행하고 있는 농업보조금 지급과 자국 농산물 보호정책이다. 높은 관세, 쿼터, 보조금 등 각종 방법을 통해 선진국은 면화, 축산물, 옥수수, 땅콩, 대두, 설탕, 쌀, 밀 등 가난한 국가의 농산물 수출에 제약을 가하고 있다. 서부아프리카에서 면화 1파운드의 생산비는 40센트인데 미국에서는 두 배가 넘는다. 그러나 미 정부는 2만 5000명에 불과한 면화 재배업자에게 연 30억 불의 보조금을 지급하고 있고 이 금액은 생산된 면화의 가치보다 더 높다. 이 보조금 덕분에 미국 농부는 생산비의 3분의 1 가격으로 면화를 수출함으로써 가격경쟁력을 유지할 수 있으며 이로써 미국은 지난 15년간 세계 면화 시장의 3분의 1을 점유하고 있다. 둘째 선진국은 가난한 국가의 원자재보다 가공품에 대해 훨씬 높은 관세를 부과함으로써 농업이 다른 산업으로 발전하는 것을 막고 있다. 예를 들어 미국은 가공되지 않은 코코아 열매에 대해서는 관세를 부과하지 않는 반면 수입 초콜릿에 대해서는 최고 52%의 관세를 부과하고 있다. 유럽과 일본도 비슷한 조치를 취하고 있다. 선진국의 이러한 정책은 아프리카 국가들이 원료를 토대로 산업을 다변화하여 가공품을 수출함으로써 경제발전을 도모하는 것을 정면으로 가로막고 있는 것이다. 또한 아프리카의 인프라는 아직 턱없이 부족하다. 인프라를 제대로 개발하려면 미국 GDP의 5배가 넘는 90조 달러가 필요할 것이라는 계산이 나올 정도이다. 예를 들어 전기를 보면 아프리카 전체의 전력 생산은 대략 스페인과 맞먹는다. 아프리카의 인구는 스페인의 20배나 되지만 전력은 이 정도밖에 되지 않는 것이다. 그나마 절반 이상이 남아공 한 나라에서 생산되고 있다.[131]

아프리카에는 하루 소득이 2불 이하인 빈곤층이 아직 전체 인구의 절반을 차지한다. 아프리카의 GDP와 무역은 아직 세계 전체의 2% 미만이다. 아프리카의 식량 생산은 1960년에 비해 10% 감소했으며 1990년 이래 궁핍 인구가 1억 명에서 2억 5000만 명으로 증가했다. 그러나 최근 정치적 안정을 기반으로 경제가 성장하면서 아프리카에도 '블랙 다이아몬드'로 불리는 흑인 중산층이 확대되고 있다.[132] 소득이 나아지고 있는 것은 사실이지만 그 속도는 천천히 진행되고 있으며 사회 전체적으로는 가난한 사람이 아직 너무 많다. 하루 10불 이하의 소득을 올리는 사람이 아프리카 전체 인구의 81.5%에 달한다. 하루에 20불 이상을 버는 사람(월 600불, 연 7200불)은 부유층으로 분류되는데 이들은 전체 인구의 4.48%에 불과하다.[133] 따라서 아프리카의 중산층은 아직 층이 너무 얇고 소득규모가 적다. 아프리카에서 정말로 구매력이 있는 중산층이 형성되려면 앞으로도 상당한 시일이 소요될 것이다. 아프리카 국가들 간의 내부 무역 거래는 너무 미약하다. 전체 무역의 10-12%에 불과하다. SADC, EAC 그리고 COMESA 3자 기구[134]에 속해 있는 26개국 간에 자유무역협정을 체결해서 무역장벽을 제거하려는 움직임이 있지만 쉽지 않다. 아프리카 국가들은 이런 저런 이유로 민감하거나 경쟁적인 품목에 대해 무역장벽을 세워놓고 있다. 관세장벽과 비관세 장벽이 즐비하다.

UNCTAD가 1971년 세계에서 가장 가난한 30개 국가의 명단을 만들었을 때 대부분이 아프리카 국가였다. 현재에는 그 명단이 48개 국가로 늘어났는데 이 중 33개가 아프리카 국가이다. 그동안 보츠와나, 모리셔스, 카보베르데만이 이 명단에서 벗어날 수 있었고 곧 앙골라와 적도기니가 뒤를 이을 것으로 예상된다. 그러나 나머지 많은 국가는 언제 이 명단에서 벗어날 수 있을지 기약이 없다. 전기, 물, 교통, 보건 등 사회경제의 기본 인프라가 취약한 것이 결정적으로 아프리카 경제발전의 발목을 잡고 있다. 아프리카가 진정 매력 있는 새로운 시장으로 떠오르기 위해서는 사회경제 인프라의 현대화가 필수적이다.

남아공은 아프리카에서 가장 늦게 흑인이 정권을 잡은 나라이다. 1994년 흑인정권 수립 후1996-2010년 사이에 하루 2불 미만으로 살아가는 절대빈곤층이 12%에서 5%로 떨어졌으며 국민은 자유와 민주주의를 누리고 있다. 이 때문에 남아공을 BRICs의 하나로 끼어주기도 한다. 그러나 남아공의 실상은 그다지 낙관적이지 않다. 가장 큰 문제는 빈부격차이다. 1993년 0.59였던 지니계수가 2009년에는 0.63이 되었다. 18년 동안 민주주의는 성장했으나 세계에서 빈부격차가 가장 심한 나라 중 하나가 된 것이다. 남아공의 추락에는 여러 가지 원인이 있으나 우선 교육이 큰 문제이다. 남아공은 초등교육 수준이 144개국 중 132번째이고 수학과 과학의 수준은 143번째로 거의 꼴찌이다. 학교 시설은 형편없고 학교에 가지 않는 아이들이 수두룩하며 학교에 가도 공부를 하지 않는 학생들이 태반이다. 물론 교사의 수준도 낮고 그나마 숫자가 절대적으로 부족하다. GDP의 5-7%를 쏟아붓는 교육이 이러하니 예산 낭비가 이만저만이 아니다. 물론 이것은 공교육의 경우이고 부자들이 이용하는 사립학교는 경우가 다르다. 이러다 보니 부자와 빈자 간의 교육 격차가 심각하게 벌어지고 있다. 실업률도 심각하다. 40% 가량의 사람들이 일자리를 구하지 못하고 있다. 백인실업률이 6%인 데 반해 흑인실업률은 29%나 되며 청년실업률은 50%가 넘는다. 이렇게 사회가 불안하니 치안이 좋을 리 만무하다. 빈부격차, 교육격차, 실업률 이런 것이 치안 악화의 주범인 것이다. 2012년 9월 광산노동자 34명이 경찰에 의해 사살된 사건에서 보듯이 노동운동이 점점 거세지고 있는 가운데 노동법과 파업 그리고 폭력을 두려워한 외국투자자들이 투자를 꺼리고 있다.

남아공의 가장 큰 문제는 아이러니컬하게도 정치이다. 민주주의가 발달했다는데 정치가 나라의 발목을 잡고 있는 것이다. 왜냐하면 정치가 너무 부패해 있기 때문이다. 정계에서 한 자리 차지하면 이권이 대단하다. 이러다 보니 좋은 자리를 차지하려는 암투가 벌어지고 있다. 일부 정치인은 목적 달성을 위해 청부살인도 마다하지 않는 지경에 이르렀으며 실제로 많은 정치인이 암살되었다. 정치가 이러다 보니 공무원의 부패가 극에 달하고 있다. 흑인 정권 수립 후 계속 집권하고 있는 ANC를 뒤집고자 인카타 자유당, 민주동맹(DA, Democratic Alliance) 등 야당이 지지를 호소하고 있지만 쉽지는 않다. 많은 국민은 ANC가 썩고 무능한 것을 알면서도 ANC 외에 다른 대안이 없다고 생각하고 있기 때문이다. 이는 아마 ANC의 창시자라고 할 수 있는 넬슨 만델라의 압도적 영향력 때문일 것이다. 선거를 했다하면 ANC는 보통 60% 이상을 득표하고 있다. ANC를 견제할 수 있는 세력은 언론과 사법부가 유일한데 이들도 크게 힘을 발휘하지 못하고 있다. 2012년 12월에 개최된 ANC 전당대회에서 예상대로 현 대통령 주마가 당수로 재선되었다. 이것은 주마가 잘했다기보다 다른 대안이 없었기 때문이다. 말썽 많은 주마 체제하에서 ANC의 앞날도 불투명하지만 앞으로 누가 정권을 잡든지 사회에 팽배해 있는 빈부격차를 해소하지 않으면 남아공의 장래는 밝지 않다. 무엇보다 흑인이 권력을 치부의 수단으로 삼는 관행에서 벗어나야 할 것이다. 남아공이 계속 이런 식으로 나아가면 BRICs의 일원이라는 이야기가 더 이상 나오지 않을 정도로 후퇴할 수도 있다.

떠오르는 **아프리카**

아프리카의 구매력이 커지고 있다. 신글로벌 소비시장으로 떠오르고 있는 인도와 비교하면, 인도의 1인당 국민총생산(GNI, 2009년 기준)은 1180불이다. 블랙 아프리카의 1인당 평균 GNI(1135불)와 별반 차이가 없다. 국가별로 적도기니의 1인당 GNI는 1만 2420불, 모리셔스 7250불 등 인도보다 GNI가 높은 블랙 아프리카 국가만 16개국에 달한다. 실질 구매력 기준으로 보면 아프리카의 소비 잠재력은 보다 커진다. 보츠와나 등 아프리카 6개국의 구매력 기준 1인당 GNI는 중국의 1인당 GNI(6890불)를 넘어선다. 더 많은 소비를 창출하는 도시화가 급진전하면서 아프리카에는 이미 인구 100만 명 이상 되는 도시가 52개에 달한다. 세계은행에 따르면 2030년이 되면 아프리카 인구 2명 중 1명이 도시지역에 거주할 전망이다.[135] 2011년 월마트가 남아공의 매스마트(Massmart Holdings) 지분 51%를 24억 불에 매입키로 결정한 것은 아프리카의 구매력이 상승하고 있음을 증명하는 대표적인 예이다.

아프리카의 비즈니스 환경이 개선되고 있다. 많은 국가가 one-stop 투자 시스템을 채택함으로써 전에는 투자자가 면허를 얻기 위해 여기저기 다니느라 수개월씩 걸리던 것이 이제는 한 곳에서 필요한 일을 볼 수 있게 되었다. 비즈니스에 필요한 면허와 등록의 숫자를 줄이고 불필요한 절차를 삭제한 국가들도 있다. 가나는 회사인(seal) 등록 제도를 폐지했고 보츠와나, 나미비아와 남아공은 온라인 등록 제도를 신설했다. 라이베리아, 시에라리온, 남아공 등은 등록 시 변호사 고용을 의무화하는 제도를 폐지했다. 부르키나파소는 건설허가증 교부 비용 25%를 삭감하고 허가기간을

12일 단축시켰다. 부르키나파소는 각종 시험, 소방시설, 정부 검사 등 외국투자자를 애먹였던 규정을 대폭 완화했다. 20년 전에 비해 유능한 관료가 정부 각 기관에서 일하고 있는 것도 긍정적인 변화이다. 중앙은행, 재무부, 투자청 등 주요 경제기관에는 잘 훈련되고 유능한 관료가 일하고 있다. 이들은 높은 전문지식을 가지고 있고 국가발전을 위해 자신이 어떤 역할을 해야 하는지 잘 알고 있다. 이들은 과거의 실패를 반복하지 않으려는 강한 의지를 갖고 있다.

무정부 상태인 소말리아에서 일어난 몇 가지 긍정적인 일은 아프리카 발전을 위한 역발상의 계기를 제공하고 있다. 소말리아가 정부 규제 없는 시장경제의 시험장이 된 셈이다. 비교적 안정을 누렸던 소말리아 북부지방에서는 민간 기업이 국가의 공백을 메꾸기 시작했다. 민간 기업이 수도와 전기 공급을 맡았던 것이다. 대부분 아프리카 국가에서 수도와 전기는 공기업이 맡고 있는 사업 분야인데 늘 효율성이 문제이다. 소말리아에서 이 사업을 민간 기업이 맡게 되자 공급 비용은 상당히 비쌌지만 효율성에 있어서는 큰 진전을 보였다. 텔레콤 사업도 마찬가지이다. 민간 기업이 이 분야를 맡은 소말리아에서는 상당히 높은 효율성을 보였다. 다른 아프리카 국가에서는 각종 규제 때문에 기술 도입이 늦은 반면 이러한 제한이 없는 소말리아에서는 신속히 새로운 기술을 도입할 수 있었다. 정부의 규제가 없는 소말리아에서 시장 경제는 수요와 공급에 따라 효율적으로 작동했다. 시장에서는 소말리아 여권도 발급하는데 20불을 내면 불과 5분 안에 여권을 발급받을 수 있다. 상거래의 비용은 비교적 높은 편인데 이는 상인을 보호하는 군벌에게 지급해야 하는 세금 때문이다. 무정부 상태인 소말리아에서는 새로운 화폐가 발급되지 않았기 때문에 옛 화폐인 소말리 실링이 계속해서 사용되고 있다.

아프리카의 기업들도 세계적인 기업으로 성장하고 있다. 보스턴컨설팅그룹(Boston Consulting Group)은 40개 기업을 향후 아프리카를 이끌어나갈 '아프리카의 사자들'로 선정했다. 이들은 매우 왕성한 기업 활동을 보이고 있으며 자산 규모는 적게는 5억 불에서 많게는 800억 불에 달한다. 이들은 해외기업의 아프리카에 대한 직접 투자에 크게 기여하고 있으며 해외기업과의 M&A를 통해 몸집을 키워나가고 있다. 큰 기업의 매출은 조그만 나라의 GDP를 능가한다. 큰 기업은 주로 남아공, 이집트 및 나이지리아 등에 몰려 있다. 세계적으로 잘 알려진 기업들로는 Sasol, Anglo American, SAB Miller, Orascom, Standard Bank, Vodacom, Ecobank, Absa, Dangote 등이 있다.[136]

아프리카의 기업이 경쟁력이 없다는 것은 낡은 이야기이다. 지난 10년간 세계시장에서 성공한 기업들이 많이 있다. 케냐의 화훼 수출업자, 말리의 망고 생산자, 남아공의 휴대폰 공급업자와 금융업자, 가나의 데이터 입력 사업자, 모잠비크의 알루미늄 생산공장, 레소토의 의류 생산업자, 르완다의 관광업자 등 셀 수 없을 정도이다. 물론 아프리카의 비즈니스 환경은 아직 완전하지 않다. 더 발전이 필요하다. 보다 많은 투자를 유치하기 위해서는 기업이 번창할 수 있는 환경 조성이 필요하다. 기업이 불필요한 장벽이나 장애에 의해 고통을 받도록 해서는 안 된다. 아직도 복잡한 행정절차, 비대한 관료주의, 뇌물 수수 등이 만연하며 이는 투자자의 의욕을 꺾는다. 회사가 경쟁력을 갖추고 새로운 일자리를 창출토록 하기 위해서는 낡은 장벽과 장애물이 제거되어야 한다. 특히 세관, 항만청, 특별무역지역 등 무역을 진흥하기 위한 기관의 역할을 강화할 필요가 있다.

©World Economic Forum

_ 아프리카 최고 부자 알리코 당고트

아프리카에도 억만장자들이 있다. 포브스지에 수록된 아프리카의 억만장자는 모두 14명으로 나이지리아 2명, 남아공 4명 그리고 이집트 출신이 8명이다. 개인 재산 100억 불의 나이지리아 사업가 알리코 당고트(Aliko Dangote)가 1위(세계 51위)이고 그 뒤를 남아공의 니키 오펜하이머(Nicky Oppenheimer) 가족(70억 불), 이집트의 나세프 사위리스(Nassef Sawiris, 56억 불), 남아공의 요한 루퍼트(Johann Rupert) 가족 등이 잇고 있다. 비교적 최근으로는 2013년 남아공에서 발행되는 'ventures'지가 55명의 아프리카 부자 명단을 발표했다. 상위 10명의 재산과 사업 내용을 보면 다음과 같다. 알리코 당고트(나이지리아, 202억 불, 제조업), 알랜 그레이(Allan Gray, 남아공, 85억 불, 금융업), 마이크 아데누가(Mike Adenuga, 나이지리아, 80억 불, 석유 및 텔레콤), 폴로룬스호 알라키자(Folorunsho Alakija, 여성, 나이지리아, 73억 불, 석유), 니키 오펜하이머(남아공, 65억 불, 광업 및 투자업), 요한 루퍼트(남아공, 61억 불, 고가품 거래 및 소매업), 나세프 사위리스(이집트, 52억 불, 건설), 길버트 차고리(Gilbert Chagoury, 나이지리아, 42억 불, 건설), 나탄 키쉬(Nathan Kirsh, 스와질란드, 36억 불, 부동산 및 유통업), 크리스토펠 비제(Christoffel Wiese, 남아공, 34억 불, 소매업). 이와는 대조적으로 하루 2불 미만의 수입으로 살아가는 사람들이 아직도 전체 인구의 60%에 달하는 극도의 빈부 격차를 보이고 있는 곳이 또한 아프리카이다. 아프리카 최고 부자인 59세의 알리코 당고트는 나이지리아의 다른 부자들과는 달리 석유로 부자가 된 사람이 아니다. 10여 년 전 당고트는 적자 상태인 여러 개의 국영기업을 인수해 이를 흑자회사로 만든 후 많은 공장을 짓고 각종 상품을 생산하여 수입대체산업을 육성했다. 무역을 비롯 여러 사업을 하고 있는 당고트는 현재 사하라 이남 아프리카에서 가장 큰 시멘트 공장을 운영하고 있다. 그는 시멘트 매출을 20%쯤 더 높여 110억 불 규모 사업으로 만든 뒤 런던 주식시장에 상장할 계획을 세우고 있다. 당고트는 모건 스탠리, 제이피모건, 골드만삭스 등과 같은 일류 금융기관들과 거래하고 있으므로 그가 운영하는 회사는 투명성이 높다. 당고트 그룹은 아프리카를 대표하는 재벌기업으로 성장하고 있다. 당고트 그룹은 2011년 14개국에서 26억 불의 영업이익을 올렸으며 향후 4년간 석유화학, 광업 및 인프라 사업에 70억 불을 투자할 계획이다. 아프리카에도 왕성한 의욕을 가지고 이렇게 사업을 확장시켜가는 기업가가 있다는 사실은 고무적이다. 당고트는 한국과 중국 기업의 성장에서 많은 교훈을 얻은 것으로 보인다. 잘 알려진 사회사업가이기도 한 당고트는 교육과 보건 분야에서 많은 자선사업을 벌이고 있다. 당고트는 권력층과 지나치게 가깝다는 세간의 비판을 받기도 하지만 정작 본인은 이에 아랑곳하지 않는다. 비즈니스를 하기 위해서는 당연히 정부와 좋은 관계를 유지해야 한다는 것이 그의 철학이다. 당고트는 성장하고 있는 아프리카 경제에서 하나의 독자적인 모델을 형성하고 있는 기업가이다.

유태인 기업들은 아프리카에서 조용히 유력 정치인, 기업인 등과 끈끈한 네트워크를 구축하고 있으며 이러한 관계를 활용하여 수익이 높은 비즈니스를 창출하고 있다. 우리 기업도 유태기업이나 현지의 유력 기업과 손을 잡고 보다 공격적으로 비즈니스를 개척할 필요가 있을 것이다. 아프리카 사업가들의 특징 중 하나는 성격이 다른 여러 가지 사업을 함께 한다는 점이다. 최근 조사 결과에 의하면 아프리카 사업가는 평균 6가지 사업을 병행하는 것으로 나타나고 있다. 이들이 몇 가지 사업을 병행하는 이유는 다음과 같다. 첫째, 아프리카 사업가는 주로 인간관계에 의존해서 사업을 하는데 고객이 다른 종류의 일을 주문하더라도 그 일을 처리할 수 있어야 한다. 둘째, 필요에 의해 사업이 새끼를 쳐가는 경우이다. 예를 들면 금융회사를 먼저 연 후 이와 관련해서 빚을 받아내는 회사를 만들고 그 다음에는 보안회사를 설립하는 식으로 사업이 확대된다. 셋째, 금융 측면에서 볼 때 아프리카에서는 큰돈을 한꺼번에 만지기 힘들며 중간관리자가 많으므로 작은 회사를 여러 개 경영하는 것이 경영 측면에서 더 유리하다. 대부를 받을 때에도 한 은행에서 대규모 융자를 받기는 어려우므로 여러 은행에서 조금씩 융자를 받는 것이 보다 현실적이다. 넷째, 정치와 행정의 불가측성을 항상 고려해야 할 필요가 있다. 아프리카에서는 흔히 정권이나 정책이 갑자기 바뀌기 일쑤인데 이때 한 가지 사업만 하고 있어서는 사업이 끝장나버릴 수도 있기 때문이다. 아프리카 기업인이 이렇게 여러 사업을 병행해서는 성공할 수 없다는 비판이 있다. 기업이 여럿이다 보니 지배구조가 복잡해서 투자자가 투자를 꺼린다는 약점도 있다. 그러나 이와 같은 복수사업 체제에도 장점은 있다. 뚜렷한 강점은 여러 사업을 하다 보니 일 처리가 민첩해지고 상황 대처능력이 향상된다는 점이다. 복수사업 체제가 일반화되고 있는 아프리카에서 앞으로 기업문화가 어떻게 전개될지 주목할 필요가 있다.

아프리카 경제를 주도하는 **디지털 산업**

의외라고 생각하겠지만 현재 휴대폰 뱅킹을 가장 많이 하는 지역은 아프리카이다. 모바일 뱅킹은 처음에 아프리카에서 출발했고 전 세계 모바일 뱅킹의 4분의 3이 아프리카에서 이루어지고 있다. 케냐, 수단, 가봉 같은 나라는 세계에서 모바일 뱅킹이 가장 활발하다. 이와는 대조적으로 브라질이나 아르헨티나에서는 모바일 뱅킹 인구가 1%에 불과하다. 물론 아프리카에서 모바일 뱅킹으로 이루어지는 결제 금액의 규모는 매우 작다. 거래꾼이 농부로부터 카사바나 옥수수를 한 부대 구입하고 그 대금을 모바일로 결제하는 그런 수준이 대부분이다. 모바일 뱅킹은 특히 해외의 친지가 국내 연고자에게 송금하는 데 유용하게 쓰이고 있다. 이러한 현상은 특히 소말리아에서 두드러진다. 정부가 없는 소말리아에서 창업 자금의 80%는 해외송금이고 이 중 대부분이 모바일 뱅킹에 의한 것이다. 아프리카에서 모바일 뱅킹이 성행하는 이유는 은행지점의 숫자가 적고 ATM의 숫자도 적기 때문이다. 또 아프리카에서 은행계좌를 가진 사람은 고등교육을 받은 사람의 경우 55%, 초등교육 수료자의 경우에는 10%에 지나지 않는데, 모바일 뱅킹이 성행하다 보니 은행계좌의 평준화가 일어나고 있다. 케냐에서는 무려 성인의 68%가 모바일 뱅킹을 하고 있고 성인의 40%는 은행계좌를 가지고 있다. 이러한 현상은 앞으로 아프리카에서 휴대폰 판매는 물론 모바일과 관련된 비즈니스가 유망하다는 사실을 입증해준다. 아프리카에서 해외송금 규모는 연 80억 불을 넘으며 카보베르데나 레소토 같은 나라에서는 해외송금이 GDP의 30%를 상회한다. 그러나 지금까지는 턱없이 비싼 송금수수료 때문에 큰 애로가 있었다. 8불당 1불 정도의 송금수수료는 보통이며 웨스턴유니온(Western Union)이나 머니그램(MoneyGram) 같은 금융기관은 100불 송금에 16불을 수수료로 떼어가고 있다. 이러한 사정으로 아프리카에서 송금수수료는 연 10억 불을 상회했다.

이러한 때에 모바일 뱅킹이 등장하여 거의 비용을 들이지 않고 송금할 수 있게 됨으로써 가히 금융혁명이 일어나고 있는 것이다. 모바일 뱅킹은 또 여성, 청소년 그리고 벽지에서 살고 있는 주민에게 돈을 관리할 수 있는 기회를 제공함으로써 성차별 등 사회적 장벽을 제거하는 데에도 기여하고 있다. 모바일 폰은 민주화와 선정을 제고하는 데에도 기여하는 바가 크다. 2004년 가나의 대통령 선거 시 유권자들은 모바일 폰을 사용하여 방송국에 선거부정을 신속히 알릴 수 있었고, 2007년 시에라리온 선거에서는 500명의 NGO 요원이 모바일 폰으로 문자 메시지를 보내면서 선거를 감시했다. 2008년 짐바브웨 선거에서도 각 당의 지지자들은 모바일 폰으로 지방의 개표결과를 보냄으로써 전국적인 선거 결과의 신속한 집계를 돕고 부정을 방지할 수 있었다.

도로와 철도가 빈약하고 믿을 만한 우편시스템이 없는 아프리카에 모바일 폰은 지금까지 경험하지 못했던 새로운 세계를 창조했다. 휴대폰을 이용해 사람들은 물건 가격과 시장 상황에 관한 정보를 접하고 은행과 법률 그리고 의료 서비스를 받을 수 있다. 농부와 어민은 보다 많은 정보에 접함으로써 비효율적인 시장을 뛰어넘어 높은 수익을 올릴 수 있다. 케냐에서는 농업생산품교환(KACE)이라는 회사가 생겼는데 이 회사는 모바일 회사인 사파리콤과 협력하여 케냐 농부에게 가격 및 시장 정보를 제공하고 있다. KACE는 농산물 시장 근처에 정보 창구(kiosk)를 설치하여 시장 정보를 수집한 후 이를 농부, 구매자 및 수출업자에게 문자 메시지로 보내주고 있다. 수천 명의 가난한 시골 아낙네들이 미소금융(micro financing)으로 자금을 빌려 모바일 폰 충전 사업을 운영하고 있다. 사람들은 오지에 살고 있는 친척에게 휴대폰으로 쉽게 송금할 수 있으며 휴대폰을 통한 교육으로 문맹이 줄고 있다. 남아공과 가나 등에서는 인터넷이 발달하면서 데이터 입력회사가 생겨 수천 개의 일자리가 창출되었다. 모바일과 인터넷 기술 보급으로 뉴스와 각종 정보가 손쉽게 전파되고 선거 감시 역할을 함으로써 민주화 과정이 강화되고 있으며 국가의 재정투명도가 높아지고 있다. 2007년 아프리카에는 2억 3000만 대의 모바일 폰이 등록되었는데 이 숫자는 이후 급속도로 증가하고 있다. 20여 개 이상의 신흥 성장국가에서는 모바일 폰 사용률이 70%를 넘고 인터넷 사용자도 5000만 명을 돌파했다. 농업과 뱅킹을 넘어 모바일 폰은 그 자체가 중요한 산업으로 등장하고 있다. 2008년 세계은행 보고서에 의하면 모바일 산업은 아프리카에서 350만 개의 일자리를 창출했다. 우간다에서는 공식적으로 통신 분야에서 일하는 사람은 6000명에 불과하나 비공식적으로는 35만 명에 달한다. 길거리에서 전화카드를 파는 사람, 휴대폰 덮개를 파는 사람, 휴대폰 수리상 등 많은 사람이 통신과 관련된 일에 종사하고 있다. 런던 비즈니스 스쿨(London Business School)의 연구 결과에 의하면 인구 100명당 휴대폰이 10대 늘어나면 1인당 국민소득이 0.59% 증가한다고 한다.[137] 이러한 점을 감안할 때 ICT 강국인 한국은 아프리카 시장에 보다 더 관심을 쏟아야 할 것이다. 아프리카 휴대폰 가입자 수는 2004년 7600만 명에서 2008년 3억 6700만 명으로 연평균 48.4% 증가했으며 2009년 말에는 5억 명에 육박했다. 세계에서 가장 빠른 성장세다. 2011년 아프리카 휴대폰 판매 전망치는 8090만 대이며 2012년에는 베트남 인구와 맞먹는 8800만 대에 달할 것으로 전망되었다. 이 같은 추세로 시장이 확대되면 2013년 아프리카 휴대폰 가입자 숫자가 6억 5400만 명에 달할 것으로 예상된다.[138] 영국 이동통신회사 보다폰(Vodafone)은 1998년 아프리카에 진출했다. 당시 보다폰의 아프리카 진출 결정은 주위의 비웃음을 샀다. 보다폰의 결정을 두고 산업계에서는 "아프리카인에게 휴대전화를 파는 것은 밍크코트를 파는 것보다 어려울 것"이라고 비웃었다. 그러나 비웃음은 곧 부러움으로 바뀌었다. 2005년 이후 아프리카 이동통신시장은 연평균 50%씩 성장했다. 보다폰의 아프리카 이동통신시장 점유율은 30%에 육박했다. 이후 보다폰의 성장에 자극받은 전 세계 이동통신업체들이 아프리카로 진출하기 시작했다.[139]

아프리카의 모바일 폰 시장 잠재력이 과소평가된 이유는 첫째, 아프리카인이 요금을 지불할 능력이 없다는 점과 둘째, 아프리카인이 모바일 폰으로 활발하게 의사소통을 하지 않을 것이라는 예측에서였다. 그러나 이러한 과소평가는 보기 좋게 무너졌다. 아프리카의 모바일 폰 시장은 전 세계에서 가장 빠른 속도로 성장했다. 1999-2004년간 모바일 폰 등록자가 750만 명에서 7680만 명으로 열 배 이상 증가했다. 연평균 증가 속도가 58%에 달했다. 사실 아프리카의 디지털 시장은 혁명적으로 변화하고 있다. 구식 아날로그 전화기에 의존했던 아프리카에 모바일 붐이 일고 인터넷 혁명이 일어나고 있다. 해저 광케이블이 설치되면서 지난 수년간 데이타 전송속도가 4배 빨라졌고 요금이 90%나 저렴해졌다. 이로써 휴대폰이 컴퓨터 역할을 하는 시대가 신속히 도래하고 있다. 중국의 화웨이(Huawei)가 구글의 안드로이드 시스템을 장착해서 만든 90불짜리 스마트폰은 나오기가 바쁘게 팔릴 정도로 인기이다. 아프리카 휴대폰 시장에서 최강자는 노키아로서 시장점유율이 58%에 달했다. 그러나 소비자가 보다 다양한 기능을 가진 휴대폰을 선호하면서 삼성, 화웨이, RiM(블랙베리 제조회사) 등이 점차 판매망을 넓혀가고 있다. 그러나 아프리카는 아직까지는 노키아의 독무대라고 해도 과언은 아니다. 30불짜리 노키아의 1100 핸드폰세

트는 아프리카에서 바이블로 통하고 있다. 5000만 대 이상이 유통되고 있기 때문이다. 그러나 문제는 미래이다. 태블릿 시장의 선두주자로 삼성이 나서고 있다. 아직 대당 가격이 500불로 비싼 편이라 구매자가 그렇게 많지는 않지만 수 년 내 값이 절반으로 내려가면 폭발적 수요가 일어날 것으로 예상된다. 애플은 아이패드 등 인기 품목을 아프리카에서 판촉할 기미는 아직 보이지 않고 있다. 그러나 곧 애플도 달려들 것이 확실하다. 인구 10억의 시장을 그대로 놓아 둘 리는 만무하기 때문이다. 태블릿의 대당 가격이 200불 이하가 되면 지각변동이 일어날 것이라고 한다. 노키아가 태블릿을 개발하지 않을 경우 경쟁에서 뒤처지게 될 것은 확실하다. 휴대폰이 되었든 태블릿이 되었든 인터넷은 아프리카에서 혁명을 일으키고 있다. 이러한 추세에 발맞추어 아프리카에 맞는 다양한 콘텐츠가 개발되고 있으며 거대 미디어 회사도 설립되고 있다. 미디어 회사로는 동부아프리카의 Nation Media Group과 남부아프리카의 Media24가 현재 양대 산맥이다.

아프리카를 바꾸고 있는 힘은 인구증가, 중산층 형성 그리고 중국의 진출 등 세 가지라고 하는데 여기에 하나를 더한다면 모바일 폰이 될 것이다. 모바일 폰은 이미 여러 나라 사람들의 생활방식을 바꾸고 있지만 특히 케냐에서 그렇다. 케냐는 세계에서 모바일 뱅킹이 가장 왕성한 나라이다. 성인의 68%가 모바일뱅킹을 하고 있다. 은행 시스템이 열악하며 소액송금과 해외송금이 많아서 그렇기는 하지만 대단한 일이 아닐 수 없다. 사파리콤이라는 회사가 주역인데 영국의 보다폰이 이 회사의 주식 40%를 가지고 있으니 결국 영국이 주도권을 가진 셈이다. 케냐 사파리콤은 2008년 모회사가 직접 고용하고 있는 직원이 1600명이며 간접적으로 400명의 충전(airtime) 딜러 그리고 4000명의 송금 딜러를 고용하고 있다고 밝혔다. 이 딜러들은 하부구조에 있는 또 다른 2차 딜러와 거래하고 있으며 2차 딜러는 또 그 밑의 3차 딜러와 거래하고 있다. 이런 식으로 모바일 산업은 거리의 도보상에서 모바일 폰 수리공에 이르기까지 많은 사업처와 일자리를 창출하고 있다.

케냐의 M-PESA 프로그램은 대표적인 모바일 뱅킹 시스템이다. 'M'은 모바일을 뜻하고 'PESA'는 스와힐리어로 '돈'을 뜻하는데 이 프로그램에 가입한 사람은 계좌에 입금한 돈을 e-money로 바꾸어 다른 모바일 폰 사용자에게 송금할 수 있다. 그리고 M-PESA 에이전트나 ATM을 통해 e-money를 현금으로 교환할 수 있다. 이러한 모바일 뱅킹으로 사용자는 현금을 지니고 다니는 위험 없이 손쉽게 송금할 수 있다. 모바일 시장을 석권한 사파리콤은 이번에는 엠쉬와리(M-Shwari)를 선보였다. 이것은 모바일 폰을 통해 저축과 융자가 가능하도록 만든 시스템이다. 쉬와리는 스와힐리어로 '멋있다 또는 차분하다'라는 뜻이다. 저축과 투자를 위해서는 은행의 개입이 필요한데 거래은행은 케냐의 굴지은행인 아프리카 상업은행이다. 사람들은 이제 모바일 폰을 통해 은행에 저금을 하거나 7.5% 이자로 돈을 빌릴 수도 있다. 돈을 빌리고 갚지 않으면 어떻게 될까? 그럴 염려는 없다고 한다. 케냐에서는 모바일 폰이 하느님과 같으므로 만약 돈을 갚지 않아 모바일 폰 사용이 금지되면 거의 인생이 끝나는 것과 같기 때문이다. 케냐인이 은행에 저금하지 않고 집에 가지고 있는 현금이 34억 불쯤 된다고 한다. 만일 이 돈을 은행에 입금시킬 수 있다면 좋은 장사가 되는 셈이다. 케냐 인구 4300만 명 중 사파리콤 가입자는 1900만 명이고 엠페사 사용자는 1500만 명이다. 거의 모든 성인이 사파리콤에 가입하고 있다고 보면 된다. 엠페사의 에이전트만 해도 전국에 4만 개나 된다.

모바일 폰은 케냐인의 생활에 혁신적인 변화를 가져왔다. 새로운 일자리가 만들어지고 사람들이 꿈을 가지게 되었다. 이제 '나도 돈을 벌 수 있다'라고 생각하는 사람들이 늘고 있으며 혁신과 변화는 현재진행형이다. 호사다마라고 물론 부정적인 면도 있다. 첫째는 사파리콤의 독점과 독주이다. 경쟁사가 없으니 사파리콤 천하인데 이것은 장기적으로 보아 바람직하지 않다. 둘째는 사람들이 이용하는 모바일 뱅킹의 거래량이 너무 소액이라는 사실이다. 거래건수는 많아도 액수가 많지 않으니 경제에 압도적인 영향을 미치기는 어렵다. 셋째 사파리콤과 아프리카 상업은행이 결탁하여 만든 엠쉬와리가 기업의 배만 불리고 일반인에게 가져오는 이익은 적을 것이라는 관측도 있다. 이러한 부정적인 면도 있지만 모바일 폰 그리고 모바일 뱅킹이 케냐의 변혁을 일으키는 주역이라는 사실은 확실하다. 다른 나라에서도 케냐의 본을 받아 모바일 폰 사용이 급증하고 있다. 케냐에서는 이제 학교에서 교과서와 칠판을 없애는 중이다. 최고 히트 상품인 M-PESA를 개발한 사파리콤이 eLimu(스와힐리어로 '교육'이라는 뜻)를 개발해서 시범교육을 실시하고 있다. 사파리콤의 목표는 케냐 내 7000개의 중고등학교가 온라인으로 접근할 수 있는 콘텐츠를 만드는 것이다. 학생들이 태블릿을 가지고 공부를 하고 있는데 학습 효과가 높은 것으로 나타나고 있다. 선생이 없는데도 불구하고 스스로 태블릿을 사용하는 법을 익혀 공부하는 학생이 늘어날 정도로 인기를 끌고 있다. 현재 아프리카의 인구는 10억이고 학생 수는 3억에 달한다. 디지털 교육이 전통적인 교육을 대신한다면 지각변동이 일어날 것이다. 교육은 나라의 자산이고 학생들은 미래의 일꾼이자 소비자이다. 지각변동이 일어날 싹수가 보이고 있다. 케냐에서는 방과 후 수업료를 받고 디지털 교육을 시키고 있는데 가난한 부모들이지만 자식의 장래를 위해 10명 중 8명의 부모가 기꺼이 한 달에 10불씩 수업료를 내고 있는 것이다. 신시장을 겨냥한 새로운 상품들도 생겨나고 있는데 미국회사들이 주도하고 있다. 아마존에서 개발한 Kindle e-readers의 판매가 수년 내 10배 증가했으며 인텔도 열심히 움직이고 있다. 인텔은 특히 인구가 많은 나이지리아에서 디지털 교육 붐을 일으키겠다는 목표를 가지고 있다. 디지털 강국인 한국이 이러한 현상을 그냥 보고만 있어야 할 것인가? 아프리카인에게 맞는 소프트웨어를 개발해서 사용하게 한다면 교육뿐 아니라 다른 분야에서도 연쇄적으로 디지털 혁명을 일으킬 가능성이 높다. 한국 디지털 회사의 분발이 요청되는 시점이다.

한편 아직 아프리카의 인터넷 사용자는 전체 인구의 5%에 불과하다. 이는 불안정한 전기 사정, 높은 문맹률 그리고 과도한 인터넷 사용요금 때문이다. 인터넷 사용자는 월 평균 366불을 지급해야 하는데 이는 인도의 8배 그리고 미국의 20-40배에 해당하는 높은 요금이다.[140] 1996년 아프리카인 300명당 PC 1대에 불과하던 아프리카의 컴퓨터 시장은 90년대 중반부터 인터넷이 맹렬한 속도로 보급됨으로써 급격히 확대되고 있다. 1995년만 해도 불과 4개국에만 인터넷이 연결되어 있었으나 2000년이 되자 1-2개 국가를 빼놓고는 모두 인터넷에 연결되었다. 남아공, 코트디부아르, 세네갈, 가나, 케냐, 탄자니아, 우간다, 짐바브웨 등이 인터넷이 가장 잘 발달되어 있는 나라에 속한다. 그러나 선두를 달리고 있는 남아공과 다른 국가들 간에는 인터넷 서비스에 있어서 아직 큰 격차가 있다. 2000년 블랙 아프리카 지역의 인터넷 사용자는 341만 명에 불과했다. 그러나 2008년이 되자 인터넷 사용자가 4934만 명으로 급증하여 8년 만에 14배 이상 증가했다. 인터넷 사용 증가는 아프리카 경제발전뿐만 아니라 2011년 북아프리카 민주화혁명에서 결정적인 역할을 했던 것처럼 사하라 이남 아프리카의 민주화를 진척시키는 데도 기여하고 있다.

젊은 대륙 **아프리카**

아프리카는 전 세계에서 가장 젊은 대륙이다. 아프리카 인구 2명 중 1명(42.56%)은 14세 이하로 전 세계 평균(27.16%)보다 두 배가량 높으며 10명 중 7명이 30세 미만이다. 미국 민간연구기관인 인구조회국(PBR)에 따르면 아프리카 인구가 2050년까지 9억 명가량 늘어 2011년 인구의 배가 될 것으로 보인다. 또 아프리카 인구 1000명당 출산아 수는 세계 평균(20명)보다 두 배 가까이 많은 38.5명 수준이다. 2050년이 되면 DR콩고, 이집트, 우간다, 나이지리아, 에티오피아 등이 세계 15대 인구 대국이 될 전망이다.[141] 아프리카의 출산율 하락은 다른 대륙에 비해 매우 느리다. 1950-2005년 사이 아프리카의 출산율은 6.7명에서 5.3명으로 감소한 반면 같은 기간 동남아시아에서는 6명에서 2.5명으로 급감했다. 기술자 등 고급 인력이 서방으로 빠져나가는 인재유출(brain drain)은 아프리카의 현실적 문제이다. 서방을 동경하는 젊은이가 연 7만여 명 유럽이나 미국으로 이주하고 있다. 그러나 이러한 이주 현상이 반드시 부정적인 측면만 있는 것은 아니다. 전통적으로 가족의 유대를 중시하는 아프리카인은 외국으로 이주해서도 본국과 끈을 연결하고 있다. 이들은 자신이 번 돈의 대부분을 아프리카에 송금하는 경향이 있다. 2006년 유엔 통계에 의하면 연간 약 390억 불이 아프리카로 송금되고 있는 것으로 추산된다. 현재까지는 아프리카로부터 외부로 유출되는 돈이 더 많지만 해외송금이 늘어나고 있으므로 조만간 순유입이 더 많아질 전망이다.

아프리카 젊은이들은 수적으로도 크게 증가하고 있지만 질적으로도 기존 세대와는 다른 특성을 보인다. 아프리카판 '신인류'가 탄생하고 있는 것이다. 가나 경제학자 조지 아이테이는 새롭게 등장한 아프리카 신인류를 '치타세대'라고 부르고 부모세대를 '하마세대'라고 부른다. '하마세대'는 과거의 수렁에 깊이 빠져 있지만 '치타세대'는 이를 벗어나 미래를 향해 빠르게 달려가고 있다는 의미를 담고 있다. 하마세대는 아직도 식민주의와 제국주의에 대해 불평만 늘어놓을 뿐 아니라 변화에 수동적이며 나태하고 게으르다. 반면 치타세대는 민주주의, 투명성, 부패종식을 요구하고 있다. 앞으로 경제주도권은 활동성이 떨어지고 첨단기기를 불편해 하는 게으른 하마세대에서 휴대폰과 인터넷에 익숙하고 신기술을 쉽게 받아들이는 치타세대로 넘어갈 것이다. 치타세대는 정치를 변화시키고 경제를 추진시키는 원동력이 될 뿐만 아니라 노년층에 비해 소비성향이 상대적으로 높다. 교육을 통한 신분상승 기회가 늘어나고 있는 점도 치타세대의 활동반경을 넓히고 있다.[142] 치타세대는 혁신적 사고와 리더십 그리고 열정을 통해 정부와 민간 그리고 지역사회를 개혁하려는 사람이다. 이들은 친분관계나 부패 또는 권력에 의존하려 하지 않는다. 이들은 연령, 성별, 교육 또는 지역 등에 의해 구분되지 않는다. 치타세대의 대부분은 젊은 사람이지만 나이가 많은 사람도 있다. 이들은 구태의연한 일처리 방식에 염증을 느끼고 있다. 치타세대는 남성과 여성을 포괄하며 대부분 교육을 잘 받은 사람이지만 거리에서 경험을 쌓은 사람도 있다. 이들은 새로운 아이디어와 열정으로 무장되어 있다. 대부분은 도시에 거주하지만 조그만 시골 마을에도 이러한 사람은 있다. 이들의 특징은 과거의 틀에서 벗어나 국가를 새로운 방향으로 이끌어가겠다는 신념을 가졌다는 점이다. 치타세대는 아프리카에서 형성되고 있는 중산층의 핵심을 이루게 될 것이다. 2050년이 되면 아프리카인 3명 중 2명이 도시에 거주하고 2명 중 1명은 중산층에 속할 것으로 전망되는데 치타세대는 이러한 중산층을 이끄는 중심 동력이다.

치타세대에서는 특히 여성의 약진이 두드러진다. 여성들은 고도의 전문성을 가지고 고소득자, 민간단체 지도자, 정치인, 정부 관리 등으로 활동하고 있다. 여성의 두드러진 활약으로 종래 남자가 차지했던 일자리가 여성에게 돌아가고 있다. 노벨평화상 수상자인 케냐의 왕가리 마타이(Wangari Maathai) 같은 지도자는 치타세대에 속한 여성의 상징이다. 치타세대 지도자 중 일부는 국내에서 성장한 후 국제기구에서 두각을 나타내는 사람도 있다. 나이지리아의 최초 여성 재무장관 오콘조 이웰라(Ngozi Okonjo-Iweala)는 국내에서 부패 추방을 위해 끊임없이 투쟁을 벌인 후 2007년 세계은행 이사로 임명되었다. 라이베리아의 재무장관 사예(Antoinette Sayeh)는 IMF 아프리카국장으로 등용되었다. 아프리카 출신으로 가장 잘 알려진 세계적 지도자는 1997-2006년간 유엔사무총장을 역임했던 가나 출신의 코피 아난이다. 짐바브웨의 가난한 벽지 출신 여성으로 무일푼으로

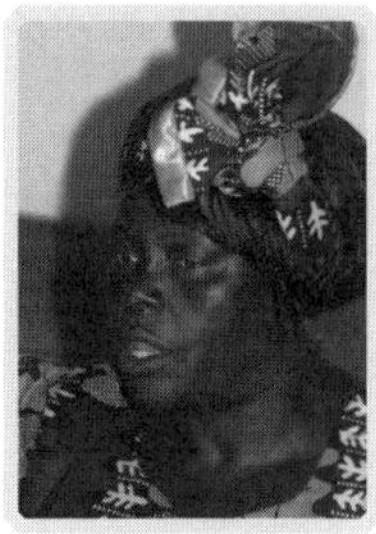
©Foto: Antônio Cruz/ABr

_ 왕가리 마타이

_ 오콘조 이웰라

미국에 건너가 박사 학위를 취득한 트렌트(Tererai Trent)나 케냐 정부에 들어가 생명의 위협을 무릅쓰고 부패 척결에 매진한 기통고(John Githongo)와 같은 사람들은 용감한 치타세대를 대표하는 사람들이다.

자원의 보고 아프리카:
짐바브웨, 모잠비크, 앙골라의 사례를 중심으로

아프리카에는 자원이 풍부하다. 석유의 경우 전 세계 확인매장량의 약 9.5%에 달하는 1143억 배럴의 석유를 보유하고 있는 것으로 추산된다. 중동(61.9%) 및 유라시아(11.7%) 지역에 비해 작은 규모지만 석유 추가 발굴 가능성이 매우 높은 지역으로서 석유부존량 잠재력 면에서는 세계 최고다. 주요 산유국은 약 391억 배럴의 석유를 보유하여 역내 1위 매장량을 기록하고 있는 리비아를 비롯하여 나이지리아(353억 배럴), 알제리(118억 배럴), 앙골라(88억 배럴) 등 20여 개국에 달한다. 가나도 연안에서 석유가 발견되어 2010년부터 산유국 반열에 들어섰다. 산유국이 되었다고 꼭 좋아할 일만은 아니다. 많은 산유국에서 심한 빈부격차와 부패가 일어나고 있다. 선정을 베풀고 민주주의를 키우며 올바른 정책을 세워야 비로소 산유국으로서의 진정한 가치가 인정되는 것이다. 나이지리아의 경우 사하라 이남 아프리카 최대의 산유국이지만 석유가 분단과 부패와 폭력을 야기시켜 국가에 불안정을 초래했으며 농업 등 여타 분야의 인센티브를 축소함으로 말미암아 경제의 불균형을 초래했다. 반면 다이아몬드가 발견된 보츠와나는 다이아몬드 수입을 국가발전을 위해 사용한 결과 아프리카의 모범국가로 떠올랐다. 자원이 풍부한 아프리카 국가들은 어떠한 길을 걸을 것인지 중요한 선택을 앞두고 있는 것이다. 아프리카는 전 세계 확인 매장량의 약 8%에 달하는 14조㎥의 천연가스를 보유하고 있으며 이 밖에 풍부한 광물자원을 가지고 있다. 크롬의 74%, 코발트 52%, 망간 29% 등 세계 광물자원의 3분의 1이 아프리카에 묻혀 있다. 광물의 메카로 알려진 남아공은 2009년 기준으로 금, 크롬, 형석(매장량 1위), 망간, 지르코늄, 금홍석(매장량 2위), 인광석(매장량 3위) 등의 자원을 보유하고 있으며 특히 페로크롬은 전 세계 생산량의 75%를 차지한다. 이웃 국가인 짐바브웨와 합치면 전 세계 크롬의 90%가 이 지역에 묻혀 있다. 잠재력으로 따지면 DR콩고가 첫 손가락에 꼽힌다. 50여 종류의 광물이 매장돼 있지만 개발 중인 것은 동과 아연, 우라늄, 코발트 등 7종에 불과하다. 코발트의 매장량은 340만 톤으로 세계의 48.9%에 달하며 2009년 전 세계 코발트 생산의 45%가 DR콩고에서 나왔다. 잠비아는 아프리카 최대의 구리 생산국인데 매장량이 1900만 톤으로 세계 10위권이다. 기니에는 전 세계 보크사이트의 27.4%인 74억 톤이 매장돼 있고 가봉에는 세계 5위 규모의 망간이 묻혀 있으며 이는 100년 이상 채굴 가능한 규모이다. 짐바브웨는 잠재매장량 기준으로 세슘 세계 2위, 크롬 3위, 리튬 7위, 그리고 니켈은 16위의 부존량을 기록하고 있다.[143]

서부아프리카와 달리 동부아프리카는 석유·가스가 없는 지역으로 알려져 왔다. 그런데 최근 그러한 이미지가 급격히 바뀌고 있다. 케냐 북부 투르카나 지역에서는 대규모 석유 매장량이 발견되었다. 이 지역을 탐사하고 있는 영국 툴로(Tullow)사에 의하면 북해에서의 석유 발견에 비유할 수 있다고 한다. 우간다에서는 2006년에 이미 석유가 발견된 후 툴로, 중국 CNOOC(해양석유공사), 토탈 등이 공동 개발하여 현재 하루 5000배럴씩 석유를 생산하고 있다. 우간다 서쪽 레이크 알버트 분지에는 최소 10억 배럴 이상의 석유가 매장되어 있는 것으로 확인되었다. 우간다는 석유가 본격적으로 생산되면 정유공장을 지은 뒤 생산된 정제유를 케냐를 거쳐 해외로 수출할 계획을 세우고 있다. 이 지역 최대 산유국인 남수단은 에티오피아를 거쳐 케냐 북부의 라무(Lamu)에 이르는 새로운 파이프라인을 건설하여 원유를 수출할 계획이다. 사이가 좋지 않은 수단을 지나는 기존 파이프라인과 거리를 두겠다는 이야기이다. 탄자니아는 금광 개발로만 2011년 21억 불을 벌었다. 2010년에 비하면 수입이 33% 늘어난 것이다. 탄자니아의 인도양 연안에서는 대형 가스전이 발견되었다. 최근 가장 큰 가스전이 발견된 곳은 모잠비크이다. 인도양 연안의 제1광구와 제4광구에서 연달아 대규모 가스전이 발견됨으로써 LNG 터미널 건설을 계획하고 있다. 모잠비크는 앞으로 10년 내에 주요 가스 수출국으로 떠오를 것이 확실하다.

동부아프리카는 재생에너지 개발에도 열을 올리고 있다. 케냐는 300메가와트 규모의 대형 풍력발전소를 짓고 있고 에티오피아는 수력 개발에 열심이다. 에티오피아의 목표는 고원지대를 흐르는 강을 이용해 수력발전소를 짓는 것이다. 47억 불을 들여 짓고 있는 대 에티오피아 르네상스댐(Grand Ethiopian Renaissance Dam)이 완성되면 5250메가와트의 전력을 생산할 계획이다. 물론 이들의 에너지 개발이 순탄한 것만은 아니고 문제를 안고 있다. 남수단은 수단을 거치는 파이프라인 사용료가 비싸다는 이유로 석유 공급을 중단하려고 하는데 이렇게 되면 수단과의 관계는 보다 악화할 것이다. 중국이 가만히 있을지도 의문이다. 중국은 기존 파이프라인을 통해 남수단으로부터 원유를 수입하고 있기 때문이다. 남수단은 유럽 회사들에게 추파를 던지고 있는데 중국이 어떻게 나올지 궁금하다. 르네상스댐 건설은 에티오피아가 이에 반대하는 이집트를 설득해야 가능할 것이다. 안보 측면에서 불안 요인도 상존한다. 케냐에서는 심심치 않게 알카에다 세력에 의한 폭발 사고가 일어나고 있고 에티오피아는 오가덴 사막에서 가스를 발견했으나 소말리아 군벌의 간섭을 두려워하고 있다. 석유·가스 개발을 한다고 해도 이를 지속적으로 잘 관리해야 하는데 관리 능력의 부족도 문제이다. 법규 정비가 시급하며 정실과 부패를 근절해야 하는 과제도 있다. 우간다의 무세베니 대통령만 보더라도 석유 사업과 관련한 이권을 자신의 부족에게 몰아주고 있는 것이 현실이다. 그러나 이런 문제에도 불구하고 석유와 가스 발견은 동부아프리카에게 좋은 소식이다. 산업 개발이나 인프라 건설에 있어서 자본이 부족한 이들에게 석유·가스는 좋은 기회를 제공하게 될 것이다. 이런 좋은 기회를 제대로 활용하는 국가는 놀라운 발전을 이루게 될 가능성이 높다.

백금은 짐바브웨의 주요 광물 중 하나이다. 짐바브웨의 최대 백금 생산기업은 남아공계 짐플라츠(Zimplats)사이다. 짐플라츠는 1994년 호주의 세계적 광업회사인 BHP Billiton사가 67% 지분을 투자하여 'Delta Gold'라는 명칭으로 출범하였으나 1999년까지 백금 개발 프로젝트에서 별다른 성공을 거두지 못하자, BHP가 손실과 채무를 모두 떠안는다는 조건으로 지분을 Delta Gold에게 넘기고 철수함에 따라 1999년 현재의 짐플라츠로 바뀌었다. 필자는 2011년 멤베레(Alex Mhembere) 사장을 집무실로 방문했다. 멤베레 사장에 의하면 남아공 기업이 지분의 87%를 가지고 있으며 나머지 13%를 중소 투자자들이 분점하고 있다고 한다. 짐플라츠는 2001년 짐바브웨 정부와 MOU를 체결, 백금 광산 개발 및 영업활동에 대한 조세 혜택 등 인센티브를 부여받았으며 짐바브웨 금융기관과 파트너십을 구축하여 광산 개발 자금을 지원받는 등 기업의 기초를 다진 후 2006년부터 백금 생산에 돌입, 현재는 3개 백금 광산과 1개 처리시설을 보유하고 있다. 총 자산 규모는 약 16억 불, 연매출이 약 4억 불에 달하며 5000명의 근로자를 고용하고 있다. 연간 400만 톤에 달하는 백금 원석을 채굴하며 약 18만 온스의 백금을 생산하고 있다. 짐플라츠에서 생산되는 백금은 미국, 유럽 및 일본의 자동차 기업(GM, 벤츠, BMW, 닛산, 도요타 등)에 주로 공급되고 있으며 일부는 상하이 거래소를 통해 보석 업체에도 공급되고 있다. 백금 생산량의 약 50%는 자동차 제조, 20%는 보석 제조, 그리고 나머지 30%는 전자제품 및 의료기기 제조에 각각 사용되고 있다. 짐바브웨는 남아공에 이어 세계에서 두 번째로 많은 백금 매장량(30억 톤)을 가지고 있는데 짐바브웨 북부와 남부를 가로지르는 '그레이트다이크(Great Dyke)' 광맥을 따라 백금이 매장되어 있고 이 광맥은 남아공까지 연결되어 있다. 백금 원석에는 백금 외에도 금, 은을 비롯한 십여 가지 희소 금속이 함께 포함되어 있는데 원광석의 3% 정도에서 백금을 추출하고 나머지 97%는 폐기한다. 특히 짐바브웨 백금은 전 세계에서 가장 생산비용이 저렴한 것으로 알려져 있다. 멤베레 사장은 짐바브웨 정부가 내국민지분확대법 도입으로 광물 기업과 큰 마찰을 일으키고 있는 것이 사실이지만 결국 정부와 기업 모두 받아들일 수 있는 합리적인 타협안이 나올 것이라는 견해를 보였다. 짐플라츠의 경우 남아공 기업이 87% 지분을 보유하고 있기 때문에 누구보다도 내국민지분확대법 적용에 대해 민감한 입장이므로 광업부, 내국민권한부, 재무부 등 관계부처와 협상을 벌이고 있다고 한다. 광물 생산이 늘어나면 정부와 기업 그리고 투자자 모두에게 이익이 될 것이며, 엄격한 법 시행으로 광업 생산에 타격을 줄 경우에는 국가적으로 큰 손해를 본다는 점을 정부가 이해하고 있으므로 협상에서 해결책을 찾을 수 있을 것이라고 한다.

무수쿠트와(Musukutwa) 짐바브웨 광업부 차관에 의하면 짐바브웨 내 상당수 광산이 민간소유이나 아직 정부 소유 광산도 많다고 한다. 광산개발 면허증 발급 시 행정처리 비용 5000불과 면허증 발급비용 10만 불이 들며 매년 면허 갱신비용은 헥타르당 20불이다. 차관은 지도를 펼쳐놓고 필자에게 일일이 설명했다. 짐바브웨 정부는 전국을 5개 광업권역으로 나누어 관리하고 있다. ① 하라레 권역: 백금, 다이아몬드, 니켈, 탄탈라이트, ② 카도마 권역: 금, 크롬, 백금, ③ 궤루 권역: 철광석, 크롬, ④ 마싱고 권역: 금, 철광석, 석탄, ⑤ 불라와요 권역: 석탄, 메탄가스 등으로 나뉘어 있다. 차관은 북서부 황게 지역에 많은 석탄이 매장되어 있고 수송여건이 양호한 남동부 치레지(Chiredzi) 지역에는 양질의 점결탄이 매장되어 있으며 짐바브웨 정부는 현재 모잠비크 테테와 인접한 접경지역에서도 석탄 매장량을 조사 중이라고 한다. 짐바브웨 석탄 광산의 특징으로는 지표면에서 약 10미터만 파들어 가면 깊이 20미터에 폭이 수백 킬로미터에 이르는 일반 석탄광맥이 있고 그 아래로는 질이 좋은 점결탄(coking coal)이 묻혀 있다는 점이다. 대부분 광산지역이 아직 개발되지 않은 상태이므로 외국기업은 장기적인 관점에서 새로운 광산을 직접 개발하는 것이 좋으며 미개발지를 개발할 경우 150년 정도 광물을 생산할 수 있을 것으로 예상된다.

모잠비크 발레 지사는 남아공, 앙골라, 콩고, 가봉, 잠비아 등 남부 아프리카의 전초 기지 역할을 하고 있다. 발레는 포르투갈어권인 모잠비크를 본거지로 해서 아프리카 각국에 지사를 확대할 계획이다. 발레가 모잠비크에서 추진하고 있는 사업은 크게 4가지로 ① 테테 지역의 점결탄 채굴, ② 점결탄을 운송하기 위한 도로, 철도 및 항만 건설, ③ 잔류 석탄을 활용한 발전소를 건설하여 생산한 전기를 모잠비크 국내와 인근 국가에 보급, ④ 포스페이트 광산으로부터 비료를 생산하는 것 등이다. 한국 기업은 모잠비크에서 이권을 선점한 발레와 협력하여 석탄 채굴, 교통 인프라 구축, 발전소 건설 사업 등을 행할 수 있을 것이다.

앙골라는 오랫동안 전쟁으로 시달렸던 나라이다. 포르투갈로부터 독립하기 위해 14년을 싸웠고 독립 후에는 좌우익으로 갈라져 27년간이나 내전을 하다가 2002년 겨우 전쟁이 그쳤다. 그로부터 10여 년이 지난 지금 앙골라의 발전 모습은 놀랍다. 2000만 인구에 아프리카에서 5번째로 큰 경제, 가장 높은 성장 속도를 가진 나라, 이것이 현재 앙골라의 얼굴이다. 2004-2008년간 앙골라는 매년 17%씩 성장했고 2007년에는 성장률이 22%에 이르렀다. 이 모든 성과는 물론 석유 덕분이다. 앙골라는 나이지리아에 이어 사하라 이남 아프리카에서 두 번째 큰 산유국이며 매년 외국의 직접투자가 평균 100억 불씩 들어오고 있다. 그러나 앙골라 국민 대부분은 아직 극빈층이다. 5분의 2가 굶주리고 있고 3명 중 1명은 문맹이며 유아와 산모 사망률이 세계에서 가장 높고 평균수명은 가장 낮다. 물론 부패가 만연해 있고 인권은 최악의 상황에 놓여 있다. 이렇게 극과 극을 달리고 있는 나라가 앙골라이다. 독립 후 41년간 줄곧 여당 MPLA의 총재로서 37년째 집권하고 있는 에두아르도 도스 산토스 대통령은 이 나라의 모든 것을 장악하고 있다. 너무 오랜 장기 집권에 염증이 난 젊은이들은 이제 거리로 나서기 시작했다. 그들은 도스 산토스를 '착취하는 괴물'이라고 부른다. 젊은이가 시위를 벌이자 그동안 느긋하게 지냈던 정치인이 바짝 긴장하고 있다. 이들은 2011년 북아프리카를 휩쓸었던 민중혁명을 기억하고 있기 때문이다. 그동안 부패한 권력자가 싹쓸이해왔던 석유 수입의 일부를 요즘에는 빈민가 재개발, 도로 포장, 전기, 주택, 병원, 학교 건립 등에 쓰고 있는 것이다. MPLA는 과거와는 달리 좀 정신을 차리는 모

_ 앙골라의 도스 산토스 대통령

습이며 도스 산토스 대통령도 국민과 동떨어진 이미지를 불식하려는 모습을 보이고 있다. 2012년 8월 31일 앙골라에서는 20년 만에 처음으로 국회의원 선거가 실시되었다. 그러나 이제 74세인 도스 산토스가 언제 물러날 것인지는 정확히 모른다. 그가 2017년 총선 이전에 물러날 것이라는 언론 보도가 있지만 두고 보아야 할 것이다. 앙골라에는 이미 사실상의 2인자가 있었다. 국영석유회사 Sonangol을 12년간 운영하다가 잠깐 경제장관을 지낸 후 현재는 부통령에 재임 중인 60세의 마누엘 빈센테(Manuel Vincente)가 바로 그 사람이다. 도스 산토스가 물러날 경우 후임으로 빈센테도 유력한 인물이다. 아직 많은 문제를 안고 있으나 정치, 경제적으로 비교적 안정되어 있는 나라가 앙골라이다. 이 나라에서 석유 수입으로 벌이는 여러 가지 사업에 우리 기업이 보다 활발하게 진출할 필요가 있다.

떠오르는 **아프리카의 모범국가**

보츠와나는 아프리카의 모범생이다. 1966년 독립 이후 이 나라는 한눈

팔지 않고 계속 국가 재건에 매진했다. 독립 당시 보츠와나는 세계에서 가장 가난한 국가 중 하나였다. 포장도로는 12킬로미터에 불과했고 대학을 졸업한 사람이 22명이었으며 고등학교를 나온 사람도 100여 명에 불과했다. 그리고 주변 여건도 최악이었다. 보츠와나는 모두 백인이 통치하는 남아공, 나미비아, 로디지아 등에 둘러싸여 있었으며 이들은 흑인이 통치하는 독립 보츠와나에 대해 매우 적대적이었다. 보츠와나는 프랑스 정도의 크기에 인구는 200만 명밖에 안 되는 저 인구 국가이다. 수도 가보로네는 도시라기보다는 조그만 마을에 가까우며 국토의 대부분이 칼라하리 사막 지역에 놓여 있다. 한마디로 별볼일 없는 나라라고 할 수 있다. 그런데 이 나라는 정치적인 안정과 민주화, 인권 그리고 경제성장을 함께 이루었다.

1970년 122불에 불과했던 1인당 GDP는 1990년대 3000불로 상승했으며 2010년에는 1만 4000불에 달했다. 이는 아프리카 전체에서 최상의 수준이다. 보츠와나 경제의 일등공신은 다이아몬드이다. 1970년대에 개발된 다이아몬드는 보츠와나의 주요 수출품이 되었는데 국제 시세가 상승함에 따라 국가에 더 많은 수입을 안겨주었다. 보다 중요한 사실은 보츠와나가 이 돈을 국가를 위해 쓴 것이다. 보츠와나의 경제 정책 운영자들은 늘 거시경제의 안정에 우선을 두었으므로 물가와 환율이 안정되고 시장경제가 원활하게 작동했다. 보츠와나에서는 항상 수출이 수입보다 많고 재정수입이 재정지출을 능가했으며 빚이 없는 가운데 저축이 증가했다. 이 나라는 최소한 일 년치 수입에 필요한 만큼 외환을 보유했는데 실제로는 외환 보유고가 늘 목표치를 초과했다.

보츠와나가 성공한 원인은 여러 가지이다. 우선 민주주의와 개방을 들

수 있다. 정책에 대한 개방적 토론이 가능했고 정부의 행동에 대한 국민의 통제가 이루어졌다. 그리고 민주적인 정권 교체가 이루어졌고 고위 관료의 교체도 자주 이루어졌다. 보츠와나의 엘리트는 개인의 사리사욕을 챙기지 않고 국가발전이라는 대명제를 위해 단합했으며 정부의 운영을 전문적인 테크노크라트가 담당했다. 이러한 것들이 보츠와나가 민주화를 이루고 평화적인 정권교체의 틀을 마련한 중요한 이유이다. 다른 원인을 보면, 보츠와나는 종족 구성이 단순하며 목축으로 돈을 번 흑인 중산층이 일찍이 형성되었다. 지정학적으로 보츠와나는 강한 이웃나라들과 내전 중인 국가들에 둘러싸여 있었으므로 국제관계에서 어떤 야심이나 허영심도 갖지 않았다. 보츠와나에게는 운도 따랐다. 1895년 9월 보츠와나의 3대 부족인 은그와토(Ngwato)족 추장 카마(Khama), 은그와케체(Ngwaketse)족 추장 바토엔(Bathoen) 그리고 퀘나(Kwena)족 추장 세벨레(Sebele) 3인이 합동으로 영국을 방문했다. 이들의 방문 목적은 북로디지아와 남로디지아를 창건한 후 촉수를 서남쪽으로 뻗쳐 베추아나랜드(Bechuanaland, 지금의 보츠와나)를 점령하려는 세실 로드의 야욕을 막고 영토를 보전하는 것이었다. 이들은 영토 사냥꾼인 세실 로드에게 점령당하는 것보다는 영국의 지배를 받는 것이 나라의 장래에 더 유익할 것으로 생각했다. 면담 결과 당시 영국 수상 챔벌레인이 이들의 보호 요청을 받아들임으로써 보츠와나에는 세실 로드의 손길이 미치지 않게 되었다. 아프리카의 추장들이 나라를 살리기 위해 영국을 방문했다는 자체가 놀라운 일이었는데 더 놀라운 일은 이들이 종족주의를 타파하고 함께 협력하여 영국을 방문한 사실이었다. 추장 카마는 이미 18세기부터 부족의 번영을 위한 정치적, 경제적 개혁을 추진했다. 이러한 전통은 보츠와나의 발전을 위한 중요한 토대가 되었다. 카마 왕의 손자로 보츠와나 독립 후 최초 수상이 된 세레체 카마(Seretse Khama)는 1940년대 영국에서 수학할 때 만난 영국 여자와 결혼함으로써 남아공 백인정권의 심한 압력을 받아 왕위를 포기해야 했다. 이러한 쓰라린 경험을 바탕으로 세레체는 반식민지 투쟁을 이끌면서 보츠와나를 현대화하기 위해 노력했다. 1965년 선거를 통해 정치지도자로 복귀한 세레체는 종족주의 타파를 통한 민주주의 수립을 주창했다. 세레체는 '어떠한 종족에 대해서도 정치, 경제, 사회적 차별이 없는 사회 건설'을 기치로 내세웠다. 그는 이기심이 없고 진정으로 조국을 위해 헌신한 보기 드문 인물이었다.[144] 1980-1998년간 대통령을 지낸 마시르(Quett Masire) 같은 인물도 아프리카에서 보기 드물게 사명감과 애국심이 투철하고 나라 발전에 대한 비전을 가진 비범한 인물이었다. 이러한 행운에다 국가와 국민의 끊임없는 노력이 모범국가 보츠와나를 만든 것이다.

_르완다의
폴 카가메 대통령

요즘 아프리카 비즈니스에서 떠오르는 스타가 있으니 그것은 르완다이다. 1994년 기억하기조차 끔찍한 제노사이드로 불과 몇 주 만에 80만 명이 살해된 나라가 르완다이다. 그러던 이 나라가 지금은 제2의 싱가포르를 꿈꾸고 있다. 이러한 변화의 주역은 현 대통령 폴 카가메이다. 그는 투치족 게릴라 출신으로 내전에서 이겨 대통령이 된 사람이나, 대통령이 된 후 경제를 개혁하지 않고는 나라의 장래가 없다고 믿고 이를 실천에 옮기고 있다. 낮은 교육 수준과 숙련 노동자의 부족, 열악한 사회·경제적 인프라에도 불구하고 르완다는 착실히 경제를 발전시켜 나가고 있다. 서방교육을 받은 자국인을 중용하는 한편 인근 부룬디, 케냐, 탄자니아로부터 숙련 노동자를 유입하고 있으며 7000여 명의 케냐인들이 운송, 농업, 건설 분야 등에서 활동하고 있다. 르완다의 가장 뚜렷한 강점은 법의 지배를 확립했다는 점이다. 르완다에서는 장관도 부패하면 어김없이 감옥에 가야 한다. 국제전문기관은 르완다를 그리스나 이탈리아보다 덜 부패한 나라로 보고 있다. 또 르완다는 관료주의를 타파했다. 르완다에서는 회사를 설립하는 데 사흘 정도밖에 걸리지 않는다. 재산권은 철저히 보호되며 농민의 토지 소유권도 확립되었다. 20여 년 전 세계에서 가장 두통거리였던 나라가 이렇게 변한 것을 보면 세월의 힘 그리고 사람의 힘이 무섭다는 것을 느낀다. 르완다가 모범적으로 성장하면 다른 아프리카 국가들에게도 좋은 사례가 될 것이다. 국제사회는 르완다가 잘 성장할 수 있도록 지원해야 할 필요가 있다. 르완다에 진출한 우리나라의 KT가 좋은 열매를 맺어 르완다에 힘을 보태주기를 기대한다.

10

한국인에게 다가온
기회의 땅 아프리카

10

각국의 **대 아프리카 외교**

세계를 경영하는 미국은 전 재외공관 인력 75,000여 명 중 11,000여 명이 아프리카에 배치되어 있다. 미국은 아프리카 국가 중 나이지리아, 케냐, 에티오피아 및 남아공을 4개 핵심협력국으로 선정했으며 지역 안정과 분쟁관리 차원에서 15개 중점관리국을 두고 있다. 오랫동안 미국은 아프리카에 무관심했다. 국무부 아프리카 데스크의 주 임무는 대통령이 귀중한 시간을 쓸데없이 아프리카 문제에 쏟지 않도록 하는 것이었다. 클린턴 대통령 대에 와서 변화가 일어났다. 클린턴은 아프리카 문제에 직접 개입하려 했다. 1994년 대통령 취임 직후 만델라가 미국을 방문하자 클린턴은 이 기회를 이용하여 그의 재임 중 아프리카를 방문할 계획이라고 밝혔다. 이로부터 4년 뒤인 1998년 클린턴은 아프리카 6개국을 방문했다. 이는 1978년 카터가 라이베리아와 나이지리아를 방문한 후 미국의 현역 대통령으로서는 20년 만의 일이었다. 클린턴의 주요 관심사는 어떻게 하면 아프리카에 르네상스를 가져올 수 있는가 하는 것이었다. 클린턴은 7일 동안 가나, 남아공, 보츠와나, 우간다, 르완다 및 세네갈을 방문했다. 우간다에서는 에티오피아, 에리트레아, 케냐, 탄자니아 대통령이 참석하는 다자 정상회담이 열렸다. 그러나 당시 자이르 대통령 로랑 카빌라는 이 회의에 참석을 거부했다. 정치적으로 독립성을 유지하려는 카빌라의 이러한 태도로 인해 몇 년 후 이 지역에서 큰 전쟁이 일어났다. 떠들썩했던 클린턴의 아프리카 외교는 실제적으로 큰 성과는 없었다. 미국 정부가 아프리카에 대한 관심을 뒷받침할 만큼 재정 지원을 하지 않았고 정부 내에서 클린턴의 아프리카에 대한 비전에 공감하는 사람이 적었기 때문이다. 임기 마지막 해인 2000년 8월 클린턴은 다시 한 번 아프리카를 방문했다. 서부의 나이지리아와 동부의 탄자니아가 그의 목적지였다. 그러나 그의 마지막 아프리카 방문은 언론의 주목을 끌지 못했으며 어떠한 새로운 정책도 내어놓지 못했다. 클린턴 대통령이 재임 중 두 차례에 걸쳐 아프리카를 순방하면서 비전을 제시하고 적극적인 정책을 표명했으나 이후 용두사미가 된 것은 미국에 역풍을 가져왔다. 아프리카 지성인들은 '미국에게 속았다'라는 생각을 갖게 되었으며 이로써 미국에 대한 신뢰는 낮아졌다. 클린턴의 뒤를 이은 부시 대통령은 아프리카에 대해 보다 전략적으로 접근했다.[145]

부시 정부는 9.11을 겪으면서 중동 정세 변화에 따른 석유 수급 불안정을 상쇄할 수 있는 대안으로 아프리카에 주목했다. 부시는 발 빠르게 아프리카에 대한 '부성애적인 접근(paternalism)'의 시대는 끝났다며, 아프리카가 동등한 협력자임을 선언했다. 또 2003년(세네갈, 보츠와나, 남아공, 우간다, 나이지리아)과 2008년(베냉, 탄자니아, 르완다, 가나, 라이베리아) 두 번 아프리카를 방문하는 열의를 보였다. 2004년 41억 불 수준이던 원조 역시 임기 마지막

해이던 2008년에는 72억 불까지 늘렸다. 이는 바락 오바마 대통령에게도 이어졌다. 오바마 대통령은 취임 후 가장 먼저 아프리카를 찾았고 세계적 금융위기 속에서도 원조를 76억 7200만 불까지 늘렸다. 미국은 자국시장에서 인정받는 질 높은 저유황유를 생산하는 서아프리카 기니만 지역 국가를 에너지 안보의 핵심 지역으로 봤다. 이 지역에서 생산되는 원유는 유황 성분 비율이 낮아 공정이 쉽고 생산비도 낮을 뿐만 아니라 중동 지역보다 운송비도 적게 든다는 이점을 갖고 있다. 이에 따라 아프리카산 석유수입량을 꾸준히 늘린 결과 2000년대에 와서 미국의 아프리카산 석유 수입량이 중동산을 추월했다. 미국의 총석유수입량 중 아프리카산 비중은 2006년 19%에서 2015년 25%로 증가할 것으로 전망되었다.[146] 미국은 2000년 아프리카 성장 및 기회법(AGOGA)을 제정하여 아프리카의 직물에 대한 관세를 인하하고 쿼터 제한을 철폐했다. 그러나 2005년 다자간섬유협정(Multi-Fiber Arrangement)이 만료되어 직물과 의류에 대한 쿼터가 세계적으로 철폐됨에 따라 값싼 중국산 직물이 아프리카산 직물과 경쟁하게 됨으로써 AGOGA의 효과가 크게 감소되었다. 미국의 대 아프리카 정책에서 이중성을 보이는 것은 면화 정책이다. 앞에서 언급했지만 2만 5000여 명의 미국 내 목화 생산 농민들은 정부로부터 연 30억 불에 이르는 보조금을 받고 있다. 이렇게 되자 목화 생산이 크게 증가하여 세계 시장에는 미국산 목화가 판을 치고 있는데다 가격 하락으로 베냉, 부르키나파소, 말리, 탄자니아 등의 가난한 목화 생산자들을 곤경에 빠뜨리고 있다. 미국이 진정으로 아프리카의 경제 발전과 소득 향상을 돕기 원한다면 자국 내 목화업자들에 대한 보조금 삭감을 우선적으로 검토해야 할 것이다.

EU는 아프리카와의 관계에서 공적 개발원조(ODA)를 적극적으로 활용하고 있다. 2005년 12월 'EU 아프리카 전략'에서는 OECD 개발원조위원회의 ODA 목표액을 달성하고 그중 30% 이상을 아프리카 국가에게 제공할 것을 약속했다. 원조 규모도 2003년 170억 유로에서 2010년 250억 유로로 확대되었다. 2007-2009년 아프리카 원조 규모가 가장 큰 10개국 중 유럽 국가는 프랑스, 영국, 독일, 네덜란드, 스페인, 스웨덴, 노르웨이 등 7개국이다. 전체 원조에서 아프리카 원조가 차지하는 비율이 50%를 넘는 국가는 1위 아일랜드(81%)부터 10위 스웨덴(53%)까지 모두 유럽 국가이다.[147] 2009년 일본의 아프리카 원조액은 14억 9865만 불로 세계 5위이다. 일본은 이 중 55%를 수단처럼 석유나 광물 자원이 많은 10개국에 집중하고 있다. 일본의 원조는 총액으로 볼 때 17억 6600만 불(2007년), 15억 7100만 불(2008년) 등 지속적으로 줄어드는 추세이다. 일본은 또 25억 불 규모의 아프리카 협력기금을 마련해 아프리카에 진출하는 자국 기업을 적극 지원하고 있다. 일본은 외교적으로는 1993년 출범한 아프리카 개발을 위한 도쿄국제회의(TICAD)를 적극 활용하고 있다.[148]

한국의 **대 아프리카 외교**

1961년 아프리카와 외교 관계를 시작한 이래 1982년 전두환 대통령, 2006년 노무현 대통령, 2011년 이명박 대통령, 2016년 박근혜 대통령이 아프리카를 방문했다. 1980년대 북한과 유엔 가입 경쟁을 벌이던 시절 한국은 블랙 아프리카 48개국 중 19개국에 대사관을 설치했다. 그러나 1991년 유엔 가입을 전후로 노태우 대통령이 북방외교를 펼치면서 한국은

1989년 니제르를 시작으로 1994년까지 8개 공관을 폐쇄했다. 또 외환위기 직후인 1998년 3곳의 공관이 추가로 철수했다. 2013년 블랙 아프리카의 한국 대사관은 다시 16개로 늘었지만 여전히 많지 않은 숫자이다. 중국의 경우 블랙 아프리카 48개국 중 43개국에 공관을 설치했고 일본도 27개에 달한다. 유럽의 경우 평균적으로 아프리카 54개국 중 34개국에 공관을 설치하고 있다. 우리 대사관에 근무하는 외교관 수도 절대적으로 부족하다. 유럽 지역은 32개 공관에 271명이 배치돼 있다. 공관 1곳당 8.5명 정도가 근무한다. 반면 아프리카는 16개 공관에 80여 명이 일한다. 평균 5명에 불과하다. 코트라 아프리카 무역관 역시 1983년 9개에서 4개로 줄었다가 2011년 3개를 증설하는 등 2013년에는 9개가 되었다. 그러나 9개 무역관을 운영하는 인원은 15명 안팎에 불과해 실질적으로 활동할 수 있는 부분은 크지 않다.[149]

2006년 아프리카 3개국을 순방한 노무현 대통령은 아프리카 원조를 3배로 늘리겠다며 '아프리카 이니셔티브'를 발표했다. 이에 따라 우리 정부는 2005년 3500만 불이었던 아프리카 원조를 2008년 1억 400만 불까지 늘렸다. 2009년에는 9400만 불이었다. 그러나 이 액수는 OECD 개발원조위원회(DAC)에 가입한 23개 국가 중 21위에 불과하다. 2009년 DAC 회원국은 평균 12억 2400만 불을 아프리카에 원조했다. DAC 평균이 한국의 13배에 달한 것이다. 금액뿐 아니라 효율성도 떨어진다. 우리와 경제 규모가 비슷한 네덜란드는 12억 1600만 불을 15개국에 투입했다. 반면 한국은 1억 불에도 미치지 못하는 원조를 39개국에 나눠줬다. 국가별 지원액은 네덜란드가 8100만 불로 한국(241만 불)보다 33배에 달했다. 전체 원조에서 아프리카가 차지하는 비중도 낮다. DAC 평균이 42%이고 미국이 34%인 데 비해 한국은 14%에 불과했다. 저조했던 대 아프리카 원조는 2013/2014년간 5억 9천만 불로 급증하는 등 최근 들어서는 새로운 물결을 타고 있지만 아직 선진국과는 비교가 되지 않는 실정이다. 아프리카와의 교역도 미미한 수준이다. 2009년 아프리카에 대한 국내 기업의 수출 규모는 96억 2000만 불로 국내 총 수출액의 2%, 수입 규모는 46억 8000만 불로 전체 수입액의 1.1%에 불과했다. 비교적 최근인 2012년에는 수출 92억 불, 수입 54억 불을 기록했다. 무역 상대국도 남아공과 나이지리아 등 일부 소수 국가에 편중돼 있고 이들 몇 나라를 제외하고는 소규모이다. 아프리카에 대한 직접투자도 2001년 1766만 불에서 2009년 3억 7360만 불로 크게 늘기는 했지만 전체 아프리카 FDI의 1.91%에 불과한 수준이다.[150]

기회를 잡아라

아프리카가 기회의 땅이다, 미래의 비즈니스 허브가 될 것이다, 이런 이야기를 잘 믿지 않는 사람들이 많다. 그러나 실제 일어나고 있는 현상과 통계를 보면 이것이 결코 환상은 아니다. 새로운 기회를 찾는 투자자에게 요즘 라고스와 나이로비는 과거의 프랑크푸르트나 동경과 흡사하다. 빈사상태에 놓인 유럽경제로 인해 투자자는 보다 적극적으로 아프리카를 찾고 있다. 사하라 이남 아프리카에 대한 직접투자는 2005년 이후 50% 증가했으며 '카지노'로 불렸던 현지 금융시장의 불안정성도 많이 줄었다. 지금까지 남아공이 아프리카에서 유일한 신흥시장으로 분류되었으나 제이피모건은 최근 나이지리아를 신흥시장으로 편입시켰다.

아프리카를 보면서 우선 생각해야 할 점은 첫째로 아프리카가 미국, 중국, 인도, 일본, 멕시코, 서유럽 및 동유럽을 합친 것과 같은 면적을 가졌다는 점이다. 둘째는 현재 10억인 인구가 2050년에는 20억이 될 것이라는 점이다. 나이지리아는 2055년이 되면 미국을 제치고 세계 3대 인구대국이 될 전망이다. 경제는 결국 땅과 사람인데 아프리카는 자본만 부족할 뿐이지 땅과 사람에 있어서는 어느 곳보다 여건이 좋다. 2012년 아프리카의 평균 경제성장률은 5%이며 세계적인 경제 침체 속에서도 2014년 4%를 기록했다. 이것은 결코 예사로운 일이 아니다. 아프리카는 세계 어느 곳보다 높은 경제성장률을 보이고 있다. 남아공이 좀 부진한 반면 북부아프리카 국가들이 특히 좋은 성장세를 나타내고 있다. 현재 아프리카의 평균 소득은 1700불인데 세계은행이 중간소득국가의 기준으로 정한 1인당 소득 1000불을 넘는 국가가 사하라 이남에서 벌써 22개국에 달하며 앞으로 이 숫자는 더 늘어날 것이다. 미국의 세계적인 다국적 회계법인 언스트 앤드 영(Ernst & Young)은 2016년 보고서에서 아프리카 내 투자 유망지로 20개 국가를 꼽고 있다(순위별: 남아공, 모로코, 이집트, 케냐, 모리셔스, 가나, 보츠와나, 튀니지, 르완다, 코트디부아르, 세네갈, 탄자니아, 우간다, 에티오피아, 나이지리아, 알제리, 잠비아, 나미비아, 베냉, 모잠비크).

세계은행 전문가에 의하면 아프리카 경제가 신장하고 있는 이유는 ① 올바른 인구 증가(출산율은 점차 낮아지고 있음)와 평균수명 연장, ② 급속한 도시화로 교통 인프라 등 측면에서 경제의 효율이 높아지고 해외투자 유치가 증가했으며 소규모지만 산업화가 일어나고 있는 점, ③ 기술 진보가 사회에 큰 영향을 미치고 있는 점(특히 아프리카는 거의 기술이 없는 상태에서 출발했기 때문에 기술의 파급 효과가 상대적으로 큼). 예를 들어 모바일 뱅킹이 세계에서 가장 성행하고 있는 곳이 아프리카임(전통적 방식의 은행 이용이 어렵기 때문), ④ 정부의 거버넌스와 경제운용 행태가 점차 나아지고 있는 점 등으로 분석되고 있다. 이러한 추세가 지속될 경우 2025년까지 거의 모든 아프리카 국가가 중산층국가 대열에 진입할 것으로 예상된다.

물론 아프리카가 나아갈 길은 아직 멀다. 형편없는 인프라의 건설 그리고 산업과 비즈니스의 다양화가 절대적으로 필요하며 무엇보다 가장 시급한 것은 부족한 재원 조달과 기술력이 있는 노동력 확보이다. 유럽과 미국의 경제가 저조한 상황에서 최근 아프리카에 진출하는 서양회사가 늘고 있으며 이에 따라 현지 매니저의 봉급도 30% 정도 증가하고 있다. 아프리카에 대한 투자 수요가 점차 늘어나고 있는 것이다. 서양에서는 아프리카를 10년 전 중국, 인도의 상황과 비슷하다고 생각하는 회사가 늘고 있다. 이러한 기회를 잡은 아프리카가 성공하느냐의 관건은 결국 외국으로부터의 자본 유치, 숙련 노동자 양성 그리고 산업다변화에 달려 있다고 볼 수 있다. 이를 뒷받침하기 위해서는 선정(good governance)과 효율적인 정책 그리고 정치적 안정이 필수적이다. 그런데 큰 그림에서 보면 많은 아프리카 국가가 이런 방향으로 가고 있는 것으로 보인다. 따라서 우리 기업도 아프리카 진출에 보다 더 관심을 기울여야 할 필요가 있다.

아프리카 정부의 무관세·무쿼터 혜택을 누리면서 동시에 아프리카의 낮은 임금을 활용할 수 있는 해법이 바로 산업공단 건설이라는 제안도 있다. 아프리카판 개성 공단을 만들면 현지에서 일자리를 창출하는 한편 아프리카가 원하는 현지인 교육 및 기술이전도 가능해진다는 것이다. 동반성장의 기틀을 마련할 수 있는 셈이다. 이 제안에 따르면 아프리카에 설립할 산업공단에 노동집약적 분야를 중심으로 아프리카인이 필요로 하는 생활필수품은 물론 수출품을 함께 생산할 경우 아프리카 제조업 기반 확대에 큰 도움을 줄 수 있다. 한국의 자본과 기술에 아프리카의 노동력을 결합하는 시범산업단지를 만들어 성공적으로 운영할 경우 아프리카 전역으로 공단 건설을 확대할 수 있다.[151]

아프리카에 본격적으로 농업 진출을 하자는 의견도 있다. 아프리카는 총 면적이 3000만 평방킬로미터가 넘고 전 세계 면적의 20%를 차지하는 큰 대륙이다. 이 중에서 경작할 수 있는 땅은 8억 헥타르로 한국 면적의 80배에 달한다. 그러나 이 중 실제 경작되고 있는 면적은 2억 헥타르로 전체의 25% 수준이다. 또 아프리카 농업생산성은 한국의 6분의 1에 불과하다. 우리나라의 1헥타르당 쌀 생산량은 6톤이 넘는다. 세계 평균은 4톤 정도이다. 에티오피아 식량난이 심각한 원인 중 하나는 바로 낮은 농업생산성 때문이다. 에티오피아 농업기술로는 1헥타르당 1톤의 생산량을 확보하기도 힘들다. 이들에게 쌀을 재배하는 방법을 가르쳐주고 관개시설을 마련해 준다면 에티오피아의 식량난을 해결할 수 있다. 에티오피아는 아프리카 국가 중에서도 물이 많고 기후가 좋아 3모작도 가능하다. 카메룬, DR콩고, 잠비아 등도 역시 농사가 잘되는 환경이다. 아프리카는 식량난을 해결하고 한국은 농산물 가격 상승에 대비한 농업 생산기지를 확보, 농업 자급률을 높일 수 있다. 이처럼 동반 성장 해법이 아프리카에 있다는 것이다.[152]

또 하나의 제안은 패키지 진출이다. 국내업체들의 아프리카 패키지 딜 사업 성공 확률을 높이기 위해서는 공기업, 대기업, 중견기업, 금융회사 등이 함께 참여하는 한국형 민관협력 패키지 딜 모델을 만들어야 한다. 개별 기업이 단독으로 아프리카에 진출해서는 중국 등 자금력이 앞서는 국가들과의 경쟁에서 승리할 수 없다. 그런 의미에서 공기업의 역할이 크다. 공기업이 딜에 적극적으로 참여해 이끌어주면 민간 기업이 쉽게 프로젝트에 참여할 수 있다. 또 금융회사 역시 공기업과 컨소시엄을 이뤄 진출한다면 어느 정도 리스크를 감내할 가능성을 키울 수 있다는 것이다.[153]

자원 진출을 위해서는 우선 국내 공기업의 규모를 키워야 한다는 의견도 있다. 투자위험이 높은 광물·에너지 자원 개발을 하려면 일단 덩치를 키워야 한다. 덩치가 커져야 더 큰 위험을 감수할 수 있다. 국내 자원 공기업들이 공격적으로 해외 자원시장에 투자를 하지 못하는 이유도 덩치에서 밀리기 때문이다. 석유공사 매출 규모는 글로벌 에너지 메이저의 150분의 1도 안 된다. 이러다 보니 천문학적인 돈과 오랜 탐사 기간을 필요로 하는 석유가스 사업에 적극적으로 진출하지 못하고 있다. 지금 한국에서 해외 에너지 개발에 나설 수 있는 자원 관련 공기업은 가스공사, 석유공사, 광물자원공사 정도다. 그러나 이들 중 어느 곳도 적극적인 자원 개발에 나서지 않고 있다. 자원산업의 특성상 규모의 경제가 필수적인 만큼 민영화를 통해 인수·합병이나 전략적 제휴, 연합전술을 적극 활용해 글로벌 플레이어로 거듭날 수 있도록 해야 한다는 것이다.[154]

부록

기회에의 도전:

짐바브웨, 모잠비크,
잠비아 등 진출을 위한 노력

아래는 필자가 2011–2014년간 아프리카 현지에서 자원개발 지원, 프로젝트 개발 등을 위해 직접 뛰어다니면서 체험했던 사례 중 몇 가지를 발췌한 것이다. 아프리카에 진출하려는 우리 기업과 국민에게 다소라도 참고되기 바란다.

짐바브웨 퀘퀘의 광산 개발

Canyoun Minerals사 대표 K사장이 개발을 추진하고 있는 금 및 안티몬 광산 지역 퀘퀘(Kwekwe)를 여러 번 방문하여 광산 개발 현장을 시찰했다. 퀘퀘는 하라레에서 남쪽으로 200킬로미터 떨어진 지점에 있으며 짐바브웨 광업의 중심도시 중 하나이다. 78세로 연로한 편이지만 강인한 K사장은 남아공에 거주하다가 짐바브웨로 이주한 광업전문가로서 봉화 소재 현동광업소에서 30년간 안티몬 광산을 운영한 적이 있으며 수년 전 퀘퀘를 방문했을 때 이 지역의 안티몬 매장량에 감동을 받아 2010년부터 안티몬 개발을 위해 퀘퀘에 거주하고 있다. K사장은 과거 안티몬 광산을 찾아 인도네시아, 말레이시아 등 동남아 국가와 구소련 국가들을 다수 방문했는데 미얀마와 카자흐스탄에서 안티몬 매장을 확인했으나 각각 정세 불안과 경제성 부족으로 개발을 포기했다고 한다. 이후 짐바브웨 여행 시 대규모 안티몬 광산을 발견하자, 20여 년 전 남아공으로 이주했을 때 시도했으나 남아공 광산의 특성상 규모가 너무 커서 뜻을 접었던, 평생의 꿈을 이루기 위해 다시 광산업에 뛰어들었다고 한다.

퀘퀘 지역은 금 광산이 다수 소재하고 있으며 금맥 바로 아래 안티몬이 대규모로 매장되어 있지만 안티몬의 중요성을 모르는 짐바브웨 광산업자들은 금 채굴에만 몰두하여 금 채굴이 끝나고 안티몬이 나오기 시작하면 채굴을 중단하고 다른 곳으로 떠나곤 했다. 그러나 최근에는 안티몬에 대한 관심이 높아져 중국 광산업자들을 중심으로 안티몬 채굴을 점차 확대해나가고 있다고 한다. K사장은 짐바브웨에서 안티몬 채굴 가능성을 확인한 후 과거 영국이 광산 현황을 조사한 광물지도를 입수하여 동 지도에 따라 짐바브웨 전역을 조사하고 600여 개 광구의 개발권을 광업부에 등록했다. 광업권 유지 명목으로 연간 약 13-14만 불을 짐바브웨 정부에 납부하고 있다. 600여 개 광구는 주로 2개 지역에 집중되어 있는데 퀘퀘 지역에는 안티몬, 금 및 희토류 그리고 동부 무타레 지역에는 텅스텐, 몰리브덴 및 철광석이 매장되어 있다. K사장에 의하면 안티몬 광산은 자신이 직접 개발할 계획이나 여타 광구는 관심 있는 한국 기업이나 광산업자에게 매각할 의사가 있다고 한다.

하나의 광맥에 금과 안티몬이 함께 매장되어 있는 경우는 전 세계적으로 남아공과 짐바브웨가 거의 유일하므로 본격적으로 채굴할 경우 경제성이 높을 것으로 예상하고 있다. 퀘퀘 지역의 경우 금광석 1톤당 평균 5-10그램의 금을 채취할 수 있고 안티몬 광산도 순도가 5-70%까지 품질이 다양하고 우수하며, 특히 퀘퀘 지역에서 자신이 확보한 광구만 하더라도 앞으로 100년 이상을 채굴해도 다 못할 만큼 많은 양의 안티몬이 매장되어 있다고 한다. 한국의 경우 안티몬 정련 과정에서 나오는 공해 문제로 더 이상 안티몬 원광 수입은 불가능하며 정련 과정을 마친 안티몬 완제품만 수입하고 있다고 한다. 안티몬은 전자제품, 배터리, 플라스틱, 유리,

활성제 등으로 산업의 여러 분야에서 활용가치가 높은 희귀 금속으로 국제시세는 톤당 2만 불 정도이다.

짐바브웨와 모잠비크에서 자원 및 프로젝트 개발

무수쿠트와(Thankful Musukutwa) 짐바브웨 광업부 차관을 만났다. 나는 포스코의 크롬 및 규석광산 개발, STX 대표단의 방문 등 한국기업의 짐바브웨 광물개발 및 인프라 프로젝트에 대한 관심이 높아지고 있음을 설명했다. 차관은 기존 광물기업과의 합작투자 및 신규 광물개발사업 추진이 가능하다면서 한국 기업의 짐바브웨 진출 시 협력을 약속했다. 나는 광물개발은 인프라 구축과 병행 추진되어야 하며 인프라 사업에 막대한 자금과 리스크가 수반됨을 감안 여러 기업들이 컨소시엄을 구성하여 위험을 분산하는 방안이 좋을 것이라고 했다. 차관은 철강 사업에 진출한 인도의 에사르(Essar) 외에도 중국 기업들이 인프라 사업에 관심이 있다고 하면서 광업 투자는 성과를 보기까지 상당한 시일이 걸리므로 컨소시엄 파트너들이 목표를 공유하고 인내심을 가져야 할 것이라고 했다. 차관은 짐바브웨가 현지 고용 확대 및 기술 이전, 현지 생산시설 확충을 통한 부가가치 창출을 중요시하고 있다면서 소형 발전소, 제련공장, 페로크롬 생산시설 등을 예로 들었다. 나는 이 밖에도 여러 차례 우리 기업대표단과 함께 카리바(Kariba) 호수 남쪽의 대규모 석탄 개발, 그레이트다이크(Great Dyke) 지역에서 금, 크롬, 니켈 등 개발, 남부 치레지 및 트라이앵글(Triangle) 지역에서 사탕수수 플랜테이션 운영 등 사업개발을 위해 현장을 방문하고 정부

고위 관리 및 전문가 등 관계자와 면담을 가졌다.

비아스 모잠비크 광업장관은 전 국토를 대상으로 한 지질조사의 경우 30억 불 가량의 비용이 든다고 하면서 이에 대한 한국의 참여를 요청했다. 나는 광물자원공사와 지질자원연구소를 소개하고 이들의 참여 가능성을 타진해보겠다고 했다. 모잠비크의 석탄 매장량은 현재 250억 톤 이상인데 니아사 지방에서 추가로 발견되고 있어 앞으로 더 늘어날 것이라고 한다. 마리자네 상공부 차관은 2011년 포스코 초청으로 방한하여 정준양 회장과 협력 MOU를 체결했다. 포스코는 제철소 건립에 관한 타당성 조사를 실시키로 했으며 에너지와 인프라 분야에서도 양측은 협력키로 했다. 레벨로 인프라 차관은 북부 나칼라 지역의 수심이 깊어 항구 건설의 최적지이며 내륙 육상 교통과도 연결이 가능하다고 한다. 모잠비크 세계은행 지사장인 한국인 K박사에 의하면 모잠비크 정부는 테테에서 인도양으로 연결되는 2개 철도 노선 건설 및 현대화를 추진하고 있는데 인도회사가 한 노선을 맡아 작업을 했지만 부실 공사로 말미암아 발레와 중국기업이 추가 공사를 놓고 경쟁을 벌이고 있다고 한다. 이와 별도로 모잠비크 정부는 테테-나칼라 간 신규철도 건설을 추진 중이며 사업비는 40억 불이라고 한다. 석탄 개발을 위해 발레, 리오틴토, 리버스데일 등 메이저 광업회사들이 진출하고 있는데 최근 리버스데일이 2006년에 확보한 석탄 채굴권을 39억 불에 다른 회사에게 매각하는 과정에서 세금을 내지 않아 국내적으로 논란이 되었다. 모잠비크 정부는 향후 유사한 사례 방지를 위해 관련 국내법규를 정비하고 있다. 총 27개 외국기업이 테테 석탄 개발에 참여하고 있으나 대부분은 지분을 매입한 후 실제로 개발하지 않고 후발 기업에게 되파는 투기 형태를 보이고 있으므로 모잠비크 정부는 이를 규제할 방침이다. K박사에 의하면 한국 기업들이 모잠비크 진출에 너무 소극적이어서 모잠비크 정부는 한국과는 자원개발 협력보다 경제개발 경험만 전수받으면 된다는 시각을 갖고 있다고 한다. 한국 기업이 도전 정신을 잃고 안전 위주로 너무 안일하게 비즈니스를 하기 때문이다. 모잠비크에서는 현재 헥타르당 1톤 정도의 옥수수가 생산되지만 최근 농진청 시험 결과에 의하면 헥타르당 7톤 이상을 생산할 수 있을 정도로 토지가 비옥하다고 한다. 토지 임차 비용은 매우 낮아 브라질의 경우 헥타르당 연 1.2달러의 임차료로 70만 헥타르에 이르는 대규모 농지를 임차했다. 모잠비크 국토의 70% 이상이 높은 비옥도를 가진 경작 가능지이나 현재 10% 정도만 경작하고 있다.

2011년 11월 인로가(Armando Inroga) 모잠비크 산업무역부장관을 만났다. 장관은 포스코 초청으로 한국을 방문, 제철소 건립 협력 MOU에 서명했으며 이에 따라 제철소 건립 장소를 물색 중이라면서 관심 있는 한 지역의 경우 석탄과 철광석은 많지만 가스가 충분치 않아 고민이라고 했다. 제철에 필요한 3대 요소가 한꺼번에 몰려 있는 지역이 없어서 입지 선정에 애로가 있다는 것이다. 나는 모잠비크의 발전소 건설 프로젝트(backbone project)를 거론하면서 한국 기업들이 아시아 지역에서 IPP(민자발전) 방식의 발전소 건설 경험을 많이 축적했다고 설명하자 장관은 자신이 한국의 경험과 기술에 대해 에너지장관에게 직접 이야기하겠다고 한 후 현재 모잠비크 정부가 추진 중인 잠베지 강 수력발전 프로젝트가 완성될 경우 남부 아프리카 국가들에게 충분한 전력 공급이 가능할 것으로 본다고 했다. 나는 모잠비크의 긴 해안선을 활용한 조선소 건립 프로젝트에 대해 장관의 관심을 환기시킨 후 높은 기술력을 지닌 한국 기업이 참여하는 조선소 프로젝트를 추진할 경우 모잠비크의 전체적인 산업 역량이 커질 것이라고 강조했다. 그리고 모잠비크 정부가 이 프로젝트에 대한 관심을 문서로 표시할 경우 관심 있는 한국 기업을 연결시켜 주겠다고 했다. 장관은 모잠비크에 다양한 에너지/인프라 관련 부처가 있지만 한국 기업의 투자에 대해서는 산업부가 여러 부처를 조정하는 접촉선 역할을 할 수 있다면서 포스코의 제철소 건립 및 철광석 수출도 산업부에서 관장하고 있다고 했다.

2011년 11월 남부레테(Salvador Namburete) 모잠비크 에너지부장관을 만났다. 장관은 한국 정부의 EDCF 자금으로 추진 중인 가자주 송배전망 확충사업, 태양광 발전소 건설 사업에 사의를 표하고 특히 가자주 사업은 2012년 말까지 사업을 완료한다는 목표 하에 추진되고 있다고 했다. 또한 이와 별도로 Masinga-Vilankulo 송전선 프로젝트에 대해서도 한국의 지원을 기대한다고 했다. 나는 양국 간 에너지 협력 잠재력이 매우 크며 특히 한국 기업들이 발전소 프로젝트 참여를 희망하고 있음을 설명하고 모잠비크측이 다양한 인프라 프로젝트에 대해 제안서를 보내주면 KEPCO 등 한국 기업의 참여 가능성을 타진해 보겠다고 했다. 이에 장관은 에너지부에서 추진하고 있는 프로젝트 제안서를 취합하여 우리에게 송부하겠다고 했다. 사업의 내용은 IPP 방식의 발전소 건설, 송배전망 구축, 중간 변전소 건설, 요금 징수 시스템 현대화 등이다.

2011년-2013년에 걸쳐 오쿠아네(Nelson Ocuane) 모잠비크 가스공사(ENH)

사장을 여러 번 만났다. 처음 만났을 때 오쿠아네는 한국가스공사가 제4광구에서 발견한 대규모 가스전과 관련 10여 차례 시추할 예정이며 1광구와 4광구 모두 전망이 아주 좋다고 했다. 4광구의 경우 현재 매장량을 22tcf로 추정하고 있지만 잠재적으로 40tcf까지 바라보고 있다고 했다. 실제로는 4광구에서 4번 시추한 결과 모두 가스가 발견되었으며 그 양은 55tcf에 달해 예상치를 훨씬 뛰어넘었다. 이어 2012년 7월 다섯 번째 시추를 했는데 또 가스가 발견되었고 이후 여섯 번째 시추에서도 또 가스가 발견되었다. 6번 시추하여 모두 가스를 발견한 것은 매우 드문 일이다. 앞으로도 4-5번 더 시추할 예정인데 추가로 가스가 발견될 가능성이 높다. 또한 남부지역을 중심으로 석유 발견 가능성도 높게 보고 있으며 제3광구 및 6광구의 경우 향후 10억 배럴 이상의 석유 매장을 기대하고 있다고 한다. 나는 인도양 연안의 가스 발견에 따라 새로운 비즈니스 기회가 창출되었다고 하고 LNG 터미날, 가스터빈 발전소, 비료 등 하류사업을 예로 들면서 향후 한국기업이 진출할 수 있도록 협력을 당부했다. 사장은 천연가스를 실제 공급하기 위해서는 공공 인프라(계량기, 요금 징수 등) 구축이 시급하다고 언급했다. 나는 한국이 이 분야에서 좋은 파트너가 될 것이라고 응답했다. 사장은 가스공사와 ENH 간 LNG 수출 합작회사를 설립하는 방안을 검토 중이며 동 회사는 단순히 LNG 수출을 넘어 관련 기술 및 노하우를 전수받는 기능까지 담당할 것이라고 했다. 사장은 미국 아나다르코(Anadarko)사가 모잠비크에 LNG 시설을 건립하는 프로젝트에 대한 입찰을 실시할 예정이며 현재 엑손모빌을 비롯 많은 외국 기업들이 관심을 표명하고 있어 컨소시엄 형태의 사업이 될 것 같다고 했다. 나는 모잠비크가 본격적으로 가스를 생산, 수출할 경우 LNG 선박도 필요할 것이라고 하면서 조선소 건립 문제를 협의하는 것이 좋겠다고 하자 사장은 이에 공감한다고 했다. 사장은 자신이 요즘 성경처럼 읽고 있는 책이라면서 김정렴 전 청와대 비서실장의 『최빈국에서 선진국 문턱까지(From Despair to Hope)』를 직접 가져와 나에게 보여주면서 이 책이 모잠비크가 나아갈 방향과 비전을 제시하고 있다고 했다. 나는 모잠비크가 믿을 수 있는 외국 파트너를 확보하는 것이 중요하며 만일 필요하면 우리 전문가 파견 및 자문 제공이 가능하다고 했다. 사장은 현재 ENH가 가스공사 외에도 아나다르코, 미쓰이, 남아공의 Sasol, 영국, 프랑스, 노르웨이, 인도, 말레이시아, 인도네시아 등과 파트너십을 구성하고 있다고 했다.

잠비아에서 자원 및 프로젝트 개발

무윤다(Muyunda) 잠비아 광물공사(ZCCM) 사장은 그간 잠비아 광업의 근간을 이루었던 코퍼벨트 지역이 여전히 중요하지만 최근 북서부 및 남부 지역을 중심으로 석탄, 에메랄드, 망간 등 탐사 작업이 활발하다면서 유명한 구리 외에도 여타 다양한 광물의 개발 잠재력이 크다고 했다. 사장은 앙골라와 인접한 북서부 지역에 석유 매장 가능성이 있어 현재 탐사를 진행할 파트너를 찾고 있다면서 앞으로 잠비아 정부 차원에서 전 국토에 대해 석유 탐사를 진행할 계획이라고 했다. 코퍼벨트의 구리 고갈 가능성에 대해 광물공사 측은 아직도 25년 이상 더 구리를 채굴할 수 있을 것이라면서 아직 개발되지 않은 지역도 있기 때문에 일부 광산에서는 생산량을 2배로 늘릴 수도 있다고 했다. 나는 광물공사가 보내온 한국 광물기

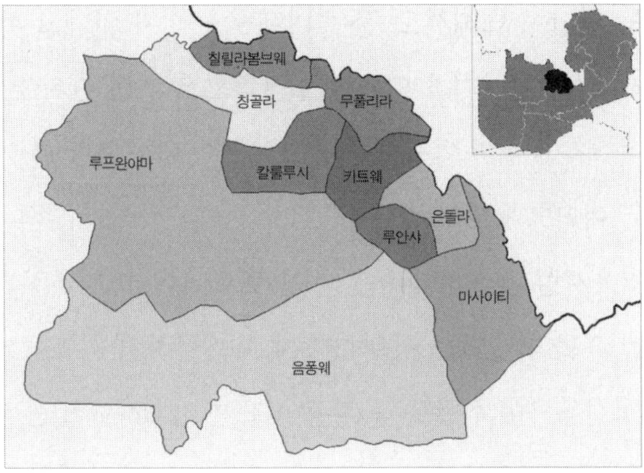

_ 잠비아의 코퍼벨트

업과의 협력 의향서에 사의를 표하고 잠비아 측이 특별히 관심을 갖고 있는 분야에 관해 문의했다. 공사 측은 여러 지역에서 탐사 라이센스를 이미 보유하고 있기 때문에 한국기업과의 공동 탐사는 즉시 가능할 것이며, 지질 연구 분야에서 한국의 기술 이전 및 정보 공유 등에 관심을 갖고 있다고 했다. 현재 잠비아 광업부는 모든 라이센스에 대해 재검토 작업을 진행 중이며 이에 따라 라이센스만 받아 놓고 장기간 개발에 들어가지 않은 라이센스는 회수하여 다른 기업에게 재발급하는 과정이 전개될 것이라고 한다. 사장은 잠비아 신정부의 입장이 광물공사가 단순히 광업 지주회사에서 탈피하여 직접 탐사 및 개발에 나서기를 원하고 있기 때문에 향후 ZCCM과 한국 광물기업이 파트너십을 구축하여 그린필드 투자(신규투자) 방식으로 광업 개발에 나서는 것이 보다 바람직할 것이라고 한다. 공사 측은 현재 시장에 나와 있는 광산 매물이 거의 없기 때문에 기존 광산을 인수하여 진출하는 방식에는 어려움이 있다고 했다. 공사 측은 라이센스 발급 및 유지 비용이 너무 높다는 광업회사들의 불만으로 라이센스 비용을 줄이는 방안에 대해서도 정부 내에서 논의가 있다고 한다. 잠비아 광업 라이센스에는 2가지가 있는데 일반적으로 25년 단위(갱신 가능) 라이센스가 부여되지만 예비 탐사 라이센스의 경우에는 2년(이후 5년에 한하여 갱신) 단위로 부여되고 있다고 한다.

잠비아 정유시설 및 석유파이프라인 프로젝트의 핵심은 DR콩고와의 국경 근처인 은돌라에 있는 정유소를 새로 건설하거나 또는 개조하여 현재 혼합유를 사용하여 휘발유 등 각종 석유를 정제하고 있는 것을 원유를 원료로 사용하는 시스템으로 바꾸고 아울러 1700킬로미터에 달하는 다레살람-은돌라 간 노후 파이프라인을 복구하는 것이다. 정유시설을 건설하는 경우 원료비가 적게 들고 생산된 석유의 가격경쟁력이 높아져 DR콩고, 말라위, 르완다, 부룬디 등으로 수출도 증가할 것이다. 현재 잠비아는 정유시설과 파이프라인 인프라를 바탕으로 국내뿐만 아니라 인근 국가에 석유를 공급하고 있으나 낙후된 시설과 낮은 기술력 등으로 어려움에 봉착해 있다. 인데니(Indeni) 정유시설은 1973년 완공되어 현재 일일 2만 배럴 처리 능력을 보유하고 있으나 현재의 높은 석유가격 및 앞으로 잠비아에서 원유 발견 가능성 등을 감안할 때 잠비아 석유산업의 장래를 위해서는 동 정유공장의 현대화가 가장 타당하고 현실적인 대안이다. 이 프로젝트에는 약 10억 불이 소요되므로 잠비아의 부족한 재정 형편으로는 추진이 어려웠으나 2009년 잠비아에서 민관협력인프라개발(PPP) 정책이 채택됨에 따라 다시 추진력을 얻게 되었다. 프로젝트 추진을 위해서는 먼저 기술/경제성 타당성 조사가 선행되어야 하며 동 조사비용은 약 700만 불로 추산된다. 이 프로젝트 컨설팅은 잠비아 ENFIN 및 SGM사 그리고 영국 UOP(Universal Oil Products)사가 협력하여 하고 있다. 이 프로젝트를 추진할 경우 잠비아 정부의 적극적인 지원을 얻을 수 있고, 향후 원유 정제를 통해 생산원가가 하락할 경우 주변국 수출을 통해 정유소 생산능력이 향상될 수 있으며, 앙골라 인접 잠비아 지역에서 원유를 발견할 경우에는 예상을 뛰어넘는 큰 수익 창출이 기대된다. 이 사업에 대해서는 일부 한국기업이 관심을 가지고 참여 가능성을 타진 중이다.

남부아프리카 교통 프로젝트

남부아프리카 5개국 교통 인프라 프로젝트는 내가 독자적으로 추진하고 있는 정부 간 협력 사업이다. 남부 아프리카 에너지 개발을 위해서는 짐바브웨, 잠비아, 말라위, 모잠비크, DR콩고 5개국 간에 자원 운송 인프라 구축이 필요한 것으로 판단된다. 첫째, 프로젝트의 의의 및 필요성을 보면, 남부아프리카는 다양한 광물을 보유한 광물의 보고이지만 도로, 철도 등 운송 인프라가 노후하였거나 부재하여 광물개발 잠재력을 충분히 시현하지 못하고 있다. 짐바브웨, 잠비아 및 말라위는 내륙국으로서 자원 수출 및 석유 수입을 위해서는 인근 모잠비크 항구를 이용하는 것이 가장 효율적이지만 도로, 철도 인프라가 부족하여 운송비용 및 시간이 과다하게 소요되고 있으며 이에 따라 광물자원의 가격 경쟁력을 떨어뜨리는 요인이 되고 있다. DR콩고의 경우에도 구리, 코발트 등 광물자원을 육로를 통해 장거리인 남아공으로 운송하여 수출하고 있는 실정이다. 이 프로젝트의 필요성에 대해서는 관련 국가 모두가 공감하고 있으며 실제 몇몇 국가들을 중심으로 일부 구간의 교통 인프라 건설 협의 등 움직임이 일어나고 있어 우리 정부와 기업이 초기 논의 단계부터 적극적으로 참가하여 향후 인프라 수주 및 광물 개발 등에서 우위를 선점할 필요가 있다. 아프리카의 각종 인프라 프로젝트는 그 필요성에도 불구하고 결국에는 자금 조달에서 난관에 봉착하여 무산되는 경우가 많은데 5개국이 공동으로 보증하는 경우 프로젝트 파이낸싱이 보다 용이해질 것으로 예상된다. 또한 프로젝트 추진 과정에서 해당 국가 에너지/인프라 담당 유력인사들과 긴밀한 협력관계를 구축할 수 있고 이를 통해 주요 에너지/인프라 프로젝트에 대한 정보를 사전에 획득하는 한편, 향후 아프리카 에너지/인프라 개발 수요가 급증할 것이라는 점을 감안할 때 우리 기업들이 남아프리카 인프라 개발 프로젝트에서 중국 등 여타 국가들에 비해 우위를 확보하는 데 기여할 수 있을 것이다. 둘째, 구체적인 추진 방안을 보면, 이 프로젝트는 5개국의 국경을 도로와 철도로 연결하여 가장 인근에 위치한 항구(모잠비크의 나칼라 또는 베이라)로 이어지는 수송 인프라를 구축하는 사업으로서 5개국 정부 차원에서 긴밀한 협조 및 최고위급 인사들의 적극적인 의지가 필수적이다. 이를 위해 ① 5개국 정부의 교통 인프라 구축 필요성에 대한 공감대 형성, ② 각국 정상의 협상 전권대표 임명, ③ 관계국 간 협상을 통한 협정 도출 및 서명, ④ 공동 국가보증을 통한 프로젝트 파이낸싱, ⑤ 컨소시엄 구성(우리 기업 주도) 등 순으로 사업을 진행할 계획이다. 우리 정부와 기업이 프로젝트 추진 시 주인의식(ownership)을 갖고 초기 단계부터 주도적으로 참여하는 것이 필요하며, 이를 통해 향후 컨소시엄 구성 등 입찰 단계에서 우위를 점할 수 있을 것이다. 5개국 모두 대규모 인프라 프로젝트 추진 및 자금 조달 협상에 관한 경험이 거의 없으므로 우리 정부와 관련 업계가 협상 진행 과정 전반에서 전문가 파견 등을 통해 조언과 자문을 제공하는 한편 경우에 따라서는 5개국 대표가 참가하는 공동 국제회의 개최 비용 등을 지원하는 것도 필요할 것이다. 셋째, 향후 추진 계획과 관련, 나는 그간 상기 프로젝트 아이디어에 대해 짐바브웨를 포함 잠비아, 말라위, 모잠비크 등 관할국 관련 부처 장관급 인사에 대해 의사를 타진하고 협의를 진행했다. 접촉 인사들은 공통적으로 필요성에 공감하면서 긍정적으로 검토할 것을 약속했다. 잠비아 교통통신 장관은 5개국 대표가 사전 만남의 기회를 갖고 필요성에 대한 공감대를 마련하는 것이 긴요하다면서 한국의 지원이 있으면 1차 회의를 자국에서 개최하는 방안을 검토하겠다고 했다. 짐바브웨의 교통장관과 외교장관도 모두 좋은 아이디어라고 하면서 관계부처 간에 협의를 통해 결과를 알려주겠다고 했다. 말라위 외교장관과 교통장관도 마찬가지 반응을 보였다. 모잠비크의 총리와 관계 장관들도 쌍수를 들고 환영하면서 검토 결과를 알려주겠다고 했다. 그러나 그 후로 구체적인 입장 표시가 없어 이 프로젝트는 아직 계류 중에 있다. 시간이 걸리겠지만 남부 아프리카 국가들을 잇는 교통 프로젝트는 꼭 필요한 것이므로 언젠가는 본격 추진될 가능성이 높다고 본다.

참고문헌

매일경제 컬러풀 아프리카 프로젝트팀, 『컬러풀 아프리카』, 서울: 매경출판, 2011.

윤상욱, 『아프리카에는 아프리카가 없다』, 서울: 시공사, 2012.

Adam Hochschild, 『King Leopold's Ghost』, USA: Mariner Books, 1998.

Ali A. Mazrui and Lindah L. Mhando, 『Julius Nyerere: Africa's Titan on a Global Stage』, Durham: Carolina Academic Press, 2013.

Daron Acemoglu and James A. Robinson, 『Why Nations Fail』, New York: Crown Business, 2012.

Duncan Clarke, 『Africa's Future: Darkness to Destiny』, London: Profile Books, 2012.

Edward Miguel, 『Africa's Turn?』, Cambridge: The MIT Press, 2009.

Heidi Holland, 『Dinner with Mugabe』, Johannesburg: Penguin Books, 2012.

Jan Joost Teunissen and Age Akkerman (editors), 『Africa in the World Economy: The National, Regional and International Challenges』, The Hague: FONDAD, 2005.

Jeffrey Herbst and Greg Mills, 『Africa's Third Liberation』, Johannesburg: Penguin Books, 2012.

John Reader, 『Africa: A Biography of the Continent』, New York: Vintage Books, 1997.

Jomo Kenyatta, 『Facing Mount Kenya』, New York: Vintage Books, 1965.

Martin Meredith, 『The Fate of Africa: A History of the Continent Since Independence』, New York: PublicAffairs, 2011.

Michela Wrong, 『In the Footsteps of Mr. Kurtz: Living on the Brink of Disaster in Mobutu's Congo』, New York: Perennial, 2002.

Nelson Mandela, 『Long Walk to Freedom』, UK: Abacus, 2013.

__________, 『No Easy Walk to Freedom』, Cape Town: Kwela Books, 2013.

Paul Moorcraft, 『Mugabe's War Machine』, Johannesburg & Cape Town: Jonathan Ball Publishers, 2012.

Peter Godwin, 『The Fear: The Last Days of Robert Mugabe』, London: Picador, 2010.

Peter Hain, 『Mandela』, London: Spruce, 2010.

Peter Orner and Annie Holmes, 『Hope Deferred: Narratives of Zimbabwean Lives』, San Francisco: McSweeney's, 2010.

Peter Stiff, 『Cry Zimbabwe』, Alberton: Galago Publishing, 2000.

Philip Barclay, 『Zimbabwe: Years of Hope and Despair』, London: Bloomsbury, 2011.

Phyllis M. Martin and Patrick O'Meara, 『Africa』, Bloomington: Indiana University Press, 1995.

Richard Dowden, 『Africa: Altered States, Ordinary Miracles』, New York: PublicAffairs, 2009.

Richard Stengel, 『Nelson Mandela: Portrait of an Extraordinary Man』, UK: Virgin Books, 2012.

Roel Van Der Veen, 『What went wrong with Africa?』, Amsterdam: KIT Publishers, 2004.

Sarah LeFanu, 『S is for Samora: A Lexical Biography of Samora Machel and the Mozambican Dream』, London: Hurst & Company, 2012.

Steven Radelet, 『Emerging Africa』, Baltimore: Brookings Institution Press, 2010.

Wole Soyinka, 『Of Africa』, New Haven and London: Yale University Press, 2012.

Written by Fifty Correspondents of Reuters News Agency and Edited by Sidney Taylor, 『The New Africans』, London: Paul Hamlyn, 1967.

미주

1_ Phyllis M. Martin and Patrick O'Meara, 『Africa』(Bloomington: Indiana University Press, 1995), 4.

2_ John Reader, 『Africa: A Biography of the Continent』(New York: Vintage Books, 1997), 9-10.

3_ John Reader, 『Africa: A Biography of the Continent』, 109-110.

4_ John Reader, 『Africa: A Biography of the Continent』, 47.

5_ John Reader, 『Africa: A Biography of the Continent』, 318-322.

6_ Phyllis M. Martin and Patrick O'Meara, 『Africa』, 69.

7_ John Reader, 『Africa: A Biography of the Continent』, 151-152.

8_ 윤상욱, 『아프리카에는 아프리카가 없다』(서울: 시공사, 2012), 37-38쪽.

9_ 윤상욱, 『아프리카에는 아프리카가 없다』, 46쪽.

10_ Roel van der Veen, 『What went wrong with Africa?』(Amsterdam: KIT Publishers, 2004), 122-123.

11_ Phyllis M. Martin and Patrick O'Meara, 『Africa』, 86-90.

12_ 윤상욱, 『아프리카에는 아프리카가 없다』, 279쪽.

13_ 베르베르인(Berber)은 아프리카 북부 지중해 연안과 사하라 사막에 아랍인 및 베두인족 등과 함께 분포되어 있는 사막민족을 말한다. 베르베르어를 구사하며 현재 대부분이 모로코와 알제리에 거주하고 있다.

14_ Phyllis M. Martin and Patrick O'Meara, 『Africa』, 125.

15_ John Reader, 『Africa: A Biography of the Continent』, 373-374.

16_ Richard Dowden, 『Africa: Altered States, Ordinary Miracles』(New York: PublicAffairs, 2009), Loc 232.

17_ Duncan Clarke, 『Africa' Future: Darkness to Destiny』(London: Profile Books, 2012), 126.

18_ Duncan Clarke, 『Africa's Future: Darkness to Destiny』, 128.

19_ Daron Acemoglu and James A. Robinson, 『Why Nations Fail』(New York: Crown Business, 2012), 338-339, 342.

20_ Duncan Clarke, 『Africa's Future: Darkness to Destiny』, 71.

21_ Phyllis M. Martin and Patrick O'Meara, 『Africa』, 198.

22_ 윤상욱, 『아프리카에는 아프리카가 없다』, 289쪽.

23_ Roel van der Veen, 『What went wrong with Africa?』, 263-267.

24_ Richard Dowden, 『Africa: Altered States, Ordinary Miracles』, Loc 2983, 2987.

25_ Martin Meredith, 『The Fate of Africa: A History of the Continent Since Independence』(New York: PublicAffairs, 2011), 368.

26_ Roel van der Veen, 『What went wrong with Africa?』, 69-72.

27_ 윤상욱, 『아프리카에는 아프리카가 없다』, 368쪽.

28_ Daron Acemoglu and James A. Robinson, 『Why Nations Fail』, 338-339.

29_ 유엔 새천년개발계획(Millenium Development Goals)은 21세기를 앞두고 2000년 유엔에서 채택된 의제로 2015년까지 전 세계의 빈곤을 절반으로 줄이기 위한 8가지 개발 목표를 수립했다. 이 목표에는 절대빈곤 및 기아 퇴치, 보편적 초등교육 시현, 남녀평등 및 여성 능력 고양, 유아사망률 감소, 모성 보건 증진, HIV/AIDS 등 질병 퇴치, 지속 가능한 환경보전 등이 포함되어 있다.

30_ Jan Joost Teunissen and Age Akkerman (editors), 『Africa in the World Economy: The National, Regional and International Challenges』(The Hague: FONDAD, 2005), 48.

31_ 윤상욱, 『아프리카에는 아프리카가 없다』, 122쪽.

32_ 1943년 로젠슈타인로당이 제안한 '빅푸시' 이론은 개도국 개발 이론 중 하나이다. 미국의 국제경제학자 넉시(R. Nurkse)가 말한 '빈곤의 악순환'을 단절하여 제3세계국가를 제1세계로 편입시키기 위한 것이다. 로젠슈타인로당은 빈곤의 악순환을 단절하기 위해서는 발전의 초기 국면에서의 개발투자가 충분히 큰 양과 속도를 갖추어야 한다고 주장했다. 이 이론으로 인해 유럽에서는 마셜플랜이 시행되었고 1950년대 광범위한 대외원조를 불러일으킨 주역이 되었다.

33_ Jan Joost Teunissen and Age Akkerman, 『Africa in the World Economy: The National, Regional and International Challenges』, 49.

34_ Steven Radelet, 『Emerging Africa』(Baltimore: Brookings Institution Press, 2010), 22.

35_ Edward Miguel, 『Africa's Turn?』(Cambridge: The MIT Press, 2009), 26-27.

36_ Steven Radelet, 『Emerging Africa』, 99.

37_ Jan Joost Teunissen and Age Akkerman, 『Africa in the World Economy: The National, Regional and International Challenges』, 57.

38_ John Reader, 『Africa: A Biography of the Continent』, 5.

39_ Duncan Clarke, 『Africa's Future: Darkness to Destiny』, 92.

40_ Roel van der Veen, 『What went wrong with Africa?』, 244-245.

41_ 매일경제, 컬러풀 아프리카 프로젝트팀, 『컬러풀 아프리카』(서울: 매경출판, 2011), 69-71쪽.

42_ 매일경제 컬러풀 아프리카 프로젝트팀, 『컬러풀 아프리카』, 71-73쪽.

43_ 매일경제 컬러풀 아프리카 프로젝트팀, 『컬러풀 아프리카』, 73-75쪽.

44_ 고대 수단에서 나파타 및 메로에를 수도로 하고 기원전 900년경부터 기원후 4세기 중반까지 번성했던 왕국을 말한다. 350년경 악숨 왕국의 침입으로 멸망했다.

45_ 윤상욱, 『아프리카에는 아프리카가 없다』, 82쪽.

46_ Daron Acemoglu and James A. Robinson, 『Why Nations Fail』, 252-253.

47_ 황금해안은 서부아프리카 기니만의 북쪽 해안으로 가나공화국의 대서양쪽 해안지대를 말한다. 1471년 포르투갈 선교사들이 처음 이곳에 도착했을 때 눈에 띈 것은 해변을 따라 널려 있는 수많은 사금이었다. 이후 포르투갈인이 이곳에서 사금을 채취하면서 유럽인들 사이에 황금해안으로 알려지기 시작했다. 노예해안(Slave Coast)은 토고에서 니제르 강 하구에 이르는 해안지대를 일컫는 말이다. 16세기 이후 이곳에서 노예무역이 성행하여 이와 같은 이름이 붙었으며, 특히 베냉의 위다는 기니만 연안에서 최대의 노예 수출항이었다. 세네갈에서 가봉 부근까지 이르는 기니 해안에는 명칭이 여러 개가 있는데, 항해자들이 편의에 따라 후추(혹은 곡물)해안, 상아해안, 황금해안, 노예해안 등으로 지역을 구분했다.

48_ John Reader, 『Africa: A Biography of the Continent』, 337-343.

49_ John Reader, 『Africa: A Biography of the Continent』, 380.

50_ Richard Dowden, 『Africa: Altered States, Ordinary Miracles』, Loc 2335.

51_ John Reader, 『Africa: A Biography of the Continent』, 415-417.

52_ 서부아프리카에서 사용되는 팔찌나 목걸이, 귀걸이와 같은 금속으로 만든 장신구.

53_ John Reader, 『Africa: A Biography of the Continent』, 398.

54_ Phyllis M. Martin and Patrick O'Meara, 『Africa』, 120.

55_ Wole Soyinka, 『Of Africa』 (New Haven and London: Yale University Press, 2012), 67.

56_ Wole Soyinka, 『Of Africa』, 71.

57_ John Reader, 『Africa: A Biography of the Continent』, 426.

58_ John Reader, 『Africa: A Biography of the Continent』, 431.

59_ Daron Acemoglu and James A. Robinson, 『Why Nations Fail』, 257-258.

60_ Phyllis M. Martin and Patrick O'Meara, 『Africa』, 138.

61_ Martin Meredith, 『The Fate of Africa』, 1-2.

62_ 오홍제국은 1867-1918년간 존속했던 오스트리아-헝가리 제국을 말한다. 1866년 프로이센-오스트리아 전쟁에서 패한 오스트리아가 이웃 헝가리와의 타협을 통해 형성한 국가였다. 오홍제국은 제1차 세계대전에서 패한 후 1918년 산제르만 조약에서 오스트리아, 헝가리, 체코슬로바키아로 분리됨으로써 소멸했다.

63_ Martin Meredith, 『The Fate of Africa』, 3-4.

64_ 독일의 식민지였던 현 탄자니아에서 일어난 반란이다. 1905년 자라모(Zaramo) 족이 식민당국의 강압적인 세금 징수와 강제 노동에 저항하여 반란을 일으켰다. 자발적으로 일어난 이 반란은 곧 비참한 현실을 공유하는 노동자와 억압받는 아프리카 민중들 가운데로 불길처럼 확산되었다. 3년 동안 지속된 이 반란으로 인해 수만 명이 살해되었다. 마지마지 저항운동은 아프리카인의 자긍심과 독립의지를 표상하는 사건으로 남아 있다.

65_ 오트볼타는 서아프리카 부르키나파소의 1984년까지의 명칭이다. 프랑스령 식민지였다가 1960년 독립하여 오트볼타 공화국이 되었고 1984년 부르키나파소로 국명을 변경했다. 오트볼타는 불어로 '볼타 강의 상류'라는 뜻이다. 볼타 강의 상류는 흑볼타, 백볼타, 적볼타의 세 부분으로 나뉘며 이 세 가지 색상에서 오트볼타의 국기 색깔이 유래되었다.

66_ John Reader, 『Africa: A Biography of the Continent』, 595-597.

67_ 보어인(Boer) 또는 부르인은 아프리카너(Afrikaner)라고도 하는데 남아프리카 지역으로 이민하여 아프리카에 정착한 네덜란드계 사람들과 그의 후손을 말한다. 이들은 현재 남아공의 구성원 중 가장 초기의 유럽 이민자들이다. 이들은 네덜란드어 방언에

서 파생된 아프리칸스어(Afrikaans)를 사용한다. '보어'는 네덜란드에서 농부를 뜻하는 말이다.

68_ John Reader, 『Africa: A Biography of the Continent』, 600-603.

69_ Martin Meredith, 『The Fate of Africa』, 5.

70_ 반투스탄(Bantustan) 또는 홈랜드(Homeland)는 아파르트헤이트 정책의 하나로 남아공과 그들의 통치 아래 있었던 남서아프리카(현 나미비아)에 설치된 흑인 거주지역이다. 남아공 내에 10곳 그리고 남서아프리카에 10곳이 있었다. 반투스탄이란 용어가 사용되기 시작한 것은 1940년대 말부터이며 이 용어는 '사람'을 뜻하는 '반투'와 페르시아어로 '땅'을 뜻하는 '스탄'의 합성어이다. 남아공 정부는 1976년 트란스케이의 독립을 인정한 것을 시작으로 4개의 반투스탄을 독립시키고 주권국가로 대우했다. 그러나 반투스탄 영토의 대부분은 불모의 박토였고 이렇다 할 경제적 기반이나 산업시설도 없어 남아공 경제는 반투스탄의 흑인 노동력을 계속 이용할 수 있었고 반투스탄들도 남아공 정부의 뜻대로 꼭두각시와 같이 움직였다. 결국 아파르트헤이트 당국의 목적은 명목상 흑인 자치국가들을 세움으로써 인종차별정책에 대한 국제사회의 비판을 완화해보려는 것에 불과했다.

71_ Phyllis M. Martin and Patrick O'Meara, 『Africa』, 139-145.

72_ John Reader, 『Africa: A Biography of the Continent』, 604-607.

73_ John Reader, 『Africa: A Biography of the Continent』, 614-616.

74_ John Reader, 『Africa: A Biography of the Continent』, 627.

75_ 은남디 아지키웨(Nnamdi Azikiwe)는 나이지리아 초대 대통령이며 라고스대학교 총장을 역임했다. 1963년 연방공화국의 초대 대통령으로 취임한 아지키웨는 1966년 군부 쿠데타로 물러난 후 군정 말기에 정당 활동 금지가 해제되자 1978년 나이지리아인민당(NPP)을 창당했으나 1979년 대통령선거에서 패배하여 집권하지 못했다.

76_ OAU(Organization of African Unity)는 '아프리카 문제는 아프리카에 의해서'를 기치로 내걸고 1963년 아프리카 38개국이 결성한 국제기구이다. 설립 목적은 아프리카 국가들 간의 협력과 단결 촉진, 비동맹주의 노선 하에서 아프리카 국가들 간의 정책 및 계획의 통합과 조정, 아프리카 국가들의 독립과 주권 수호 등이다. OAU는 또한 아프리카 국민의 생활 향상, 내정 불간섭, 분쟁의 평화적 해결, 영토 보전, 파괴활동의 금지, 비독립 지역의 해방운동 지지 등을 강령으로 내세웠다. 2001년 잠비아에서 열린 마지막 정상회담에서 OAU를 AU(아프리카연합)로 대체키로 결정한 후 2002년 7월 해

체되었다.

77_ Martin Meredith, 『The Fate of Africa』, 150.

78_ Roel van der Veen, 『What went wrong with Africa?』, 35-36.

79_ 독립 전 앙골라에서는 마르크스주의적인 앙골라해방인민운동(MPLA: Popular Liberation Movement of Angola), 반공적인 앙골라해방민족전선(FNLA: National Front for the Liberation of Angola)과 앙골라전면독립민족동맹(UNITA: National Union for the Total Independence of Angola) 등 3개 조직이 대립하면서 대 포르투갈 무력 투쟁을 전개해왔다. 1974년 4월 포르투갈에서 카에타노 정권이 쿠데타에 의해 전복된 후 수립된 신정부가 식민지에 독립을 부여한다는 성명을 발표한 후에도 3개 조직 간의 대립은 지속되었다. 1975년 1월 케냐의 조정으로 포르투갈과 독립협정을 체결하여 잠정정부를 발족시켰으나, 3월에는 MPLA와 FNLA 간, 5월에는 MPLA와 UNITA 간에 전투가 시작되었고, 8월 이후에는 MPLA 대 FNLA/UNITA 연합세력 간의 전투로 내전이 격화되었다. 처음에는 소련과 동유럽국가의 원조를 받은 MPLA가 미국과 중국의 원조를 받은 연합세력을 압도했으나 10월 말 남아공 군대의 개입으로 형세는 역전되었다. 그러나 11월 초부터 쿠바군의 투입과 소련의 무기원조 확대로 형세가 다시 역전되어 1976년 2월에는 MPLA의 승리가 확정되었다.

80_ Phyllis M. Martin and Patrick O'Meara, 『Africa』, 158-159.

81_ John Reader, 『Africa: A Biography of the Continent』, 639.

82_ 마우마우는 케냐의 다수 종족인 키쿠유족이 1950년대 영국의 식민통치에 저항하기 위해 결성한 무장투쟁단체이다. 마우마우 단원들은 종교적 서약을 통해 굳게 단합하면서 백인과 백인에 협력하는 흑인들을 상대로 산발적인 테러 활동을 벌였다. 마우마우의 목표는 키쿠유족의 땅을 빼앗아간 백인에게 보복하고 빼앗긴 땅을 되찾는 데 있었다.

83_ Martin Meredith, 『The Fate of Africa』, 324.

84_ Martin Meredith, 『The Fate of Africa』, 75-77.

85_ Martin Meredith, 『The Fate of Africa』, 141.

86_ Steven Radelet, 『Emerging Africa』, 55.

87_ Richard Dowden, 『Africa: Altered States, Ordinary Miracles』, Loc 630.

88_ Richard Dowden, 『Africa: Altered States, Ordinary Miracles』, Loc 776, 779.

89_ Martin Meredith, 『The Fate of Africa』, 178.

90_ 프렌치 리비에라(French Riviera)는 프랑스 남동부의 지중해 연안지대로 세계적인 관광, 휴양지이다. 불어로는 코트다쥐르(Côte d'Azur)라고 한다. 칸, 니스 등과 같은 그림 같은 도시들이 이곳에 위치해있다.

91_ Martin Meredith, 『The Fate of Africa』, 305.

92_ Richard Dowden, 『Africa: Altered States, Ordinary Miracles』, Loc 754, 757.

93_ Martin Meredith, 『The Fate of Africa』, 171.

94_ Richard Dowden, 『Africa: Altered States, Ordinary Miracles』, Loc 844, 847.

95_ Richard Dowden, 『Africa: Altered States, Ordinary Miracles』, Loc 896, 899, 902, 906, 910.

96_ Richard Dowden, 『Africa: Altered States, Ordinary Miracles』, Loc 952, 955.

97_ 티그리냐족(Tigrinya)은 에리트레아의 부족 중 하나이다. 에리트레아 인구의 절반을 차지하고 있는 다수족으로서 티그레족, 쿠나마족 등과 더불어 에리트레아 인구의 대부분을 구성하고 있다. 에리트레아에서는 티그리냐어가 아랍어와 함께 널리 쓰이고 있다.

98_ John Reader, 『Africa: A Biography of the Continent』, 666-667.

99_ 살라피스트(salafist)는 서구 문화를 배척하면서 세속에 물들고 변질된 이슬람 교리를 샤리아법이 지배하던 7세기 이전 이슬람 순수주의로 돌려놓아야 한다고 주장하는 이슬람 근본주의자를 일컫는다. 살라피스트 남성은 턱수염을 기르며, 여성은 눈을 제외하고 전신을 가리는 니캅을 사용한다. 순수한 무슬림 세계 건설을 위해서는 무력사용도 불사한다는 점에서 알카에다와 유사한 성격을 지니고 있다.

100_ Steven Radelet, 『Emerging Africa』, 57.

101_ Steven Radelet, 『Emerging Africa』, 64.

102_ Phyllis M. Martin and Patrick O'Meara, 『Africa』, 352-353.

103_ Richard Dowden, 『Africa: Altered States, Ordinary Miracles』, Loc 5072.

104_ Philip Barclay, 『Zimbabwe: Years of Hope and Despair』 (London: Bloomsbury, 2011), 149.

105_ Peter Godwin, 『The Fear: The Last Days of Robert Mugabe』 (London: Picador, 2010), 32.

106_ 구쿠라훈디(gukurahundi)라는 것은 쇼나어로 '추수 후 짚을 날려버리는 바람'이라는 뜻이다. ZANU 지도자인 무가베는 소련이 그를 쫓아내고 ZAPU 지도자인 은코모

(Nkomo)로 대체하려하자 불안을 느껴 이러한 학살을 자행했다는 설도 있다.

107_ Philip Barclay, 『Zimbabwe: Years of Hope and Despair』, 93.

108_ 짐바브웨는 1980년 독립하면서 남로디지아 정부군, 짐바브웨아프리카민족동맹(ZANU)의 무장게릴라 조직인 짐바브웨아프리카민족해방군(ZANLA), 짐바브웨아프리카인민동맹(ZAPU)의 무장게릴라 조직인 짐바브웨아프리카인민혁명군(ZIPRA) 등을 통합하여 짐바브웨 국방군(ZNA)을 창설했다. 구쿠라훈디 작전 종결 후인 1987년 10월 헌법 개정을 통해 짐바브웨는 내각책임제에서 대통령중심제로 정부형태를 전환하고 상·하원에 배정된 백인 의석 제도를 폐지했다. 신헌법에 의한 단일후보로 무가베가 초대 대통령에 취임했으며 11월에는 ZANU와 ZAPU가 ZANU-PF(짐바브웨아프리카민족동맹-애국전선)로 통합되었다.

109_ 윤상욱, 『아프리카에는 아프리카가 없다』, 117쪽.

110_ Edward Miguel, 『Africa's Turn?』, 37-38.

111_ Roel van der Veen, 『What went wrong with Africa?』, 169-172.

112_ Roel van der Veen, 『What went wrong with Africa?』, 202.

113_ Martin Meredith, 『The Fate of Africa』, 600.

114_ Richard Dowden, 『Africa: Altered States, Ordinary Miracles』, Loc 2514.

115_ John Reader, 『Africa: A Biography of the Continent』, 678-682.

116_ Richard Dowden, 『Africa: Altered States, Ordinary Miracles』, Loc 3450, 3453.

117_ Richard Dowden, 『Africa: Altered States, Ordinary Miracles』, Loc 5494.

118_ 매일경제 컬러풀 아프리카 프로젝트팀, 『컬러풀 아프리카』, 88-90쪽.

119_ Richard Dowden, 『Africa: Altered States, Ordinary Miracles』, Loc 5543.

120_ 매일경제 컬러풀 아프리카 프로젝트팀, 『컬러풀 아프리카』, 9쪽.

121_ 매일경제 컬러풀 아프리카 프로젝트팀, 『컬러풀 아프리카』, 83-84쪽.

122_ Edward Miguel, 『Africa's Turn?』, 21-22.

123_ 매일경제 컬러풀 아프리카 프로젝트팀, 『컬러풀 아프리카』, 140-142쪽.

124_ 매일경제 컬러풀 아프리카 프로젝트팀, 『컬러풀 아프리카』, 9-10쪽.

125_ Edward Miguel, 『Africa's Turn?』, 9.

126_ Jeffrey Herbst and Greg Mills, 『Africa's Third Liberation』 (Johannesburg: Penguin Books, 2012), Loc 1088-1102.

127_ Jeffrey Herbst and Greg Mills, 『Africa's Third Liberation』, Loc 1215.

128_ Edward Miguel, 『Africa's Turn?』, 10-12.

129_ Duncan Clarke, 『Africa's Future: Darkness to Destiny』, 226.

130_ Jeffrey Herbst and Greg Mills, 『Africa's Third Liberation』, Loc 576, 581.

131_ Jeffrey Herbst and Greg Mills, 『Africa's Third Liberation』, Loc 160.

132_ 매일경제 컬러풀 아프리카 프로젝트팀, 『컬러풀 아프리카』, 26쪽.

133_ Duncan Clarke, 『Africa's Future: Darkness to Destiny』, 235.

134_ 남아프리카개발공동체(SADC: Southern African Development Community)는 1992년 8월 출범한 지역경제공동체로 1980년 4월 설립된 남아프리카개발협력회의(SADCC: Southern African Development Coordination Conference)가 전신이다. 남부아프리카 지역의 경제개발과 안보·평화를 위해 지역통합과 빈곤퇴치를 목표로 하며, 동시에 역내 관세·비관세 장벽을 점진적으로 철폐하여 자유무역지대 설치를 목표로 하고 있다. DR콩고와 탄자니아를 포함하여 남부아프리카 15개국이 회원국이다. 동아프리카공동체(EAC: East African Community)는 케냐, 우간다, 탄자니아 등 동아프리카 3개국 간의 지역협력기구이다. 1967년 12월 결성되었으며 3국 간 상공업 및 기타 공동사업의 강화를 목표로 하고 있다. 동남아프리카 공동시장(COMESA: Common Market for Eastern and Southern Africa)은 동남아프리카 지역의 안보, 질서, 평화를 실현하고 회원국 간 상호협력을 증진하기 위해 무역특혜협정(PTA)을 확대시켜 경제를 통합하자는 취지에서 1994년 결성되었다. 코메사 회원국은 21개국이며 남아공이 옵서버로 참가하고 있다. 코메사 회원국의 인구는 3억 5000만 명 그리고 GDP 합계는 1530억 불에 달한다.

135_ 매일경제 컬러풀 아프리카 프로젝트팀, 『컬러풀 아프리카』, 28-29쪽.

136_ Duncan Clarke, 『Africa's Future: Darkness to Destiny』, 249.

137_ Edward Miguel, 『Africa's Turn?』, 62.

138_ 매일경제 컬러풀 아프리카 프로젝트팀, 『컬러풀 아프리카』, 48-49쪽.

139_ 매일경제 컬러풀 아프리카 프로젝트팀, 『컬러풀 아프리카』, 31-32쪽.

140_ Steven Radelet, 『Emerging Africa』, 112.

141_ 매일경제 컬러풀 아프리카 프로젝트팀, 『컬러풀 아프리카』, 41-42쪽.

142_ 매일경제 컬러풀 아프리카 프로젝트팀, 『컬러풀 아프리카』, 46쪽.

143_ 매일경제 컬러풀 아프리카 프로젝트팀, 『컬러풀 아프리카』, 56-60쪽.

144_ Daron Acemoglu and James A. Robinson, 『Why Nations Fail』, 116-117.

145_ Roel van der Veen, 『What went wrong with Africa?』, 127-131.

146_ 매일경제 컬러풀 아프리카 프로젝트팀, 『컬러풀 아프리카』, 92-94쪽.

147_ 매일경제 컬러풀 아프리카 프로젝트팀, 『컬러풀 아프리카』, 96-97쪽.

148_ 매일경제 컬러풀 아프리카 프로젝트팀, 『컬러풀 아프리카』, 98-99쪽.

149_ 매일경제 컬러풀 아프리카 프로젝트팀, 『컬러풀 아프리카』, 108-113쪽.

150_ 매일경제 컬러풀 아프리카 프로젝트팀, 『컬러풀 아프리카』, 116-124쪽.

151_ 매일경제 컬러풀 아프리카 프로젝트팀, 『컬러풀 아프리카』, 225쪽.

152_ 매일경제 컬러풀 아프리카 프로젝트팀, 『컬러풀 아프리카』, 226-228쪽.

153_ 매일경제 컬러풀 아프리카 프로젝트팀, 『컬러풀 아프리카』, 231-232쪽.

154_ 매일경제 컬러풀 아프리카 프로젝트팀, 『컬러풀 아프리카』, 234쪽.